8° L.K. 12/970

# HISTOIRE

DE

# LA LOUISIANE.

# HISTOIRE

DE

# LA LOUISIANE,

PAR

CHARLES GAYARRÉ.

" Si je réglais mes conditions sur ce que ces vastes territoires vaudront aux États-Unis, les indemnités n'auraient point de bornes.
  NAPOLÉON (*Traité de cession de la Louisiane*, par Barbé-Marbois).

**SECOND VOLUME.**

NOUVELLE-ORLÉANS.
IMPRIMÉ PAR MAGNE & WEISSE,
81, Rue de Chartres.
—
1847.

Entered according to Act of Congress, in the year 1847,

By CHARLES GAYARRÉ,

In the Clerk's Office of the District Court of Louisiana.

# TABLE DES MATIÈRES
CONTENUES DANS LE SECOND VOLUME.

### CHAPITRE XVII.

Ordonnance sur les levées et sur le papier monnaie.—Traite exclusive sur le Missouri et ses affluents, accordée à Déruisseau. — Intrigues des Chactas et des Chickassas.— Mémoire de Devergès sur l'embouchure du fleuve.—Population de la Nouvelle-Orléans et de la colonie.— Lenormant remplace Salmon comme Commissaire-Ordonnateur.— Fortifications de la Louisiane.—Ouragan terrible. . . . . 1

### CHAPITRE XVIII.

Rapport de M. Lenormant sur la monnaie de papier.— Guerre civile entre les Chactas.— Mort de Soulier Rouge.—Les Français sont harcelés par les Indiens.— Nouvelle émission de papier monnaie par Vaudreuil et Michel.—Ils sont blâmés par le gouvernement français.—Réglements de police.—Etat des forces de la colonie en 1751. . . . . . . . . . 21

### CHAPITRE XIX.

Mésintelligence entre MM. de Vaudreuil et Michel de La Rouvillière.—Etat moral, militaire, commercial et agricole de la colonie.—Mort de M. Michel de La Rouvillière.—M. d'Auberville est nommé à sa place. — Le marquis de Vaudreuil est envoyé au Canada.—M. de Kerlerec lui succède.—Querelle entre les capucins et les jésuites. — Mort de d'Auberville.—Il est remplacé par Rochemore. . . . . . . . 50

## CHAPITRE XX.

Querelle violente entre MM. de Kerlerec et de Rochemore. —Grande perturbation dans la colonie.—Plusieurs officiers sont arrêtés et envoyés en France.— Fortifications de la Nouvelle-Orléans. — Emplacement des édifices publics. — Rochemore est destitué. — Foucault lui succède comme commissaire-ordonnateur. — Acte de cession de la Louisiane à l'Espagne. . . . . . . . . . . . . . . . 82

## CHAPITRE XXI.

Une partie de la Louisiane est cédée à l'Angleterre, et elle en prend possession.—M. de Kerlerec est rappelé en France et mis à la Bastille. — D'Abbadie lui succède.— Les jésuites sont expulsés de la Louisiane. — Lettre du roi à d'Abbadie sur la cession. — Consternation des colons. . 102

## CHAPITRE XXII.

D'Abbadie meurt.— Aubry lui succède.—Arrivée des Acadiens à la Nouvelle-Orléans.—On leur concède des terres. —Hostilité des sauvages aux Anglais. — Origine du nom de Bâton Rouge.—Supplique des colons portée en France par Milhet. — Arrivée d'Ulloa comme gouverneur et des commissaires espagnols Loyola, Navarro et Gayarré.—Fermentation dans la colonie. . . . . . . . . . . . . 125

## CHAPITRE XXIII.

Réglements de commerce établis par Ulloa.—Représentations des marchands. — Mariage romanesque d'Ulloa.—Inutiles efforts de Kerlerec pour sortir de la Bastille.—Retour du délégué Milhet.— Exaspération des colons. —Assemblées populaires. — Requête des colons au conseil supérieur.— Réquisitoire du procureur général Lafrénière.—Avis raisonné du commissaire-ordonnateur Foucault . . . . . 146

## CHAPITRE XXIV.

Signification à Ulloa de l'arrêt d'expulsion lancé contre lui par le conseil supérieur.—Protêt d'Aubry.—Départ d'Ulloa. Représentations du conseil supérieur au roi de France.— Mémoire justificatif des colons.—Ils envoient des députés en France. . . . . . . . . . . . . . . . . . 179

## CHAPITRE XXV.

Quelle était la composition du conseil établi par Ulloa. — Situation de la colonie après le départ de ce gouverneur. — Protêt des officiers espagnols, Loyola, Gayarré et Navarro contre l'arrêt rendu à leur égard par le conseil supérieur.— Requête des habitants au conseil pour l'expulsion de la frégate espagnole restée dans le fleuve.— Arrêt conforme à la requête.— Le conseil des ministres en Espagne délibère si on gardera la Louisiane.— La question est résolue affirmativement.—Foucault joue en même temps le rôle de conspirateur et de dénonciateur. . . .  230

## CHAPITRE XXVI.

Départ de la frégate espagnole. — Projet d'une république formée par les colons. — Arrivée d'Oreilly. — Lafrénière, Marquis et Milhet vont à sa rencontre faire acte de soumission.—Discours de Lafrénière.— Réponse d'Oreilly.— Prise de possession. — Correspondance entre Oreilly et Aubry.—Arrestation des principaux chefs de la révolution. —Foucault est renvoyé en France . . . . . . . .  279

## CHAPITRE XXVII.

Procès des chefs de la révolution. — Leur condamnation.— Exécution de la sentence. — Lettre d'Oreilly au marquis de Grimaldi sur ce sujet. . . . . . . . . . . .  313

## CHAPITRE XXVIII.

Départ d'Aubry.—Sa mort.—Organisation du gouvernement espagnol dans la colonie.—Ordonnances d'Oreilly.—Recensement de la Nouvelle-Orléans.—Départ d'Oreilly.—Unzaga lui succède. — Biographie d'Oreilly et de Charles III. . 352

FIN DE LA TABLE DU SECOND VOLUME.

# HISTOIRE DE LA LOUISIANE.

## CHAPITRE XVII.

ORDONNANCE SUR LES LEVÉES ET SUR LE PAPIER MONNAIE.—TRAITE EXCLUSIVE SUR LE MISSOURI ET SES AFFLUENTS ACCORDÉE À DÉRUISSEAU.—INTRIGUES DES CHACTAS ET DES CHICKASSAS.—MÉMOIRE DE DEVERGÈS SUR L'EMBOUCHURE DU FLEUVE.—POPULATION DE LA NOUVELLE ORLÉANS ET DE LA COLONIE.—LENORMANT REMPLACE SALMON, COMME COMMISSAIRE-ORDONNATEUR.—FORTIFICATIONS DE LA LOUISIANE.—OURAGAN TERRIBLE.

1743.

Les Chickassas ne furent pas plutôt informés de l'arrivée d'un nouveau gouverneur, qu'ils lui députèrent, pour demander la paix, quatre de leurs chefs avec un français, nommé Carignan, qu'ils retenaient prisonnier depuis long-temps. Ces chefs se rendirent d'abord chez les Alibamons, d'où ils envoyèrent Carignan à la Nouvelle-Orléans avec des lettres qu'ils avaient fait écrire au marquis de Vaudreuil. Par ces lettres, ils demandaient qu'on leur accordât la paix et qu'on leur procurât des secours en munitions et marchandises qui leur étaient nécessaires. Ils marquaient en même temps que s'ils gardaient les autres Français qui étaient encore chez eux, ce n'était que pour obtenir plus facilement leur demande. M. de Vaudreuil leur

1743. fit répondre qu'il leur accorderait la paix à deux conditions :

1°. Qu'il ne serait rien conclu que de concert avec les Chactas, auxquels les Chickassas seraient tenus de donner une satisfaction convenable pour tout ce qu'ils avaient fait contre eux à l'instigation des Anglais.

2°. Qu'ils chasseraient de leurs villages les traiteurs anglais, auteurs de tous les malheurs qui leur étaient arrivés.

Le 18 octobre, messieurs de Vaudreuil et Salmon lancèrent une ordonnance qui obligeait les habitants de faire leurs levées avant le 1er. janvier 1744, sous peine pour eux de voir réunir leurs terres au domaine de la couronne.

Cette pénalité était assez sévère pour assurer l'exécution de l'ordonnance et il est probable que les levées furent régulièrement faites et entretenues.

Le budget des dépenses de la colonie fut, cette année, de 348,528 livres.

1744. Au commencement de 1744, M. de Vaudreuil informa son gouvernement qu'il avait fait des présents aux sauvages et morigéné le Soulier Rouge qu'on aurait dû, suivant lui, traiter plus durement qu'on ne l'avait fait jusqu'à présent. "Je l'ai menacé, dit-il, de lui ôter sa médaille à la première faute et de lui retrancher ses présents. Les Chactas sont affectionnés et soumis.

"Les Chickassas continuent à demander la paix. J'en ai parlé aux Chactas, qui m'ont dit d'en faire à ma guise et que ma décision, quelle qu'elle fût, serait agréée par eux. Les Chickassas auraient accepté mes conditions de paix basées sur l'expulsion complète des Anglais, si j'avais pu leur fournir toutes les marchandises dont ils ont besoin. Mais les magasins sont vides de marchandises et de munitions, et je n'ai pu m'exposer à un manque de foi." M. de Vaudreuil termine sa dépêche en demandant avec instance des vivres et des munitions et en affirmant que, s'il en était pourvu, il 1744. gagnerait facilement toutes les nations sauvages. D'ailleurs, la demande de marchandises est le refrain de toutes ses lettres, et il ne cesse d'assurer le gouvernement français que c'est le seul moyen d'exercer de l'influence sur les sauvages et d'en conjurer les hostilités.

Les Chickassas, qui avaient proposé aux Français de traiter de la paix sans la participation de leurs alliés, les Chactas, proposaient aussi à ces derniers de faire la paix sans consulter les Français. A ce sujet, M. de Vaudreuil écrivait en date du 17 septembre : "Il parait que les Chickassas ont fait proposer la paix aux Chactas sans ma participation, et que les Chactas sont assez disposés à l'accepter de même. Ce serait pour les Anglais un excellent moyen de rentrer chez les Chactas et de les mettre dans leurs intérêts contre nous. Ce changement de dispositions est étrange et contraste singulièrement avec la soif de guerre et de vengeance que les Chactas manifestaient naguère. Je ferai tout ce que je pourrai pour neutraliser ces efforts qui tendent à notre perte, mais il ne faut pas se dissimuler que nous n'avons rien, que nos magasins sont vides et que, entre nous qui ne pouvons que promettre et les Anglais qui donnent, le choix n'est pas douteux pour les sauvages. Déjà plusieurs sont allés traiter de leurs pelleteries aux Alibamons avec les Anglais, et cet exemple sera contagieux. Tout ce que je puis faire, c'est d'insinuer qu'il n'y a nulle bonne foi dans toutes ces propositions des Chickassas, qui veulent probablement attirer leurs ennemis pour les mieux frapper par surprise, ou qui cherchent tout au moins, à l'abri de ces pourparlers, le moyen de faire tranquillement leurs récoltes."

Après avoir fait cet exposé, M. de Vaudreuil redemande avec plus de vivacité que jamais des vivres et des marchandises, en alléguant que, sans cela, il ne ré-

1744. pond pas que tous les sauvages ne passent aux Anglais.

Le 27 d'avril, le conseil d'Etat avait pris l'arrêté suivant :

"Attendu que le papier de carte et les billets perdent, suivant l'information que nous avons reçue, 200 pour cent sur l'argent comptant et que, par conséquent, tout est devenu d'une cherté excessive, nous avons jugé, pour faire cesser ces inconvénients préjudiciables à nos finances, au bien de la colonie, et aux progrès de son commerce, devoir faire retirer la totalité des cartes et des billets qui se trouveront répandus dans le public, pour en supprimer le cours, en prenant d'ailleurs des mesures pour pourvoir aux fonds nécessaires au paiement des dépenses que nous ordonnons ; mais comme il ne serait pas juste que nous fissions le remboursement de ces cartes et billets au pair, puisque les dépenses pour le paiement desquelles ils ont été délivrés, ont été portées à des prix proportionnés au discrédit public, nous avons résolu d'ordonner le remboursement de ces valeurs, à la réduction de cent cinquante pour cent, en lettres de change sur le trésorier général de France, et nous annulons les cartes et billets qui ne seraient pas rapportés dans les deux mois qui suivront l'enrégistrement des présentes."

On se rappelle que le gouvernement, malgré l'avis contraire de Bienville et de Salmon, avait, en 1735, fait une émission de monnaie de cartes qui, avait-on dit aux colons, ne devait pas avoir le sort du papier de la compagnie des Indes, attendu que le *papier du roi* devait nécessairement offrir des garanties meilleures que *celles d'aucune compagnie*. Mais à peine neuf années s'étaient-elles écoulées, que ce papier perdait 200 pour cent, et que le gouvernement français profitait de cette circonstance pour retirer, avec une réduction de 150 pour cent, son propre papier, qu'il avait émis au pair. Ainsi, c'était toujours la même répétition relativement à ce misérable papier-monnaie, sous quelque forme qu'il parût ; c'était 1744. toujours le même système de fraude et de mensonge de la part du gouvernement, et le même esprit de bonhomie ou de résignation de la part des colons, qui ne se lassaient pas d'être pris pour dupes. La Louisiane, comme on le voit, a toujours beaucoup souffert par le papier-monnaie et n'en était pas à ses premiers malheurs de ce genre, lorsque, un siècle plus tard, les catastrophes amenées par les banques sont tombées sur elle, et ont failli l'écraser.

M. de Vaudreuil débuta mal dans son administration, et retomba dans l'ornière des monopoles, qu'on aurait dû abandonner pour toujours et que le gouvernement avait déjà trouvés si nuisibles aux intérêts de la colonie. Le 8 d'août, il accorda au sieur Déruisseau la traite exclusive sur le Missouri et ses affluents, pendant cinq années, à partir du 1er. janvier 1745 jusqu'au 20 mai 1750, sous la réserve pour le gouvernement, de changer, augmenter ou retrancher les conditions de cette concession, suivant les circonstances et suivant ce qui paraîtrait convenir à la prospérité de la colonie, et à la charge, pour le sieur Déruisseau, de finir et parfaire le fort commencé au Missouri, de le tenir assorti en marchandises, et de maintenir l'union parmi les sauvages, dont il devait apaiser les querelles à ses frais et dépens. Le sieur Déruisseau devait en outre payer au commandant de ce poste cent pistoles de gratification par an, et était tenu de lui faire le transport de ses provisions et effets aux Illinois. Il s'obligeait aussi à nourrir la garnison du poste à ses frais et dépens.

M. de Vaudreuil a pu consciencieusement se tromper en accordant le privilège exclusif de faire le commerce du Missouri et de ses affluents, à condition que le concessionnaire achèverait la construction d'un fort et en nourrirait la garnison. Il a pu honnêtement croire qu'il était dans l'intérêt public de faire une pareille conces-

1744. sion. Mais dans quel but stipulait-il un pot de vin ou une gratification annuelle de cent pistoles pour le commandant du poste du Missouri ? Etait-ce pour favoriser un officier privilégié ? M. de Vaudreuil n'explique pas cette partie du contrat ; mais il se borne, dans une dépêche du 6 décembre, à dire qu'une de ses raisons pour accorder à M. Déruisseau le monopole des Illinois, était de priver les habitants de ce pays de tout commerce avec les sauvages, afin de les forcer de se livrer à la culture des terres. Voici un extrait de cette dépêche :

" Pour ce qui concerne les Illinois, il n'y a qu'un moyen de forcer les habitants de s'occuper de la culture des terres que l'on laisse en friche, c'est de ne point laisser aux habitants la liberté, comme par le passé, de courir toutes les nations sauvages, sous prétexte de faire le commerce de pelleteries avec elles, ce qui a occasioné nombre d'abus et de brigandages qu'il convient de réprimer entièrement, et cela par la voie des traites exclusives.

" Il serait convenable d'y prohiber l'introduction des nègres, pour tirer les habitants de leur nonchalance et les obliger à travailler eux-mêmes. D'ailleurs les nègres seraient plus productifs au bas de la colonie. On ne laisserait monter des nègres aux Illinois que lorsque les habitants seraient sevrés de leurs habitudes de vagabondage et de brigandage, et lorsque étant devenus sédentaires, ils s'occuperaient du moins à faire travailler les nègres à la culture de leurs terres.

" On continue de découvrir des mines de plomb et de cuivre aux Illinois. J'en envoie des échantillons. Il faudrait des faux-sauniers dans ce poste pour travailler aux mines."

On voit que M. de Vaudreuil en revenait aux anciens errements : les mines et les monopoles commerciaux. L'exploitation des mines avait toujours été le rêve favori du gouvernement français et de la plupart des gouverneurs qui étaient venus à la Louisiane. On ne 1744. conçoit pas une persistance aussi obstinée. La colonie ne produisait pas encore assez de vivres même pour les cultivateurs du sol et pour les troupes qui étaient dans le pays. Il fallait en expédier de France avec des frais énormes, et, s'il faut en croire les dépêches des gouverneurs, les colons avaient presque toujours été à la veille de mourir de faim, depuis la fondation de la colonie. A part les dépenses considérables qu'il aurait fallu faire pour exploiter une mine dans un pays nouveau, où il aurait fallu envoyer de France tous les matériaux d'exploitation, comment aurait-on nourri cinq à six cents mineurs réunis sur un point des Arkansas ou des Illinois? Il est évident que c'est de France qu'il aurait fallu envoyer, non-seulement tous leurs outils, mais aussi tous leurs moyens de subsistance. Car M. de Vaudreuil, dans une lettre du 28 octobre, disait encore, quarante-cinq ans après que la colonie avait été établie : "*S'il n'était pas arrivé de la farine par l'Eléphant, les soldats eussent été sur le point de la révolte.* Dans un pays où les ressources agricoles paraissaient être si peu en rapport avec les besoins de la population, qu'il fallait en faire venir d'Europe, sous peine de famine, comment pouvait-on songer à l'exploitation des mines, du moins avec quelque avantage ! Cependant on y persistait.

Vers la fin de décembre, M. de Vaudreuil eut la satisfaction de rompre les pourparlers de paix projetée entre les Chactas et les Chickassas, et de faire recommencer les courses des premiers contre les derniers. Il avait même réussi à se concilier le bon vouloir du célèbre Soulier Rouge, dont les intrigues avec les Anglais donnaient tant de soucis aux Français. Le fait est que le marquis de Vaudreuil n'avait pas voulu sincèrement rétablir la paix entre les Chactas et les Chickassas. Lorsque ceux-ci, à son arrivée dans la colonie, lui firent des ouvertures de paix, il répondit qu'il ne traiterait

1744. avec eux que du consentement des Chactas, et lorsque les Chactas lui dirent d'en faire à sa guise, il trouva quelque prétexte pour ne pas réconcilier ces deux nations. La politique française avait toujours été d'affaiblir les tribus indiennes les unes par les autres. Elles n'étaient pas assez simples pour ne s'en être pas aperçues, mais elles avaient tellement contracté le goût et le besoin des marchandises européennes, qu'elles ne pouvaient plus s'en passer et qu'elles s'étaient par conséquent placées sous la dépendance des Français et des Anglais qui leur en fournissaient, et qui, par ce moyen, les poussaient à toutes sortes de guerre, au détriment de la population aborigène. C'était une race d'hommes qui devait s'éteindre graduellement. Au lieu de s'unir, pour lutter contre le sort qui les menaçait, ils semblaient aller au-devant de leur destinée.

Le budget des dépenses de la colonie, cette année, fut plus fort que tous ceux des années précédentes, et se monta à 520,445 livres.

1745. Le 2 de janvier 1745, M. de Vaudreuil informait le gouvernement français qu'on avait trouvé une riche mine de fer à la Mobile, et que le sieur Paule, négociant de Marseille, demandait à l'exploiter. Le sieur Paule voulait un privilège, mais ne demandait aucune avance de fonds. Il paraît du reste que cette communication de M. de Vaudreuil reposait sur de fausses informations, car, depuis lors, on n'a plus entendu parler de cette riche mine de fer. Plus tard, il annonça encore la découverte d'autres mines aux Illinois. Toutes ces prétendues découvertes ne furent suivies d'aucun résultat, et ne prouvent qu'une chose, c'est que quarante-six ans d'expérience n'avaient pas dégoûté les Français de ces coûteuses et inutiles recherches.

Cette année, le Soulier Rouge donna une autre preuve de son inconstance. Après être revenu aux Français, ce chef habile était rentré dans les intérêts anglais.

Probablement, il appartenait à ceux qui le payaient le mieux, et il oscillait perpétuellement entre les deux peuples qui se le disputaient. Le 16 octobre, M. de Loubois, lieutenant de roi, commandant à la Mobile, écrivait au ministre :—"Le Soulier Rouge, qui a plus d'esprit que tous les autres, a encore embauché les Chactas et a soulevé une grande partie de sa nation contre les Français. Il est encore redevenu anglais, et, ce qu'il y a d'extraordinaire, il a réussi à gagner Alibamon Mengo, qui avait toujours soutenu les intérêts français avec beaucoup de zèle. Voyant que les chefs à médaille avaient abandonné le parti français, j'écrivis à M. d'Herneuville, commandant à Tombekbé, et à M. Hazure, qui commande aux Alibamons, de veiller sur leurs démarches et d'opposer aux chefs à médaille une contre-cabale de chefs assez puissants pour les contenir. Ces deux officiers réussirent à merveille; car à une grande assemblée d'Indiens aux Conchas, le Soulier Rouge et Alibamon Mengo furent assez mal menés par d'autres chefs. Cependant ces brouilleries auraient très mal tourné, parce que l'intérêt est le mobile des sauvages, s'il ne nous était pas arrivé des marchandises quelques jours après. Je dois même avouer que les Anglais finiront par avoir le dessus, quoique nous fassions, si nous retombons encore dans la même pénurie. Cependant, le 15 octobre, j'ai reçu la nouvelle de Tombekbé qu'un parti du village de Bois-Bleu avait rencontré deux Anglais qui allaient des Chickassas aux Alibamons, et leur avait coupé la tête. Cet évènement, qui a fort surpris les Anglais, a empêché trois convois de marchandises d'arriver, comme cela avait été décidé, et cette circonstance fortuite nous a peut-être sauvés, car ces convois auraient probablement gagné les Chactas. Les partis sont d'ailleurs si animés qu'il serait bien possible qu'ils en vinssent aux mains."

Quant aux Chickassas, ils continuaient leurs déprédations, qui désolaient la colonie. Dans une dépêche

1745. du 28 octobre, M. de Vaudreuil se plaint beaucoup du manque de vivres, munitions et marchandises, et dit que les Chactas se lassent de guerroyer. "Je voudrais, écrit-il, faire la proposition d'une nouvelle tentative pour détruire les Chickassas, sans quoi, il sera impossible d'en venir à bout, quoiqu'on fasse pour exciter les autres nations sauvages contre eux. Plus on tarde, plus on perd. Car ils s'aguerrissent toujours et obtiennent peu à peu la sympathie des Chérokis, qui sont de puissants auxiliaires. Je sais bien la répugnance qu'on doit éprouver pour toute expédition de ce genre, par le peu de succès des premières. Mais on pourrait faire mieux et à moins de frais, les routes étant mieux connues. Il suffirait de deux cents hommes de recrues, avec ce qu'il y a ici de troupes et de milices. On ferait des tranchées, pour ne pas perdre de monde, et on minerait. Les présents, pour les faire harceler, nous coûtent beaucoup. Il vaudrait mieux en finir."

M. de Loubois, dans une dépêche du 6 novembre, appuie la demande d'une expédition contre les Chickassas, faite par M. de Vaudreuil. Il conclut en disant: les Chickassas ont refusé net de renvoyer les Anglais, en nous déclarant que ceux-ci ne les laissaient jamais manquer de rien, tandis que nous laissions dans le dénuement le plus absolu nos plus proches voisins et nos meilleurs amis. Ils ne demandent plus la paix, et les Anglais, évidemment, les ont fait changer d'opinion à force de présents, sachant bien de quelle importance il serait pour nous de les chasser des Chickassas et quel dommage il leur en arriverait, eux dont le but est de nous circonvenir en embauchant nos sauvages, car ils ont des prétentions avouées jusqu'à la rive gauche du Mississippi. C'est ce qui fait que je conclus comme M. de Vaudreuil pour une nouvelle expédition contre les Chickassas."

Vers la fin de cette année, l'ingénieur Devergès présenta un mémoire sur l'embouchure du fleuve : "Les barres, dit-il, qui se trouvent sur toutes les passes des embouchures du fleuve, en bouchent l'entrée. La passe où il y a le plus d'eau, et qui a été la seule praticable, depuis 1722 que l'on en prit une parfaite connaissance, est celle de la Balise, par où les vaisseaux tirant depuis treize jusqu'à quinze pieds d'eau ont pu passer, soit avec facilité, soit avec difficulté, suivant que la barre s'est trouvée plus ou moins élevée, et l'on a remarqué, depuis ce temps-là, qu'il n'y a jamais eu sur la barre, dans son plus haut, moins de onze pieds d'eau, et dans son plus bas, plus de quatorze pieds et demi de mer. En sorte qu'il a été rare d'y voir passer des vaisseaux tirant de treize à quinze pieds, sans être obligés d'échouer dessus et de passer à la toué, après même s'être allégés d'une partie de leur cargaison. Cette passe fort rapide n'a que trente à quarante brasses de large."

1745.

Il résulte d'un mémoire très curieux de cette époque qu'il y avait alors à la Nouvelle-Orléans environ huit cents habitants blancs, non compris deux cents soldats, les femmes et les enfants. On y comptait une population noire de trois cents ames. Une partie des maisons était en briques, une partie en bois et d'autres briquetées entre poteaux.

"Il y a, dit ce mémoire, vingt cinq habitants qui peuvent avoir de 100 à 300 mille livres de biens. Presque tous les habitants sont mariés. Le plus considérable est M. Dubreuil, qui a cinq cents nègres, avec plantations, briqueteries, soieries, &c.

"Aux Allemands, il y a cent habitants et deux cents nègres. Occupation : jardinage et engraissement de bestiaux.

"Pointe-Coupée. Deux cents habitants. Quatre cents nègres. Ces habitants cultivent le tabac et font des vivres.

"Natchitoches. Soixante habitants et deux cents nègres. Productions : bestiaux, riz, maïs, tabac.

1745.
## TABLEAU GENERAL.

| | Habitants blancs mâles. | Noirs des deux sexes. |
|---|---|---|
| Au fort de la Balise, | 00 | 30 |
| Nouvelle-Orléans, | 800 | 300 |
| Allemands, | 100 | 200 |
| Pointe-Coupée, | 200 | 400 |
| Natchitoches, | 60 | 200 |
| Natchez, | 8 | 15 |
| Arkansas, | 12 | 10 |
| Illinois, | 300 | 600 |
| Missouri, | 20 | 10 |
| Petit Ougas, | 40 | 5 |
| Pascagoulas, | 10 | 60 |
| Mobile, | 150 | 200 |
| | 1,700 | 2,020 |
| Femmes et enfants environ, | 1,500 | |
| | 3,200 | |
| Troupes, | 800 | |
| | 4,000 | |

On observera que, d'après ce tableau, la population blanche de la colonie avait diminué d'environ mille personnes depuis la rétrocession qui en avait été faite par la compagnie des Indes au roi. La population noire seule était restée stationnaire. Il y avait quatorze ans que la rétrocession avait eu lieu. Ainsi depuis cette époque, la colonie avait plutôt rétrogradé qu'avancé.

1746. M. Lenormant avait remplacé M. Salmon comme commissaire-ordonnateur, mais à peine était-il entré dans l'exercice de ses fonctions, qu'une violente mésintelligence s'élevait entre lui et le gouverneur. M. de Vaudreuil, dans une dépêche du 6 janvier, dit: "Les affaires des Anglais s'avancent au détriment des nôtres, grace à M. Lenormant qui, non-seulement retarde la livraison de ce qu'il faut pour les sauvages, mais qui donne la majeure partie des marchandises du roi à ses commis qui tiennent ou font tenir boutique pour la revente. Ce qui leur procure d'énormes bénéfices aux dépens du public."

Il termine en demandant à être autorisé à se faire délivrer les marchandises nécessaires pour les postes, en alléguant que, sans cela, le commissaire-ordonnateur M. Lenormant pourrait perdre la colonie par des vues d'intérêt, ou par des motifs malentendus d'économie.

Le 9 mars, M. de Vaudreuil revient à la charge contre M. Lenormant. "M. de Berthel, écrit-il au ministre, ne recevra pas les marchandises qui lui sont indispensables aux Illinois, malgré les instances que j'en ai faites à M. Lenormant, qui a fait vendre beaucoup et n'a plus rien pour les dépenses imprévues, comme celles-ci, puisque M. de Berthel va avoir la visite d'un grand nombre de sauvages aux Illinois, à l'occasion de la négociation d'une paix générale. Cela peut nous faire un tort irréparable. Les postes d'ailleurs sont fort mal fournis. La Mobile est dans la misère. A Tombeckbé, et surtout aux Alibamons, la garnison est réduite à la dernière extrémité, au point que Lesueur, qui y commande, a été obligé de l'envoyer subsister dans les villages sauvages. Ce qui produit le plus mauvais effet, surtout avec les commentaires peu bienveillants que cette pénurie inspire aux Anglais."

Le 1er. d'avril, le marquis de Vaudreuil réitère ses accusations contre le commissaire-ordonnateur, Lenormant, dont il dit : "M. Lenormant a si bien manœuvré, que je n'ai pu me rendre que le 22 mars, à la Mobile, où douze cents Chactas m'attendaient depuis soixante à quatre vingts jours. Ce qui fait une dépense énorme pour la colonie. Encore les assortiments qu'il m'a fournis sont-ils défectueux et insuffisants. Ce qui me met dans la plus affreuse position, n'ayant rien ni pour payer les chevelures ni pour gratifier nos partisans dévoués.

"Soulier Rouge n'a pas paru, sans doute afin d'éviter l'humiliation de mes reproches. Cependant je lui ai fait dire que son présent serait réservé pour le cas où il le mériterait.

"J'espère que la guerre va se rallumer entre les Chactas et les Chickassas. Nous manœuvrons tous en conséquence, et M. Hazure m'y aide beaucoup. Mais il nous faut des marchandises, sans quoi tout sera perdu. Car, alors même que les Chickassas feraient la paix avec nous et chasseraient l'Anglais, comment pourrions-nous fournir à leurs besoins?"

M. de Vaudreuil se plaint aussi de ce que, contre l'usage, M. Lenormant ait supprimé les bateaux de service et retiré la ration aux hommes capables de les conduire. "Il en résulte, dit-il, que, lorsqu'on a besoin d'un bateau pour porter les marchandises dans les postes, il faut en louer à des prix exorbitants, sans compter qu'on n'en a pas à volonté. Non-seulement ce n'est pas une économie, mais c'est un énorme surcroît de dépense. Il faut non-seulement des marchandises, mais un commissaire-ordonnateur plus raisonnable."

Pendant que le marquis de Vaudreuil donnait audience, à la Mobile, aux chefs Chactas qui y étaient allés pour recevoir des présents, Soulier Rouge, qui était resté dans son village, profita de leur absence pour remettre sur le tapis l'affaire de la paix des Chickassas avec les Chactas. Ayant entraîné et gagné une grande partie des guerriers, il en fit donner avis aux Chickassas, afin qu'ils ne perdissent pas de temps pour leur envoyer des députés chargés de conclure un traité.

Sur ces entrefaites, les autres chefs, étant revenus de la Mobile à leurs villages, se hâtèrent d'envoyer, pour rompre les négociations, un parti de leurs gens contre les Chickassas. Mais cette tentative fut sans succès, les Chickassas en ayant eu avis par le Soulier Rouge, qui avait trouvé le moyen d'en être informé. Pendant que toutes ces manœuvres contraires se croisaient, les députés des Chickassas étant arrivés chez les Chactas, on fit main basse sur eux en dépit des efforts de Soulier Rouge, qui ne fut point assez puissant pour les protéger. Les deux chefs de la députation, ainsi qu'une femme, furent tués, et, de tous ceux qui les avaient accompagnés, il ne se sauva qu'un guerrier.

1746.

Le Soulier Rouge, voyant par là ses nouveaux projets déconcertés, et ne connaissant d'autre moyen de satisfaire les Anglais que de frapper, de son côté, un coup sur les Français, tua, à l'aide de quelques-uns de ses partisans, un cadet des troupes françaises, nommé le chevalier de Verbois, ainsi que deux traiteurs qui étaient dans sa nation et dont il pilla les marchandises.

Le marquis de Vaudreuil, informé de ce qui se passait, envoya un officier aux Chactas pour demander satisfaction de cet outrage. La plupart des chefs et des guerriers lui firent promesse de la lui accorder. Faisant allusion à cet évènement, M. de Vaudreuil dit, dans une dépêche du 4 novembre : " Il est à désirer que je puisse terminer ainsi cette affaire, surtout dans les circonstances actuelles ; car, si l'on venait à perdre la nation des Chactas, qui est la plus nombreuse de la colonie, l'on aurait peine à soutenir le commerce intérieur, et il serait même à craindre, qu'avec son secours, les Anglais ne parvinssent à former des établissements capables de couper la communication entre la Louisiane et le Canada. Du reste, on doit présumer qu'elle se déterminera difficilement à sacrifier les avantages qu'elle trouve à vivre en paix avec les Français."

Le 24 du même mois, M. de Vaudreuil écrivait au

1746. ministre : "J'ai visité l'embouchure du fleuve, en apprenant la déclaration de guerre ; d'après la mobilité des passes et surtout d'après le peu de consistance des terres qui les bordent, il est à peu près impossible de songer à y faire des ouvrages de fortifications. Il faut seulement conserver le fort de la Balise qui y est, moins à cause de son utilité comme défense que comme entrepôt de commerce avec les Espagnols. Il est utile d'ailleurs d'y avoir un poste à portée de surveiller la côte et de nous informer de ce qui s'y passe.

"Mais il faut défendre le fleuve. Le premier terrain qui paraît mériter quelque attention, en remontant, est le détour de Plaquemines, à onze lieues de la Balise. M. Lenormand s'était d'abord déclaré pour cet endroit, parce que, disait-il, on devait se servir des premières terres. Cette raison était bonne, et j'avais été assez de son sentiment, pour mettre à l'abri tout le bas du fleuve. Mais je remarquai, avec l'ingénieur et le capitaine de port, que la situation de ce détour ne présentait aucun obstacle aux vaisseaux qui, étant une fois en pleine eau, le pourraient passer facilement, du même vent qui les aurait servis pour entrer par la nouvelle passe. Il serait impossible de les arrêter avec dix pièces de canon de dix-huit que nous aurions à mettre de chaque côté, parce que, profitant d'un vent fait, ils n'auraient qu'une décharge à essuyer et seraient hors de danger avant que l'on fût prêt à en faire une seconde. Pour se promettre de barrer le passage, il faudrait y avoir au moins trois batteries de vingt grosses pièces de canon sur chaque bord du fleuve, à portée les unes des autres ; ce qui coûterait des sommes immenses.

"Autre objection : la distance est trop grande de la ville, et, pour cette raison, il faudrait y entretenir une garnison à demeure et complète, qui ne pourrait recevoir à temps aucun secours de la ville. Puis, si cette batterie était dépassée ou bloquée, comme cela arri-

verait presque certainement, la ville et la colonie se- 1746.
raient tout-à-fait à découvert.

"Je remarquai en outre que le seul endroit du fleuve dont on pourrait tirer parti avec les vingt canons de 18 que nous possédons, était le détour à l'Anglais à cinq lieues de la ville, qui est fortifié naturellement contre les vaisseaux, en ce que les vents de l'Est au Sud qui leur sont bons pour monter depuis la mer, les arrêtent à l'entrée de ce détour, ne pouvant doubler que par le vent de Sud Ouest, lequel vent est très rare depuis le mois de juillet jusqu'en janvier, qui sont les mois les plus propres à entreprendre la conquête de ce pays, le fleuve étant bas. Les vaisseaux retomberaient dans le même embarras une lieue et demie plus haut, étant forcés d'y attendre les vents soufflant de l'Est pour faire route. D'autre part, il est à remarquer qu'il y a, entre les habitations établies dans le détour, des cantons de bois fourrés de broussailles et de cannes épaisses entrelacées de ronces, qui se terminent en des marais entrecoupés de ruisseaux et de fonds tremblants, à travers desquels il serait téméraire de vouloir pénétrer, lorsqu'on y aurait fait de bons retranchements et qu'ils seraient défendus par quelques corps de troupes. Un autre avantage, c'est de pouvoir, pour ainsi dire, y jeter à l'instant toutes nos forces. J'ai pensé, eu égard à ces considérations, que je ne devais point hésiter à donner la préférence à cet endroit pour des fortifications d'une dernière ressource. C'est pourquoi je me suis déterminé à y établir de chaque côté du fleuve, aux points où les vaisseaux sont contraints de venir pour se rendre favorables les vents de Sud Ouest, un fort de terre liée avec des fascines, et les talus des épaulements soutenus avec un cléonage, suivant les plans et dessins de M. Devergès. Pour l'érection, desquels forts, j'ai, conjointement avec M. Lenormant, ordonné aux habitants de la ville et des campagnes des environs de four-

1746. nir le cinquième de leurs nègres pendant six semaines.

"Je pense qu'il y aura, sous peu de jours, dix pièces de canon de 18 en batterie sur chaque fort. Il serait à propos qu'on envoyât seize pièces de 24 avec leurs boulets et quatorze pièces de 18 pour garnir toutes les embrasures qui battent sur le fleuve, les retranchements qui font la clôture de ces batteries du côté des terres ne devant être défendus qu'avec des pièces de 4 et de 6, qui se trouvent à la Nouvelle-Orléans. Avec ce secours la colonie pourrait se défendre.

"On remarquera que, dans cette dépêche, le marquis de Vaudreuil dit qu'il est à peu près impossible de faire à la Balise aucun ouvrage de fortification. Cependant M. de Bienville paraît n'avoir pas été de cette opinion, puisqu'il adjugea, en 1741, à M. Dubreuil, pour la somme de 297,382 livres, les ouvrages les plus pressés qu'il y avait à y faire. L'ingénieur Devergès, consulté sur la possibilité de bâtir un fort à la Balise, répondit favorablement et porta le devis des dépenses à 532,408 livres. L'opinion des ingénieurs modernes s'est prononcée en faveur du site choisi par M. Lenormant : le détour de Plaquemines.

Le 26 Novembre, le marquis de Vaudreuil écrivait au ministre : "j'ai reçu en septembre dernier la lettre du 6 mai, par laquelle on me donne avis de trois vaisseaux et une frégate partis d'Angleterre au mois d'avril sous le commandement du chef d'escadre Knowles, qui devait relacher à Antigua et de là, à la Jamaïque. Il est supposé que cet armement est destiné pour la Louisiane. J'ai été aussi informé que le général Oglethorpe devait repasser incessamment dans la Georgie avec un renfort de troupes, et que peut-être le chef d'escadre Knowles était destiné à faire quelque entreprise, de concert avec lui, sur la floride. J'ai fait passer cet avis aux gouverneurs de Pensacola, de St.-Marc et de St.-Augustin.

"Je suis préparé à tout évènement. J'ai la bonne vo- 1746. lonté, mais peu de moyens. Je n'ai rien pour défendre l'entrée de la passe de l'Est, où il s'est fait une ouverture au nouveau chenal dans la partie la plus prochaine de la Balise, lequel chenal à de quinze à seize pieds d'eau de mer basse sur la barre et deux cents toises de longueur par le travers des battures les plus au large, qui forment comme un fer à cheval avançant en mer. Le fonds est de vase. Il est divisé en trois à sa sortie. Deux de ces chenaux ont dix à vingt cinq toises de largeur chacun, et le troisième trente à quarante, et sont séparés l'un de l'autre par des battures et des buttes de terre grasse sortant de l'eau. Le plus large est à droite en entrant. Nous avons travaillé sur le champ à fortifier cette nouvelle passe avec le secours des habitants, qui l'auraient fait encore plus volontiers, si M. Lenormant s'y fut pris autrement. Il leur a refusé même de fournir des outils, des vivres pour la subsistance de leurs nègres, et les voitures pour les conduire sur les lieux. Voulant même, en dernier lieu, les obliger à achever les fortifications au détriment de leurs récoltes, prétention injuste qui commençait à irriter les habitants. Aussi, je ne l'ai pas voulu laisser aller plus loin.

"Quant aux forces de la colonie, je puis mettre quatre cents hommes sur pied, avec les petites nations, qui peuvent faire nombre de cinq à six cents hommes, et deux cents à trois cents nègres sur lesquels on peut compter. Mais il nous manque des armes et des munitions."

Il y eut cette année un ouragan presque aussi terrible que les deux ouragans de 1740. Une grande partie des récoltes fut détruite, et le bas de la province était menacé de famine, si de prompts secours n'avaient pas été envoyés par le district des Illinois, qui déjà fournissait tous les ans à la Nouvelle-Orléans une assez grande

1746. quantité de farine. Les bateaux des Illinois arrivaient vers la fin de décembre et repartaient en février. Il paraît qu'autrefois les ouragans étaient beaucoup plus fréquents que de nos jours. On dirait que la marche de la civilisation, que les progrès de l'agriculture, en modifiant l'aspect d'un pays, détruisent les causes de ces fléaux dévastateurs. On dirait que la nature se dépouille de sa rudesse primitive, et que les éléments mêmes adoucissent leur lutte devant le courage persévérant et le labeur patient de l'homme !

Le budget des dépenses courantes de la colonie se monta cette année à 444,904 livres.

## CHAPITRE XVIII.

RAPPORT DE M. LENORMANT SUR LA MONNAIE DE PAPIER.—GUERRE CIVILE ENTRE LES CHACTAS.—MORT DE SOULIER ROUGE.—LES FRANÇAIS SONT HARCELÉS PAR LES INDIENS.—NOUVELLE ÉMISSION DE PAPIER MONNAIE PAR VAUDREUIL ET MICHEL.—ILS SONT BLAMÉS PAR LE GOUVERNEMENT FRANÇAIS.—RÉGLEMENTS DE POLICE.—ÉTAT DES FORCES DE LA COLONIE EN 1751.

Le 27 mars 1747, M. Lenormant qui, en sa qualité de commissaire-ordonnateur, devait accorder une attention toute particulière à l'état financier de la colonie, fit, à ce sujet, un rapport dont voici un extrait : "Dès que le papier-monnaie a commencé à perdre, on s'est jeté sur les piastres, que l'on a achetées plus ou moins dans les commencements, suivant le plus ou moins de besoin, de cupidité ou d'industrie de ceux qui les achetaient ou les vendaient. Voilà la source de tout l'agio qui s'est fait dans la colonie sur les lettres de change et sur les piastres. Il a considérablement augmenté pendant les années 1741, 1742 et 1743, mais il serait bien difficile de vous dire la fermentation qui a eu lieu à cet égard dans la colonie, à combien de virements cela a donné lieu, ni avec combien d'adresse plusieurs particuliers ont su profiter de ces circonstances à leur avantage, et au préjudice des intérêts du roi et du bien général de la colonie.

"Sur la question de savoir s'il convient de hasarder de nouveau de la monnaie de papier, j'y trouve de grandes difficultés, parce que la quantité à émettre ne

1747.

1747. peut pas être connue d'avance, pas plus que les dépenses de la colonie, sur lesquelles doit être fondée l'émission de ce papier monnaie.

"On a tout à craindre encore de l'avidité et du goût décidé des particuliers de cette colonie pour l'agio. Leur industrie, dont on aurait pu faire un meilleur usage, a été de tout temps uniquement tournée de ce côté là. Car, quoique l'agio sur la monnaie de la colonie, sur les piastres et sur les lettres de change, n'eût commencé qu'en 1737, l'agio sur les marchandises de magasin, et sur tout ce qui en était d'ailleurs susceptible, a toujours eu lieu dans la colonie. C'est pour ainsi dire le seul objet auquel ceux qui demeurent dans le pays se sont attachés, au préjudice de l'établissement des terres et des autres moyens qui peuvent faire fleurir la colonie.

"Je conviens qu'une nouvelle monnaie de carte ou de papier procurera un soulagement actuel à la caisse de la marine en France; mais ce soulagement, qui ne peut avoir lieu que pour la première année, ne peut balancer les *risques inséparables de l'établissement et de l'existence de cette monnaie dans le pays.*"

On voit que M. Lenormant, il y a juste un siècle, écrivait, en quelque sorte par anticipation, l'histoire du papier monnaie contemporain dont nous avons vu tous les tripotages; on voit que les mêmes causes ont produit, en 1842, les mêmes effets qu'en 1742. Ce rapprochement est par lui-même une leçon pour l'avenir et n'a pas besoin de commentaires.

A cette époque, quelques doutes s'étant élevés sur l'étendue des terres qui dépendaient de la juridiction de la Nouvelle-Orléans comme chef-lieu, le marquis de Vaudreuil décréta, en date du 11 mai, que cette juridiction s'étendait depuis le bas du fleuve, des deux côtés, jusques aux quartiers des Allemands exclusivement, et qu'elle devait comprendre aussi le quartier du bayou

St.-Jean, ainsi que le quartier de Chantilly, appelé maintenant Gentilly, par corruption. 1747.

Le 10 mai, le marquis de Vaudreuil avait écrit au ministre, relativement aux Chactas : " Je comptais pouvoir vous apprendre, Monseigneur, que la nation chactas nous avait fait satisfaction de l'attentat commis sur nos français, l'été dernier. (L'assassinat du chevalier de Verbois et de deux traiteurs.) Tout ce qui m'en est revenu, depuis mes précédentes, est qu'il s'est tenu à Tombekbé une assemblée presque générale de tous les chefs et principaux guerriers, dans laquelle il a été résolu de ne point perdre de temps à nous faire satisfaction, et le commandant de ce poste me marque précisément qu'il est persuadé que l'exécution n'en ira pas loin, et que c'est la tête du Soulier Rouge et celles de ses adhérents qu'ils comptent livrer incessamment, et que, pour preuve des dispositions où sont la plupart de ces chefs et principaux guerriers à notre égard, ils lui ont promis qu'à leur retour dans la nation, ils allaient dépêcher un courrier aux Chickassas, pour avertir les Anglais de ne point venir chez eux, sans quoi, ils courraient les risques d'être pillés, et peut-être pis.

"Voilà, Monseigneur, dans quelle disposition est aujourd'hui cette nation ; soit que ce soit la misère où elle est réduite qui l'engage à revenir à nous, soit par un pur attachement à la domination française. J'espère qu'elle en viendra à nous faire satisfaction, et, telle chose qui puisse l'y contraindre, nous tirons toujours un grand avantage des différends que nous avons aujourd'hui avec elle. Nous n'avions ci-devant que de faibles assurances de sa fidélité, au lieu que si elle en vient à nous livrer les têtes des coupables, nous serons plus assurés que jamais qu'elle ne peut se passer de nous, et que l'Anglais ne peut lui faire les mêmes avantages qu'elle est accoutumée à recevoir des Français. En ce cas, elle perdra tout espoir de lier aucun commerce

1747. avec les Anglais, et par là, elle nous deviendra plus attachée qu'elle ne nous l'était ci-devant.

"Il n'est point surprenant que cette nation ait tant tardé à nous faire satisfaction. Elle est nombreuse, il y a différents partis, et celui de Soulier Rouge n'est pas le moindre ; mais comme celui-ci, jusqu'à présent, n'a pu lui faire voir l'exécution de ses belles promesses, il commence à perdre de son crédit, et il n'est pas douteux qu'à la fin ses partisans ne l'abandonnent, comme il y en a déjà plusieurs, qui sont revenus dans nos intérêts, et qui font aujourd'hui partie de ceux qui ont juré sa perte."

Le 15, dans une autre dépêche, il revient sur les mesures de défense qu'il avait prises contre l'attaque projetée des Anglais, et il dit :

"Bien qu'il n'y ait pas autant d'eau à la passe de la Balise qu'à celle de l'Est, j'avais laissé le fort intact pour ne pas donner à penser aux Anglais qu'il y avait une passe meilleure, les changements sur la barre étant trop récents pour qu'ils en eussent connaissance. Mais à présent qu'il n'y a plus que sept à huit pieds d'eau et qu'on avait lieu de croire qu'elle se comblerait en peu de temps, à en juger par les rapports de terre qui s'y sont faits depuis huit mois, étant d'ailleurs assuré que les Anglais sont informés de ces changements par voie de la Havane, j'ai pris le parti de désarmer les batteries du fort et de retirer les deux tiers de la garnison. Ne voulant pas exposer cette partie de nos forces aux hasards d'une attaque qui nous en priverait immanquablement, sans espoir d'en tirer aucun avantage pour la défense du pays, je n'y ai laissé qu'une pièce de canon de 8 et deux de 4, pour faire et rendre les signaux à nos vaisseaux, et un détachement de quinze hommes avec le pilote, sous le commandement d'un officier chargé de surveiller la côte, afin de m'assurer de tout ce qui pourrait survenir d'extraordinaire, avec l'ordre de quit-

ter le poste, lui et sa troupe pour remonter ici, s'il aper-  1747.
cevait plusieurs vaisseaux ennemis ensemble.

"La passe de l'Est a dix sept pieds. Le Chameau l'a passé avec la plus grande facilité.

"J'envoie deux plans et devis pour deux forts, dont l'un est le fort de Plaquemines, situation que M. Lenormant préconise toujours. Outre mes raisons déjà développées contre cette situation, je dirai que le terrain n'est élevé que de deux pieds et demi au-dessus des plus basses eaux et qu'il est couvert d'un pied d'eau, lors des débordements. D'ailleurs, il est probable que le sol n'a pas assez de solidité pour supporter des travaux de fortifications, et c'est l'opinion du sieur Devergès, qui a une longue expérience.

"Au détour des Anglais, le terrain est élevé de neuf à dix pieds au-dessus des plus basses eaux et pourrait soutenir toute sorte d'ouvrages. Il est nécessaire d'aviser incessamment au choix du site à fortifier,"

On voit que le gouvernement avait en perspective la nécessité de fortes dépenses, lorsque le budget des dépenses courantes de cette année avait pris déjà des proportions plus fortes qu'à l'ordinaire et se montait à la somme de 506,445 livres.

Au commencement de 1748, il s'éleva comme une  1748.
guerre civile entre les Chactas, dont les uns se déclarèrent pour les Français et les autres pour les Anglais. Ceux qui s'étaient prononcés pour les Anglais, étant dans la minorité, étaient appelés les *révoltés*, et se mirent, par petites bandes, à faire des courses sur les Français, ainsi que plusieurs lettres de M. de Vaudreuil en font foi. Une troupe de Chactas attaqua un village des Allemands, tua un habitant, blessa sa femme et fit sa fille prisonnière, avec trois nègres et deux négrites. M. de Vaudreuil écrit à ce sujet, en date du 4 juin:

"Sur ce qu'on m'avait annoncé qu'un sauvage avait

1748. visité ce village, (Côte des Allemands) quelque temps auparavant, examinant tout avec attention, j'avais donné ordre de se tenir toujours sur ses gardes et de veiller surtout sur le ruisseau, par où ce sauvage était venu et par où il s'en était retourné. Pendant les premiers jours, qui suivirent cet ordre, on fut assez prudent et alerte, mais peu à peu, on a abandonné toute précaution. Puis, quand le mal a été fait, au lieu de s'assembler et de prendre des mesures efficaces contre un ennemi, dont on n'a rien à craindre, lorsqu'on est sur ses gardes, ils ont abandonné leurs habitations et se sont presque tous sauvés à la Nouvelle-Orléans, où pour les renvoyer, on a été obligé de les menacer, et de leur donner un détachement considérable pour les rassurer et les mener chez eux. A peine le détachement fut-il parti pour revenir, que la plupart des Allemands se sont retirés de l'autre côté du fleuve, pour y faire quelques défrichés dans les cannes. Ils ont abandonné leurs maisons et laissé leurs terres bien cultivées, entièrement à la discrétion de leurs bestiaux.

"Voilà l'effet que produisent dans cette colonie les incursions des sauvages, et ce, autour de la Nouvelle-Orléans, où on a moins lieu de les appréhender que partout ailleurs. J'ai envoyé à Tombekbé l'ordre de faire tout au monde pour s'assurer des auteurs de cet acte, et fait dire à la nation que, si elle ne vengeait au plus tôt cette insulte, elle me mettrait dans le cas de l'abandonner entièrement."

Dans une dépêche du 15, il ajoute : "Depuis la précédente, j'ai appris, par des lettres de la Mobile, que le partisan, qui était venu aux Allemands faire le coup dont j'ai parlé, avait été tué, en arrivant à son village, par son chef même et son propre frère, après avoir reçu les reproches qu'on lui fit, d'être venu gâter la parole donnée à la Mobile et la résolution prise de se réconcilier avec nous.

"J'apprends des Alibamons qu'un parti de Chactas anglais, conduit par le frère de Soulier Rouge, passant aux Kaouitas pour aller à la Caroline demander des secours, a été attaqué et a eu huit hommes tués."

Le 14 juillet, les Chactas du parti français attaquèrent un village du parti anglais, et tuèrent treize hommes, au nombre desquels étaient plusieurs chefs très considérés. Les Chactas du parti anglais, ayant entrepris de s'en venger, attaquèrent à leur tour, le 16 août suivant, un village des Chactas français. Le combat fut opiniâtre de part et d'autre. Il y eut plus de cent hommes tués à cette attaque, et les Chactas anglais furent obligés de plier. On les poursuivit l'espace de trois lieues. Leur perte fut estimée à plus de quatre-vingts morts, avec pareil nombre de blessés, dont plusieurs moururent des suites de leurs blessures.

Il se donna entre ces sauvages plusieurs autres combats moins considérables, dans lesquels ceux attachés au parti français eurent toujours l'avantage.

Le marquis de Vaudreuil renouvela, à cette occasion, les représentations qu'il avait déjà faites sur la nécessité d'augmenter les troupes de la colonie, et fit observer que, tant que les postes ne seraient pas bien garnis, on ne saurait se flatter de pouvoir contenir les sauvages. Il marqua aussi que les Anglais ne cessaient pas, en paix comme en guerre, de travailler à indisposer les nations sauvages contre les Français.

Après de longues délibérations, et après beaucoup de sang versé dans une guerre civile qui menaçait de les anéantir, la majorité de la nation des Chactas s'était enfin déterminée à porter la tête du Soulier Rouge à M. de Vaudreuil. Ce chef célèbre fut tué au moment où il conduisait un convoi de marchandises anglaises dans son village, et, par cet événement, le parti qu'il était parvenu à former en faveur des Anglais serait tombé, si, en le faisant mourir, on avait eu soin en même

1748. temps de détruire le convoi. Mais les Anglais qui en étaient les maîtres, par le moyen des présents qu'ils se trouvèrent en état de faire, parvinrent à soutenir leur parti, à la tête duquel ils mirent un frère de Soulier Rouge. Quelques-uns mêmes de leurs partisans vinrent faire une excursion du côté des établissements français, et tuèrent cinq personnes. La nation se trouvant, par là, encore divisée en deux partis, malgré la mort du Soulier Rouge, il y eut recrudescence de guerre civile. Les Anglais ayant profité de ces circonstances pour donner plus d'extension à leur commerce dans la nation, l'officier français, M. de Grand-Pré, commandant du poste de Tombekbé, fut informé que cinq traiteurs anglais devaient partir des Chactas avec soixante chevaux chargés de pelleteries. Sur cet avis, il forma un parti de douze sauvages, commandés par un chef affidé qui, s'étant posté sur la route que devait tenir le convoi, l'attaqua et le défit entièrement. Des soixante chevaux dont il était composé, quarante furent enlevés et les vingt autres tués; mais il n'y eut qu'un anglais qui périt, les autres s'étant échappés.

Quant aux autres nations sauvages qui habitaient sur le territoire de la colonie, les Anglais, dont l'activité était pour le moins égale à celle de leurs rivaux, étaient parvenus à décider les Illinois à massacrer les Français et à détruire leurs établissements. Mais la conspiration ayant été découverte, le chevalier de Berthel, qui commandait dans cette partie du pays, en empêcha l'exécution, de sorte qu'on eut lieu d'espérer que la tranquillité serait bientôt rétablie.

Le marquis de Vaudreuil, en rendant compte au ministre de ces mouvements des nations sauvages, l'informa qu'il ne pouvait les attribuer qu'au mépris que ces nations avaient conçu pour les Français, en voyant le peu de forces qu'ils avaient dans les différents postes, et qu'au bruit répandu par les Anglais que le roi de France

n'avait plus de vaisseaux pour transporter des troupes 1748.
à la Louisiane.

Des Indiens avaient eu l'audace de venir attaquer et tuer des chasseurs dans le voisinage même de la Nouvelle-Orléans, et le quartier de la Mobile avait été tellement inquiété que, pour rassurer les habitants, M. de Vaudreuil s'était décidé à s'y transporter. Il fit entourer les maisons de palissades et fit venir toutes les petites nations des environs, pour garder les avenues du poste et prévenir les surprises.

Dès qu'on fut informé de l'attentat commis aux environs de la Nouvelle-Orléans, M. de Noyan, lieutenant de roi, qui y commandait en l'absence de M. de Vaudreuil, détacha M. Tixerant, lieutenant, avec cinquante hommes de troupes régulières et de milices, pour courir après les sauvages. Ce détachement ayant dans sa route rencontré des Chactas qui étaient en chasse, et qu'il prit pour les auteurs de l'attentat que l'on voulait punir, le commandant Tixerant envoya deux hommes pour les reconnaître. Ceux-ci furent bientôt aperçus par trois de ces sauvages, lesquels firent leurs cris ordinaires pour avertir leurs gens de la présence d'étrangers. Mais les deux Français ayant pris la fuite et rejoint le détachement, M. Tixerant, dont la troupe était à terre, la fit rembarquer pour traverser un bayou qu'il mit entre elle et les sauvages, et derrière lequel il se retrancha. Les sauvages, voyant le détachement français battre en retraite, lui tirèrent quelques coups de fusil, tuèrent un soldat et en blessèrent deux autres.

Le chef sauvage ayant ensuite demandé à parlementer, Tixerant lui reprocha d'avoir tiré sur les Français. Ce chef prétendit que ce n'était ni lui ni ses gens qui avaient tiré, mais bien des esclaves, déserteurs de chez les français, qu'il offrait de rendre, si on voulait les lui

1748. payer. Il lui témoigna même beaucoup de chagrin de cette aventure.

M. de Vaudreuil, qui rend compte de cet événement, dit que le peu de fermeté du lieutenant Tixerant serait de la plus dangereuse conséquence, si le roi la laissait impunie, et que d'ailleurs cet officier s'adonnait à la boisson. Il ajoutait qu'il fallait le casser. En effet, suivant la recommandation de M. de Vaudreuil, Tixerant fut cassé.

Jamais les Français n'avaient été plus harcelés par les Indiens que cette année. M. de Vaudreuil, le 16 novembre, donnait encore de nouveaux détails sur des attaques faites contre les colons par leurs infatigables ennemis. "Le 9 courant, dit-il, un exprès de la Côte des Allemands me rapporta qu'un parti de sauvages était venu sur l'habitation de feu Cheval, où ayant aperçu quelques français et nègres qui bêchaient, les sauvages se saisirent des armes de ces habitants, ce qui les obligea de fuir et de traverser de l'autre côté du fleuve pour s'armer, mais qu'aussitôt, ils avaient repassé le fleuve pour s'opposer aux entreprises de l'ennemi. Je pensais que le sieur d'Arensbourg serait instruit à temps de ce qui se passait et enverrait promptement au secours, mais je ne sais par quelle fatalité ce commandant ne s'était pas encore rendu à son poste.

"Tandis que ces habitants traversaient le fleuve, les nommés Bouchereau et Rousseau fils, avec deux de leurs nègres, entreprirent d'amuser les ennemis, en attendant du renfort, et furent autour d'une maison, pour en chasser quelques sauvages qui s'y étaient retirés. Ceux-ci, qui les guettaient, tuèrent les deux Français et vinrent pour leur enlever la chevelure, mais les deux nègres s'y opposèrent et se battirent si vigoureusement, qu'ils tuèrent deux sauvages, et obligèrent les autres de se tenir enfermés dans la maison, d'où tirant de temps en temps quelques coups de fusil, ils blessèrent un de ces nègres à mort, et contraignirent l'autre, qui avait déjà plusieurs balles dans les chairs, de se jeter à la nage dans le fleuve, qu'il avait à demi passé, lorsqu'on accourut de l'autre côté pour l'en tirer.

1748.

"Les sauvages ne voyant plus de résistance et parcourant quelques habitations pour les piller, rencontrèrent un nommé Baby, maître de danse de la Nouvelle-Orléans, qui était monté sur un assez mauvais cheval, et sans autre défense qu'un couteau de chasse qu'il avait à la main. Ils voulaient le prendre en vie, mais il fit si bien qu'il se débarrassa d'eux et se jeta dans une maison, où était un jeune homme nommé Guillaume, qui avait retiré chez lui dix à douze négrillons et négrites. Comme cette maison est assez bonne, quoique ce jeune homme n'eût qu'un seul fusil et peu de munitions, il entreprit d'empêcher les sauvages d'y entrer, et fit si bonne contenance qu'il blessa dangereusement un ennemi et écarta les autres. Mais le sieur Baby, qui s'était retiré dans cette maison, y reçut un coup de fusil au travers du cou, dont il mourut.

"Je fis partir le lendemain un nouveau détachement de vingt-deux hommes, pour renforcer le premier que j'avais envoyé par le bayou St.-Jean, ne doutant pas qu'ils ne rencontrâssent les sauvages lorsqu'ils voudraient s'en retourner, et le même jour, le nommé Flamant, habitant de cette ville, qui venait des Allemands, me remit une lettre du sieur d'Arensbourg, qui m'apprit qu'il n'avait pu se rendre chez lui que le 10, à sept heures du matin, et qu'ayant voulu aussitôt traverser du côté attaqué avec un détachement, il n'avait pu le faire, faute de voitures; que d'ailleurs, nos ennemis étant en plus grand nombre qu'on ne pensait, les habitants avaient appréhendé que, s'ils se fussent mis en devoir d'aller chasser les sauvages, ceux-ci n'eussent traversé de l'autre côté, où, ne trouvant que peu de forces, ils

1748. auraient massacré les femmes et les enfants, et ravagé toutes les habitations. Ce qui lui a fait prendre le parti de rester sur la défensive et de partager tout son monde en trois bandes, dont l'une pour conserver le haut, l'autre le milieu, et la troisième le bas de la côte, où il était, disait-il, en attendant du renfort. Cette conduite m'a d'autant plus surpris, que je lui avais donné l'ordre précis de secourir ceux qui seraient attaqués de ce côté-ci, et que j'ai toujours pensé que de cent vingt à cent trente Allemands qu'il avait, portant les armes, il aurait pu en détacher une cinquantaine, avec lesquels il aurait dû marcher de préférence. Il était inutile qu'il me demandât un renfort, l'exprès qui m'apporta cette lettre m'ayant assuré que les ennemis s'étaient retirés le 10, sur les dix heures du matin, et qu'il avait été avec cinq de ses nègres, la nuit du 9 au 10, sur les dix heures du soir, chercher le nommé Baby, prêt à expirer; qu'il l'avait traversé de l'autre côté pour recevoir les derniers sacrements, et ensuite amené à l'hôpital de cette ville, où il est mort peu de temps après son arrivée.

"La nuit du 11 au 12, je fus averti que les sauvages ennemis, sur le point de se retirer, avaient été attaqués par notre détachement, qui leur avait tué deux hommes, blessé plusieurs autres, et que le reste avait gagné un pays impraticable, où l'on n'avait pu les suivre. J'ai aussitôt commandé les petites nations d'ici, (les environs de la Nouvelle-Orléans) pour leur aller couper le chemin dans le haut de Manchac, et j'ai envoyé un détachement de vingt hommes pour aller aussi les guetter dans le même endroit, en cas qu'ils s'y rendent.

"Les deux premiers détachements sont arrivés, le 12, à sept heures du matin, et m'ont amené tout le bagage et les voitures des ennemis, avec une négresse qu'ils avaient faite prisonnière. Cette négresse a rapporté que les sauvages étaient au nombre de treize, que ce parti a perdu aux Allemands deux guerriers, qui ont été tués, et trois dangereusement blessés. Surpris par nos déta- 1748. chements, ils ont eu deux hommes tués, et les autres se sont sauvés dans des marais, d'où ils ne sortiront peut-être jamais. A l'exception de deux fusils, ils ont tout abandonné, butin, voitures, et quatre chevelures qu'ils avaient levées. De ce parti sauvage il ne reste plus que deux hommes capables d'aller dans leurs foyers."

"Voilà, Monseigneur, ce qui a causé tant d'alarmes. A entendre les Allemands et la plupart des habitants de la Nouvelle-Orléans, ce parti était composé de plus de deux cents hommes, et encore des plus intrépides de la nation des Chactas. J'ai toujours pensé qu'il n'y avait tout au plus que douze à quinze vagabonds qui, connaissant la timidité des Allemands, venaient tâcher de leur enlever quelques nègres pour les vendre aux Anglais."

La situation militante dans laquelle se trouvait la colonie fut sans doute pour elle une grande cause de dépenses, car le budget de cette année s'éleva à 539,265 livres.

Le 2 janvier, M. de Maurepas, alors ministre, envoya 1749. la dépêche suivante, concernant le commerce de la colonie, au marquis de Vaudreuil et à Michel de la Rouvillière qui avait remplacé M. Lenormant comme commissaire-ordonnateur : "Je vous recommande de veiller soigneusement à ce que le commerce interlope ne se fasse pas entre la Louisiane et les colonies anglaises, par lequel les colons pourraient, au détriment des intérêts du roi, vendre leur indigo aux Anglais, qui leur donneraient des marchandises, des nègres ou de l'argent.

"C'est à quoi il est de votre devoir de veiller, et cet objet exige d'autant plus de soin et d'attention de votre part, que, depuis quelque temps, les interlopes anglais ont trouvé le moyen de s'introduire dans cette colonie. Il m'est même revenu qu'il y a été expédié des bateaux pour la Caroline. Le goût pour ce commerce fraudu-

1749. leux y prendrait bientôt de profondes racines, pour peu que l'on négligeât d'y mettre ordre.

"L'intention du roi est donc que vous empéchiez exactement tout commerce avec les Anglais dans la colonie. Si quelqu'un s'avisait de conduire ou d'envoyer quelques batiments chez eux, il faudrait punir suivant toute la rigueur des lettres patentes du mois d'octobre 1727. Vous ne devez, sous quelque prétexte que ce puisse être, admettre dans la colonie aucun de leur batiments, et tous ceux qui entreprendront d'y aborder, doivent être confisqués s'ils peuvent être pris. En un mot, vous ne devez ni tolérer ni laisser impuni aucun commerce avec eux, et Sa Majesté n'admettrait pas d'excuse de votre part sur cela. Il en est de même pour le commerce des Hollandais."

Pour ce qui concernait les produits agricoles de la colonie, le ministre, voulant donner de l'extension à l'exploitation du cirier, autorisa M. de Vaudreuil à acheter la cire végétale provenant de cet arbre, et à la payer, pour le compte du gouvernement, de 10 à 12 livres, la livre.

La colonie eut encore beaucoup à souffrir, cette année, de l'hostilité des Indiens. Le marquis de Vaudreuil, dans une dépêche du 22 septembre, parle de continuelles attaques faites par des partis de différentes nations sauvages et de l'alarme générale qui régnait depuis les Natchez jusqu'à la Nouvelle-Orléans.

Pour détruire entièrement les sauvages, ajoute-t-il, *Il faudrait des créoles du pays, qui sont seuls capables de courir les bois et de faire la guerre à la manière des barbares; mais malheureusement, il n'y en a pas suffisamment.*

1750. Cependant, les Chactas du parti français avaient si souvent et si rudement frappé sur les Chactas du parti anglais, qu'il n'y avait plus que deux villages de cette nation, restés fidèles aux Anglais. "Encore, de ces deux villages, disait M. de Vaudreuil au ministre, en date du 1er février, il n'y a guère que les chefs qui persistent, car beaucoup de leurs guerriers voudraient en finir et revenir à nous. Je forcerai nos alliés, en les menaçant de retenir les présents qu'ils attendent, de chasser les Anglais qui sont encore dans l'un de ces villages. Nous ne pouvons faire autrement, faute de forces suffisantes. Car il est important de ne pas exposer nos armes à un échec.

1750.

"Tout est tranquille, moyennant deux détachements envoyés, l'un aux Allemands, l'autre aux Tunicas, où j'ai fait bâtir un fort que ces sauvages me demandaient depuis long-temps, pour protéger leurs femmes, lorsqu'ils vont en course.

"Quant aux Chickassas, il faudra patienter jusqu'à ce que nous puissions faire une expédition contre eux. Car des expéditions de 1736 et 1740 contre les Chickassas, les sauvages ont tiré la conséquence que nous étions incapables de jamais détruire ou réduire les peaux rouges. Jusqu'à ce que ces revers soient effacés, ainsi que la funeste impression qui en est résultée, notre position sera extrêment pénible.

"Les Chickassas m'ont envoyé une femme française et des enfants faits prisonniers l'année dernière aux Arkansas et m'ont fait demander la paix. J'ai fait payer la rançon des personnes et j'ai répondu que je verrais quant à la paix, mais qu'il fallait qu'ils se comportâssent mieux que par le passé."

On voit que c'était une détermination prise de ne pas accorder la paix aux Chickassas, mais de les détruire entièrement.

Le 24 juin, M. de Vaudreuil rend compte de la continuation de la guerre civile chez les Chactas, et parle d'un combat, où cent trente chevelures de Chactas anglais furent levées. Il dit aussi que les Chactas de l'Ouest sont allés en course contre les Chickassas et lui

1750. ont rapporté douze chevelures. Il ajoute que, bien qu'il ne reste que deux villages chactas fidèles aux Anglais, ceux-ci n'en font pas moins des efforts incroyables pour gagner le reste de la nation.

Au mois d'octobre, M. de Vaudreuil fit un rapport favorable sur la situation de la colonie vis-à-vis des sauvages. "Les Natchez, dit-il, n'existent plus, ou peu s'en faut. Les Chickassas sont fort affaiblis, et les Chactas révoltés viennent d'être soumis. A la suite d'une expédition faite en septembre par les Chactas affidés, ayant à leur tête quelques Français commandés par M. de Grand-Pré, les rebelles ont demandé grace; et les sauvages, nos alliés, flattés de les avoir ainsi réduits, et charmés d'ailleurs de pouvoir terminer avec honneur une guerre qui leur coûtait leur propre sang, se déterminèrent à me proposer la paix au nom de toute la nation, et elle fut conclue aux conditions suivantes :

"1°. "Que tout chef, considéré, ou guerrier chactas qui trempera ses mains dans le sang d'un Français sera tué sans rémission, et que si les parents de l'agresseur s'opposent à cette justice, toute la nation prendra les armes contre eux et leur fera subir le même sort qu'aux coupables.

"2°. "Que tout Chactas, chef, ou guerrier qui introduira l'Anglais dans son village, sera puni de mort avec l'Anglais, sans que qui que ce soit de la nation puisse en prendre vengeance.

"3°. Que toute la nation Chactas continuera de faire la guerre aux Chickassas et qu'elle ne cessera de frapper sur ces perfides, tant qu'il en subsistera.

"4°. Que les villages révoltés détruiront au plus tôt leurs forts, et que l'on rendra de part et d'autre les prisonniers et les esclaves faits pendant la guerre."

Le gouverneur fit observer au ministre, qu'au moyen de cette paix, la colonie allait jouir d'une tranquillité qu'elle n'avait pas eu le bonheur de goûter depuis 1750, sa fondation, et prétendit que l'on n'avait plus à craindre que les Chickassas, devenus cependant moins redoutables par leur affaiblissement graduel.

Le gouvernement français avait demandé au marquis de Vaudreuil s'il ne conviendrait pas de maintenir la guerre civile des Chactas, afin d'affaiblir cette puissante nation. M. de Vaudreuil répondit que la nation des Chactas étant de son propre mouvement revenue à des sentiments meilleurs, et ayant accepté des conditions qui prouvaient la sincérité de son affection pour les Français, il eut été imprudent, dans son opinion, après avoir rétabli la paix entre les Indiens et les Français, de ne pas mettre un terme à la guerre civile qui les déchirait, surtout après la satisfaction que les Chactas fidèles avaient obtenue pour les Français, de la part des Chactas révoltés. "D'ailleurs, dit-il, cette nation n'aurait pas tardé à s'apercevoir de nos intentions cachées et à se convaincre que cette guerre intestine l'affaiblissait trop. Alors, elle se serait peut-être décidée à la paix sans notre participation."

On se rappelle, qu'en 1747, le commissaire-ordonnateur Lenormant avait eu la sagesse de s'opposer à une nouvelle émission de papier-monnaie ; mais M. Michel de la Rouvillière, qui lui avait succédé, fut de plus facile composition. Les opérations financières dont le papier-monnaie offrait la perspective étaient trop tentantes pour qu'on n'y revînt pas. Aussi, messieurs de Vaudreuil et Michel de la Rouvillière rendirent, le 1er. février, une ordonnance portant la création de billets depuis vingt-cinq livres jusqu'à trente livres, et au-dessus, s'il était nécessaire : "Lesquels billets, disaient messieurs de Vaudreuil et Michel dans leur ordonnance, seront numérotés, enregistrés, signés par M. Michel, et ensuite remis par compte au trésorier pour s'en servir à acquitter les dépenses du roi, pour retirer les acquits

1750. répandus dans le public et les récépissés qu'il pourrait lui-même y avoir répandus pour raison des dits paiements; lesquels nous ordonnons de rapporter au trésor après la publication de la dite ordonnance, et les billets y énoncés seront donnés en échange, de façon qu'il n'y ait pas d'autre circulation dans le public. Il sera fourni des lettres de change pour ces billets comme par le passé."

Le gouvernement fut fort étonné lorsqu'il apprit qu'une pareille ordonnance avait été rendue, et elle fut désapprouvée par le conseil d'Etat, sur un rapport qui lui en fut fait et dont voici les conclusions :

1°. "Les chefs d'une colonie ne peuvent recourir à des expédients de cette espèce, que dans le cas où il s'agirait de sa défense et de sa sécurité. Ils n'ont point, sur tout ce qui a rapport aux monnaies, plus d'autorité qu'un commandant de place assiégée qui, se trouvant sans argent et sans aucune ressource pour en avoir, peut faire recevoir du papier en paiement de ses dépenses; et il serait même très dangereux d'étendre leurs pouvoirs sur une matière si délicate.

2°. "L'expérience que l'on a faite à la Louisiane de la circulation des papiers de caisse doit rendre très circonspect à cet égard, et l'on ne peut pas douter que ceux qui font l'objet de l'ordonnance du gouverneur n'occasionnent bientôt les mêmes désordres que l'on a éprouvés à l'occasion des anciens. Par ces considérations, on estime qu'il est absolument nécessaire de les supprimer."

Le 23 novembre, le ministre écrivit à M. Michel une lettre fort sévère, dans laquelle il blâmait énergiquement l'ordonnance que ce commissaire avait rendue de concert avec le gouverneur.

"Le roi, écrivait le ministre, n'a point approuvé l'ordonnance que vous avez rendue, le 1er. février de cette année, pour introduire dans le public des billets et les faire circuler comme de la monnaie. Sa Majesté a été 1750. même fort surprise que vous ayez pris sur vous de faire une telle opération. Votre conduite à cet égard est sans excuse.

"D'abord, vous avez outrepassé vos pouvoirs. Ensuite, vous ne devez pas ignorer les désordres qu'avaient produits dans la colonie les précédentes émissions de papier, et vous auriez dû craindre le retour de ces désordres par suite de votre opération.. Sa Majesté ne casse pas votre ordre par égard, mais vous voudrez bien retirer incontinent tous les billets émis, contre des lettres de change sur les trésoriers généraux."

Sur ces entrefaites, le roi ayant enfin égard aux représentations de M. de Vaudreuil, qui, depuis longtemps, demandait une augmentation de forces, décréta que dorénavant, il serait entretenu dans la colonie au moins trente-sept compagnies de cinquante hommes, formant un effectif de dix-huit cent cinquante hommes. Il fut aussi décrété que le gouverneur pourrait donner annuellement un congé absolu à deux soldats par compagnie, à condition qu'ils s'établiraient dans la colonie.

En date du 26 septembre, le ministre avait envoyé de sages instructions à M. Michel, pour faciliter l'accroissement de la colonie. Ainsi, il permettait à M. Michel d'accorder des avantages fort libéraux aux soldats et à tous ceux qui voudraient se fixer à la Louisiane. Il terminait en disant :

"Sa Majesté a bien voulu consentir à la proposition que vous lui avez faite de fournir gratis, à ces sortes d'habitants, (les nouveaux venus) des vivres en maïs et riz pendant dix-huit mois, avec des instruments pour commencer l'établissement des terres qui leur furent accordées. Elle approuve aussi qu'il soit fourni six mois de vivres de la même espèce aux artisans qui s'établiront dans les villes, avec quelques instruments pour leur métier. Mais elle attend de vous que vous veilliez

1750. à ce qu'il en soit fait un bon usage, à ce que les concessions soient bien choisies, rapprochées, et à ce qu'il soit établi des villages." &c., &c.

Le 12 octobre, M. Livaudais, capitaine de port et chef pilote, fit au ministre, sur l'embouchure du Mississippi, un rapport intéressant, dont voici un extrait:

"Monseigneur, j'ai l'honneur d'informer Votre Grandeur du changement qui s'est fait à l'entrée du fleuve, occasionné par l'équinoxe de septembre dernier. Lorsque la flûte du roi, le *Rhinoceros*, est arrivée en juillet, le gisement de la passe était Sud-Sud-Est, et Nord-Nord-Ouest, et présentement elle gît Est et Ouest. Cela n'est que trop fréquent depuis vingt-cinq ans que j'entre et sors des vaisseaux. Rarement les ai-je sortis par où je les avais entrés, et ces changements arrivent ordinairement dans le mois d'octobre, lorsque ce fleuve a peu de courant. Alors les marées remontent jusqu'à onze lieues. Il faudra présentement que les vaisseaux qui viendront chercher l'entrée mouillent Est-Nord-Est et Ouest-Sud-Ouest des maisons du poste de la Balise."

Parmi les billets des trésoriers émis dans le pays en paiement de salaires, d'émoluments, ou pour autres services du roi, et que messieurs de Vaudreuil et Michel avaient voulu faire rentrer, en y substituant une monnaie de papier de vingt-cinq à trente livres, il s'en trouvait beaucoup de contrefaits, ce qui avait contribué à les déprécier. On découvrit qu'un nommé Joseph, homme de couleur libre, en était coupable. Convaincu de ce crime, il fut condamné à être fouetté par le bourreau, à être marqué avec un fer chaud, d'une fleur de lys sur l'épaule, et à être vendu aux îles.

1751. Le 12 janvier, le marquis de Vaudreuil écrivit au ministre pour lui demander la croix de St.-Louis en faveur de M. de Grand-Pré, commandant à Tombekbé. Il fondait cette demande sur la bonne conduite et le service intelligent de cet officier, qui s'était distingué 1751. dans la dernière campagne contre les Chickassas.

Le 18 février, M. de Vaudreuil et M. Michel publièrent des réglements de police. Comme rien ne peut mieux peindre l'esprit et les mœurs du temps, que ces réglements, par le style, la forme et le fonds, ils sont transcrits ici presque en entier :

### RÉGLEMENTS DE POLICE.

PIERRE RIGAUT, marquis de VAUDREUIL,
Gouverneur de la province de la Louisiane,
HONORÉ MICHEL de la ROUVILLIÈRE,
Conseiller du roi, commissaire général de la marine, ordonnateur en la dite province,

Décrétons au nom du roi, &c., &c.

#### ARTICLE. 1er.

Il est défendu, à commencer du jour de la publication du présent réglement, à toutes personnes, de quelque état qu'elles soient, et sous quelque prétexte que ce puisse être, même avec les permissions de nos prédécesseurs, que nous avons toutes annulées, de distribuer aucune boisson enivrante, de quelque nature que ce soit, d'en donner à boire chez eux, ni même d'en emporter à grandes et petites mesures, à peine de confiscation de toutes les boissons qui se trouveront chez eux, d'un mois de prison et de dix écus d'amende envers les pauvres.

#### ART. 2.

Il sera seulement établi dans la ville de la Nouvelle-Orléans six cabaretiers, auxquels on expédiera une commission.

#### ART. 3.

Ces six cabaretiers donneront à boire avec toute la

1751. modération convenable aux voyageurs, aux personnes malades, aux habitants et à tous les gens de mer seulement. Leur défendons de donner à boire à aucun soldat sous les peines les plus sévères, et aux sauvages et aux nègres, à peine, pour la première fois, de carcan, de dix écus d'amende, et de confiscation des boissons qui se trouveront chez eux, et de peine des galères perpétuelles en cas de récidive.

### Art. 4.

Défendons également aux dits cabaretiers, à peine de cassation et d'amende, de donner à boire à qui que ce soit, les jours de fêtes et dimanches, pendant le service divin.

### Art. 5.

Voulons aussi, sous des peines arbitraires, que les dits cabarets soient tous les jours fermés à neuf heures du soir, et qu'on n'y recoive plus personne, passé cette heure.

### Art. 6.

Seront les dits cabaretiers obligés de payer pour le privilège, chacun, la somme de deux cents livres par année à la fabrique de cette paroisse, qui en a grand besoin, et en outre, la somme de cent livres aussi par année, pour l'entretien des pauvres de cette ville, qui sont en grande nécessité.

### Art. 7.

Il sera également accordé deux cantines, l'une à M. le major de la Nouvelle-Orléans et l'autre à l'officier commandant la compagnie suisse, la première, pour y recevoir les soldats français, et l'autre, pour les soldats suisses. Chacun boira à l'endroit qui lui est désigné, de manière que les habitants, voyageurs et marins ne soient pas plus reçus dans les cantines que les soldats dans les cabarets, lesquels ne doivent pas en approcher. Les soldats ne doivent pas pour cela être contraints d'aller boire à la cantine, s'ils n'en ont envie, et seront les cantiniers sujets aux mêmes peines des cabaretiers, s'ils donnent à boire aux habitants, voyageurs, marins, sauvages et nègres.

### Art. 8.

Et sur ce qu'il nous est revenu que certains habitants, au lieu de faire valoir leurs terres en les cultivant, se sont retirés à la ville, ou répandus dans les campagnes de ce gouvernement, pour y établir crapuleusement des cabarets borgnes, par lesquels ils subornent non-seulement la fidélité de tous les esclaves, mais encore les excitent à voler leurs maîtres, en les faisant soûler du produit de leurs vols, nous recommandons expressément à tous les bons habitants de veiller sur la conduite de ces particuliers à la campagne, pour nous instruire du désordre qui s'y passe, afin de les faire châtier dans toute la rigueur des ordonnances.

### Art. 9.

Afin que nous puissions connaître d'où vient le désordre, qui est augmenté dans la ville par la multiplicité des cabarets qui s'y sont établis sans permission, nous ordonnons que dans huitaine, à compter du jour de la publication du présent réglement, tous habitants de la paroisse des Allemands et même des autres, qui ont quitté leurs terres pour venir s'établir ici, ayent à y retourner, à peine d'être traités comme vagabonds et perturbateurs du repos public, et, en conséquence, chassés du pays comme infâmes.

### Art. 10.

1751. Tous nègres et négresses ayant obtenu leur liberté et s'étant retirés dans quelque coin de la ville, ou aux environs, qui seront coupables de recevoir chez eux des esclaves, pour les séduire et les exciter à voler leurs maîtres et mener une vie scandaleuse, au mépris des ordonnances du roi, perdront leur liberté et rentreront en esclavage au domaine du roi. Nous supplions Sa Majesté de vouloir les recevoir au prix de 500 livres chacun, dont le fonds sera appliqué au rétablissement de l'église de cette paroisse qui en a un extrême besoin.

### Art. 11.

Tout Français qui sera assez infâme pour tomber dans les cas portés par l'article précédent, sera fouetté par l'exécuteur de la haute justice et condamné aux galères perpétuelles sans miséricorde.

. . . . . . . . . . . .

### Art. 17.

Tout particulier, qui achètera d'un nègre, telle denrée ou meuble que ce puisse être, sans une permission par écrit, bien circonstanciée par son maître, sera mis au carcan pour la première fois, et au cas de récidive, condamné aux galères perpétuelles.

. . . . . . . . . . . .

### Art. 19.

Sa Majesté ayant toujours entendu que chaque particulier, dans son habitation ou ailleurs, corrigeât en bon père de famille ses nègres sans les martyriser, et la plupart des citoyens ayant pris le change sur cet article, et leur passant souvent des fautes trop essentielles, nous ne pouvons en conséquence assez recommander à tous les citoyens d'être moins faibles à leur égard et de les châtier sans passion, dans toutes les occasions. Nous les avertissons que si nous nous apercevons de leur faiblesse à ce sujet, nous ferons prendre les nègres qu'ils ménagent trop, pour en faire des exemples sévères.

### Art. 20.

Défendons à tous habitants ou citoyens de souffrir dans leurs habitations, ni ailleurs, aucune assemblée de nègres ni négresses, soit sous prétexte de danses ou autrement, c'est-à-dire, d'autres que ceux et celles qui leur appartiennent; comme aussi de permettre que les leurs aillent dans les habitations étrangères à pareil dessein, Sa Majesté ayant expressément défendu toutes sortes d'assemblées.

### Art. 21.

Défendons pareillement aux nègres de la ville et de la campagne de s'assembler dans la ville, aux environs, ni ailleurs, sous quelque prétexte que ce soit, à peine de la prison et du fouet, et en outre, à peine contre les maîtres de dix livres d'amende pour chacun des nègres à qui ils l'auront permis.

### Art. 22.

Si aucun des habitans et citoyens est coupable de souffrir chez lui une troupe de nègres étrangers et de leur permettre une assemblée sous quelque prétexte que ce soit, il payera cent écus d'amende à la fabrique de l'église, pour la première fois, et devra, pour la récidive, être condamné aux galères perpétuelles.

### Art. 23.

Tout nègre qui sera rencontré dans les rues et chemins publics, portant une canne, verge ou bâton, sera châtié

1751. par le premier blanc avec l'instrument dont le nègre sera porteur, et si le nègre était assez osé pour se mettre en défense ou en voie de se sauver, le blanc sera tenu de le dénoncer pour le châtier suivant l'exigence du cas.

### Art. 24.

Tout nègre, ou autre esclave, allant de jour et encore plus de nuit, dans les rues et chemins, à pied et à cheval, sera arrêté par ceux des blancs qui le rencontreront, pour lui demander sa permission, et si le nègre cherche à s'évader, nous exhortons le citoyen de faire en sorte de le connaître et de le dénoncer pour être puni ainsi qu'il conviendra.

### Art. 25.

Et comme les nègres crèvent tous les chevaux de la colonie par leurs courses immodérées, en les enlevant dans les parcs, même jusque dans les écuries, et que cela nuit infiniment aux travaux de la colonie et aux intérêts des particuliers, nous permettons de tirer sur les dits nègres ainsi rencontrés à cheval, et qui ne voudront pas se faire connaître.

### Art. 26.

Etant informés que les nègres de la ville prennent la licence de sortir la nuit des maisons de leurs maîtres, qu'ils laissent abandonnées et ouvertes, aux risques de tout évènement, pour aller s'assembler avec ceux de la campagne qui viennent roder dans la ville, y faire mille brigandages, et boire ensuite ce qu'ils ont volé au public et à leurs maîtres, nous exhortons et même ordonnons à tous les citoyens de veiller exactement à ces sorties nocturnes, sur lesquelles nous allons exercer une stricte police; et si nous pouvons, les uns et les autres, faire des découvertes à ce sujet, la justice rigoureuse 1751. qui en sera faite, intimidera ceux qui seront capables d'un désordre aussi scandaleux. Les habitants de la campagne peuvent contribuer à détruire ce vice, en contenant leurs nègres dans leurs habitations.

. . . . . . . . . . . . . . .

### Art. 28.

Tout nègre et autre esclave, soit à la ville, soit à la campagne, qui n'aura pas les égards et les soumissions qu'il doit aux blancs, c'est-à-dire, qui sera assez insolent pour les coudoyer dans les routes en leur disputant le terrain, et qui enfin, oubliant qu'il est esclave, leur manquera en quelque façon que ce soit, sera puni de cinquante coups de fouet et marqué d'une fleur de lys sur la fesse, afin de faire connaître au besoin la qualité de son crime.

### Art. 29.

Tous les nègres et autres esclaves qui vont à l'église, entendront dès le matin la première messe. Ceux de la campagne y seront conduits par le commandeur de chaque atelier, lequel le ramènera tout de suite chez son maître, et s'il y en a de domestiques qui soient dans l'usage de suivre leurs maîtres aux autres messes, ils se retireront à la porte de l'église pour les y attendre, le tout à peine de châtiment.

### Art. 30.

Nous venons d'expliquer toutes les déférences et obligations des nègres envers les blancs et particulièrement envers les maîtres. Il est bon d'instruire le public que cela ne s'étend pas indifféremment pour tout le monde. Un particulier, soldat, ou tout autre, n'a pas le pouvoir de maltraiter un nègre qui ne lui dit rien et qui ne lui

1751. manque point. Il peut l'arrêter en certains cas et en demander justice, attendu que le nègre n'est sujet qu'à la justice de son maître et à celle de la police. En conséquence, et suivant les ordres de Sa Majesté, nous défendons à qui que ce soit de se donner cette licence de maltraiter les esclaves, et cela, sous des peines arbitraires, telles que les cas l'exigeront."

Ces ordonnances caractérisent, d'une façon énergique, l'esprit qui présidait à la législation de l'époque. On voit qu'elles infligeaient les *galères à perpétuité* pour des délits qui, de nos jours, entraîneraient à peine quelques heures de prison.

Il parait du reste, par une dépêche de M. de Vaudreuil, que la Louisiane servait quelquefois de geôle de police, de prison ou de Bastille au gouvernement français, et que l'on y envoyait par lettre de cachet des gens que l'on voulait punir, ou dont on voulait se débarrasser. Dans cette dépêche, en date du 15 mai, il disait : "La situation où se trouve la dame Ste.-Hermine, qui est venue en cette colonie par lettre de cachet, il y a plus de trente ans, m'oblige à vous représenter que cette dame est hors d'état de s'y soutenir plus longtemps, par la misère où l'a réduite la mort de M. de Loubois, avec lequel elle avait toujours vécu. Je demande la permission de la faire repasser gratis en France sur les vaisseaux du roi. D'ailleurs, la lettre de cachet est prescrite, et la dame est fort âgée."

Jamais la colonie n'avait été mieux protégée depuis sa fondation, car jamais elle n'avait eu autant de troupes pour la défendre que cette année. Cela prouve le crédit du marquis de Vaudreuil à la cour. Il est évident que l'on fit plus pour lui qu'on n'avait jamais fait pour aucun de ses prédécesseurs. En effet, par les envois successifs qui avaient été faits, il se trouvait avoir deux mille hommes de troupes de ligne à ses ordres. Voici comment elles étaient distribuées en avril 1751.

District de la Nlle.-Orléans, 900 Fran. 75 Suisses, 975   1751.
  Do. de la Mobile . . 400 Fran. 75 Suisses, 475
  Do. des Illinois . . . . . . . . . . 300
  Do. des Arkansas . . . . . . . . . 50
  Do. des Natchez . . . . . . . . . 50
  Do. des Natchitoches . . . . . . . . 50
A la Pointe Coupée . . . . . . . . . . 50
Aux Allemands . . . . . . . . . . . 50

        Total . . . . . . . . . . 2000

D'après cette augmentation de troupes et l'accroissement de dépenses que le gouvernement français se décidait ainsi à faire, il est clair qu'il voulait reprendre avec plus de vigueur l'œuvre de la colonisation qui, jusqu'à présent, avait été si stérile en résultats avantageux. Mais la suite fera voir que ces nouveaux efforts ne furent pas plus heureux que les précédents.

## CHAPITRE XIX.

MÉSINTELLIGENCE ENTRE MESSIEURS DE VAUDREUIL ET MICHEL DE LA ROUVILLIÈRE.—ÉTAT MORAL, MILITAIRE, COMMERCIAL ET AGRICOLE DE LA COLONIE.—MORT DE M. MICHEL DE LA ROUVILLIÈRE.—M. D'AUBERVILLE EST NOMMÉ À SA PLACE.—LE MARQUIS DE VAUDREUIL EST ENVOYÉ AU CANADA.—M. DE KERLEREC LUI SUCCÈDE.—QUERELLE ENTRE LES CAPUCINS ET LES JÉSUITES—MORT DE D'AUBERVILLE.—IL EST REMPLACÉ PAR ROCHEMORE.—QUERELLE ENTRE KERLEREC ET ROCHEMORE.

1751. Le marquis de Vaudreuil et M. Michel de la Rouvillière s'étaient, dans le commencement de leur administration, assez bien entendus. Ils étaient surtout parfaitement tombés d'accord sur la création du papier-monnaie, que le gouvernement français avait ensuite désapprouvé. Mais c'eut été une chose trop rare que de voir un gouverneur et un commissaire-ordonnateur continuer de vivre en bonne intelligence et s'occuper ensemble des intérêts du pays. Depuis plus d'un demi siècle d'existence, la colonie n'avait pas encore vu une pareille merveille ; aussi l'harmonie qui régnait entre M. de Vaudreuil et M. Michel de la Rouvillière ne devait-elle pas être de longue durée, comme on le verra par cette dépêche du 15 mai, écrite par M. Michel.

"Au poste du détour, dit-il, M. de Vaudreuil a placé le sieur Duplessy, enseigne de nouvelle recrue, sans capacité ni expérience. Cet officier, étant ivre, y a maltraité le garde magasin Carrière. Mais le gouverneur a pris le parti de l'officier, car qui dit officier dit tout. Quand on prononce ce nom d'officier, il faut que tout le monde tremble! Aussi, dès qu'un de ces Messieurs a un démêlé avec un particulier, il ne manque pas de lui dire aussitôt: *savez-vous bien que vous parlez à un officier?*. Et si, par hasard, l'affaire vient devant moi, le plus grand motif de défense est de me dire: *comment, Monsieur, il ose parler ainsi ou agir ainsi avec un officier !* Et quoique l'officier ait tort, la partie adverse est toujours condamnée, parceque les militaires dominent au conseil par le gouverneur, le major, et ses flatteurs.

"Il n'y a aucune justice à attendre de M. de Vaudreuil. Il est trop paresseux, trop nonchalant. Sa femme est trop maligne, trop passionnée, et a de trop forts intérêts dans tous les postes et dans la ville, pour que le gouverneur ne soit pas obligé de ménager servilement le corps des officiers et bien d'autres.

"Il devait détruire les abus du temps de la compagnie, mais il s'en est bien gardé. Ils flattent sa vanité, puisqu'il se trouve le maître absolu de tout, et favorisent ses entreprises. Les troupes et les anciens conseillers y trouvent aussi leur avantage, puisqu'ils vexent le public impunément, comme ils l'ont toujours fait, au moyen d'une cour servile qu'ils font au gouverneur."

M. de Vaudreuil n'était pas en reste avec M. Michel sous le rapport des récriminations, et, le 20 juillet, il écrivit pour se plaindre de la mauvaise volonté de M. Michel à fournir les postes de ce dont ils avaient besoin. Ce qui produisait, prétendait-il, le plus mauvais effet et provoquait trop souvent la désertion des soldats.

"Les Chactas, dit-il, s'impatientent de ne pas recevoir leurs présents. Ce retard est très fâcheux et peut avoir les plus funestes conséquences. Je sais même qu'il y a déjà eu quelques pourparlers avec l'Anglais. M. Michel ne cherche qu'à contenter son amour propre et son penchant au despotisme."

1751. Le même jour que M. de Vaudreuil écrivait cette dépêche, c'est-à-dire, le 20 juillet, M. Michel envoyait, à son tour, l'exposé suivant :

"Les Chactas qu'on veut à tout prix ménager sont une dépense énorme pour le roi. Messieurs de Grand-Pré, commandant de ce poste, et Desilets, traiteur, sont venus ici comme plénipotentiaires, laissant beaucoup de marchandises au poste de Tombekbé et M. Populus de St.-Protais commandant par intérim. Ils ont séjourné ici dix mois sous divers prétextes, et lorsqu'on les a priés de s'en retourner, sur l'avis que leur présence était nécessaire, ils ont demandé un lot considérable de marchandises, qui sont très chères et qu'ils prennent comme d'usage au prix de France. J'ai refusé, mais M. de Vaudreuil a donné un ordre pour un lot *double*, malgré mes observations.

"Il n'y a point à douter, Monseigneur, que le gouverneur n'ait un tiers dans ce poste, à son profit, ainsi que dans tous les autres. Personne n'en doute ici. M. Lenormant a dû vous le prouver par ses mémoires et par le cautionnement de M. de Vaudreuil en faveur des précédents commandants de postes et fermiers de traites. Il est trop haut pour en avoir servi, si son intérêt ne l'y eut forcé. Ce sont toutes créatures canadiennes et ses parents ou alliés, de lui ou de sa femme, qui occupent tous les postes.

"M. de Pontalba, le seul qui n'est pas de cette clique, ne possède la Pointe Coupée que parce qu'il est de moitié avec Mme la gouvernante. C'est de lui que je le tiens, et il ne tirera pas sûrement au sort avec les autres pour la distribution des compagnies. On ne manquera pas de trouver des prétextes aussi spécieux pour le poste de Tombekbé, où le commandant, M. de Grand-Pré, ne tirera pas non plus au sort, tandis qu'on a refusé de placer M. de la Houssaye au Détour pour y fixer les nouveaux habitants, pour lesquels il se donne beaucoup de soin. On a envoyé des farines suivant l'usage à Tombekbé pour la troupe. Mais on l'a *vendue* aussi suivant l'usage, et l'on a fait manger du maïs aux soldats, dont huit ont déserté.

"A peu près dans le même temps, M. Delino, enseigne, parent de M. de Vaudreuil, et commandant aux Arkansas, ayant appris qu'il y avait de nouvelles troupes arrivées et que tous les officiers devaient tirer les postes au sort, pour s'assurer du sien qui est un des meilleurs de la colonie, est parti, sans congé ni permission, de son poste, où il a laissé un caporal pour commandant. Il est arrivé ici au grand étonnement de tout le monde. M. de Vaudreuil, qui en a senti la conséquence, l'a fait repartir sous deux fois vingt quatre heures, mais sans aucun châtiment. A son arrivée à son poste, M. Delino a trouvé maison nette, le caporal et le reste de la garnison ayant déserté. Ils avaient enlevé tout ce qu'ils avaient pu emporter. Voilà ce qui augmente les dépenses, sans que l'ordonnateur y puisse rien.

"Il n'y a point de discipline. On passe tout au soldat, pourvu qu'il boive son argent à la cantine, où on lui donne des drogues qui ruinent sa santé. Depuis quelques mois, il n'y a pas moins de cent malades à l'hôpital.

"Il y a ici au moins soixante officiers qui montent à peine une garde tous les cinquante jours. Pas un n'est destiné ou désigné pour faire la visite des casernes, où règne la malpropreté la plus dégoûtante. Les soldats y font d'ailleurs ce qu'ils veulent. On leur passe tout, dis-je, pourvu qu'ils aillent boire à la cantine. Malgré les réglements, ils en sortent le vin et les spiritueux, qu'ils survendent aux nègres et aux sauvages. Cela a été prouvé dix fois. Tout le monde l'a vu, et on n'y met aucun ordre. J'en ai parlé plusieurs fois à M. de Vaudreuil; mais au lieu de diminuer, cela ne fait qu'augmenter. C'est M. de Belle Isle, aide-major, qui afferme la cantine, la fait régir et donne une somme au major,

1751.

1751. d'autres disent aussi à Mme la gouvernante. Ce qui est sûr, c'est que M. de Vaudreuil a tiré sur le trésor, en faveur de M. de Belle Isle, un billet de dix mille livres sur ses appointements, ce qui a servi à acheter le vin qui se boit à la cantine.

"D'ailleurs, Mme de Vaudreuil est capable d'un commerce plus bas. Elle a ici affaire à tout le monde et elle force les marchands et les particuliers de se charger de ses marchandises, pour les vendre au prix qu'elle taxe. Elle a un magasin chez elle de toutes sortes de drogues, que son maître d'hotel vend, et, lorsqu'il n'y est pas, elle prend bien l'aune et la mesure. Le mari ne l'ignore pas. Il en retire un bon revenu, et c'est le motif de tous ses désirs et de ses occupations.

"Le premier usage qu'on a fait de l'ordre donné par vous, monseigneur, de mettre un cadet dans chaque compagnie, a été d'y placer des enfants qui viennent de naître. Il y en a de quinze mois à six ans, qui comptent pour la distribution des vivres."

M. Michel continue d'entrer dans les détails des abus d'autorité commis par les officiers, qu'il prétend être tout puissants par l'appui de M. de Vaudreuil, ainsi que par celui du conseil. Il ajoute que beaucoup d'habitants sont obligés d'abandonner la colonie pour éviter des vexations. Il se plaint de la mauvaise conduite de M. Fleuriau, procureur général, qu'il taxe de suffisance, d'ignorance et de passion. On voit que M. Michel de la Rouvillière en voulait à peu près à tout le monde. Si la moitié de ce qu'il dit est vraie, la colonie devait être dans une situation morale bien déplorable. Car la plus honteuse vénalité y régnait, et l'exemple de la corruption venait d'en haut. C'était un reflet de ce qui se passait alors en France.

Le 30 novembre, il y eut un arrêt du conseil d'état qui prorogeait pour dix ans l'exemption des droits d'entrée et de sortie sur les denrées et marchandises que les négociants français feraient transporter dans la colonie 1751. de la Louisiane, ainsi que l'exemption, pendant le même laps de temps, de tous droits d'entrée en France, sur les marchandises et denrées du crû et du commerce de la dite colonie.

On se rappelle que la première exemption avait été accordée en 1732 pour dix ans, et prorogée pour dix autres années en 1741. La même prorogation était donc encore, cette année, décrétée pour dix ans, c'est-à-dire, jusqu'en 1762. C'était persévérer dans la bonne voie. Mais il ne suffisait pas, pour faire prospérer la colonie, de l'adoption d'une mesure libérale; il aurait fallu savoir coordonner tout un système de colonisation, et veiller à ce qu'il fut mis en opération d'une manière franche et vigoureuse.

Au mois d'avril, deux cents hommes de troupes étaient arrivés de France. Les navires, qui les transportaient, ayant touché à Hispaniola, les jésuites de cette île demandèrent et obtinrent la permission d'envoyer aux jésuites de la Louisiane des cannes à sucre et des nègres accoutumés à les cultiver. Les cannes furent plantées sur l'habitation des révérends pères, à l'endroit où est maintenant la Seconde Municipalité, immédiatement après la rue du Canal. Mais il paraît que l'on ne sut pas en tirer parti, car ce ne fut que long-temps après, en 1796, que l'on s'en servit pour faire du sucre, d'une manière suivie et lucrative. Ainsi, c'est à l'active industrie des jésuites que la Louisiane doit la naturalisation de ces roseaux qui ont été pour elle, plus tard, une source de richesses immenses.

A bord de ces mêmes navires, il y avait soixante jeunes filles qui étaient transportées à la Louisiane aux frais du roi. Ce fut le dernier envoi de ce genre. Ces filles furent données en mariage à des soldats, de bonne conduite, à qui on accorda leur congé. On leur fit des concessions de terre, et on donna à chaque couple une

1751. vache et son veau, un coq et cinq poules, un fusil, une hâche et une bêche. Pendant les trois premières années de leur établissement, on leur distribua des rations de vivres, une petite quantité de poudre, de plomb, de grains et graines de toute espèce.

C'est de cette humble origine que sont sorties plusieurs de nos familles les plus riches et les plus respectables. Traversant plusieurs générations d'ancêtres laborieux et honnêtes, elles sont arrivées aujourd'hui à la fortune et à une position honorable. Il n'y a rien là dont elles ne puissent s'énorgueillir. Car elles ne doivent rien à la faveur du sort, mais tout à leur propre industrie et à leur mérite, tandis que d'autres familles, autrefois privilégiées, oubliant que la vraie noblesse du citoyen, la garantie de son bonheur et de sa prospérité gissent dans le travail, dans la sévérité des mœurs, dans l'ambition d'être utile, dans les services réels, rendus à la patrie, sont tombées par leur faute bien au-dessous du rang qu'elles auraient toujours dû garder.

1752. En 1752, les Chickassas ayant renouvelé leurs déprédations à l'instigation des Anglais, M. de Vaudreuil se mit à la tête de sept cents hommes de troupes et d'un grand nombre d'Indiens, et avec ces forces considérables, il entreprit une campagne qui ne fut pas plus heureuse que les précédentes. Il trouva les Chickassas renfermés dans plusieurs forts que les Anglais les avaient aidés à bâtir. Chaque cabane de leurs villages était même fortifiée et entourée d'un large fossé. N'ayant aucune artillerie de siège, le marquis se contenta de dévaster le pays, et après avoir laissé une forte garnison dans le fort de Tombekbé qu'il agrandit, revint à la Nouvelle-Orléans.

Cette année, un Chactas et un Colapissas s'étant querellés, le premier dit au second que les Colapissas n'étaient que les humbles chiens des Français, qui s'en faisaient obéir au moindre signe. Irrité de cet affront, le

Colapissas tua le Chactas d'un coup de feu, et s'enfuit 1752. à la Nouvelle-Orléans. Les parents du mort s'adressèrent à M. de Vaudreuil pour qu'il leur livrât le coupable. Le marquis, ayant fait de vains efforts pour leur inspirer d'autres sentiments que celui de la vengeance, finit par donner l'ordre d'arrêter l'assassin. Mais il échappa à toutes les recherches. Dans cet intervalle, le père de celui dont on demandait le sang, se rendit chez les Chactas et leur offrit de mourir pour son fils. Sa proposition ayant été acceptée, le vieillard s'étendit sur le tronc d'un arbre et présenta sa tête, qui fut tranchée d'un seul coup. Ce trait, dont le cœur seul d'un père était capable, devint le sujet d'une tragédie composée par un officier de la colonie nommé Leblanc de Villeneuve.

Le 23 septembre, M. Michel de la Rouvillière fit un exposé favorable de l'état de l'agriculture dans la colonie. "Les plantations de ciriers, dit-il, ont étonnamment réussi. Le sieur Dubreuil, à lui seul, a fait au moins six milliers de cette cire. D'autres particuliers en ont fait en proportion, et plusieurs ont été dans les bois, du côté de la mer, en faire sur les arbres sauvages de même espèce. Le public n'use point ici d'autre matière pour s'éclairer, et le commerce en a profité d'une partie, tant pour France que pour l'Amérique. Il faudrait envoyer des cultivateurs et des nègres. La colonie augmente rapidement d'elle même. Il ne s'agit que de l'aiguillonner. Depuis trois ans, il s'est fait quarante belles maisons en briques à la Nouvelle Orléans; plusieurs belles habitations se sont formées, &c."

Peu de temps après avoir rédigé cette dépêche, M. Michel de la Rouvillière mourut, et fut remplacé par M. d'Auberville.

Sous l'administration du marquis de Vaudreuil, les dé- 1753. penses de la colonie avaient toujours suivi une marche ascendante et se montèrent cette année à 930 767 liv.

1753. Issu d'une famille assez haut placée dans la hiérarchie nobiliaire, il était resté dix ans gouverneur de la Louisiane, qu'il avait régie en grand seigneur, qui y était venu pour y faire ses affaires, s'il faut en croire les accusations du commissaire ordonnateur. Il n'en sortit que pour être promu au gouvernement du Canada, que son père avait déjà eu avant lui, et où il se distingua par l'habile et courageuse résistance qu'il opposa aux Anglais en 1756. M. de Kerlerec, capitaine dans la marine royale, fut appelé à le remplacer et arriva à la Balise, le 24 janvier. Parvenu à la Nouvelle Orléans le 3 février, il prit, le 9, possession du gouvernement.

C'était un officier de mérite qui, dans ses états de service, comptait vingt cinq campagnes sur mer, et quatre actions où il s'était distingué et avait reçu plusieurs blessures.

Le 11 juin, il fut convoqué un conseil de guerre, pour prendre en considération des représentations faites par les Chactas. Ils demandaient la mise en liberté de trois déserteurs français arrêtés par eux, d'après d'anciennes conventions, et livrés aux Français, qui les tenaient emprisonnés contrairement à ces mêmes conventions, lesquelles portaient : d'un côté, obligation pour les sauvages d'arrêter les déserteurs français, et de l'autre, obligation de la part des Français de leur faire grace. Les Chactas menaçaient de ne plus arrêter les déserteurs, si l'on ne tenait pas la promesse donnée à cet égard. Le conseil de guerre fut composé de M. de Kerlerec, gouverneur, de M. de Beauchamp, lieutenant de roi à la Mobile, Bobé Desclozeaux, commissaire ordonnateur de la Mobile, de messieurs de Bonnelle, de Favrot, de Grand-Champ, capitaines français, de Grondel, capitaine suisse, Aubert, aide-major de la Nouvelle-Orléans, de Livois, lieutenant, l'Abbé et Doriocourt, enseignes en pied, Ourlas, enseigne en second, Deville, major. Ce conseil de guerre fit droit à la réclamation des Chactas et remit en liberté les trois soldats détenus pour désertion. On voit que, dans cette occasion, le beau rôle était pour les sauvages, qui savaient observer eux-mêmes la foi des traités, et, en même temps, forcer les Français à les exécuter strictement.

1753.

Le 20 août, le nouveau gouverneur, M. de Kerlerec, rendit compte au ministre de l'état de la colonie, par la dépêche suivante:

"Je suis satisfait de la nation des Chactas. Il m'a paru qu'ils tenaient leurs promesses. Mais il faut aussi que nous tenions les nôtres envers eux.

"Ce sont des hommes réfléchis, et qui ont plus de justesse et de précision qu'on ne pense dans leur raisonnement. Je leur ai fait des reproches réitérés sur la facilité avec laquelle ils recevaient les traiteurs anglais. Mais je leur ai parlé avec bonté, en leur faisant comprendre que, tant qu'ils tiendront à eux d'une main et à nous, de l'autre, ils doivent s'attendre tous les jours à de nouvelles divisions, puisqu'ils ne doivent pas avoir oublié que c'est par les traiteurs anglais qu'on leur a porté, en tant de différentes occasions, des paroles qui les avaient brouillés avec nous et avec leurs propres frères. Ils en sont convenus avec moi, en ajoutant que, de notre côté, nous avions les premiers torts, puisqu'étant les premiers Européens qu'ils aient connus et qui les aient assujettis aux différents besoins dont aujourd'hui ils ne peuvent plus se passer, nous ne sommes pas plus attentifs, ou pour le moins, aussi attentifs que l'Anglais à leur procurer abondamment tout ce qui leur est devenu nécessaire pour la traite; ajoutant encore que si nous avons un article de traite, nous manquons de plusieurs choses qu'ils trouvent chez l'Anglais et conformes à leur goût; (ce que nous n'avons jamais étudié avec la même attention que l'Anglais); mais qu'au surplus, leurs cœurs étaient à nous, quoique leurs nécessités les obligeâssent de traiter avec une nation, à laquelle ils renonceraient

1753. volontiers pour toujours, s'ils pouvaient trouver chez nous les mêmes ressources qu'elle leur procure.

"Je demande en conséquence qu'il soit envoyé des marchandises en assez grande quantité pour n'en manquer jamais ; qu'elles soient d'un assortiment convenable et conformes aux échantillons envoyés. Ces dépenses ne sont pas à comparer à celles qu'occasionnent les guerres, et ces dépenses de traite préviennent la guerre.

"M'étant aperçu que les Arkansas mollissaient, j'ai fait venir le chef à médaille et dix-sept chefs ou considérés, et les ai fort caressés, amusés et hébergés. Ils s'en sont retournés enchantés. Je leur ai recommandé de courir le fleuve, l'espace de quarante lieues en dessus et en dessous, contre les Chickassas, les Chérokis et Chaouannons. J'ai remplacé le sieur de la Houssaye, qui y commandait, par le sieur de Reggio.

"L'hiver dernier, les Chickassas ont tué les hommes d'un convoi allant aux Illinois, sous la conduite du sieur Bouligny. Une fille de dix ans, la seule qui ait été épargnée, a été emmenée prisonnière et envoyée à la Caroline.

"Nous avons encore trois prisonniers chez les Chickassas, savoir : Beauvais, Poirier, et la fille du nommé Androny, âgée de douze ans, qui avait été prise un mois avant cette aventure. J'ai racheté les deux hommes pour cent livres de peaux de chevreuil chacun, et donné des ordres pour ravoir cette jeune fille, qui est dans le village, et sous la garde du grand chef, avec plus de décence peut-être qu'on n'en observerait en pareil cas dans notre nation. Je compte la ravoir incessamment.

"Il se passe de temps à autre quelques légers actes d'hostilité, sous prétexte de méprise, entre les Chactas de l'Ouest et ceux de l'Est. Comme ce sont des actes isolés d'homme rouge à homme rouge, je ferme les yeux, d'autant qu'il est un peu de notre intérêt que ces deux fractions de la nation se voient avec un certain éloignement, parce que, dans ce cas, nous sommes plus sûrs 1753. des deux.

"Je pense, comme M. de Vaudreuil, qu'il est convenable de conserver le poste de Tombekbé, malgré les ordres de la cour. C'est un dépôt à portée des villages de l'Est et un point de surveillance sur l'Anglais.

"J'ai relevé le sieur de Pontalba, qui commandait à la Pointe-Coupée, quoiqu'il dût y rester pour le bien de cette localité, mais j'ai cédé aux calomnies d'une cabale qui fait courir le bruit que le sieur de Pontalba ne serait pas relevé, parce qu'il avait jusqu'à présent, pensionné le gouverneur d'une somme de 12,000 livres, et que sans doute j'étais dans le même cas, puisque je le maintenais. Une pétition, signée de plus de quarante habitants des plus notables, m'avait été présentée, pour maintenir le sieur de Pontalba, lorsqu'il fut question de la mutation, avant le départ de M. de Vaudreuil, et, sur cela, je voulais le conserver. Mais j'ai dû céder à de perfides insinuations, et j'avoue, Monseigneur, qu'un pareil trait me pénètre et m'humilie, autant qu'il me donne du mépris et du dégoût pour ce pays ci.

"Membrède (1) et les Capucins sont déjà contre moi.

"L'établissement des Allemands ne s'est point refait depuis le malheureux coup que les Chactas y ont fait en 1748 ou environ. Les habitants s'en retirent insensiblement, au point qu'ils diminuent tous les jours. C'était cependant une ressource décidée pour les douceurs de la vie de chef lieu et pour les voyageurs, et en même temps, c'était une augmentation de pays cultivé et de colons pour l'Etat. Rien ne rassure la partie qui y reste, et le dégoût est au point qu'il s'en est déjà présenté plusieurs, pour me demander des terrains ailleurs, si je ne leur accorde pas une augmentation de troupes. Ils désirent même que ce soit des Suisses,

---

(1) C'était un des officiers les plus influents du pays.

1753. avec lesquels ils ont une liaison et une affinité plus particulière, et qui, par la suite, laborieux comme ils sont naturellement, pourront les aider dans leurs travaux, s'y marier et s'y établir, sans comparaison avec plus de succès que nos troupes nationales, qui par les horreurs dont elles sont capables, ont rebuté tous les habitants auxquels il reste encore quelque amour propre, d'avoir quelque liaison avec elles.

"J'y ai envoyé quinze hommes de la compagnie suisse de M. Vélezand. Je demande donc une augmentation de troupes suisses. Les Suisses se comportent parfaitement bien. Il faudrait les porter à trois cents. J'aimerais encore mieux diminuer les troupes françaises pour augmenter les troupes suisses, tant l'avantage est en faveur de celles-ci :

On est tenté de croire, en lisant les dépêches des gouverneurs de la Louisiane, pendant une série de cinquante quatre ans, que le gouvernement français choisissait dans les bagnes les soldats qu'il enrôlait et qu'il envoyait à la Louisiane. M. de Bienville se plaignait de ce qu'on lui infligeait le chagrin de commander à des hommes de quatre pieds et demi, tout rabougris et aussi vicieux que lâches. M. Périer rougissait d'avouer que les soldats fuyaient au moindre coup de fusil tiré par les Indiens. Il disait qu'ils étaient si mauvais, qu'ils semblaient avoir été choisis exprès pour la colonie, et qu'il vaudrait mieux mener des nègres aux combats, s'ils ne coûtaient pas si chers, parceque c'étaient du moins des hommes braves. Chaque gouverneur, néanmoins, rend hommage au courage des colons français et du peu de créoles qu'il y avait alors, tout en flétrissant, sans ménagement, la poltronnerie des troupes, dont les chefs étaient cependant des gens de cœur et souvent des officiers brillants. Enfin il paraît que ces troupes portèrent si loin les excès dont elles se rendaient coupables, que M. de Kerlerec, français lui-même, en était réduit à écrire à un ministre français, de lui envoyer des troupes suisses de préférence aux troupes nationales, *parceque les soldats français,* comme il le dit dans sa dépêche, *par les horreurs dont ils étaient capables,* avaient rebuté tous les habitants, qui ne voulaient plus souffrir un contact et des excès, dont ils avaient tant à se plaindre. On se demande avec étonnement ce qu'étaient devenus les soldats de Condé et de Turenne ! Ce qu'étaient devenus les vainqueurs de Fontenoy ! Ce qu'était devenu ce courage français qui, pendant tant de siècles et par tout pays, avait jeté un si vif éclat et enfanté tant de prodiges ! Il y a tant d'ardeur guerrière, tant de sentiments d'héroïsme militaire, jusque dans l'écume de la société française et dans les égouts de ses prisons, qu'on ne comprend pas que ces hommes, même en les supposant sortis de cette lie impure, aient pu, une fois enrôlés sous une bannière aussi glorieuse que celle de leur pays, mériter uniformément et pendant un demi siècle, les épithètes honteuses dont leurs chefs les flétrissaient si libéralement. On ne comprend pas qu'ils aient forcé un gouverneur français d'écrire, en rendant compte d'une terreur panique, ces mots qu'il a dû tracer avec tant de regret : *Je vois avec douleur qu'on est moins Français à la Louisiane que partout ailleurs.* 1753.

Après le départ de M. de Vaudreuil, les troupes furent réduites à treize cent cinquante hommes. Il y avait, en outre, quatre compagnies de milice bourgeoise et une compagnie de gardes côtes, pouvant faire cinq cents hommes en tout. Total de l'effectif : 1850 hommes. Le but évident de cette réduction était de diminuer le budget des dépenses, qui se monta cette année à 887, 205 livres.

Les années s'écoulaient, et la colonie semblait ne devoir jamais cesser d'être sous la dépendance des sauvages. Car M. de Kerlerec, au commencement de l'année 1754, écrivait au ministre : "je manque de marchan- 1754.

1754. dises pour la traite et surtout pour les présents aux sauvages chactas, avec lesquels je suis en arrière de deux, et même, tout à l'heure, trois présents. Ce qu'ils me reprochent avec véhémence, on peut même dire, avec insolence, et ils viennent pour cela à la Nouvelle-Orléans. Ce qui est un mal, puisqu'ils acquièrent ainsi une connaissance des localités, qu'ils pourraient un jour tourner contre nous. Ils me menacent d'appeler les Anglais. Je supplie Votre Grandeur de ne pas me laisser plus long-temps dans une situation si critique."

Le 4 de juillet, M. de Kerlerec écrivait: "j'ai reçu les familles Lorraines envoyées par la *Concorde*, et je les ai établies aux Allemands. Elles travaillent bien. Il en faudrait comme cela beaucoup pour faire avancer la colonie. Il nous faut des familles habituées aux travaux de la culture et qui redoubleraient d'ardeur dans un pays, où les revenus leur appartiendraient sans être grévés d'impôts."

Dans une autre dépêche du 9 du même mois, il se plaint beaucoup des machinations des Anglais. "En cas de guerre, dit-il, la sûreté de cette colonie serait gravement compromise, car la colonie manque de tout. Ce qui est fort inquiétant pour un gouverneur capable de peser les conséquences de l'abandon dans lequel elle se trouve. J'ai eu l'honneur de vous représenter que les dessous de la Nouvelle-Orléans sont ouverts de toutes parts, l'entrée du fleuve, on ne peut plus libre, point de canons ou beaucoup trop peu, dont la plupart sont défectueux, point de canonniers, un vide de cinq cent soixante hommes dans les troupes, des ordres réitérés d'économie, et des réductions de fonds de plus de moitié sur toutes les parties les plus essentielles et les plus urgentes des réparations, et en même temps les plus intéressantes pour la sûreté de la colonie; enfin des ordres de ne rien prendre sur nous en fait de fortifications nouvelles, sans l'agrément de la cour. De pareilles po-

sitions, dans un éloignement si considérable, demandent 1754.
de sérieuses réflexions, surtout si on veut se rappeler
la demande que firent Messieurs de Vaudreuil et Lenormant d'établir un fort à quinze lieues dans le
Ouachitas, et à laquelle la cour ne répondit que deux
ans après, en le permettant s'il était indispensable.
Mais il n'était plus temps, puisque les Chaouannons qui
s'y étaient rendus pour s'y établir et couvrir le fort,
s'ennuyèrent d'attendre et décampèrent pour n'y plus
revenir. Si cependant le fort avait été construit alors,
les Anglais, les Chérokis, les Chickassas, nos ennemis,
ne seraient pas dans le cas de pouvoir entreprendre
aucune communication par eau avec le fleuve par la
belle rivière, (Ohio), par la rivière Blanche, et encore
moins par celle de Ouabache, où est maintenant le fort
Vincennes. Notez qu'alors on aurait fait l'ouvrage à
près de cent pour cent meilleur marché, et qu'à l'avenir
on ne pourra y procéder qu'avec des forces considérables,
qui augmenteront encore les frais. Cependant, à la
manière dont les Anglais se remuent, on ne peut guère
se dispenser d'en venir là, sans quoi ils finiront par in-
terrompre nos communications avec les Illinois."

Il y avait à cette époque, à l'île aux Chats, une petite
garnison commandée par un officier nommé Roux ou
Duroux. Cet homme était d'une extrême avarice et
d'une cruauté égale à son avarice. Il employait ses
soldats à faire du charbon de bois, dont il trafiquait,
et, pour les plus petites fautes, il les faisait attacher nus
à des arbres, au milieu des marécages, où il les laissait
exposés des nuits entières aux piqûres des moustics. Ces
malheureux, exaspérés par les tourments que leur infligeait ce monstre, le massacrèrent, s'enfuirent à la Mobile, et, se joignant à quelques traiteurs anglais, cher-
chèrent à gagner la Georgie en traversant le territoire
des nations indiennes. On envoya un parti de Chactas
courir après les fugitifs. Ils furent atteints et arrêtés.

1754. L'un d'eux se donna la mort, les autres furent ramenés à la Nouvelle-Orléans, où on leur fit leur procès. Deux d'entre eux subirent le supplice de la roue, et un troisième, qui appartenait aux troupes suisses, fut, en vertu des réglements de discipline et de pénalité qu'observent les Suisses au service de la France, placé dans une espèce de cercueil, où son corps fut exactement emboité, et deux sergents le scièrent en deux. On ne peut lire sans frémir le récit de pareilles horreurs. Si l'on jugea prudent de décider que les soldats n'avaient pas éprouvé une provocation suffisante pour justifier le meurtre de leur chef, il fallait au moins commuer la peine horrible que la loi leur infligeait. Les Indiens, qui ne laissaient jamais échapper l'occasion de faire quelques réclamations en présents ou indemnités, prétendirent que leur territoire avait été souillé par le suicide du soldat, qui avait cherché ainsi à échapper au sort qui l'attendait. En conséquence, ils demandaient un présent qu'ils recevraient comme une expiation de cet acte. C'étaient les Alibamons qui faisaient cette demande, et, comme M. de Kerlerec tenait à conserver leur bon vouloir, il leur fit réparation pour ce suicide.

Lorsque les soldats qui étaient en garnison à l'île aux Chats, s'étant révoltés, massacrèrent leur commandant, il s'y trouvait en état d'arrestation, par ordre de ce commandant, et pour n'avoir pas voulu participer à ses méfaits, un habitant nommé Baudrot. Cet homme avait été employé plusieurs fois avec succès par les différents gouverneurs, dans des négociations importantes auprès des sauvages, qui avaient pour lui beaucoup de considération. Il parlait parfaitement leur langue, et connaissait leur pays dans toute son étendue, aussi bien qu'eux mêmes. Il avait de plus une force de corps extraordinaire. Toutes ces qualités lui avaient si bien concilié l'estime et l'amitié des Chactas, dit Bossu dans son ouvrage sur la Louisiane, qu'ils l'avaient adopté et

lui avaient accordé tous les privilèges d'un homme de 1754.
leur nation. Les soldats révoltés avaient forcé ce malheureux de leur servir de guide jusqu'à une certaine distance chez les Indiens, et l'avaient renvoyé en lui donnant un certificat qui témoignait de la violence dont on avait fait usage à son égard. Cela n'empêcha pas de lui faire son procès comme complice des fugitifs. Il fut rompu vif, et son corps jeté dans le fleuve.

Cet acte de barbarie étonna même les sauvages et leur inspira une vive indignation, qu'ils ne craignirent pas de manifester hautement, surtout les Chactas.

Le 20 septembre, M. de Kerlerec et le commissaire ordonnateur, d'Auberville, envoyaient conjointement cette dépêche: "Les terres de l'entrée du fleuve qui ne sont formées que par les dépôts des eaux du fleuve, ont si peu de consistance qu'il n'est pas possible, sans des dépenses considérables, d'y former d'établissement ni de fortifications solides.

"Ceux que la compagnie des Indes y avait fait faire, et qui étaient considérables, sont détruits. Il n'en reste aujourd'hui que quelques vestiges, que les vases achèvent d'ensevelir, malgré les réparations qu'on y a faites en 1741 et 1742, lesquelles se trouvent présentement sous l'eau à toutes les marées.

"Il est cependant de conséquence d'y avoir un asile pour y placer une garnison, les pilotes d'entrée et leur équipage, ainsi que pour les secours dont les vaisseaux, qui entrent et qui sortent, ont besoin.

"Un vaisseau de cinquante canons, dont les fonds seraient bons, le haut bord bien calfeutré, les rablures d'étrave et d'étambot, tribord et babord, du haut en bas, garnies d'une bande de plomb, de quatre pouces de large, doublé de bois de cypre rouge et mailleté, pour les garantir des vers, durerait au moins trente années dans le fleuve. Cela tiendrait lieu d'un fort que la nature du terrain rend impossible."

1754. Dans cette même dépêche, ils disaient : "L'île de la Balise qui était, il y a vingt ans, à une demi lieue au large, est maintenant à une lieue et demie en arrière sur le côté, et se joint à cette langue de terre que projette le fleuve en se déversant dans le golfe, et elle est par conséquent éloignée des vaisseaux qui viennent du large. Ce qui rend d'autant plus nécessaire l'établissement d'un poste flottant."

Cette dépêche, qui parait peut-être exagérée dans l'assertion du fait qu'elle avance, n'en constate pas moins une chose importante : c'est la rapidité presque incroyable avec laquelle le fleuve gagne sur la mer en prolongeant dans le golfe, par son limon, cette langue de terre dont elle fait son lit et ses bords.

Au mois de décembre, il y eut à la Mobile une grande cérémonie, à l'occasion de la distribution des présents à faire aux nations indiennes. Les Chactas, contents de ceux que leur fit M. de Kerlerec, lui décernèrent le titre de : *Père des Chactas.*

"J'ai dû, dit M. de Kerlerec, dans une dépêche du 18 décembre, montrer beaucoup de confiance dans leurs promesses, mais au demeurant, je les connais assez pour les juger fourbes, menteurs et très intéressés. Aussi, suis-je sur mes gardes, sans qu'il y paraisse.

"Les Chickassas se recrutent journellement des Chérokis et des Chaouannons, qui vont chez eux prendre femme. Sans cela, ils seraient réduits maintenant à presque rien, par la quantité de chevelures que font sur eux les Chactas. Cette guerre, d'ailleurs, a le mérite d'occuper les Chactas."

Quoique le gouvernement français eut recommandé la plus stricte économie et eut rétréci de beaucoup le cadre des troupes, le budget des dépenses ne s'en éleva pas moins cette année, à la somme de 963,124 livres.

1755. On crut, en 1755, que les Anglais méditaient une attaque contre la Louisiane, et M. de Kerlerec fit tous les préparatifs nécessaires pour la repousser, si elle avait 1755. lieu. Le 26 juin, il annonçait au ministre qu'il enverrait à l'île aux Chats douze hommes pour observer les mouvements des Anglais, qui, en cas d'attaque, ne manqueraient pas, disait-il, de venir atterrer à l'île aux Vaisseaux. Ce détachement devait lui renvoyer six hommes à l'arrivée de la flotte anglaise, et les six autres devaient venir le trouver, lorsque les Anglais auraient pris un parti.

Le 18 octobre, continuant ses préparatifs, il écrivait : Le rétablissement de la plate-forme des quatre batteries au détour à l'Anglais est bien avancé, et l'on pourra bientôt y monter les vingt neuf pièces de canons, de dix-huit de calibre, qui y sont déjà. Je vais faire finir les parties qui étaient restées à faire, depuis le premier projet approuvé, pour établir les quatre petites batteries de quatre canons, de dix-huit chacun, que j'ai proposé de faire dans le détour audessus des premières, afin qu'elles soient toutes en état de recevoir les quarante-trois pièces de canons du même calibre, que j'ai demandées et que je vous demande encore avec instance, pour pouvoir réunir les unes et les autres dès leur arrivée. Il faudrait cinq cents hommes de recrues."

A cette époque, les Anglais faisaient aux Français une guerre très vive dans le Canada, dont ils devaient bientôt s'emparer, et M. de Kerlerec craignait avec raison pour la Louisiane, qui avait toujours été pour les Anglais un objet de convoitise. C'est pour cela qu'il demandait des secours avec tant d'instance. Mais c'était au faible Louis XV qu'il s'adressait, et la France, sous ce règne corrompu et pusillanime, était déjà loin de l'époque, où sous Louis XIV, elle avait été accusée d'aspirer à une domination universelle. Elle se débattait avec peine contre les rivaux puissants qui l'entouraient et n'avait guère assez d'énergie et de puissance de reste, pour défendre ses possessions lointaines.

1755. M. de Kerlerec et M. d'Auberville furent, l'un, le premier gouverneur, et l'autre, le premier commissaire-ordonnateur qui vécurent en parfaite intelligence. Mais, comme si la colonie ne devait jamais être sans un sujet de discorde intestine, il s'éleva une espèce de petite guerre entre les Capucins et les Jésuites, et, comme il n'y a rien de plus envenimé que les dissentions religieuses, il en résulta une assez grande perturbation pour la province. Il y avait le parti des Capucins et le parti des Jésuites. Les femmes surtout prenaient à cette lutte une part très active. Voici quelle était l'origine de cette querelle.

La compagnie des Indes, en vertu des lettres patentes du roi, du mois d'août 1717, avait déclaré et statué que toutes les cures et missions qui étaient et qui seraient ci-après établies à la Louisiane, dans toute l'étendue de pays, comprise depuis l'embouchure du fleuve Mississippi en le remontant, jusques et y compris la rivière Ouabache et toutes les autres rivières qui affluent à la mer, seraient remplies, sous l'autorité de l'évêque de Québec ou de celle de son coadjuteur, par les pères capucins de la province de Champagne, sans qu'il pût y être établi aucun autre religieux et prêtre séculier, si ce n'était de leur consentement, et cela, à condition de fournir par an tous les prêtres qui leur seraient demandés, soit pour les cures, soit pour les missions que l'on jugerait à propos d'établir dans la dite étendue de pays. La compagnie avait donc décrété en conséquence que les dits pères capucins seraient mis en possession des églises, presbytères et chapelles, pour missions établies et à établir dans la dite étendue de pays, afin d'en jouir sans aucun trouble ni empêchement.

Mais les Capucins avaient compté sans les Jésuites qui, en 1726, avaient obtenu aussi la permission de s'établir dans la colonie. Cependant, afin d'éviter tout conflit, on leur avait assigné une juridiction différente de celle

des Capucins, dans la partie haute et la plus reculée de 1755.
la colonie. Mais par l'article 24 du traité conclu entre
la compagnie des Indes et les Jésuites, il était dit : *Le
supérieur de la dite mission pourra résider à la Nouvelle-
Orléans, à condition qu'il n'y remplira aucune fonction
ecclésiastique, sans le consentement du supérieur des Capucins.* Il n'en fallait pas davantage pour des hommes
aussi fins et aussi entreprenants que les Jésuites. Ainsi,
ils obtinrent de l'évêque de Québec une commission de
grand vicaire, dont l'exercice devait avoir lieu dans les
limites de la mission des Capucins, où ils n'avaient aucun
droit de s'immiscer, d'après les traités conclus. C'est pourquoi le conseil supérieur de la province avait refusé avec
raison d'enrégistrer les provisions de grand vicaire, ob-
tenues par les Jésuites. Malgré cela, les Jésuites avaient
peu à peu usurpé toutes les fonctions curiales en dépit
des Capucins, et avaient poussé l'audace jusqu'à menacer d'interdire ces derniers. Les pauvres Capucins, qui
n'étaient pas de force à lutter avec des adversaires aussi
habiles, se plaignaient hautement et demandaient protection au gouvernement, mais ils avaient eu le tort
d'agir avec trop de bonhommie envers leurs rivaux.
Ainsi, le 9 mars 1752, le révérend père Dagobert, supérieur des Capucins, avait eu l'imprudente courtoisie
d'inviter le père Beaudoin, supérieur des Jésuites, à bénir
la chapelle de l'Hôpital des pauvres de la paroisse. Ce
que le père Beaudoin s'était empressé de faire d'autant
plus volontiers, que le père Dagobert eut la politesse
d'agir dans cette cérémonie comme assistant. Le père
Beaudoin se servit de cette circonstance comme d'une
arme contre les Capucins. Il disait qu'il avait publié
ses lettres de grand-vicaire aussitôt après les avoir reçues ; que bien qu'il se fût annoncé comme tel, on n'a-
vait fait aucune objection à ce qu'il fît publier, en cette
capacité, le jubilé, à la paroisse de la Nouvelle-Orléans, le 26 février 1752 ; qu'ensuite, il avait béni, en la

1755. même capacité, au mois de mars, la chapelle de l'Hôpital, et qu'ayant été de cette manière reconnu par les Capucins comme vicaire-général du bas de la province, il était trop tard pour qu'ils pûssent être fondés à lui contester ce titre et les prérogatives qui y étaient attachées.

Telle était la question qui agitait la colonie et qui restait indécise.

1756. Il ne se passa rien d'intéressant dans la colonie en 1756. A part quelques tiraillements intérieurs, tout était tranquille. Cependant, le 1er d'avril, M. de Kerlerec écrivait au ministre : "J'ai déjà dit que les Anglais des provinces de New-York, de Pennsylvanie, de la Virginie et de la Caroline ne négligent rien pour s'attirer les nations sauvages qui nous sont alliées. Leurs démarches à cet égard sont devenues sans bornes et sont toujours soutenues par des présents qui, indépendamment qu'ils sont fort considérables, sont encore étudiés de manière à satisfaire leur goût. Ces mêmes présents sont d'ailleurs accompagnés de différentes menées secrètes, soutenues par des harangues toujours dirigées contre nous.

"Les gouverneurs de la Virginie et de la Caroline ont mis nos têtes à prix. Je crois que le gouvernement anglais l'ignore, car s'il le savait et l'autorisait, ce serait abominable. Nos sauvages m'ont souvent offert de m'apporter leurs chevelures, mais j'ai toujours repoussé ces offres avec indignation."

Le 12 décembre, il renouvelait ses observations sur le dénûment de la colonie, au moment où il était le plus nécessaire qu'il en fût autrement, pour neutraliser les efforts des Anglais. "Les sauvages, disait-il, murmurent, et, si nous ne leur faisons pas les présents accoutumés, si nous ne fournissons pas à leurs besoins, ils accepteront les propositions avantageuses des Anglais."

Le budget des dépenses fut encore très élevé cette année, et se monta à 829,398 livres. *(1756.)*

Le commissaire ordonnateur, d'Auberville, mourut le 14 mars, et M. Bobé Desclozeaux le remplaça par intérim. *(1757.)*

M. de Kerlerec se trouva tellement dépourvu de munitions, qu'il envoya à la Vera-Cruz demander de la poudre, du salpêtre et du souffre, mais il n'en obtint que vingt-et-un mille six-cent-vingt-trois livres, de très mauvaise qualité.

Une dépêche de M. de Kerlerec, du 21 octobre, fait voir jusqu'à quel point cette belle colonie de la Louisiane était alors délaissée par la France, qui soutenait une guerre difficile contre l'Angleterre.

### KERLEREC AU MINISTRE.

"Monseigneur, je n'ai aucune nouvelle de la Cour, depuis vos dépêches du 17 février et 15 juillet 1755. Aucun des secours que je vous ai demandés par les miennes, dont voici la quinzième en chiffres, ne nous est parvenu, et par surcroît de malheurs, les moyens que M. Desclozeaux et moi avons mis en usage, pour nous procurer de quoi satisfaire nos plus pressants besoins, n'ont encore eu aucun bon succès.

"Les magasins du roi sont épuisés. Ceux des particuliers le sont aussi depuis longtemps. Nous sommes journellement harcelés par les Chactas, qui sont dans la disette de tout. Ils nous menacent plus que jamais d'avoir recours aux Anglais et d'introduire leurs traiteurs chez eux. Les nations Alibamons parlent sur le même ton; toutes les autres sont également mécontentes. La partie des Illinois n'est pas mieux pourvue. Nous n'avons pu y envoyer par le dernier convoi que les plus faibles objets de ses besoins. Les Anglais travaillent fortement à traverser et rompre mes négociations pour la paix projetée avec les Chérokis. Ils pren-

1757. nent des mesures fort justes pour s'emparer de tous les batiments qui peuvent nous venir. Ils ont établi une croisière fixe au Cap St. Antoine de Cuba, où ils ont actuellement une frégate, avec un bateau de dix canons; et leurs corsaires, qui désolent nos caboteurs, viennent les chercher jusqu'aux approches de la Balise. Enfin, nous manquons de tout, et le mécontentement des sauvages laisse tout à craindre.

"Jusqu'à présent, j'ai su les apaiser ; mais je n'y suis parvenu qu'avec bien des dépenses, et sans quelques dernières ressources en marchandises, que nous ont procurées quelques petits batiments échappés à la vigilance de nos ennemis, nous aurions déjà éprouvé quelque fâcheuse révolution de leur part.

"Cet exposé, Monseigneur, qui vous remettra sous les yeux notre situation, nos dangers et nos besoins, vous fera juger en même temps combien il est essentiel, pour maintenir ces nations dans notre parti, que les secours, que je n'ai cessé de vous demander, nous parviennent promptement.

"Cette colonie est d'ailleurs ouverte de toutes parts. Il serait impossible de résister longtemps en cas d'attaque. Nous serions perdus, si les sauvages alliés venaient à nous tourner casaque."

M. de Kerlerec, pendant toute l'année, écrivit lettres sur lettres sur le même ton, ou plutôt elles enchérissaient les unes sur les autres et démontraient quelle était son anxiété relativement aux dangers qui menaçaient la colonie. Mais il n'obtint aucune réponse.

1758. Le 23 janvier 1758, M. de Kerlerec informait le ministre, que le chevalier de Villiers, capitaine aux Illinois, était allé, il y avait deux ans, avec la permission de M. de Macarty, guerroyer contre les Anglais, pour venger la mort de son frère M. de Jumonville, et s'était emparé du fort Grandville, qu'il avait brûlé. On sait que cet officier avait alors eu l'honneur de faire capituler Washington, au fort Nécessité. Il est à remarquer 1758. que cet événement eut lieu un 4 de juillet, date qui devait par la suite devenir si célèbre, et auquel le nom de Washington est si glorieusement attaché.

Le 23 d'août, M. de Kerlerec annonça au gouvernement français, qu'il venait de recevoir des secours, avec un nouveau commissaire ordonnateur, M. de Rochemore. "Il était temps, dit-il; les Chactas commençaient déjà à se livrer à des actes d'hostilité, et auraient tué, il y a quelques jours, deux français, si ceux-ci ne s'étaient réfugiés dans la cabane d'un chef."

Au mois d'octobre, M. de Kerlerec envoya au gouvernement des renseignements détaillés sur les forces que possédaient encore les nations indiennes, malgré leurs fréquentes guerres entre elles et contre les Français. Il disait que les Chactas avaient cinquante-deux villages, et pouvaient mettre quatre mille hommes sur pied, et que les Alibamons comptaient trois mille guerriers. Il ajoutait que ces deux nations étaient les boulevards de la colonie, et qu'il fallait à tout prix les concilier.

"Les présents, dit-il, sont une coutume dispendieuse, et que peut-être on aurait pu éviter dès le principe, mais qu'il est maintenant impossible de supprimer. D'ailleurs, ces dépenses ne sont pas la dixième partie de la dépense que coûteraient les guerres, que ces présents ont évitées. Les marchandises envoyées après un si long retard sont insuffisantes, surtout à cause des avaries. Cela est fâcheux, car j'aurais pu frapper sur les établissements anglais dans tout le Sud, pendant que M. de Vaudreuil les dévastait au Nord. Tel était mon projet, et mes arrangements étaient pris en conséquence, mais j'ai attendu inutilement pendant plus de deux ans les moyens de le mettre à exécution.

"L'empereur des Kaouitas m'avait répondu des nations Kachissas, Tchiapas, Abékas, Talapouches et Alibamons, qui en dépendent. Les Chérokis, les Chaouan-

1758. nons, voisins de cette partie, se seraient liés avec ces premiers, et peut-être, dans une telle circonstance, aurais-je pu accorder la paix aux Chickassas et Abékouchis, qui la désirent depuis longtemps, et qui enfin, alors liés du même intérêt que nos alliés, auraient formé une chaîne suivie depuis cinquante lieues dans le Nord-Est du poste des Alibamons, cotoyant les établissements anglais, jusqu'à la source de la rivière des Chérokis, qui se décharge dans le Ouabache. J'y aurais ajouté un fort détachement Arkansas, et j'aurais aussi donné des ordres à M. de Macarty pour détacher également les nations de son territoire. Le tout ensemble aurait formé quatre fois plus de sauvages que M. de Vaudreuil n'en a, et je me serais flatté que ces expéditions, bien conduites, auraient ruiné sans ressource cette partie immense de la Nouvelle-Angleterre, en une seule campagne. Par ce moyen, M. de Vaudreuil aurait pu s'occuper utilement ailleurs.

"Voilà, Monseigneur, quel était mon projet depuis trois ans, et qu'on ne m'a pas mis en état d'effectuer. Ce n'est cependant pas faute d'avoir exposé mon projet à découvert et l'avoir bien motivé, sous les yeux des ministres vos prédécesseurs."

Le 20 décembre, M. de Kerlerec demanda la croix de St.-Louis pour M. Aubry, capitaine d'infanterie, qu'il avait envoyé aux Illinois, et qui venait de faire une action d'éclat au fort Duquesne. "Toutes les lettres, dit-il, qui nous parlent de cette affaire, s'accordent exactement sur la bravoure, la fermeté et le sang-froid avec lequel cet officier a toujours continué, pendant l'action, de donner des ordres, qui ont été d'autant plus fidèlement exécutés qu'il est aimé par le soldat. Je vous demande, Monseigneur, avec toute l'instance possible, la croix de St.-Louis pour cet officier d'une valeur peu commune, rempli de mérite, et généralement estimé de tous ceux qui le connaissent. Aubry a été bien secondé par Villiers, Adamville, Devergès, &c., &c.

Une dépêche de M. de Macarty, qui commandait aux Illinois et qui avait marché au secours des Français du Canada, rend aussi compte de ce brillant fait d'armes de M. Aubry. En voici quelques extraits :

"Le 8 juin, les Anglais tentèrent une descente à l'île Royale pour en faire le siège. La défense vigoureuse des Français les a obligés de se retirer avec perte, &c.

. . . . . . . . . . . . . . . . . . . . . . . .

"Du fort Carillon, 11 juillet.

"Le général Deane, à la tête de dix-huit mille Anglais, vint attaquer M. de Montcalm dans ses retranchements, où il n'avait que trois mille cinq cents hommes. Le général anglais, se croyant assuré de la victoire, dit aux sauvages : *Mes enfants, je ne veux point vous exposer. Soyez seulement spectateurs, et vous allez voir comment je vais donner le fouet à ce chef français.* Le combat se livre, M. de Montcalm défait les ennemis, dont il reste cinq mille hommes sur la place. Le général Deane et son état major sont tués, et le reste a pris la fuite, &c.

"Fort Duquesne, 28 septembre.

"Le fort Duquesne a été menacé, une partie de la campagne, par une armée d'environ dix mille hommes, commandée par le général Forbes. La maladie du général Forbes avait, dit-on, retardé l'exécution du projet d'attaque, mais neuf cents hommes de bonne volonté, détachés d'un corps de six mille Anglais retranchés non loin du fort, et commandés par le colonel Greene, se sont présentés, le 14, à six heures du matin, dans les déserts du fort Duquesne. On ne fut averti de leur arrivée que par le bruit des caisses et le son des instruments. Aussitôt, M. Aubry, capitaine des troupes de la Louisiane, détaché au printemps dernier par les ordres de M. de Kerlerec pour commander le convoi d'approvisionnement destiné au fort Duquesne, court aux armes, sort du fort, suivi de ses officiers et de la plus grande partie de ses troupes. Il vole dans les dé-

1758. serts, essuie trois violentes décharges, et enfin écrase les ennemis, dont il reste trois cents sur la place, deux cents prisonniers, sans compter beaucoup de noyés, et revient victorieux dans le fort, où commandait M. de Lignerie, capitaine du Canada, qui en était sorti avec une partie de ses troupes pour soutenir M. Aubry. Tous les officiers se sont distingués à cette affaire, et ceux des Illinois et ceux de la Louisiane. Ils ont parfaitement secondé la valeur de M. Aubry. Les plus distingués sont M. de Villiers, capitaine, le même qui, en 1756, prit un fort sur les Anglais à Dambelle, et le sieur Devergès, enseigne. Ce dernier s'est débarrassé de trois Anglais qui le serraient de près. Il en a tué deux et fait le troisième prisonnier."

Le fort Duquesne n'en fut pas moins pris plus tard par les Anglais. Le général Forbes ayant marché avec toutes ses forces contre ce fort, l'officier qui y commandait, voyant qu'il ne pouvait s'y défendre, embarqua toute son artillerie et ses munitions, mit le feu aux édifices, et opéra fièrement sa retraite en face de l'ennemi, et le drapeau au vent. Cette brave garnison se laissa flotter sur l'Ohio et le Mississippi. Le courant l'amena à la Nouvelle-Orléans, où elle fut reçue avec les honneurs qu'elle méritait.

1759. A peine le nouveau commissaire-ordonnateur, M. de Rochemore, était-il arrivé à la Louisiane, qu'une mésintelligence s'élevait entre lui et M. de Kerlerec, et qu'il se permettait des actes qui attiraient sur lui le blame du gouvernement français, comme on le verra par l'extrait suivant d'une lettre du ministre Berryer à M. de Kerlerec et à M. de Rochemore, en date du 19 janvier :

"M. de Rochemore à jugé à propos, à son arrivée dans la colonie, de se faire rapporter tous les billets de caisse qui se sont trouvés répandus dans la colonie, montant à un million huit cent mille livres, de les annuler, et d'en faire fabriquer de nouveaux, visés de lui, après avoir converti les premiers en lettres de change sur les trésoriers en France. C'était cependant une opération contraire à ses instructions, qui portaient qu'il fallait examiner soigneusement la situation des finances, et surtout éloigner le plus possible les échéances des lettres de change. Loin de là, son premier soin a été de charger les exercices de 1758 et 1759 d'un million huit cent mille livres, au-delà des dépenses ordinaires.

1759.

"Encore s'il s'était contenté de retirer les anciens billets et de les convertir en lettres de change, je ne serais pas dans le cas de lui reprocher sa précipitation, qui jettera la caisse de France dans le plus grand embarras ; mais il a ajouté la fabrication nouvelle de la même quantité de billets, sous prétexte, dit-il, de séparer son administration de celle de son prédécesseur. C'est une faute énorme qu'il n'avait même pas le droit de commettre.

"Il aurait dû réfléchir que ses prédécesseurs avaient été blamés en 1750, pour une émission de cette nature, et qu'ils avaient dû faire rentrer immédiatement ce papier.

"Ainsi, il faudra immédiatement faire retirer tous les billets qui se trouveront répandus dans le public, contre des lettres de change tirées au plus long terme possible, et que tous ces billets soient brûlés, ainsi que ceux qui seront encore dans les mains des trésoriers."

Le 6 mai, M. de Kerlerec, qui avait fait un voyage à la Mobile, afin de déjouer les manœuvres des Anglais pour gagner les nations sauvages, écrivait au ministre :

"Monseigneur, le voyage que je viens de faire ne fut jamais plus nécessaire. Le projet des Anglais était de s'emparer de la nation des Chactas, en la comblant de présents, de faire égorger le poste de Tombekbé et les Français qui se seraient trouvés dans la nation,

1759. officiers, missionnaires et autres. Après quoi, ils devaient venir prendre la Mobile, soutenus par les Chactas, et ensuite attaquer la Nouvelle-Orléans par mer, tandis que les Chactas l'attaqueraient par terre, en venant par les derrières des lacs. Tout cela a été au moment d'éclôre ; mais j'ose me flatter, par les deux mois de séjour que j'ai fait à la Mobile avec cette nation, et par la distribution des présents, d'avoir ramené les choses dans l'état de tranquillité que nous pouvons désirer dans la circonstance présente. Il s'agit seulement de ne pas manquer de marchandises pour la traite et pour les présents. Elle est de toute conséquence. Au reste, Monseigneur, voilà tout ce qu'on peut se promettre de la part des sauvages, sur lesquels on ne peut compter sagement que du jour au lendemain, si on les laisse manquer de leurs besoins."

M. de Rochemore qui, aussitôt après son arrivée, s'était en quelque sorte brouillé avec M. de Kerlerec, et qui ne paraissait guère avoir été intimidé par la lettre de blame que le ministre lui avait adressée sur son administration, en date du 19 janvier, n'en agissait pas avec plus de circonspection. Il ne donnait pas de répit à M. de Kerlerec et l'attaquait avec une infatigable activité. Ainsi, dans une dépêche du 13 octobre, il exposait que M. de Kerlerec l'avait empêché de faire exécuter les ordonnances sur les batiments étrangers, venant dans la colonie. "Quant à un autre batiment, dit-il, nommé les Trois Frères du Rhode-Island, il l'a fait saisir et condamner, puis il l'a fait mettre en liberté, comme pour prouver que tout, même la justice, devait s'effacer devant sa volonté. J'apprends que le capitaine de ce batiment a été forcé de laisser dix mille livres en dépôt, pour garantir qu'il reviendrait apporter ce dont on a besoin dans la colonie, et qu'à son retour, on refusa au bas du fleuve de le laisser monter."

Deux jours après, le 15, il ajoutait : "Si les dépenses

sont si fortes dans la colonie, c'est que, dans tous les postes, la personne chargée des devis et des travaux est aussi l'entrepreneur, soit directement, soit indirectement, et qu'étant le premier, ou pour ainsi dire le seul marchand, le seul cabaretier de l'endroit, elle s'efforce de grossir les dépenses, dont elle profite plus que personne."

Puis, il affirme que M. de Kerlerec est intéressé dans la traite avec les sauvages, et que son secrétaire Titon de Sibèque, est son associé et son prête nom.

Il ne s'était pas écoulé deux jours depuis cette dernière dépêche, que son acharnement contre M. de Kerlerec le faisait revenir à la charge contre lui, et il recommençait avec une nouvelle énergie ses récriminations contre l'administration dispendieuse du gouverneur. Il informait le ministre que les dépenses des premiers huit mois de l'année se montaient à 582,455 livres, et que, suivant toute probabilité, le budget total de l'année irait à un million.

On voit que c'était toujours la même répétition, et que l'histoire de la colonie pouvait, depuis sa fondation, se résumer en quelques mots: mésintelligence continuelle entre les chefs, dépenses énormes du gouvernement sans obtenir des résultats proportionnels, système abusif de priviléges et de monopoles, manque de suite dans les idées et dans les efforts de ceux qui dirigeaient ces établissements nouveaux, esprit d'agiotage, de péculat et de dilapidation chez plusieurs des habitants les plus notables du pays, qui n'y étaient venus que pour s'y enrichir et s'en retourner en France au plus vite. Il en résultait une absence presque totale de progrès dans la colonisation de la Louisiane.

## CHAPITRE XX.

QUERELLE VIOLENTE ENTRE MESSIEURS DE KERLEREC ET DE ROCHEMORE.—GRANDE PERTURBATION DANS LA COLONIE.—PLUSIEURS OFFICIERS SONT ARRÊTÉS ET ENVOYÉS EN FRANCE.—FORTIFICATIONS DE LA NOUVELLE ORLÉANS.—EMPLACEMENT DES ÉDIFICES PUBLICS.—ROCHEMORE EST DESTITUÉ.—FOUCAULT LUI SUCCÈDE, COMME COMMISSAIRE ORDONNATEUR.—ACTE DE CESSION DE LA LOUISIANE À L'ESPAGNE.

1759. Pendant que M. de Rochemore, à la Louisiane, attaquait si vivement M. de Kerlerec, son adversaire, il ne se doutait pas qu'il était parti de France une dépêche, par laquelle le ministre le destituait. Cette dépêche, en date du 27 août, n'était pas encore arrivée, à l'époque où M. de Rochemore écrivait sa dernière lettre du 15 octobre, dont il a été fait mention dans le chapitre précédent. Le ministre écrivait donc à M. de Rochemore :

"Vous savez combien le roi est mécontent de votre administration. Votre éloignement pour M. de Kerlerec, votre précipitation à rassembler les billets de caisse et à tirer cette année sur la caisse de France, pour plus d'un million huit cent mille livres de lettres de change, l'esprit d'indépendance qui vous a porté à faire du trésorier, M. Destréhan, devenu votre conseil, un contrôleur, et de votre beau-frère un garde magasin, sans faire attention qu'un trésorier, devenu contrôleur, peut arranger ses comptes comme bon lui semble, l'indiscrétion avec laquelle vous avez conseillé de casser d'anciens concessionnaires, pour en faire donner les titres 1759. à votre famille, le pouvoir absolu avec lequel vous avez disposé des effets du magasin du roi, les sociétés suspectes que vous avez formées pour les travaux publics et auxquelles vous avez fait donner une avance considérable, sans égard aux circonstances du temps et aux besoins plus urgents de la colonie, vous rendent indigne d'occuper plus longtemps la place qui vous avait été confiée. Donc, vous êtes destitué. M. Bobé Désclozeaux remplira vos fonctions."

Relativement à cette affaire, une note ainsi conçue, de la main du ministre, se retrouve dans les cartons du ministère de la marine :

"On a trouvé par un inventaire fait inopinément au domicile du sieur Bellot, secrétaire de M. de Rochemore, lequel a été embarqué de force, quarante mille livres qu'il n'a pu amasser, en moins d'un an qu'il est dans la colonie, que par les manœuvres et à l'aide de M. de Rochemore. Ce secrétaire sera arrêté à son arrivée en France."

Le 1er novembre, le roi, pour diminuer les dépenses qu'il faisait à la Louisiane, lança un ordre portant suppression de trente six compagnies françaises entretenues dans la province. Ce qui réduisait à rien les forces de la colonie.

Ce qu'il y a de certain, c'est que les progrès du pays n'avaient jamais été en rapport avec les dépenses considérables que le gouvernement français y avait faites. Il est hors de doute que, depuis la fondation de la colonie, il y avait eu de grandes malversations dans son administration. Par exemple, il résulte d'une lettre du ministre que deux batiments du roi étaient arrivés à la Louisiane, le 17 août 1758, et n'étaient repartis que le 2 janvier 1759. Leurs dépenses de séjour s'étaient montées à 194,099 livres; ce que le

1759. ministre trouvait fort extraordinaire. Il soupçonnait quelque fraude, et il avait probablement raison.

Le 29 décembre, le ministre présenta au roi le mémoire suivant, qui fut approuvé par Sa Majesté.

*Mémoire du Ministre au Roi.*

"Sa Majesté a été informée de la manière dont le sieur de Rochemore a entamé et suivi son administration d'ordonnateur à la Louisiane. On vient d'être instruit d'une nouvelle aventure qui suffirait pour le faire rappeler, si Sa Majesté n'avait déjà jugé nécessaire de lui donner un successeur; et comme plusieurs autres personnes, tant officiers qu'employés dans la colonie, ont eu part à ce qui s'est passé, on va en mettre le détail sous les yeux de Sa Majesté.

"Le sieur de Kerlerec ayant été obligé de se rendre à la Mobile, sur les avis qu'il en avait eus d'une entreprise de la part des Anglais sur cette partie de la colonie, il a laissé au sieur Simarre de Belle Isle, major de la Nouvelle-Orléans, le commandement pendant son absence, avec des instructions sur la conduite qu'il devait tenir, principalement au cas qu'il se présenterait des navires neutres avec des cargaisons de comestibles.

"A peine le sieur de Kerlerec fut arrivé à la Mobile, qu'il se présenta à la Nouvelle-Orléans deux parlementaires, l'un français, avec un chargement de peu d'importance, l'autre, anglais, avec des comestibles et d'autres marchandises. Le français a fait sa vente sans difficulté. Les sieurs de Rochemore et de Belle Isle, après avoir fait un bon accueil au capitaine anglais, lui ont fait proposer de vendre sa cargaison en gros et à un prix fort bas. Sur le refus du capitaine, ils lui firent proposer de céder à chacun pour quinze mille livres de marchandises au prix de facture. Le capitaine y consentit à condition qu'ils en donneraient reçu.

"Cette condition leur ayant déplu, ils n'ont plus pensé qu'à faire confisquer ce parlementaire en vertu des lettres patentes de 1727, qui défendent aux navires étrangers l'entrée des colonies françaises.

"Les habitants, alarmés des suites de cette confiscation qui les aurait privés des secours dont ils avaient un extrême besoin, et qu'ils ne pouvaient avoir que par la voie des étrangers, en ont écrit au sieur de Kerlerec, qui, tout de suite, a donné les ordres les plus précis de laisser une liberté entière au capitaine pour vendre sa cargaison.

"Dans l'intervalle de ces ordres, les sieurs de Rochemore et de Belle-Isle se sont hâtés de faire lever les scellés apposés sur le batiment, et, malgré les cris du public, ils ont fait transporter la plus grande partie des marchandises dans les magasins de Sa Majesté.

"Le sieur de Kerlerec, étant arrivé le surlendemain, a trouvé une si grande fermentation parmi le peuple contre le sieur de Rochemore et le sieur Destréhan, son conseil, trésorier de la colonie, et commis des trésoriers généraux, qu'il leur a donné des sentinelles pour leur sûreté.

"Enfin, après bien des difficultés, le sieur de Kerlerec a été forcé de prendre sur lui d'ordonner, au bas d'une requête du capitaine parlementaire, la vente publique de ses effets, avec les précautions usitées, après avoir ordonné au capitaine de faire auparavant sa soumission à l'ordonnateur, pour les effets dont il avait besoin, pour les magasins de Sa Majesté.

"Cette affaire a été terminée de cette manière et à la satisfaction de tous les colons, après avoir presque occasionné une révolte générale. Elle exige que ceux qui y ont donné lieu soient punis.

1759. "Le sieur de Rochemore ayant été révoqué, il n'est plus question de lui.

"Le sieur Bellot, son secrétaire, nourri dans la chicane, a été arrêté à la Louisiane et embarqué pour passer en France.

"Le sieur Simarre de Belle-Isle, major, ayant formellement manqué aux ordres du gouverneur, qui lui avait surtout recommandé d'admettre les navires étrangers, et qui s'était associé au sieur de Rochemore pour la confiscation du parlementaire, a été interdit par le sieur de Kerlerec. Il est nécessaire, pour l'exemple, de le casser et de le faire repasser en France.

"Le sieur Destréhan, commis des trésoriers généraux, conseil du sieur de Rochemore, et très dangereux, (riche à six cent mille livres,) ne peut rester sans risque dans la colonie. On expédiera un ordre pour le faire revenir en France, et on en préviendra les trésoriers généraux, pour qu'ils y envoient un nouveau sujet."

"Le sieur Fontenette, médecin et conseiller du conseil supérieur, a été nommé par le sieur de Rochemore commissaire pour la confiscation, et s'est tenu caché à l'arrivée du sieur de Kerlerec, pour ne pas exécuter les ordres qu'il lui avait expédiés pour faire rendre les effets du parlementaire. Il convient de le renvoyer.

"Le sieur d'Herneuville, capitaine des troupes, mérite d'être destitué et d'être rappelé en France. C'est un chef de cabale. Très mauvais sujet.

"Le sieur Dorville, aide-major et gendre de M. de Belle-Isle, le sieur Marigny de Mandeville, sont aussi entrés dans le complôt du sieur de Rochemore; et le sieur de Kerlerec marque qu'il soupçonne les sieurs de Reggio et de Franz, capitaines, de s'être ligués contre lui, à l'instigation du sieur de Rochemore; mais comme ils n'ont eu aucune part aux manœuvres qui ont été pratiquées, il suffira d'une forte réprimande."

Ce Marigny de Mandeville dont il est ici question,

venait de faire un travail d'une grande utilité. Voici 1759. comment Bossu, capitaine dans les troupes de la marine, qui était dans la colonie à cette époque, et qui a écrit sur la Louisiane, s'exprime à ce sujet :

"En 1759, dit-il, M. Marigny de Mandeville, officier de distinction, forma le dessein, avec l'agrément du gouverneur de la Louisiane, de faire de nouvelles découvertes vers l'île de Barataria, dont nous ne connaissons que très imparfaitement le gisement des côtes ; ce fut dans cette vue qu'il travailla à une carte générale de la colonie. Cet officier a fait, à ses frais, la découverte de ce pays inconnu, avec un zèle infatigable, qui caractérise un digne citoyen, toujours occupé de la gloire de son Prince et de l'agrandissement de ses états."

Quoique les cannes introduites par les Jésuites eussent parfaitement réussi, on n'avait pas encore songé à en tirer parti pour faire du sucre. Mais cette année, M. Dubreuil, dont l'habitation occupait une partie de l'emplacement où est maintenant située la troisième municipalité de la ville de la Nouvelle-Orléans, fit construire un moulin et établit une sucrerie. Cependant, cette entreprise n'eut pas de suite et fut bientôt abandonnée.

Quoique le commissaire ordonnateur, M. de Roche- 1760. more, eut été destitué par une dépêche du 27 d'août de l'année précédente, il paraît qu'il en remplissait encore les fonctions, le 2 janvier 1760. Car on trouve son nom attaché à une résolution de cette date, prise par un conseil de guerre tenu à l'hôtel du gouvernement, concernant les fortifications de la Nouvelle-Orléans. Il fut convenu, d'une voix unanime, de procéder sans délai à enceindre cette ville d'un fossé et d'une palissade, conformément au devis qui en serait dressé par M. Devergès, ingénieur, et conformément à un ancien projet, le tout pour le compte du roi, les habitants n'étant pas en état de contribuer à la dépense et ne pouvant se charger que de

1760. l'entretien des fortifications. Cette résolution était signée par Kerlerec, gouverneur, Rochemore, commissaire-ordonnateur, Devergès, d'Herneuville, Grand-Pré, Grand-Champ, Maret de la Tour, Bellehot, Favrot, Pontalba, Dorville et Trudeau.

Il y avait plusieurs années que le gouvernement français n'avait expédié de secours à la Louisiane, de sorte qu'on s'y trouvait aux abois. M. de Kerlerec fut réduit à envoyer au commandant du port au Prince un homme de confiance, pour lui exposer verbalement sa position critique et lui demander de la poudre. Mais il n'en put obtenir que six milliers.

Le 21 décembre, M. de Kerlerec écrivait au ministre :

"Monseigneur, l'enceinte fortifiée de cette ville vient d'être finie, mais il nous manque pour la bien défendre des canons, des hommes et des munitions de guerre. Ayant eu vent que les Anglais devaient faire des incursions à la Louisiane, je prends la liberté de garder la flûte du roi, la *Biche,* à la grande satisfaction de tous les colons. Je la ferai couler bas avec un chargement de briques à l'entrée du fleuve, dans la passe, en cas d'extrémité. Il ne nous reste que dix mille livres de poudre pour défendre le bas de la colonie, et encore, suis-je obligé d'en envoyer quatre milliers aux Illinois, qui en manquent et qui, comme nous, sont dépourvus de tout.

"Les Chérokis sont dans les meilleures dispositions pour nous et donnent bien de la tablature aux Anglais, mais ils réclament de moi des secours de munitions de guerre que je n'ai pu leur fournir jusqu'à présent qu'en très petite quantité pour se défendre. Ils sont, au total, dépourvus de marchandises, que je leur promets depuis quatre ans, de sorte que nous serions dans l'état le plus critique, si, de temps à autre, nous ne recevions quelques marchandises par les parlementaires anglais. Mais ces marchandises coûtent cher au roi par la manière dont M. de Rochemore les fait acheter.

"Sur ce qu'a mandé M. d'Ossun, que le roi d'Espagne avait fait donner ordre à tous les gouverneurs de la Havane, du nouveau et du vieux Mexique, de nous fournir tous nos besoins, j'ai envoyé demander des secours à la Havane. En attendant, j'en ai reçu par un parlementaire."

On voit par cette lettre que la destitution prononcée contre M. de Rochemore, le 26 août 1759, devait avoir été révoquée ou suspendue, puisqu'il continuait d'être en place, le 21 décembre 1760. En effet, les officiers qui s'étaient ligués avec M. de Rochemore, et que M. de Kerlerec avait fini par faire arrêter et envoyer en France, firent par la suite tant de bruit à la Cour, qu'ils réussirent à blanchir M. de Rochemore et à faire réprimander M. de Kerlerec à qui, d'abord, on avait donné gain de cause. M. de Rochemore fut donc laissé en place, provisoirement.

Voici quel était à cette époque l'emplacement des édifices publics.

L'emplacement des vieilles casernes était entre Royale et Bourbon, Toulouse et St. Louis. L'ancien hôtel du gouvernement occupait le terrain compris maintenant entre les rues Douane, (qui n'existait pas alors) Bienville, Levée et Royale. La rue de Chartres s'arrêtait à la rue Bienville et aboutissait à l'hôtel du gouvernement.

Le nouvel hôtel du gouvernement, en 1760, était au coin de St. Louis et Levée, du côté de la rue Toulouse, et prenait environ le tiers de l'*îlet*. (1) Mais sa façade sur la rue St. Louis prenait la moitié de l'îlet. Au coin opposé, était l'intendance.

---

(1) On appelle îlet un espace compris entre quatre rues qui, en général, se coupent à angles droits. Toute la Nouvelle-Orléans est divisée en îlets.

1760. La rue actuelle de l'Hôpital ou du Bayou ne venait vers le fleuve que jusqu'à la rue Royale, où elle aboutissait à l'hôpital des troupes, qui s'étendait jusqu'aux rues du Quartier, Ursulines, Levée et Royale.

1761. Le 1er mars 1761, M. de Kerlerec écrivait au ministre : "Plus que jamais nous devons aider les Chérokis qui, sur mes instigations, se sont rendus maîtres du fort Loudoun, placé au haut de la rivière des Chérokis et terminant les établissements de ces Indiens. Ce fort des Anglais n'était à d'autres fins que de communiquer aussi librement dans le Ouabache que dans notre fleuve, pour y faire telles incursions qu'ils auraient voulu.

"Les Chérokis ont donc pris et rasé ce fort, fait cent cinquante prisonniers, tué et massacré cinquante autres, inclus le commandant et quatre officiers. Après quoi, ils ont emporté dans leur village douze pièces de canons, deux mortiers et deux pierriers. Ils m'ont demandé des canonniers pour les servir, mais ignorant à quels termes d'accommodement nous en sommes avec l'Angleterre, j'ai éludé de répondre. J'en manque d'ailleurs pour moi-même."

Cette année, il y eut encore de nouvelles plaintes portées contre M. de Rochemore. Il paraît qu'il avait défendu à l'huissier du conseil de faire aucune signification aux parties intéressées, sans la lui avoir communiquée au préalable, et qu'il en avait gardé plusieurs en sa possession, ne voulant pas qu'elles fussent remises à qui de droit. Cette étrange conduite fit murmurer le public, non sans raison, et, sur plainte portée au conseil, il fut ordonné que l'huissier ferait les significations sans les communiquer à M. de Rochemore, lequel pourrait en connaître en venant au conseil. Ce qu'il avait cessé de faire depuis dix-huit mois.

M. Foucault, qui avait été nommé pour remplacer M. de Rochemore, arriva au mois de juin. Dans la dépêche où il rend compte de son arrivée, il dit : "J'ai trouvé les magasins entièrement démunis, les marchandises à des prix excessifs, les papiers et régistres dispersés et confiés à des employés, dont quelques uns ont quitté le service de la colonie. Il y a sur place pour plus de sept millions de billets, formant papier monnaie. Les traites sont escomptées à 400 et 500 pour cent."

1761.

On voit qu'il est difficile d'imaginer une situation plus pénible que celle où se trouvait alors la colonie. Pour compléter le tableau présenté par le commissaire ordonnateur, M. de Kerlerec écrivait, de son côté, en date du 12 juillet : "Les Chactas et les Alibamons me harcellent journellement pour avoir des secours et des marchandises de traite. Ils menacent de passer à l'ennemi, si cela continue, et nous dévorent, en attendant, par leurs visites, le peu de vivres et de marchandises qui nous restent. Nous pouvons craindre de les avoir pour ennemis. Aussi, la situation n'est-elle pas tenable. Toute la population est dans l'inquiétude."

Pendant que M. de Kerlerec exposait ainsi le triste état de la colonie, l'ambassadeur de France, près de la Cour de Madrid, présentait, le 31 octobre, au gouvernement Espagnol, un mémoire dans lequel il faisait l'humiliant aveu de la faiblesse de son gouvernement et implorait l'appui et la protection de l'Espagne, pour aider la France à conserver la Louisiane, en lui représentant qu'elle servait de barrière entre les colonies anglaises et les colonies espagnoles. Ce mémoire est assez important pour être transcrit tout au long.

*Mémoire de l'Ambassadeur de France, à la Cour de Madrid.*

"Il y a près de quatre ans que la colonie française de la Louisiane n'a reçu aucun secours.

"Le ministère, rebuté par le mauvais succès des premières mesures qu'il avait prises à cet égard, et voyant

1761. que toutes les expéditions que l'on faisait d'Europe, étaient enlevées par les Anglais, crût devoir les discontinuer.

"Il est néanmoins de la plus grande importance de mettre présentement la Louisiane en état de se soutenir et de se défendre en cas d'attaque. On ne parlera point de l'intérêt particulier qu'a l'Espagne d'empêcher que les Anglais ne s'en rendent les maîtres, surtout depuis qu'ils ont conquis tout ce que la France possédait dans l'Amérique septentrionale, et qu'ils sont à portée de disposer, sans aucune contradiction, des nations indiennes, dénommées *los indios bravos*. On dira simplement que cette seule circonstance mériterait l'attention de l'Espagne, si Sa Majesté Catholique n'était pas inclinée, comme elle l'est, à donner à la France tous les secours praticables.

"M. le duc de Choiseul se propose de faire passer, le plustôt possible, à la Louisiane, ce qui est le plus nécessaire à cette colonie, mais comme, indépendamment des risques auxquels de pareils envois seront exposés, et de ce qu'il est indispensable de les renouveler souvent, ce ministre ne saurait, dans le moment présent, y expédier des troupes, des munitions de guerre et de bouche, et comme il convient également de multiplier les mesures relatives à un objet aussi pressé et aussi important, M. le duc de Choiseul demande que, (outre les ordres qui ont déjà été donnés par M. le bailli d'Arriaga aux gouverneurs et commandants de la Havane, de fournir tous les secours qui dépendront d'eux, soit en munitions de guerre, soit en munitions de bouche, aux bâtiments qui seront envoyés à cette fin par le gouverneur de la Louisiane,) il plaise à Sa Majesté Catholique de faire passer sans aucun délai à M. le gouverneur de la Havane, ainsi qu'aux officiers des douanes et autres qui peuvent concourir à l'objet dont il s'agit, les ordres les plus pressés et les plus détaillés de rassembler une certaine quantité de munitions de guerre et de bouche, de première qualité, comme fusils, poudre à canon, pierres à fusils, mêches, pelles et pioches, balles de fusil, fer, &c. &c., farines, viandes salées, huiles, &c. &c., afin que les bâtiments qu'expédiera le commandant de la Louisiane trouvent plus promptement à leur arrivée ce dont ils auront besoin.

"Ce sera le moyen d'abréger les risques de la mer, à cause de la proximité de la Havane. Ils seraient augmentés, si ces bâtiments étaient obligés d'aller chercher les mêmes secours dans les colonies espagnoles les plus reculées.

"Au reste, comme il est certain que la France ne peut conserver la Louisiane, vû le mauvais état où se trouve cette colonie, qu'en tirant les secours les plus prompts de la Havane, indépendamment de ceux qui seront envoyés de France, aussitôt qu'il sera possible, il paraît qu'il y aurait des moyens plus simples et plus sûrs que celui dont on a parlé ci-dessus, pour secourir cette colonie.

"Ce serait, par exemple, que M. le bailli d'Arriaga voulut bien joindre aux envois qu'il fait en ce moment aux Indes Espagnoles, un assortiment de munitions de guerre et de munitions de bouche destiné pour la Louisiane, et ordonner à M. le gouverneur de la Havane de le faire passer sur le champ à cette colonie française, par un bâtiment espagnol. L'assortiment le plus étendu serait le meilleur. Cependant on ne croit pas que la colonie contienne plus de quatre à cinq mille habitants.

"M. le bailli d'Arriaga pourrait aussi ordonner à M. le gouverneur de la Havane de faire passer à la Louisiane les secours dont il s'agit, sans attendre l'arrivée des bâtiments que devra expédier le commissaire de cette colonie, parceque ceux-ci, dont la navigation sera nécessairement retardée par les vents contraires qui rè-

1761. gnent constamment dans ces parages, pourraient différer plus qu'il ne faudrait pour que la dite colonie reçût à temps les secours qui lui sont indispensablement nécessaires ; au lieu que les bâtiments qui seront expédiés de la Havane à la Nouvelle-Orléans, feront infailliblement ce trajet en peu de jours, à cause des vents d'Est qui règnent constamment dans le golfe.

"Au reste, quelle que soit la tournure qui sera adoptée par M. le bailli d'Arriaga, la France paiera avec la plus grande ponctualité les avances qui seront faites à cette occasion."

Le 15 décembre, M. de Kerlerec, qui ne se lassait pas de se plaindre, et qui n'en manquait pas de raisons, renouvelait, avec plus de force que jamais, ses représentations sur le dénûment où on le laissait, "lequel dénûment, disait-il, menaçait non-seulement l'existence de la colonie, mais la vie de tous les habitants."

Nous avons vu, par le mémoire précité de l'ambassadeur de France, que le gouvernement français avouait son impuissance à envoyer aucun secours à la Louisiane. M. de Kerlerec, par conséquent, perdait son temps en demandes inutiles.

1762. Cependant, M. de Kerlerec ne se rebutait pas, et le 10 février, il écrivait encore :

"Je reçois courrier sur courrier des Chérokis, qui demandent que je me décide à les abandonner, ou à leur fournir les secours que je leur ai promis pour se défendre. Je les engage à prendre patience, mais la patience est une vertu inconnue à ces gens là, et ils ne peuvent que faire incessamment la paix avec les Anglais et tourner leurs armes contre nous, ne pouvant seulement pas leur donner de la poudre pour se défendre ; car nous mêmes nous serons incessamment dans le cas d'en manquer pour repousser leurs incursions. Les Chactas et les Alibamons sont dans le même cas, ainsi que toutes les autres nations. Voilà un précis de la situation de la Louisiane."

1762.

Sur ces entrefaites, M. de Kerlerec, s'il ne reçut pas des secours effectifs, reçut du moins des promesses. Là-dessus, il écrivait au ministre en date du 25 avril, "je viens d'expédier des courriers aux Chactas, aux Alibamons et aux Chérokis, pour leur annoncer les secours que vous promettez. Cette nouvelle réveillera leur patience, apaisera leurs murmures, et ralentira leur projet de recourir à l'Anglais.

"Je mande aussi mon fidèle chef de guerre, le *Loup*, qui est mon agent depuis quatre ans, et auquel nous devons en bonne partie l'alliance des Chérokis. Je lui enjoins de faire son possible pour amener ici six chefs chérokis et autant de considérés et gens de valeur, pour pouvoir raisonner avec eux sur les opérations à entreprendre, une fois les secours arrivés. J'en userai de même pour les autres sauvages.

"J'ai prévenu les sauvages que les Espagnols feraient dorénavant cause commune avec nous contre les Anglais, et d'agir en conséquence.

"J'ai beaucoup fait pour les Espagnols auprès des sauvages. Le vice-roi du Mexique m'en a fait des remercîments, de même que le gouverneur de Pensacola."

Le 19 juin, M. de Kerlerec annonçait au ministre qu'en cassant M. de Belle-Isle, pour l'appui qu'il avait donné à M. de Rochemore contre lui, lors de la saisie du navire, les Trois-Frères de Rhode-Island, il avait donné la place de major de la Nouvelle-Orléans à M. de la Houssaye, en remplacement de M. de Belle-Isle, et la place de major de la Mobile à M. de Grand-Pré. M. de Kerlerec y ajoutait l'éloge de M. Foucault, le nouveau commissaire-ordonnateur, dont il vantait les talents, l'intelligence et la capacité.

On a vu que, depuis quatre ans, M. de Kerlerec demandait des secours sur tous les tons, et qu'après un long

1762. silence, on lui en avait promis. En effet, au mois de juin, il arriva plusieurs bâtiments. Mais, écrivit-il, en date du 24 juin, au sujet de ces bâtiments: "Il se trouve qu'ils contiennent à peu près rien de ce qui est porté sur les factures, de sorte que j'ai eu l'humiliation de ne point pouvoir tenir les promesses que j'avais faites aux sauvages. Ces navires n'ont point apporté les choses les plus essentielles ; et les choses qui y sont, ou sont peu goûtées des sauvages, ou sont d'une qualité tellement mauvaise et inférieure, qu'elles sont sans valeur. Que faire maintenant en présence des sauvages que je m'étais hâté de convoquer pour accélérer nos affaires? Comment prendront-ils tout cela? Comment les contenir? C'est une situation affreuse pour moi. Faut-il donc que la province de la Louisiane soit le jouet de la cupidité et de l'avarice!"

On se rappelle que M. de Rochemore avait été remplacé, au mois de juin de l'année précédente, par M. Foucault. Il n'en avait pas moins prolongé son séjour dans la colonie, et ne partit qu'au mois de juillet de cette année. Au sujet de ce départ, M. de Kerlerec écrivit au ministre :

"M. de Rochemore est parti sur la Médée avec un portefeuille rempli de lettres de change qui sont tirées sous un autre nom que le sien, et qui, à son arrivée en France, lui assureront une fortune brillante. Cette substitution de nom empêchera Monseigneur d'être instruit au juste de sa situation."

M. de Kerlerec y ajoutait des plaintes contre Messieurs de Belle-Isle, Grondel, Grand-Champ, d'Hauterive, Marigny de Mandeville, Rocheblave, Broutin, et envoyait un certificat contre M. de Rochemore, signé par soixante citoyens notables, y compris les membres du conseil supérieur.

On a vu que M. de Kerlerec avait fait le plus grand éloge de M. Foucault, dans sa dépêche du mois de juin, mais Foucault fut loin d'écrire sur le même ton au sujet de M. de Kerlerec, qu'il représenta comme un malversateur. Cette accusation est contenue dans une dépêche du 20 juillet, qui est remplie de détails intéressants. Ces détails donnent une idée de ce qui se passait dans la Louisiane à cette époque. Ainsi, M. Foucault demandait que l'on fixât la quantité de bois de chauffage à accorder au gouverneur, qui se plaignait de n'en point avoir une provision suffisante, quoiqu'il eût les moyens d'en acheter avec le traitement de quarante mille livres par an qu'il recevait. M. Foucault exposait qu'en 1761, il avait été fourni au gouverneur deux cent vingt sept cordes de bois et trois cent quarante livres de bougie verte, à l'ordonnateur, M. de Rochemore, deux cent vingt-et-une cordes de bois et quatre cent cinquante livres de bougie, au garde magasin général et au garde magasin particulier quarante cordes de bois et deux cents livres de bougie, chacun. Il faisait observer que les loyers du gouverneur et de l'ordonnateur, se montaient à quinze mille livres. "Un seul déménagement de M. de Kerlerec, disait-il, avait occasionné une dépense de vingt mille livres." Il ajoutait que de 1759 à 1762, on avait tiré, pour les dépenses de la colonie, jusqu'à la concurrence d'une somme de quatre millions cent soixante sept mille cent vingt cinq livres, en lettres de change. Ces dépenses étaient d'autant plus onéreuses pour la France, qu'elle succombait sous le poids de la guerre malheureuse qu'elle soutenait contre l'Angleterre, qui l'avait dépouillée de presque toutes ses possessions américaines.

La conquête du Canada par les Anglais avait causé une émotion pénible à la Louisiane, qui lui était unie par tant de liens, et qui, pendant longtemps, en avait formé une dépendance. Un pressentiment vague, et qui fut bientôt vérifié, faisait craindre aux colons un changement de domination. En effet, le 13 novem-

1762. bre, le roi d'Espagne acceptait, sous sceau privé, le don que le roi de France lui faisait de la Louisiane. Voici en quels termes était conçu l'acte d'acceptation:

*Acte d'acceptation de la Louisiane par le roi d'Espagne.*

"Don Carlos, par la grace de Dieu, roi de Castille, de Léon, d'Arragon, des deux Siciles, de Jérusalem, &c. &c. &c: comme il a plû au Roi très Chrétien, mon très cher et très amé cousin, ensuite de la signature des articles préliminaires de la paix entre la couronne d'Espagne et celle de France, d'une part, et les couronnes d'Angleterre et de Portugal, de l'autre part, avenue le trois du présent mois, de déclarer, par le pur effet de la générosité de son cœur, et de l'affection et amitié que nous nous portons réciproquement, qu'il entendait que le marquis de Grimaldi, mon ambassadeur extraordinaire auprès de sa personne royale, et le duc de Choiseul, son ministre d'état, signâssent le même jour un acte par lequel, dès l'instant même, la couronne de France cède à celle d'Espagne, le pays connu sous le nom de Louisiane, ainsi que la Nouvelle-Orléans et l'île dans laquelle cette ville est située, acte par lequel cependant, mon susdit ambassadeur n'admet la cession que *sub spe rati*, attendu qu'il n'avait pas d'ordres de ma part qui pûssent le déterminer à accepter purement et simplement le dit acte, dont voici la teneur:

"Le Roi Très Chrétien étant dans la ferme résolution de resserrer de plus en plus et de perpétuer les liens de la tendre amitié qui l'unissent au Roi Catholique, son cousin, se propose d'agir en conséquence, en tout temps et à tous égards, avec Sa Majesté Catholique, dans une parfaite uniformité de principes, relativement à la gloire commune de leurs monarchies.

"Dans cette vue, Sa Majesté Très Chrétienne, véritablement sensible aux sacrifices que le Roi Catholique a bien voulu faire généreusement pour concourir avec elle au rétablissement de la paix, a désiré de lui donner à cette occasion une preuve du vif intérêt qu'elle prend à sa satisfaction et aux avantages de sa couronne.

"Pour cet effet, le Roi Très Chrétien a autorisé le duc de Choiseul, son ministre, a délivrer dans la forme la plus authentique au marquis de Grimaldi, ambassadeur extraordinaire du Roi Catholique, un acte par lequel Sa Majesté Très Chrétienne, cède en toute propriété purement et simplement, et sans aucune exception, à Sa Majesté Catholique et à ses successeurs à perpétuité, tout le pays connu sous le nom de la Louisiane, ainsi que la Nouvelle-Orléans, et l'île dans laquelle cette ville est située.

"Mais le marquis de Grimaldi, n'étant pas assez exactement informé des intentions de Sa Majesté Catholique, a cru ne devoir accepter la dite cession que conditionnellement et *sub spe rati*, en attendant les ordres qu'il recevra du roi, son maître, lesquels, s'ils sont conformes aux désirs de Sa Majesté Très Chrétienne, comme elle l'espère, seront immédiatement suivis de l'acte formel et authentique de la cession dont il s'agit, dans lequel seront stipulées les mesures à prendre et l'époque à fixer d'un commun accord, tant pour l'évacuation de la Louisiane et de la Nouvelle-Orléans par les sujets de Sa Majesté Très Chrétienne, que pour la prise de possession des dits pays et ville par les sujets de Sa Majesté Catholique.

"En témoignage de quoi, nous, ministres respectifs, avons signé le présent acte préliminaire et y avons fait apposer le cachet de nos armes.

"Fait à Fontainebleau, le 3 novembre 1762.

  (Signé)  Le marquis de Grimaldi.
        Le duc de Choiseul.

"Ce considéré et dans la vue que l'exécution de cet

1762. acte de la générosité du Roi Très Chrétien serve à cimenter de plus en plus entre les nations espagnole et française une union et une amitié dont les sentiments s'assortissent si heureusement, à l'exemple que leur donnent leurs souverains respectifs, j'ai jugé à propos d'accepter, comme j'accepte dans toutes les formes requises, le susdit acte de cession, promettant accepter en outre tous ceux qui seront jugés nécessaires pour que le dit acte ait son plein et entier effet, et autorisant pour les négocier, arrêter et signer, le susdit marquis de Grimaldi : en foi de quoi, j'ai fait expédier la présente, signée de ma main, scellée de mon sceau secret, &c., &c."

(Signé) Moi, le Roi.

1763. L'acte de donation et celui d'acceptation furent tenus secrets, et le roi de France continua d'agir comme souverain de la Louisiane. Ainsi, par une ordonnance du 1er janvier 1763, le roi nomma Nicholas Chauvin de Lafrénière à la place de procureur général, et, en date du 10 février, il attribua les fonctions de contrôleur à Foucault, qui remplissait déjà celles d'ordonnateur.

Le même jour, un traité de paix définitif fut conclu à Paris entre le roi de France, le roi d'Espagne et le roi de la Grande-Bretagne, avec le consentement et l'accession du roi de Portugal. Par l'article 7 de ce traité il était dit :

"Afin de rétablir la paix sur des fondements solides et durables, et écarter pour jamais tout sujet de dispute par rapport aux limites des territoires français et britanniques sur le continent d'Amérique, il est convenu qu'à l'avenir les confins entre les états de Sa Majesté très Chrétienne et ceux de Sa Majesté Britannique, en cette partie du monde, seront irrévocablement fixés par une ligne tirée du milieu du fleuve Mississippi, depuis sa naissance jusqu'à la rivière Iberville, et de là, par une ligne tirée au milieu de cette rivière, et des lacs

Maurepas et Pontchartrain jusqu'à la mer, et à cette 1763. fin, le Roi Très-Chrétien cède en toute propriété et garantit à Sa Majesté Britannique la rivière et le port de la Mobile, et tout ce qu'il possède ou a dû posséder du côté gauche du fleuve Mississippi, à l'exception de la ville de la Nouvelle-Orléans et de l'île dans laquelle elle est située, qui demeureront à la France, bien entendu que la navigation du fleuve Mississippi sera également libre, tant aux sujets de la Grande Bretagne, comme à ceux de la France, dans toute sa longueur depuis sa source jusqu'à la mer, et nommément cette partie qui est entre la susdite île de la Nouvelle-Orléans et la rive droite du fleuve, aussi bien que l'entrée et la sortie par son embouchure. Il est de plus stipulé que les bâtiments appartenant aux sujets de l'un ou de l'autre nation ne pourront être arrêtés, visités, ni assujettis au paiement d'aucun droit quelconque, &c. &c."

On voit que, par ce traité, auquel participait le roi d'Espagne, la France disposait d'une partie de la Louisiane, comme si l'acte de donation fait à Fontainebleau, le 3 novembre de l'année précédente, n'avait pas existé. C'était probablement chose entendue entre les deux couronnes, puisqu'il n'y eut aucune objection de la part de celle qui aurait pu en faire.

Par ce traité, le roi de France renonçait à ses prétentions sur la Nouvelle-Ecosse ou Acadie et en garantissait tout le territoire avec ses dépendances à la Grande Bretagne, en confirmant ainsi la cession qui en avait été faite par Louis XIV. Il lui cédait aussi en toute souveraineté le Canada et ses dépendances.

Le roi d'Angleterre garantissait expressément aux habitants du Canada le libre exercice de la religion Catholique et Romaine.

Quant aux habitants qui ne voudraient pas vivre sous la domination anglaise, dix-huit mois leur étaient accordés pour vendre leurs propriétés aux sujets de Sa

1763. Majesté Britannique et se retirer où bon leur semblerait.

Les mêmes droits étaient garantis aux habitants de cette partie de la Louisiane qui était cédée à l'Angleterre.

Le roi d'Espagne cédait aussi à la Grande Bretagne la province de la Floride, avec le fort St.-Augustin et la baie de Pensacola, ainsi que tout le pays qu'il possédait à l'Est et au Sud-Est du Mississippi.

Ainsi, par ce honteux traité de paix, la France qui avait si libéralement versé ses trésors et son sang, pour s'assurer une part digne d'elle dans les conquêtes du nouveau monde, renonçait froidement à ses magnifiques possessions en Amérique, où de nobles aventuriers avaient déployé tant de courage et de persévérance pour acquérir des domaines immenses à une patrie ingrate, qui ne devait les en récompenser qu'en les sacrifiant ou en les donnant à l'étranger! Ainsi, il était décrété que dans l'espace d'environ un demi siècle depuis la colonisation de la Louisiane, la France serait réduite à ne plus avoir un pouce de terrain dans l'Amérique Septentrionale, dont elle avait possédé la plus grande partie!

# CHAPITRE XXI.

UNE PARTIE DE LA LOUISIANE EST CÉDÉE À L'ANGLETERRE, ET ELLE EN PREND POSSESSION.—M. DE KERLEREC EST RAPPELÉ EN FRANCE ET MIS A LA BASTILLE.—D'ABBADIE LUI SUCCÈDE.—LES JÉSUITES SONT EXPULSÉS DE LA LOUISIANE.—LETTRE DU ROI À D'ABBADIE SUR LA CESSION.—CONSTERNATION DES COLONS.

Les Anglais appelèrent Floride Occidentale (West Florida), cette portion du territoire qu'ils avaient acquise de l'Espagne. George Johnston ayant été nommé gouverneur de la province de la Floride Occidentale, arriva bientôt à Pensacola avec le major Loftus, qui devait prendre le commandement des Illinois, et ils se hâtèrent d'envoyer des détachements prendre possession des forts Condé, Toulouse, Bâton Rouge et Natchez.

Le 16 mars, le roi de France, qui agissait toujours en souverain de cette partie de la Louisiane qu'il n'avait pas cédée à la Grande Bretagne, mais qu'il avait néanmoins donnée à l'Espagne, annonçait par une ordonnance, qu'il s'était déterminé à réformer le corps militaire servant dans sa province de la Louisiane et à n'y conserver qu'un comptoir de commerce, avec quatre compagnies d'infanterie seulement, pour la garde et la police de ce comptoir dont M. d'Abbadie était nommé le directeur et le commandant.

1763.

1763. Voici la liste des officiers qui restaient dans la colonie avec des emplois:

Aubry, commandant des quatre compagnies.

### *Capitaines.*

Messieurs de Mazelières, Duplessy, de Laferrière, de Vaugin.

### *Lieutenants.*

De l'Hommer, Laforest, de Laumont, de Belle-Isle, Cabaret de Trépy.

### *Enseignes.*

La Grancourt, de Vin, Vaucourt de St. Amant, Dubralet.

De Grandmaison, major de la Nouvelle-Orléans.

Faurès, capitaine de port.

Régnier, aide-major.

Lalande, arpenteur.

Charles Joseph Leblanc, capitaine des postes relevant de la Nouvelle-Orléans.

Le 2 mai, M. de Kerlerec écrivait au ministre: "J'ai reçu, le 7 avril, les préliminaires de paix que vous m'avez adressés; et l'ordonnance du roi portant cessation d'hostilités a été publiée, le 10 du même mois d'avril. Nous voilà débarrassés des ennemis européens, dans le temps où vous m'aviez mis en mesure de les bien recevoir, mais il n'en est pas de même d'un grand nombre de nations qui nous environnent, lesquelles ont sacrifié leur vie et leur tranquillité pour le service des Français.

"Je vous ai exposé ma position vis-à-vis les sauvages et particulièrement les Chérokis, les Chactas et les Alibamons, formant ensemble plus de douze mille hommes. Les premiers se sont totalement sacrifiés pour nous sur les promesses que nous avions faites de leur fournir leurs besoins. Il est dû quatre présents aux autres, et ils manquent aujourd'hui de tout.

"Très particulièrement informés de l'article des préliminaires qui cède leurs terres à l'Angleterre, ils disent hautement qu'ils ne sont pas tous morts, que le Français n'est pas en droit de les donner, et qu'enfin ils savent ce qui leur restera à faire, quand il en sera question. Tout cela est accompagné de menaces qui jettent la consternation chez tous les habitants, qui sont les plus exposés aux incursions des Indiens.

"Je n'entrevois donc que beaucoup de difficultés pour les évacuations des postes de Tombekbé et des Alibamons. J'en juge ainsi par la connaissance des nations où ils sont enclavés et par les comptes successifs que me rendent les commandants. Je prendrai de mon côté tous les moyens pour y parvenir.

"Même difficulté au moins pour les Illinois.

"J'ai l'intention de mander un certain nombre de chefs de Chactas et Alibamons, vingt cinq à trente de chaque nation, afin de prendre des ôtages pour la sûreté des garnisons que nous avons à retirer. Je placerai ensuite des détachements sur les lacs pour protéger l'île d'Orléans.

"Je pense qu'il convient de donner aux Saùvages les présents arriérés, malgré l'état de pénurie où doit être le trésor, après une guerre longue et désastreuse : 1°. parceque ces présents ont été promis loyalement et qu'on en a reçu l'équivalent en services réels; 2°. parce qu'on s'attachera ainsi, à toujours, les Sauvages, et que leur attachement, conservé par tradition d'âge en âge, pourra nous servir utilement, dans le cas possible, où la France voudrait rentrer par la force dans des possessions d'où la force l'a expulsée."

Lorsque les Indiens qui étaient en alliance avec les Français, virent le drapeau blanc disparaître devant l'étendard anglais, beaucoup d'entr'eux abandonnèrent

1763. sans regret le territoire que leurs amis ne possédaient plus, et se rendirent à la Nouvelle-Orléans. Le gouverneur, touché de cette preuve de fidélité, leur prodigua les louanges qu'ils méritaient et leur alloua des terres sur la rive Ouest du Mississippi.

Le 29 juin, M. d'Abbadie débarqua à la Nouvelle-Orléans, et M. de Kerlerec partit pour France, où, à son arrivée, il fut mis à la Bastille.

Voici ce qui avait valu cet emprisonnement à M. de Kerlerec, à qui d'abord le gouvernement avait donné gain de cause contre M. de Rochemore :

Sur un compte rendu au roi par le duc de Choiseul, sur les difficultés survenues entre Messieurs de Kerlerec et Rochemore, Sa Majesté avait chargé le sieur Dupont et quatre conseillers au Châtelet de constater par une instruction extrajudiciaire les infidélités et les prévarications que Messieurs de Kerlerec et de Rochemore s'étaient mutuellement reprochées.

Cette commission d'enquête fit un rapport défavorable à M. de Kerlerec: "Il résulte, dit-elle, dans son rapport, des pièces soumises à notre inspection, 1°. que Rochemore s'est tenu dans les limites de son emploi, tandis que Kerlerec a toujours abusé de ses pouvoirs.

2°. "Que Kerlerec a non-seulement violé les ordonnances en recevant des bâtiments interlopes, sans y être obligé par la nécessité, puisqu'à cette époque la colonie était suffisamment approvisionnée, mais qu'il a commis une grande imprudence, *sachant* que ces interlopes étaient des espions ; que d'ailleurs il est probable que l'intérêt l'a guidé dans cette circonstance, son secrétaire et lui-même étant en relation avec la Jamaïque, d'où venaient la plupart de ces interlopes.

"Un autre fait : c'est que les interlopes devaient, suivant une loi établie par M. de Kerlerec, aller débarquer à la Nouvelle-Orléans, et non ailleurs dans la colonie ; faute de quoi, ils n'étaient pas admis, quels que fussent les besoins de la colonie ; que d'ailleurs, Kerlerec, sui- 1763. vant l'allégation de Rochemore, avait reçu 10,000 livres d'un interlope pour s'assurer qu'il reviendrait apporter ce dont lui, Kerlerec, avait besoin ; mais, qu'à son retour, le dit interlope n'avait pu, par ordre de Kerlerec, monter à la Nouvelle-Orléans, ni ravoir son argent."

Voilà quelles étaient les fâcheuses conclusions qui avaient provoqué l'arrestation de Kerlerec. On lui reprochait en outre une dépense de dix millions faite pendant les quatre années d'administration de Rochemore, comme commissaire ordonnateur, parceque c'était lui, Kerlerec, qui avait ordonné la presque totalité de cette dépense, comme frais de guerre.

Peu importe du reste à la postérité de savoir qui avait raison, de Kerlerec ou de Rochemore. Il lui suffit de savoir que leurs dissentions, comme celles de leurs prédécesseurs, avaient été funestes à la colonie, et qu'elles n'avaient pas peu contribué à la démoraliser. Ils n'en étaient d'ailleurs que trop punis par cette *justice à bascule* qui les frappait tour à tour, et qui, *extrajudiciairement* et sans les confronter, leur avait successivement donné raison, l'un contre l'autre.

Le 15 d'août, un certain Redon de Rassac, qui occupait sans doute une position officielle dans le pays, envoyait en France un mémoire sur la Louisiane. Il y énonçait les raisons pour lesquelles cette colonie n'avait jamais pu prospérer. "La Louisiane, disait-il, ne contenait, avant la cession faite à l'Angleterre d'une grande partie de son territoire, que trois mille familles françaises et environ six mille nègres, après une possession de la part des Français de plus de soixante ans."

Là-dessus, il entre dans de longs détails et finit par résumer les causes de ce peu de prospérité de la manière suivante :

1°. "Sous M. de Vaudreuil, la moitié des femmes

1763. mariées, envoyées à la Louisiane, avaient cinquante à soixante ans, sans enfants.

2°. "Ces familles, ou la plus grande partie, ont été placées au-dessous du détour à l'Anglais, pays trop marécageux et malsain, nécessitant des travaux constants d'endiguement. Ajoutez y la pauvreté, la misère, l'abjection des hommes, la prostitution des femmes.

3°. "Les officiers faisaient le commerce et faisaient de leurs soldats des esclaves. Ajoutez y le pillage indigne toléré par les gouverneurs, moyennant contributions. Ajoutez y la dissolution des soldats, l'ivresse, les rixes, les duels qui ont fait périr la moitié des habitants."

Quelle peinture effrayante renfermée dans ces peu de mots, si elle est une image fidèle de la vérité! Quel spectacle offrait alors la Louisiane! Et combien le tableau, qu'elle présente aujourd'hui, comparé avec celui des temps passés, doit réjouir le cœur du philanthrope, du moraliste, et de tous les amis des libertés humaines!

Le 20 d'octobre, Pierre Annibal de Velle, lieutenant de roi, commandant à la Mobile, et Jean Gabriel Fazende, faisant fonctions d'ordonnateur au dit lieu, livrèrent possession de cette ville et de ses dépendances, ainsi que de toute la partie de la Louisiane cédée à la Grande Bretagne, en vertu du traité de paix du 10 février, à Robert Farmar, commissaire de Sa Majesté Britannique.

Le 23 novembre, Pierre Chabert, capitaine d'infanterie, commandant du poste de Tombekbé, et Valentin Dubroca, garde magasin, livrèrent ce poste à Thomas Ford, délégué à cet effet.

A peine les Anglais avaient-ils pris possession du territoire qui leur avait été cédé, que les Français s'apercevaient qu'ils avaient affaire à des voisins incommodes, dont il ne serait pas facile de satisfaire les exigences.

Ainsi, le 5 décembre, le colonel Robertson écrivit à M. d'Abbadie pour réclamer les canons que l'on avait retirés de la Mobile, sans en avoir le droit, disait-il, parcequ'ils appartenaient à l'Angleterre, en vertu du traité de cession.

1763.

M. d'Abbadie, répondit, le 7, au colonel Robertson qu'il était loin d'être de son avis relativement aux canons réclamés, parceque les termes : *le Roi Très-Chrétien cède à Sa Majesté Britannique la rivière et le port de la Mobile et tout ce qu'il possède ou a dû posséder du côté gauche du fleuve Mississippi, à l'exception de la Nouvelle-Orléans et de l'île dans laquelle elle est située*, ne pouvaient avoir rapport qu'au sol et aux constructions ; que cependant il laisserait en place les canons des forts de Tombekbé et des Alibamons, à cause de l'exigence de leur position et de la difficulté de les approvisionner d'artillerie ; qu'il laisserait même quelques canons aux Illinois dans le cas où les Anglais ne pourraient pas en mettre assez, mais il ajoutait que ce serait sous inventaire et sur la promesse de les rendre, si les deux cours entendaient l'article du traité cemme lui.

Le commandant français ne pouvait pas y mettre plus de courtoisie. On verra cependant que les Anglais ne s'en montrèrent nullement reconnaissants, car peu de temps après, M. d'Abbadie se plaignait des chicanes sans nombre que lui faisaient les Anglais, pour la prise de possession. "*Ils prétendent entr'autres choses*, disait-il, *que nous devons les garantir des incursions des sauvages !*

Il ajoutait : "j'avais donné ordre au chevalier de Lanoue d'évacuer son poste des Alibamons. Il a profité des bonnes dispositions des sauvages, et s'est replié le plus heureusement du monde, après avoir eu l'occasion d'enclouer ses canons et de jeter ses poudres dans la rivière. Enfin, j'en ai été quitte pour beaucoup de peines et d'embarras. A cela près, tout s'est bien passé.

1763. Il serait à souhaiter qu'il en fût de même aux Illinois, mais cela n'en prend pas la tournure. M. Nyon de Villiers vous en donne avis.

"Les Anglais doivent être actuellement dans le fleuve. Ils ont ici des bateaux qui les attendent, et ils veulent tenter l'entreprise d'aller aux Illinois. Je leur souhaite du succès. Des officiers français seraient très déplacés dans ce convoi, ne pouvant ni commander ni être commandés. Ainsi, je n'ai pas jugé à propos de leur en donner. D'ailleurs, ils recevront de ma part les secours que je pourrai leur procurer, mais l'affaire de la Mobile m'a appris à les connaître."

A cette dépêche était jointe celle de M. Nyon de Villiers écrite au fort de Chartres, aux Illinois, et dont M. d'Abbadie fait mention.

"Si les Anglais, disait-il, se trouvent aujourd'hui dans de si tristes circonstances, ils ne doivent que s'en attribuer la cause. Ils étaient à même, lors des préliminaires de la paix, desquels ils avaient avis longtemps avant nous, de rompre les premiers coups des sauvages. Rien ne les empêchait pour lors d'en écrire au commandant de cette partie, qui leur aurait rendu les services nécessaires pour leur tranquillité. Mais au contraire, suivant les rapports des différentes nations, les Anglais, assurés des avantages qu'ils obtenaient par les préliminaires, n'ont plus gardé de mesures avec les sauvages, les ont traités avec la dureté et la hauteur de maîtres, et ont puni leurs fautes par les croix, les supplices, les potences. Ils ont voulu faire oublier à ces sauvages jusqu'au nom des Français, pour lesquels ils conservaient de l'attachement et du désir, en se servant dans leurs harangues aux Indiens de termes trop peu respectueux, pour ne pas dire trop grossiers, envers les Français."

M. de Nyon ajoutait que, malgré cela, il ferait tout ce qui dépendrait de lui pour bien disposer les sauvages

envers les Anglais, mais qu'ils leur étaient extrême- 1763.
ment hostiles et refusaient d'entendre aucune parole
pacifique sur ce sujet. Il doutait donc que les Anglais
pûssent, de quelque temps, prendre possession.

On voit que M. Nyon de Villiers poussait loin l'hu-
milité et la charité chrétienne, en cherchant à re-
concilier les sauvages avec les Anglais, qui les mettaient en croix, les suspendaient à des potences pour
les punir de leur amour pour les Français, et qui, non
contents d'avoir dépouillé les Français de toutes leurs
possessions américaines, se servaient à leur égard *d'expressions grossières et peu respectueuses.*

On se souvient que les Capucins soutenaient une
lutte contre les Jésuites depuis 1755. Cette année, ils
furent délivrés de leurs redoutables adversaires, par le
fameux ordre d'expulsion décrété par le gouvernement
français contre ce corps célèbre. Toutes leurs propriétés, à la Louisiane, furent saisies, confisquées et vendues
pour la somme, alors très forte, de 180,000 piastres. On
sait que les Jésuites d'Espagne et de Naples eurent le
même sort que ceux de France et qu'ils furent en même
temps expulsés de toutes les possessions qui relevaient
de ces trois couronnes. On pensait que cette société
était devenue trop puissante. L'on craignait ses doc-
trines que l'on croyait dangereuses, et son ambition, dont
les richesses immenses de l'ordre ne facilitaient que
trop le développement. C'est ce qui provoqua la pré-
tendue abolition de cette impérissable association. Ainsi
fut anéanti, dit Voltaire à ce sujet, cet ordre fameux
qui avait toujours eu des hommes estimables, mais encore plus de brouillons et qui fut, pendant deux cents
ans, un sujet de discorde. La suite des temps a fait
voir que Voltaire s'était trompé, quant à son anéantissement. Car il existe encore, plus vivace que jamais.

Le 10 janvier, M. d'Abbadie écrivait au ministre: 1764.
"J'ai donné possession de la Mobile aux Anglais. Im-

1764. médiatement après, M. Farmar, commandant pour Sa Majesté Britannique, a rendu une ordonnance captieuse, bien propre à jeter la plus grande inquiétude dans l'esprit des habitants français.

1°. Il exige, sous trois mois, le serment de fidélité des habitants français, pour être protégés dans leurs propriétés. A quel titre contraint-on ainsi ces habitants, puisqu'il est fixé, par le traité définitif, dix-huit mois pour le terme de leur émigration, et qu'il est stipulé qu'ils ne seront gênés sous quelque prétexte que ce puisse être?

2°. Il ne sera pas permis de disposer d'aucune terre et autres biens réels, jusqu'à ce que les titres puissent être vérifiés par leur enrégistrement et approuvés par l'officier commandant. On ne veut reconnaître pour titres réels que des concessions en forme, données par les gouverneurs et ordonnateurs de la Nouvelle-Orléans, tandis que, vû le petit nombre des habitants relativement à la grande étendue des terres, ils n'ont jamais eu besoin que de la possession, possession prise et conservée, sur simple permission de choisir un terrain et de défricher."

Cinq jours après, il ajoutait: "Le commandant anglais de la Mobile a envoyé ici un officier pour suivre ce qui a rapport à l'équipement et à l'approvisionnement des bateaux qui seront destinés à transporter aux Illinois quatre cent cinquante hommes. Cette troupe doit arriver à la fin de ce mois. Cet officier parait très inquiet sur ce qu'il apprend des dispositions des sauvages du Nord. Le commandant anglais en aura été informé lui-même par un officier et vingt soldats qui ont été faits prisonniers par ces sauvages et remis, aux Illinois, à M. de Nyon, qui vient de me les envoyer.

"Je crois que M. de Nyon doit évacuer son poste le plus tôt possible avec la majeure partie de sa troupe, d'autant que de nombreuses tribus du Nord doivent aller lui rendre visite et que des présents indispensables 1764. coûteraient beaucoup au roi, pour un pays qui n'est plus à lui."

Le 7 avril, M. Aubry, commandant des quatre compagnies que l'on avait laissées à la Nouvelle-Orléans, écrivait : "L'attitude hostile des sauvages envers les Anglais ne permettant pas à ceux-ci de chercher à aborder les Illinois par le Canada, ils ont dû songer à y arriver par le bas du fleuve.

"En conséquence, un convoi de dix bateaux, deux pirogues, quatorze officiers, trois cent vingt soldats, trente femmes et dix sept enfants sont partis de la Nouvelle-Orléans, le 27 février, sous les ordres de M. Loftus, officier anglais.

"M. d'Abbadie avait fait tout ce qui était en son pouvoir pour assurer le succès de ce voyage, soit en faisant haranguer les sauvages, soit en donnant ordre aux commandants des postes du fleuve de leur donner toute aide et protection, soit en leur donnant le sieur Baurand, comme interprète.

"Le convoi est arrivé, le 15 mars, sans accident, à la Pointe-Coupée, mais il était déserté cinquante hommes. Ce qui fait, avec trente désertés pendant leur séjour à la Nouvelle-Orléans, quatre-vingts déserteurs.

"A la Pointe-Coupée, il arriva un évènement. Un sauvage, esclave de la Nouvelle-Orléans, s'était enfui et réfugié dans le bateau de M. Loftus. Arrivé à la Pointe-Coupée, cet esclave y fut reconnu par un ancien maître à lui et par plusieurs autres personnes, ayant été esclave à la Pointe-Coupée. On demanda au commandant français l'ordre de le faire arrêter. Ce qu'il fit, en en prévenant M. Loftus. Mais celui-ci, loin d'écouter les raisons qu'on lui donnait, protesta contre le droit que l'on s'arrogeait d'arrêter cet esclave, et commanda un détachement de cinquante hommes pour soutenir ses prétentions. Le commandant français ne

1764. voulant pas en venir à des voies de fait, dont les conséquences pouvaient être très graves, eut la prudence de céder, et l'esclave demeura libre, malgré la justice et le bon droit.

"Le sieur Baurand quitta le convoi pour s'en revenir à la Nouvelle-Orléans, suivant qu'on en était convenu, à la limite supérieure de la Pointe-Coupée; mais, avant de partir, il recommanda à M. Loftus de se bien garder des sauvages.

"Le convoi était parvenu à la roche à Davion, distante de 24 lieues de la Pointe-Coupée, et 40 de la rivière Iberville, le 19 mars, à 9 heures du matin, lorsque des sauvages placés à droite et à gauche, sur les rives du fleuve, tirèrent sur deux pirogues de découverte qui marchaient en avant du convoi, y tuèrent six hommes et en blessèrent sept. Ces deux pirogues se replièrent sur le convoi qui, sans tirer un coup de fusil, se mit en dérive pour la Nouvelle-Orléans, où il arriva le 22 mars. Les premières nouvelles de cette alerte venues de la Pointe-Coupée désignaient comme agresseurs les Arkansas et les Tunicas ; mais par une lettre plus détaillée on sait que c'étaient des Offagoulas, Chactas, Avoyelles et Tunicas, au nombre de trente hommes.

"Ce parti n'était pas assez considérable pour qu'on ne tentât pas de le repousser. Il aurait suffi pour cela, avec les forces qu'on avait, de faire bonne contenance. Des convois français, moins forts, ont eu affaire à plus forte partie et n'en ont pas moins suivi leur route, d'autant que les Anglais n'étaient qu'à dix huit lieues des Natchez, où ils pouvaient trouver un refuge et se créer des partisans, mais il aurait fallu pour cela plus de connaissance du caractère des sauvages et plus de liant dans le sien que n'en avait Loftus.

"On pouvait aussi, après avoir dérivé quelques lieues, mettre à terre au-dessus de la rivière d'Iberville, sur les possessions anglaises, d'où l'on aurait demandé des secours à M. d'Abbadie. C'était même ce que quelques 1764. officiers lui conseillaient, mais il n'en voulut rien faire.

"A son retour ici, le commandant anglais, Loftus, dépêcha à M. d'Abbadie (1) un officier pour lui apprendre ce facheux évènement. M. d'Abbadie lui en témoigna son regret et lui offrit tous les secours qui dépendaient de lui; mais cet officier, loin de répondre à ces procédés avec la reconnaissance qu'il en devait avoir, a dit que M. d'Abbadie était l'auteur de son désastre, que c'était par son ordre que les sauvages l'avaient attaqué, et qu'il avait reçu le chef des Tunicas qui était venu lui rendre compte de cette expédition. Jamais calomnie n'a été plus noire ni plus atroce. M. d'Abbadie a fait tout ce qu'il a été possible pour engager les sauvages à rester tranquilles, et le commandant anglais cherche inutilement à se justifier de sa faiblesse et du peu de tête qu'il a eu en cette occasion. Il est reparti, le 26, pour la Mobile."

Le 10 avril, M. d'Abbadie apprit au ministre que quelques tribus sauvages demandaient à suivre les Français hors du territoire cédé aux Anglais, et voulaient venir s'établir sur la rive droite du fleuve, vers Lafourche. "Ce sont, dit-il, des Taensas et des Alibamons. Je n'ai pu leur refuser cette grace, et je me suis prêté d'autant plus volontiers à leur établissement dans cette partie, que j'y vois des avantages sensibles pour la colonie. Ils y forment maintenant deux villages qui sont composés de près de deux cents personnes. Les Taensas sont chasseurs et cultivateurs, et seront d'une bonne ressource pour la Nouvelle-Orléans. Les Alibamons nous procurent bien la même ressource, mais ce qui serait d'un avantage plus réel, serait de les opposer aux Chactas, si ceux-ci voulaient tenter quelques incursions sur nos possessions. Ils en sont

---

(1) M. d'Abbadie était alors absent de la Nouvelle-Orléans.

1764. naturellement ennemis, et les Chactas les craignent. Cependant, je mettrai tout en usage pour concilier les uns et les autres. Mais, de tout temps, la nation des Chactas a été inquiétante et de mauvaise foi. Les Anglais font diversion chez eux. Je suis prévenu que, lorsqu'ils sont avec nous, il n'y a rien qu'ils ne disent contre les Anglais, et qu'avec les Anglais, ils disent la même chose des Français. Il sera toujours bon de les ménager, à cause du mal qu'ils pourraient nous faire, et je trouverai dans la nation Alibamon des ennemis à leur opposer, en cas d'évènement. C'est ce qui m'a engagé à recevoir d'autant plus volontiers ce village des Alibamons. Ces émigrations des sauvages causent de la dépense, mais elle est essentielle, et je la modère le plus que je peux.

"Les dépenses des postes, dans ce pays, sont analogues à celles du Canada. Ici, comme là, tout le monde a des raisons de justification. C'est un chaos d'iniquités, dont on ne peut trouver la première source, si ce n'est dans les chefs, qui devaient arrêter les abus et qui ne l'ont pas fait. Je réduis tout au quart, sur tous les comptes, &c. &c.

"Je vous ai adressé par St.-Domingue un détail de ce qui s'est passé au sujet de la prise de possession que les Anglais ont tenté par le Mississippi. Je regarderai toujours comme précaire la possession de la partie de la Louisiane qui nous reste, jusqu'à ce que de nouveaux arrangements nous la constatent; car comment la garder sans troupes, sans munitions, sans vaisseaux qui protégent la navigation du golfe et défendent au besoin l'entrée du fleuve.

"Il n'est pas possible d'entrer dans les vues des Anglais pour réduire les sauvages, en ne leur fournissant point de poudre. Ils ne nous font vivre à la capitale et dans les principaux postes, et ne vivent eux-mêmes, que par le secours des armes à feu. Ils ont entièrement perdu l'usage de la flêche. D'ailleurs, il y a actuelle- 1764. ment assez de poudre dans les nations pour faire couler pendant long-temps des rivières de sang, et si nous paraissons les abandonner tout-à-fait, nous en serions les premières victimes."

Le 7 juin, M. d'Abbadie, dans une lettre fort curieuse, communiquait au gouvernement français ses vues sur la situation du pays:

### D'ABBADIE AU MINISTRE.

"Monseigneur, je vais avoir l'honneur de vous faire part de mes réflexions sur le caractère et l'esprit des habitants de la Louisiane. Le désordre qu'il y a depuis long-temps dans cette colonie et principalement dans les finances vient de l'esprit d'agio qui, de tout temps, a régné ici, et dont les habitants ont fait leur unique objet. Il commença dès 1737, non-seulement sur la monnaie de la colonie et sur les lettres de change, mais même sur les marchandises des magasins, et sur tout ce qui en était susceptible. C'est à cela qu'on s'est principalement attaché au préjudice des établissements de terres et des autres moyens qui auraient pu faire fleurir la colonie. J'ai entièrement supprimé la ressource que l'on avait du côté des magasins du roi, d'où on tirait des marchandises pour les revendre aux particuliers et souvent au roi même. J'ai aussi aboli l'usage des gratifications en marchandises des magasins. Mieux vaut les leur donner en argent, lorsqu'ils les mériteront. Par ce moyen, toutes les munitions et marchandises ne seront employées qu'au besoin du service.

"L'ancien papier, n'étant pas converti en lettres de change, ne peut avoir de valeur fixe que celle que la confiance publique lui donne, et, quelque chose que j'aie pu faire pour la rétablir, le discrédit est toujours resté à la différence de 300 pour cent, avec les lettres de change sur les trésoriers généraux. La nouvelle mon-

1764. naie que j'ai été obligé d'introduire pour les mêmes dépenses de service, se soutient toujours au pair de la lettre de change. J'ai réprimé quelques particuliers qui, dans les premiers temps qu'elle fut établie, voulaient en faire une différence. Mais cela a été sans suite

"Si les habitants de la Louisiane eussent porté leur industrie sur toute autre chose que l'agio sur les papiers du roi et sur les marchandises de ses magasins, on aurait de grandes ressources dans la fertilité des terres et dans la douceur du climat. Mais la facilité qu'offre le pays, pour vivre de ses productions naturelles, a rendu l'habitant paresseux. L'usage immodéré du tafia a abruti tout le peuple. L'ivrognerie avait même passé jusque chez les gens les plus élevés. Cependant cette habitude s'est perdue chez la plus grande partie.

"De ce genre de vie sont venues une insubordination et une indépendance qui ont eu des exemples marqués sous les différentes administrations. Je ne dirai rien de ceux qui se sont passés sous Messieurs de Kerlerec et de Rochemore. On sait à quel point ils ont été poussés. Quoiqu'aujourd'hui tout soit tranquille, cet esprit séditieux n'en subsiste pas moins dans la colonie. Il reparait dans les propos inconsidérés de quelques têtes échauffées, dans les écrits anonymes qu'on répand dans le public. L'indécision du sort de la colonie m'a empêché de prendre un parti extrême pour réprimer cette licence, mais il faudra en venir là, de toute nécessité, pour rétablir le bon ordre entièrement perdu dans la conduite et dans les mœurs des habitants de cette colonie. Le premier moyen d'y parvenir est le rétablissement du conseil. J'ai eu l'honneur de vous rendre compte des membres qui le composent et surtout du procureur général, M. de Lafrénière. Des sujets que vous choisirez en France, Monseigneur, pour remplir les premières places de conseillers, de procureur général, me seconderont dans les vues que j'ai de me donner 1764. tout entier à tout ce qui pourra contribuer au bien de cette colonie, que l'agio, première source du désordre, a totalement bouleversée. Les trois quarts au moins des habitants sont insolvables ; mais avec de l'ordre et la sévérité qu'exige le maintien des lois, tout se rétablira avec avantage.

"Comme je finissais cette lettre, les commerçants de la Louisiane m'ont présenté la requête dont j'ai l'honneur de vous adresser copie. Vous y verrez ces traits séditieux et d'insubordination dont je me plains. L'exposé en est faux dans tous ses points, &c. &c."

M. d'Abbadie termine en disant que le reste des réclamations des commerçants est *peint avec des traits qui méritent toute la sévérité du ministre*. Dans la requête à laquelle M. d'Abbadie fait allusion, le commerce de la Louisiane se plaignait de la situation affreuse dans laquelle se trouvait le pays, de la liquidation toujours ajournée de l'ancien papier-monnaie, et de la concession que M. d'Abbadie avait faite à une compagnie du droit exclusif de faire la traite avec les sauvages. Ce mémoire, qui avait si fortement indisposé M. d'Abbadie, était signé par les principaux commerçants de la Nouvelle-Orléans. On ne lira pas sans intérêt les noms de ceux qui constituaient le commerce de la Nouvelle-Orléans à cette époque reculée. Ces noms étaient :

Gaillardi, Viviat, Milhet, Braquier aîné, Braquier jr. Carresse, Vienne, Arrivé, Fuselier, Laforcade, Blache, Denis, Rivoire, Duplessy, Lafitte, Saint-Pé, Fournier, Joseph Milhet, Delon, Cousin, Dumas.

Du fond de la Bastille où il était détenu, M. de Kerlerec avait présenté au gouvernement français, un mémoire sur la nécessité de faire de la Louisiane, de concert avec l'Espagne, un entrepôt de commerce, afin

1764. d'utiliser cette colonie. Attachée à ce document, l'on trouve cette note ministérielle :

"Comme il y a dans ce mémoire quelques détails qui, en faisant voir à la Cour de Madrid des occasions trop prochaines de division avec les Anglais, lui rendraient la cession de la Louisiane moins agréable, il paraitrait convenable de refondre ce mémoire et d'en rendre les détails plus intéressants pour la Cour de Madrid."

Il est évident, d'après cette note, que le gouvernement français considérait la Louisiane comme un fardeau dont il avait hâte de se débarrasser et craignait tellement que le roi d'Espagne ne revint sur son acte d'acceptation, qu'il prenait ses précautions pour qu'on ne fît, ou ne dît rien qui pût dégoûter Sa Majesté Catholique du pays dont la France lui faisait présent.

Il était naturel, du reste, que la France renonçât, en désespoir de cause, à la Louisiane. Crozat y avait dépensé en vain beaucoup d'argent; la compagnie des Indes y avait, tout aussi inutilement, gaspillé une vingtaine de millions. Quant à la France elle-même, il est probable que la colonie ne lui coûta pas moins de quarante ou cinquante millions de livres. Ainsi, un capital énorme avait été déboursé et aucun profit n'en avait été retiré. Au contraire, il ne restait à la France qu'une perspective de dépenses encore plus considérables, si elle gardait la Louisiane ; car, au moment où elle en faisait la cession, d'Abbadie écrivait qu'on y manquait de tout, que la province était un chaos d'iniquités, et qu'il faudrait prendre un parti extrême pour y rétablir l'ordre. Tout cela n'était pas encourageant, et n'avait fait que confirmer le gouvernement français dans son projet de se débarrasser d'une colonie qui, plus tard, et dans des mains plus habiles, devait étonner le monde par sa rapide et gigantesque prospérité.

M. de Kerlerec, en présentant son mémoire sur la Louisiane, avait sans doute eu pour intention de s'attirer l'attention favorable du gouvernement et d'obtenir son élargissement de la Bastille. Mais ses ennemis, ou du moins ceux qui croyaient avoir à s'en plaindre, appelaient aussi l'attention du gouvernement sur son compte, d'une manière qui pouvait lui être moins avantageuse. Ainsi Philippe Marigny de Mandeville, officier dans les troupes détachées de la marine à la Louisiane, adressait une lettre au duc de Choiseul, dans laquelle il le suppliait de lui communiquer les motifs pour lesquels M. de Kerlerec l'avait retenu un mois en prison, trois ans aux arrêts, et l'avait envoyé ignominieusement en France. Il avait annexé à sa lettre au ministre la copie d'une lettre de M. de Kerlerec à son secrétaire, et deux certificats, l'un de Bienville, et l'autre, du marquis de Vaudreuil. Dans tous ces documents on parlait de M. Marigny de Mandeville dans les termes les plus flatteurs. Il était fils de ce Mandeville, mort major de la Nouvelle-Orléans et chevalier de St.-Louis.

Le roi de France, au moment de perdre ses fidèles sujets de la Louisiane, voulut récompenser quelques-uns d'entr'eux pour leurs bons services, et nomma chevaliers de St. Louis, Messieurs Favrot, capitaine d'infanterie, et Nyon de Villiers, major commandant aux Illinois.

M. d'Abbadie demanda à cette époque un privilège d'imprimerie pour le sieur Braud, négociant de la Nouvelle-Orléans. La lettre était ainsi conçue :

### D'Abbadie au Ministre.

"Le sieur Braud, négociant de cette ville, a proposé depuis longtemps d'établir ici, à ses frais, une imprimerie. Il a monté une presse, et, à défaut de caractères, il s'est servi d'une plaque gravée, qui a été d'une très grande utilité pour l'impression des lettres de change du trésorier. Il attend tous les jours, de France, des ca-

1764. ractères et ce qui est nécessaire pour l'établissement qu'il se propose de former, et dont on retirera de grandes facilités pour le service du roi et pour l'avantage de la colonie.

"Le sieur Braud vous supplie, Monseigneur, de lui accorder un brevet exclusif pour l'imprimerie, librairie et vente de livres dans cette colonie. Son intelligence et son zèle méritent que vous lui accordiez cette grace que j'ai l'honneur de vous demander pour lui."

Cette grace fut en effet accordée. Ce fut le dernier monopole concédé par le gouvernement français.

Au mois d'octobre, M. d'Abbadie recevait une lettre de son souverain, qui lui donnait connaissance du traité de cession en faveur de l'Espagne. Cette lettre était datée du mois d'avril et était accompagnée de copies de l'acte de donation et de celui d'acceptation.

A Versailles, le 21 avril 1764.

Monsieur d'Abbadie, par un acte particulier passé à Fontainebleau, le 3 novembre 1762, ayant cédé, de ma pleine volonté, à mon très cher et amé cousin, le roi d'Espagne, et à ses successeurs et héritiers, en toute propriété, purement et simplement, et sans aucune exception, tout le pays connu sous le nom de Louisiane, ainsi que la Nouvelle-Orléans et l'île dans laquelle elle est située ; et par un autre acte passé à l'Escurial, signé du roi d'Espagne, le 13 novembre de la même année, Sa Majesté Catholique ayant accepté la cession du pays de la Louisiane et de la ville de la Nouvelle-Orléans, conformément à la copie des dits actes que vous trouverez ci-jointe, je vous fais cette lettre pour vous dire que mon intention est qu'à la réception de la présente et des copies ci-jointes, soit qu'elles vous parviennent par les officiers de Sa Majesté Catholique, ou en droiture par les bâtiments français qui en seront chargés, vous ayez à remettre entre les mains du gouverneur, ou officier à ce préposé par le roi d'Espagne, le dit pays 1764. et colonie de la Louisiane et postes en dépendants, ensemble la ville et l'île de la Nouvelle-Orléans, telles qu'elles se trouveront au jour de la dite cession, voulant qu'à l'avenir elles appartiennent à Sa Majesté Catholique, pour être gouvernées et administrées par ses gouverneurs et officiers, comme lui appartenant en toute propriété et sans exception.

"Je vous ordonne, en conséquence, aussitôt que le gouverneur et les troupes de ce monarque seront arrivés dans les dits pays et colonie, que vous ayez à les en mettre en possession, et à retirer tous les officiers, soldats et employés à mon service qui y seront en garnison, pour envoyer en France, ou dans mes autres colonies de l'Amérique, ceux qui ne trouveraient pas à propos de rester sous la domination espagnole.

"Je désire de plus qu'après l'entière évacuation des dits port et ville de la Nouvelle-Orléans, vous ayez à rassembler tous les papiers relatifs aux finances et à l'administration de la colonie de la Louisiane, pour venir en France en rendre compte.

"Mon intention est néanmoins que vous remettiez au dit gouverneur, ou officier préposé, tous les papiers et documents qui concernent spécialement le gouvernement de cette colonie, soit par rapport aux limites du territoire, soit par rapport aux sauvages et aux différents postes, après en avoir tiré les reçus convenables pour votre décharge, et que vous donniez au dit gouverneur tous les renseignements qui dépendent de vous, pour le mettre en état de gouverner la dite colonie à la satisfaction réciproque des deux nations.

"Ma volonté est qu'il soit donné un inventaire signé double entre vous et le commissaire de Sa Majesté Catholique, de toute l'artillerie, et tous effets, magasins, hôpitaux, bâtiments de mer, &c., qui m'appartiennent dans la dite colonie, afin qu'après avoir mis le dit com-

1764. missaire en possession des bâtiments et édifices civils, il soit dressé ensuite un procès verbal d'estimation de tous les dits effets qui resteront sur les lieux et dont le prix sera remboursé par Sa Majesté Catholique sur le pied de la dite estimation.

"J'espère en même temps, pour l'avantage et la tranquillité des habitants de la colonie de la Louisiane, et je me promets en conséquence de l'amitié et affection de Sa Majesté Catholique, qu'elle voudra bien donner des ordres à son gouverneur et à tout autre officier employé à son service dans la dite colonie et ville de la Nouvelle-Orléans, pour que les ecclésiastiques et maisons religieuses qui desservent les curés et les missions, y continuent leurs fonctions, et y jouissent des droits, privilèges, et exemptions qui leur ont été attribués par les titres de leurs établissements; que les juges ordinaires, ainsi que le conseil supérieur, continuent à rendre la justice suivant les lois, formes et usages de la colonie; que les habitants y soient confirmés dans les propriétés de leurs biens, suivant les concessions qui en ont été faites par les gouverneurs et ordonnateurs de la dite colonie; et que les dites concessions soient censées et réputées confirmées par Sa Majesté Catholique, quoiqu'elles ne l'eûssent pas encore été par moi, espérant au surplus que Sa Majesté Catholique voudra bien donner à ses sujets de la Louisiane les marques de protection et de bienveillance qu'ils ont éprouvées sous ma domination, et dont les seuls malheurs de la guerre les ont empêchés de ressentir les plus grands effets.

"Je vous ordonne de faire enrégistrer ma présente lettre au conseil supérieur de la Nouvelle-Orléans, afin que les différents Etats de la colonie soient informés de son contenu, et qu'ils puissent y avoir recours au besoin, la présente n'étant à d'autres fins.

"Je prie Dieu, Monsieur d'Abbadie, qu'il vous ait en sa sainte garde. *Signé*, Louis, et *plus bas*, le DUC DE CHOISEUL."

Ainsi finit à la Louisiane le règne de Louis XV, qui 1764. fut aussi funeste aux possessions françaises dans le nouveau monde qu'à la France elle même.

Le roi d'Espagne, à qui la Louisiane était cédée, se nommait Charles III. Il avait laissé le trône de Naples pour succéder à son frère Ferdinand VI, mort le 11 août 1759.

Lorsque d'Abbadie publia les instructions qu'il avait reçues la province fut plongée dans la plus grande consternation. Les malheurs semblaient aux colons suivre de près les malheurs. Ce n'était pas assez que la colonie eût été divisée et qu'une partie en eût été cédée à l'Angleterre, il fallait encore que la portion qui était restée à la France prêtât foi et hommage à un souverain étranger ! Il n'y avait plus de Français dans l'ancienne Louisiane ; il n'y avait que des Anglais et des Espagnols !

## CHAPITRE XXII.

D'ABBADIE MEURT.—AUBRY LUI SUCCÈDE.—ARRIVÉE DES ACADIENS À LA NOUVELLE-ORLÉANS.—ON LEUR CONCÈDE DES TERRES.—HOSTILITÉ DES SAUVAGES AUX ANGLAIS.—ORIGINE DU NOM DE BATON ROUGE.—SUPPLIQUE DES COLONS PORTÉE EN FRANCE PAR MILHET.—ARRIVÉE D'ULLOA, COMME GOUVERNEUR, ET DES COMMISSAIRES ESPAGNOLS LOYOLA, NAVARRO ET GAYARRÉ.—FERMENTATION DANS LA COLONIE.

1764. La France s'exécutait de bonne foi vis-à-vis de l'Angleterre, et la cession de cette partie de la Louisiane à laquelle les Anglais avaient droit se faisait avec toute la célérité que permettait l'hostilité des Indiens contre leurs nouveaux seigneurs suzerains.

Le 16 juillet, M. d'Abbadie écrivait au ministre :

"M. Nyon de Villiers, à qui j'avais envoyé des ordres pour l'évacuation du poste des Illinois, en y réservant quarante hommes pour la police, a différé son départ pour attendre le convoi anglais parti d'ici, le 27 février, mais l'ayant attendu plus d'un mois au delà du temps que l'on emploie à ce trajet, et n'en ayant pas de nouvelles, il partit des Illinois, le 15 juin, et est arrivé à la Nouvelle-Orléans, le 2 juillet, avec six officiers, soixante-trois soldats et quatre-vingts habitants, y compris les femmes et les enfants. Un coup fait par les Chérokis sur le nommé Pagès, qu'ils ont tué chez lui quelques jours avant le départ du convoi de M. de Nyon, a autant contribué à effrayer les habitants des Illinois que l'opiniâtreté des sauvages à ne pas souffrir les Anglais.

"Les circonstances augmentent nos inquiétudes. Vous êtes informé, Monseigneur, que les sauvages du Nord, les Alibamons Talapouches témoignent la plus grande inquiétude sur les propos que l'on prend plaisir à leur tenir sur la cession aux Espagnols de la partie qui nous reste de la Louisiane. Les Anglais prennent de là occasion de leur dire que nous les abandonnons tous, et partout, et qu'ils ne doivent recourir qu'à eux."

1764.

Les Anglais étaient en effet infatigables, et cherchaient à tirer le meilleur parti possible des concessions qui leur avaient été faites. Leurs vaisseaux, qui remontaient le fleuve sous le prétexte d'aller à Manchac et à Bâton-Rouge, s'arrêtaient, après avoir passé la Nouvelle-Orléans, à l'endroit où est située maintenant la ville de Lafayette, et vendaient en contrebande des marchandises aux habitants de la ville et de la campagne. Les besoins de la colonie, à cette époque, étaient si pressants, que M. d'Abbadie fermait les yeux sur ce trafic illicite, qui était aussi avantageux au pays qu'aux Anglais. Comme c'était sous le prétexte d'aller à leurs possessions de Manchac et de Bâton-Rouge que les Anglais s'arrêtaient au lieu indiqué plus haut, on disait dans le pays, lorsqu'on y allait trafiquer avec eux : *Je vais au petit Manchac.* Le nom de petit Manchac en était resté à cet endroit.

Le 4 février, M. d'Abbadie mourut, et M. Aubry se trouva chargé du commandement de la colonie.

1765.

Le 28, M. Foucault écrivait au ministre : "J'ai l'honneur de vous informer qu'il est arrivé ici, il y a peu de jours, plusieurs familles acadiennes, faisant nombre de cent quatre-vingt treize personnes. Elles ont passé de l'Acadie à St. Domingue, où elles se sont embarquées sur un bâtiment marchand pour se rendre ici. Il m'a paru que la religion est le seul motif qui les ait déterminées à laisser leur pays. Elles sont pauvres et dignes de pitié. En effet, je n'ai pu me refuser à leur

1765. accorder la subsistance, jusqu'à ce qu'elles aient choisi des terres au quartier des Opéloussas et qu'elles soient en état de se passer de secours."

Le 13 mai, il annonçait encore la venue de quarante-huit familles acadiennes. Il en était déjà arrivé, depuis le commencement de l'année, un assez grand nombre, formant un total de quatre cent soixante-treize personnes, que l'on avait dirigées sur les Attakapas et les Opéloussas, sous le commandement d'Andry.

"Ces quarante huit familles, dit Foucault, demandent des terres, qu'il est facile de leur accorder. On leur en donnera aux Opéloussas et aux Attakapas, où sont les autres, mais elles sont dans la misère. Comment les transporter sur ces terres ? Comment les faire vivre, jusqu'à ce que la culture les ait mises à l'abri du besoin ? Comment leur procurer les instruments de culture nécessaires ? Ce sont d'assez fortes dépenses, et si, comme on l'assure, il doit arriver incessamment mille familles, ce sera un objet important. Je demande donc des instructions. Si les Espagnols remboursent ces dépenses, ils n'auront pas lieu de les regretter. L'établissement que feront dans le pays tous ces Acadiens et beaucoup d'habitants qui s'y sont fixés, venant des Alibamons et des Illinois, pays cédés aux Anglais, sera fort considérable en peu d'années, surtout si l'on parvient à déboucher le bayou Plaquemine, qui afflue au fleuve et à la mer."

Le commissaire Foucault disait peut être la vérité, quant à la petite troupe d'Acadiens dont il parle dans sa dépêche du 28 février. Il était possible, comme il l'écrivait au ministre : *Que la religion fût le seul motif qui les eût déterminés à quitter leur pays.* Mais la plupart des Acadiens qui vinrent à la Louisiane n'avaient pas quitté volontairement l'Acadie. Ils en avaient été violemment expulsés par l'Angleterre. Lorsque Louis XIV avait cédé l'Acadie à la Grande-Bretagne, il avait stipulé que les sujets qu'il abandonnait conserveraient leurs propriétés, si toutefois ils juraient foi et hommage à la reine Anne. Mais les Acadiens ne voulurent prêter le serment que l'on exigeait d'eux qu'avec une réserve, celle de n'être jamais obligés de porter les armes contre la France. Les autorités anglaises se plaignirent de ce refus, mais le gouvernement jugea convenable d'ajourner les mesures de rigueur. Cependant la politique anglaise ne faisait que sommeiller. Elle se réveilla en étonnant le monde par la froide cruauté de ses décrets.

1765.

L'Acadie est un pays stérile qui offre si peu d'attraits aux émigrants, qu'il était probable que de longues années s'écouleraient avant qu'il pût s'y former une population anglaise assez forte, pour tenir en échec la population française. D'un autre côté, les Acadiens avaient fait parler hautement leur inimitié, de sorte qu'il fallait les contenir, en établissant parmi eux des forts et des garnisons, qui auraient coûté annuellement de fortes sommes au gouvernement. La situation était difficile pour la Grande-Bretagne, surtout à cause de la contiguité de l'Acadie et du Canada, qu'elle cherchait alors à conquérir et qui trouvait des défenseurs zélés dans les Acadiens, ses voisins. Mais, comme elle n'a jamais reculé devant l'emploi d'aucun moyen pour arriver à son but, elle eut bientôt pris son parti, et elle donna l'ordre de s'emparer des Acadiens, sans distinction d'âge ni de sexe, et de les jeter, de distance en distance, sur les plages des autres colonies anglo-américaines. Peu soucieuse des misères et des douleurs qu'elle allait infliger, elle pensa que ces malheureux exilés se fondraient dans la population nombreuse à laquelle ils se trouveraient mêlés. Ce décret fut exécuté avec la plus grande rigueur, et une forte partie de la population acadienne fut, à différentes époques, et par petites bandes, poussée à bord des vaisseaux anglais. En quittant les foyers de leur terre natale, il ne fut permis aux Acadiens de

1765. ne rien emporter, si ce n'est le sentiment de leurs maux et la haine éternelle que méritaient leurs cruels oppresseurs. Poussées comme de vils troupeaux, des familles acadiennes, au nombre de sept mille âmes, furent entassées sur les navires de leurs persécuteurs, et, lorsqu'elles tournèrent leurs regards vers leur patrie, pour lui dire un douloureux adieu, elles n'aperçurent que les flammes qui consumaient leurs villages et les bayonnettes anglaises qui bordaient le rivage. Telle l'antique Messénie vit fuir ses enfants devant le décret d'exil porté par les féroces Lacédémoniens. Ainsi, se sont renouvelées dans le nouveau monde ces scènes d'horreur et d'attendrissement dont la Grèce a été témoin et que le pinceau de l'auteur d'Anacharsis a représentées avec des couleurs si terribles. Les propres expressions de Barthélemy ne sont que trop applicables au sort des Messéniens modernes : "une nation entière chassée de ses foyers, errante au hasard chez des peuples épouvantés de ses malheurs ; des jeunes gens affaiblis par la douleur, portant sur leurs épaules les auteurs de leurs jours ; des femmes assises par terre, expirant de faiblesse, avec les enfants qu'elles serrent entre leurs bras ; ici des larmes, des gémissements, les plus fortes expressions du désespoir ; là, une douleur muette, un silence effrayant. Si l'on donnait ce tableau à peindre au plus cruel des Spartiates, un reste de pitié ferait tomber le pinceau de ses mains."

Les colonies anglaises reçurent avec humanité les infortunés qui avaient été jetés sur leur territoire avec autant d'indifférence que s'ils avaient été le rebut de l'espèce humaine. Elles rougirent du crime que commettait l'Angleterre et résolurent de le réparer autant qu'elles le pourraient. La Pennsylvanie, le New-Jersey et les provinces du Sud allouèrent des secours à ces victimes de la politique anglaise. Il fut bien dur pour des cœurs ulcérés d'accepter ainsi le pain de la pitié de la main de ceux qui étaient les frères de leurs persécu- 1765. teurs et qui en parlaient la même langue !

Les Acadiens avaient ouï dire que sur un seul point de l'Amérique Septentrionale flottait encore cette bannière sans tâche qu'ils aimaient avec un dévouement si héroïque. Aussitôt, l'espoir de la revoir ranima leur courage. La plupart ne pensèrent plus qu'à se rendre à la Louisiane, et tous ceux qui le purent s'y firent transporter. On a déjà vu comment ils y arrivaient par bandes détachées, auxquelles la colonie accordait tous les secours dont elle pouvait disposer. Elle y gagna un surcroit de population probe et laborieuse qui, par la suite, fut pour elle un élément de prospérité.

Le 16 mai, M. Aubry écrivait au ministre : "Vous verrez, Monseigneur, par la lettre de M. de St.-Ange, commandant aux Illinois, que les sauvages donnent encore bien de l'occupation aux Anglais, lesquels ont eu bien des difficultés à s'y rendre, malgré tous les efforts que ce commandant a fait pour leur en faciliter la possession.

"Je vous ai annoncé l'arrivée d'une de leurs frégates qui restera à la rivière d'Iberville, où ils vont construire un fort. Ils en attendent une autre qui doit aller aux Natchez, où ils se proposent de former un grand établissement. Ils ont aussi un petit vaisseau de douze canons qui doit aller à la rivière d'Iberville. Les coups de canon que ces bâtiments tirent, soir et matin, effraient les sauvages devant lesquels ils passent, et, malgré que je leur ai dit que c'est un usage des Anglais comme des Français, qui ne doit pas les étonner, ils en prennent de l'ombrage, et je crains bien par suite qu'ils ne commettent quelque hostilité contre eux, comme ils ont fait l'an dernier. Ce qui pourrait avoir de très fâcheuses conséquences. Aussi, fais-je tout ce qui est en mon pouvoir pour l'éviter.

"C'est un spectacle nouveau pour nous et même in-

1765. quiétant, de voir passer continuellement devant la Nouvelle-Orléans, des vaisseaux de guerre et des troupes étrangères. Quoique nous soyons en pleine paix, et qu'il paraisse que nous n'ayons rien à craindre, je sens intérieurement et comme malgré moi des alarmes à ce sujet, n'ayant ni troupes, ni vaisseaux, ni munitions pour nous opposer à leurs mauvais desseins, en cas qu'ils en eûssent dans des circonstances pareilles. Il m'a paru indécent que nous n'eûssions aucune batterie sur le fleuve. En conséquence, j'ai fait construire et placer sur leurs affûts vingt pièces de canon, vis-à-vis le quartier des soldats. De cette façon, on répondra plus décemment aux saluts, sans compter que c'est un porte respect.

"Les Anglais s'étaient flattés d'ouvrir facilement la communication qui était bouchée depuis long-temps entre le lac Maurepas et le Mississippi, et c'est ce qu'on appelle la rivière d'Iberville, distante de trente-cinq lieues de la ville, et où commence l'île de la Nouvelle-Orléans ; mais cette entreprise est plus difficile qu'ils n'avaient pensé, et le sieur du Parc, habitant de cette colonie, qui s'était chargé de cette opération, avec le consentement de M. d'Abbadie, pourra bien y échouer.

"Le gouvernement de cette colonie est plus embarrassant qu'il n'a jamais été. Il est très difficile de pouvoir concilier à la fois les Anglais, les Français et les sauvages, qui sont ici pêle-mêle.

"La correspondance que je suis obligé d'avoir avec les Anglais, qui m'écrivent de toutes parts, et principalement le gouverneur qui est à la Mobile, me donnent de sérieuses occupations. C'est un homme extraordinaire ! Comme il sait que je parle anglais, il m'écrit quelquefois en vers. Il me parle de François 1er et de Charles Quint ; il compare Pondiak, chef sauvage, à Mithridate ; il dit qu'il couche avec Montesquieu. Quand il se rencontre quelques petites difficultés entre les habitants de la Nouvelle-Orléans et de la Mobile, il me cite la grande charte, (magna charta), et les lois d'Angleterre. On prétend que le ministre l'a envoyé à la Mobile pour s'en débarrasser, attendu qu'il était un des plus ardents dans le parti de l'opposition. Il me fait de grands compliments, je lui en fais de même, et, tout bien considéré, c'est un homme d'esprit, mais un voisin dangereux, contre lequel il est bon de se mettre en garde.

"On vient ordinairement de la Mobile par les lacs et le bayou St. Jean. Nous y avons toujours laissé passer les Anglais qui viennent ici. Cependant j'ai refusé le passage à M. Farmar qui va aux Illinois avec trois cents hommes. Il a le fleuve, qu'il en use."

Les Anglais, du reste, ne se faisaient pas faute d'user du fleuve aussi largement que possible. Ils avaient construit à Manchac un fort qu'ils appelèrent le fort Bute, et de ce poste, ainsi que des postes des Natchez et de Bâton-Rouge, ils faisaient un grand commerce avec les habitants de la Louisiane, qui allaient s'y approvisionner de toute espèce de marchandises. Les navires anglais remontaient et descendaient le fleuve, en faisant la contrebande la plus active, et débarquaient surtout des nègres de tous côtés. Telle fut la source de la fortune d'un grand nombre de nos planteurs. Comme la colonie allait cesser d'appartenir à la France, qui n'y faisait plus de commerce, le gouverneur fermait les yeux sur ces transactions illicites.

Le poste de Bâton-Rouge, qui avait été cédé aux Anglais, et dont ils avaient fait un entrepôt de commerce de contrebande avec le reste de la Louisiane qui était transféré à l'Espagne, ne se composait alors que d'un mauvais fortin et de quelques cabanes dispersées çà et là, aux environs. L'avenir réservait de plus hautes destinées à ce site, qui est un des plus agréables de l'Etat de la Louisiane. En effet, on y voit de nos

1765. jours une jolie petite ville, où le gouvernement fédéral des Etats-Unis a établi un magnifique arsenal ; et par une disposition de la nouvelle Constitution de l'Etat, le siège du gouvernement doit y être transféré en 1849.

Voici quelle fut l'origine du nom de Bâton-Rouge, donné à la future capitale de l'Etat de la Louisiane. On sait que le cypre, dont l'écorce est d'une couleur rougeâtre, est un arbre qui s'élève à une hauteur prodigieuse. Son tronc est dépourvu de branches et ce n'est que sa tête qui se couronne de feuillage. C'est le chapiteau de la colonne. Le Page du Pratz raconte que, de son temps, on y voyait encore un cypre fameux, duquel un charpentier de bateaux avait offert de faire deux pirogues, l'une de seize tonneaux et l'autre de quatorze. "Comme le cypre est un bois rouge, dit Le Page du Pratz, quelqu'un des premiers voyageurs qui arrivèrent dans ce canton, s'avisa de dire que cet arbre ferait un beau bâton. C'est ce qui fait qu'on a nommé cet endroit Bâton-Rouge. Quant à l'arbre, sa hauteur n'a pas encore été mesurée. Elle est à perte de vue."

Les anciens Romains, qui voyaient en tout des présages, n'auraient pas manqué de dire que ce prodige du règne végétal était un signe certain d'une prospérité extraordinaire pour le sol sacré sur lequel les Dieux l'avaient placé.

Lorsque les habitants de la Louisiane avaient été informés du traité de cession qui les mettait sous la domination espagnole, ils avaient résolu de faire des représentations au gouvernement français. Ils espéraient que le roi de France, touché de leur amour et de leur dévouement, reviendrait sur l'acte de donation qu'il avait fait en faveur du roi d'Espagne et qu'ils éviteraient ainsi le malheur, dont ils craignaient la venue. En conséquence, chaque paroisse de la province avait été invitée à envoyer des délégués à la Nouvelle-Orléans.

Toutes les paroisses se hâtèrent d'acquiescer à cette

invitation, et une assemblée nombreuse composée des 1765. personnes les plus notables du pays eut lieu à la Nouvelle-Orléans. Les membres principaux étaient : Lafrénière, procureur-général, Doucet, avocat, qui était arrivé de France depuis peu, St. Lette, Pin, Villeré, le chevalier d'Arensbourg, Jean Milhet, qui était le plus riche négociant de la Nouvelle-Orléans, Joseph Milhet, son frère, St. Maxent, de la Chaise, Marquis, Garic, Masan, Masange, Poupet, Noyan, Boisblanc, Grandmaison, Lalande, Lesassier, Braud, l'imprimeur du roi, Kernion, Carrère, Dessales, &c. &c. &c.

Lafrénière, après avoir dans un discours énergique, fait une vive peinture de la triste situation dans laquelle se trouvait la colonie, proposa une résolution par laquelle les colons en masse suppliaient le roi de France de ne pas les détacher de la mère patrie. La proposition fut acceptée à l'unanimité, et Jean Milhet fut choisi pour aller porter aux pieds du trône la requête des colons.

La première démarche de Milhet, arrivé en France, fut de se rendre à Paris, auprès de Bienville qui, ayant passé la plus grande partie de sa vie à la Louisiane et si long-temps veillé sur ses destinées, prenait à son sort le plus vif intérêt. Le fondateur de la Nouvelle-Orléans était alors dans sa quatre-vingt sixième année. Il regrettait d'avoir vécu si long-temps, depuis qu'il avait vu le démembrement de la colonie, dont une partie avait été cédée à l'Angleterre, et l'autre à l'Espagne. Le vieillard, fort de ses cheveux blancs et de ses longs services, accompagna Milhet chez le duc de Choiseul. Ce seigneur reçut la requête des colons et écouta Milhet et Bienville avec bienveillance. Mais, comme c'était lui-même qui avait conseillé la cession, il n'était nullement disposé à favoriser la démarche des colons. Du reste, cette démarche, vu les circonstances, ne pouvait avoir le résultat désiré, puisque la colonie

1765. ne pouvait maintenir sa précaire existence qu'en recevant des secours considérables de France, et que la France s'avouait incapable de continuer à lui en fournir.

Quoique Milhet eût informé ses concitoyens de sa non réussite, ceux-ci se flattaient toujours que le traité de cession serait annulé. En effet, quelques circonstances décevantes nourrissaient cette espérance. Un an s'était écoulé depuis que d'Abbadie avait reçu l'ordre de remettre la colonie au premier officier espagnol qui se présenterait avec les pouvoirs nécessaires. Cependant, cet officier n'arrivait pas, et le roi d'Espagne ne semblait faire aucune disposition pour prendre possession de la province. L'horizon reprenait ainsi une couleur plus favorable aux yeux des colons, lorsqu'il se rembrunit tout à coup, à la nouvelle que Don Antonio de Ulloa avait été nommé gouverneur de la Louisiane et était arrivé à la Havane. Don Antonio de Ulloa avait, dans le monde savant, une grande réputation comme mathématicien, et avait été, de concert avec La-Condamine, Bouguer et Godin, chargé d'aller, sous l'équateur, déterminer la configuration de la terre.

Le 10 juillet, don Antonio de Ulloa écrivit, de la Havane, au conseil supérieur siégeant à la nouvelle-Orléans, une lettre ainsi conçue :

Messieurs :

"Ayant reçu dernièrement les ordres de Sa Majesté Catholique pour passer en votre ville et la recevoir en son nom, et en conséquence des ordres de Sa Majesté Très-Chrétienne, je saisis cette occasion de vous en faire part et de vous avertir que j'aurai bientôt l'honneur de me rendre chez vous pour remplir cette commission. Je me flatte d'avance qu'elle pourra me fournir des occasions favorables de vous rendre tous les services que vous et Messieurs les habitants de cette ville peuvent désirer ; de quoi je vous prie de les en assurer de ma part, et qu'en cela, je ne ferai que remplir mes devoirs et flatter mon inclination."

    (Signé)   Antonio de Ulloa.

Au moment où le pays allait ainsi changer de domination, le roi de France envoyait des fiches de consolation à quelques-uns des fidèles serviteurs qu'il abandonnait, et faisait remettre la croix de St.-Louis à Marest de la Tour, Bonille, d'Arensbourg et Lavergne.

Voici une liste de quelques-uns des officiers constituant, à cette époque, le personnel des officiers attachés au service de la colonie :

M. de Macarty, lieutenant de roi à la Nouvelle-Orléans, de la Houssaye, major; Dubarry, aide-major; Renaud de Coudreau, lieutenant des canonniers bombardiers à la Louisiane.

### Capitaines.

Aubert, Trudeau, de Lusser, de Porneuf, le chevalier Dufossat, de l'Hommer, Fleuriau, Voisin.

### Lieutenants.

Roullin, Peschon, Leblanc, Charles de Lusser, Livaudais aîné, Charles Dessales, Doriocourt, le chevalier de Rouville, Adam, St.-Denis l'aîné, de Belle-Isle, Laforest de Laumont, le Chevalier de la Ronde, Dussuau, Boisseau et le chevalier de Villiers.

### Enseignes.

Lantagnac, Girardeau cadet, de Bachemin, Lalande Dalcourt, Baudin, Védrine, de Vin, Pellerin, d'Arensbourg, Duverger l'aîné, de la Vau, de Latouche, Duverger Toubadon, le chevalier de Glapion, Mongin, d'Arensbourg cadet, de Velle, Enould de Livaudais, Kernion et du Tisné.

Le 23 janvier, M. Foucault écrivait au ministre: "plus je réfléchis sur le changement de domination de

1766. cette colonie, plus je prévois d'embarras pour mon retour en France après la prise de possession, si je ne reçois bientôt des ordres de vous, Monseigneur, qui me prescrivent ce que j'aurai à observer sur les anciens billets répandus en cette colonie pour le service du roi, d'autant que dans ce cas je dois m'attendre à de bien tristes représentations de la part du public, car cette monnaie était presque la seule qui servait à l'achat de ce qui est nécessaire à la vie, puisqu'il n'y a point d'argent sonnant, et que les lettres de change sont emportées par les gérants de cargaison, à mesure qu'elles sortent du trésor. La circulation de ce papier ne pouvant manquer de cesser lors de la prise de possession par les Espagnols, la position des personnes en grand nombre qui en sont chargées, qui depuis quelques années se ruinent à attendre qu'il plaise au roi de le faire acquitter, et qui n'ont pas d'autres ressources, sera infailliblement fort touchante."

Au mois de février, de nouvelles familles acadiennes arrivèrent à la Louisiane, au nombre de deux cent seize personnes. Ces familles, ainsi que celles qui les avaient précédées, fuyaient devant la domination anglaise. Elles avaient préféré s'expatrier et elles étaient venues chercher le seul point de l'Amérique Septentrionale où flottait encore la bannière de France. Elles espéraient de pouvoir y vivre en paix, dans l'exercice de leur religion et sous l'empire de lois qui leur étaient familières. Les premières familles qui s'étaient réfugiées à la Louisiane en attiraient d'autres. La levée et la place publique de la Nouvelle-Orléans étaient souvent couvertes d'une foule de ces malheureux exilés, qui venaient chercher un asile, là où ils espéraient trouver des frères et où l'on parlait encore leur langue. Ils ne s'étaient pas trompés. Car jamais l'humanité ne se montra plus affectueuse, jamais la charité ne fut plus abondante dans ses largesses. On leur fournit des outils aratoires aux frais du gouvernement, et, pendant la première année de 1766, leur établissement, on leur distribua les mêmes rations que celles que l'on donnait aux troupes de ligne de la colonie. Ces réfugiés s'établirent sur les deux rives du fleuve, au-dessus de la Côte des Allemands, et s'étendirent jusqu'à Bâton-Rouge et la Pointe Coupée. C'est de cette circonstance qu'est venu le nom de Côte des Acadiens que porte encore aujourd'hui cette partie du fleuve.

Don Antonio de Ulloa, qui s'était annoncé depuis le 10 juillet de l'année précédente, ne paraissait pas très pressé de prendre possession de son gouvernement, car il n'arriva à la Nouvelle-Orléans que le 5 mars de cette année. Il était accompagné de deux compagnies d'infanterie commandées par Piernas, de Loyola, comme commissaire de guerre, de Navarro, comme intendant, et de Gayarré, comme contador ou président de la Cour des Comptes. Navarro et Gayarré, en dehors de leurs attributions respectives, étaient adjoints à Loyola, et ils devaient tous trois agir comme commissaires, pour la prise de possession de la province et pour l'estimation de tous les objets appartenant au roi de France et que le roi d'Espagne jugerait convenable de garder pour son compte. Ulloa reçut un accueil respectueux mais froid et sombre, qui n'annonçait que trop clairement le mécontentement des citoyens. Ayant été requis par le conseil supérieur d'exhiber ses pouvoirs, il refusa de le faire, en disant qu'il voulait différer la prise de possession jusqu'à l'arrivée de toutes les forces espagnoles. Il ajouta qu'il n'avait rien à démêler avec le conseil supérieur qui n'était qu'un tribunal civil, et que, pour la prise de possession, il n'avait à traiter qu'avec le gouverneur Aubry, ne reconnaissant que lui comme autorité compétente en cette matière.

Ulloa n'en visita pas moins les différents postes de la province, et passa un temps considérable aux Nat-

1766. chitoches. Il fit procéder à un recensement de la population de la colonie, et il paraît qu'on y trouva mille huit cent quatre vingt treize hommes en état de porter les armes, mille quarante quatre femmes mariées ou filles nubiles, mille trois cent soixante quinze enfants mâles et mille deux cent quarante enfants de l'autre sexe : en tout, cinq mille cinq cent soixante deux âmes. La population noire était à peu près aussi nombreuse.

Cette année fut très malsaine, et la colonie fut dévastée par une maladie qui ressemblait beaucoup à celle qui est si connue de nos jours sous le nom de fièvre jaune.

M. Foucault, dans une dépêche du 10 mars, avait annoncé au gouvernement français l'arrivée d'Ulloa et avait dit : "L'arrivée de M. de Ulloa dans cette colonie, en dissipant la crainte où l'on était de ne voir que dans plusieurs années une décision certaine sur son sort, y a répandu une consternation générale à l'égard de la perte pour la France d'un pays aussi immense que l'est celui-ci par son étendue, par sa richesse naturelle, par sa fertilité en toutes les productions, par le nombre et les forces de ses habitants, par la douceur enfin de son climat. Elle y a de plus, comme je le craignais, fait une grande sensation au sujet des anciens billets monnaie répandus pour le service. Toutes les personnes, sans exception, qui y sont intéressées, sachant que M. Ulloa n'apportait aucun ordre de les convertir, se sont plaintes amèrement du nombre d'années écoulées depuis que le roi leur doit, du tort que ce retardement leur cause, et de la triste nécessité où elles se trouveraient, à la fin, de succomber, si on différait encore plusieurs mois de les payer, et si, pour comble de malheur, elles ne pouvaient se procurer leurs besoins avec cette monnaie, la seule qu'elles possèdent. Imbu de cette rumeur qui augmentait à mesure que les Espagnols avançaient dans le fleuve, je m'empressai d'en faire part à M. d'Ulloa, le jour même qu'il débar- 1766. qua à la Nouvelle-Orléans. Il me répondit qu'il sentait parfaitement ce qui arriverait, si on interdisait la circulation de cette monnaie, et que, pour la soutenir jusqu'à ce qu'il eût des ordres de l'arrêter par une conversion, il prendrait sur lui, après qu'il serait en possession de la colonie, d'ordonner qu'elle serait continuée dans toutes les affaires parmi les Espagnols comme parmi les Français, sur le pied du discrédit actuel de 75 pour cent, où différents évènements fâcheux l'ont réduite. Je n'ai pas manqué, conjointement avec M. Aubry, de rendre dans l'instant cette réponse publique, ajoutant que nous ne tarderions pas à recevoir ces ordres. Elle a produit peu d'effet; on demande constamment d'être payé. M. de Ulloa, l'ayant appris, a employé un autre moyen. Il a fait chercher en ville des anciens billets pour des piastres gourdes, à la déduction de 75 pour cent, la piastre à 5 livres 5 sous, pour en donner à sa troupe le tiers de sa solde, mais cette troupe a fait refus de les recevoir, outre qu'il n'a pu s'en procurer que difficilement, parceque la plupart des personnes qui en ont, se flattant que le roi les acquittera au pair, continuent de regarder 5 livres en ces billets comme cinq livres en argent, quoique la nécessité les oblige depuis longtemps à dépenser 20 livres en papier monnaie pour 5 livres en espèces.

"Un autre inconvénient auquel on aurait pu s'attendre, c'est que la garnison de cette colonie, toute composée de soldats qu'on n'a retenus au service, après la réforme de 1763, que parce qu'on les a flattés de voir arriver au premier jour les hommes de recrue que feu M. d'Abbadie a eu l'honneur de vous demander, ou les Espagnols qu'on nous annonçait de toutes parts, refuse d'entrer au service de l'Espagne. M. de Ulloa a fait observer à ces soldats, ainsi que M. Aubry et moi, qu'il attendait d'autres troupes, et qu'après qu'elles seraient

1766. arrivées, il leur serait loisible de quitter. Ils ont répondu qu'ils ne pourraient faire ce sacrifice que pour leur roi. Le corps des officiers s'est assemblé pour délibérer sur ce qu'il y aurait à faire à ce sujet, et, réfléchissant qu'une contrainte serait déplacée et pourrait entrainer quelque chose de fâcheux, il a été unanimement décidé qu'on les laisserait les maîtres d'accepter ou de refuser. S'ils persistent dans leur résolution, il *sera impossible à M. de Ulloa de prendre possession de cette colonie*, n'y ayant amené que quatre vingt dix hommes, et je juge, d'après les entretiens que j'ai eus avec lui, que, ne comptant pas qu'ils changent, son dessein est de loger ces quatre vingt dix hommes, séparément des Français, dans quelques maisons qu'il louera à une des extrémités de la ville, et que, dans cette situation, il attendra les ordres de sa cour qu'il a demandés. Cette conjoncture nous oblige, M. Aubry et moi, à continuer le gouvernement et l'administration sur le pied où elle est encore."

On voit par cette dépêche, que Ulloa arrivait dans la colonie avec les meilleures intentions. Il en fit preuve en offrant de prendre, afin de rassurer les habitants, le papier monnaie du pays au prix courant imposé par le gouvernement français, c'est-à-dire à 75 pour cent de perte, et de donner des piastres en échange. C'était une grande libéralité de sa part que la proposition qu'il faisait, de donner aux habitants, les piastres qu'il avait portées avec lui et de payer sa propre troupe avec le papier monnaie qu'il aurait reçu en échange, au prix courant. Mais les habitants qui, pour un objet qu'ils pouvaient avoir à 5 livres en argent, étaient obligés de donner 20 livres en papier monnaie, c'est-à-dire qui perdaient 300 pour cent, quand ils faisaient usage de billets pour acheter, et qui ne pouvaient pas espérer que le gouvernement français les ferait rentrer à un taux au-dessus de leur dépréciation légale de 75 pour

cent, ce qui était leur taux de circulation forcée pour 1765.
l'acquittement des dettes et obligations, n'en refusaient
pas moins de les livrer à Ulloa, à moins qu'il ne
les prît au pair. Ils alléguaient pour prétexte que le
gouvernement français les acquitterait en plein, tandis
que cela ne s'était jamais vu, depuis la fondation de la
colonie, même lorsque la circulation en papier était
beaucoup moins forte que celle de 1766, qui se montait
à sept millions de livres.

Les prétentions injustes et absurdes par lesquelles on
répondait aux offres libérales et obligeantes d'Ulloa,
furent sans doute la première cause de l'irritation qu'il
manifesta par la suite.

Comme l'Espagne n'avait nullement désiré la cession
de la Louisiane, et qu'elle ne l'avait acceptée que pour
plaire à la France, elle ne s'attendait pas à ce que la
domination, qu'on la forçait presque d'assumer, serait
regardée à la Louisiane comme un fléau. Loin de là,
elle avait compté sur le bon vouloir des colons et sur
la coopération des troupes françaises pour lui faciliter
la prise de possession. Mais à peine Ulloa fut-il dé-
barqué, qu'il s'aperçut qu'on le traitait en ennemi ; il
apprit avec étonnement que les soldats français refusaient de passer, même momentanément, au service du
roi d'Espagne et de lui obéir, quoiqu'ils y fussent invités et autorisés par leur souverain légitime. Ce fut là
sans doute une seconde cause d'irritation pour la fierté
espagnole.

Le 2 avril, M. Foucault confirmait les nouvelles qu'il
avait données précédemment et disait : "Il n'y a maintenant plus à espérer que les soldats en garnison ici se
déterminent à y servir le roi d'Espagne. M. Aubry s'y
est pris de toutes les façons pour les faire changer de
détermination, mais ses efforts ont été vains, de manière que M. de Ulloa, qui n'est pas fort envieux de les
garder depuis leur premier refus, paraît plus que ja-

1766. mais décidé à ne prendre possession de cette colonie qu'après avoir reçu des ordres en conséquence de sa cour, à laquelle il demande une augmentation aux quatre vingt dix hommes qu'il a amenés."

Le 28 du même mois, M. Aubry rappelait au ministre que la colonie de la Louisiane ayant été cédée aux Espagnols, il avait été signifié au commandant français de laisser à la disposition du gouverneur espagnol la garnison française, composée de trois cents hommes, si toutefois il l'exigeait, parcequ'on était convenu avec la cour d'Espagne de mettre cette garnison à son service, avec ses officiers, autant de temps qu'elle le jugerait à propos. Mais M. Aubry ajoutait:

"Cette garnison, dont le soldat est réduit à sept livres par mois au lieu de trente cinq livres dont le soldat espagnol jouit à la Havane, n'est pas disposée à rester sous la nouvelle domination, d'autant plus que presque tous les soldats sont dans le cas d'avoir leur congé absolu par l'ancienneté de leurs services. Au lieu d'augmenter les soldats français et de porter leur paie de sept livres à trente cinq, M. de Ulloa a diminué la paie de ses propres soldats, et de trente cinq livres qu'ils avaient à la Havane, les a mis à sept livres. Ce qui a produit un mauvais effet sur les deux troupes."

Cette dépêche d'Aubry explique pourquoi Ulloa était arrivé avec si peu de troupes. Il est évident que, d'après les conventions faites, la cour d'Espagne avait compté sur les trois cents hommes de troupes françaises qui avaient été mis à sa disposition. La cour de France avait eu tort de ne s'être pas assurée que ces troupes avaient droit à leur congé, et elle avait par là induit la cour d'Espagne en erreur. Ainsi donc, la faute en était à la France et non à l'Espagne, si la prise de possession ne se faisait pas.

Quant à la paie de sept livres par mois offerte aux troupes françaises par Ulloa, il est bon de faire observer que c'était la même qu'elles recevaient du gouvernement français. Les troupes françaises, du reste, devaient y trouver un grand avantage, puisqu'au lieu d'être payées en papier de presque nulle valeur, comme sous le gouvernement français, elles auraient été soldées par Ulloa, en argent, ou en bons ou effets équivalents. Car il n'aurait pas même pu se procurer les billets dépréciés de la colonie, parce qu'on s'était entendu pour ne les lui vendre qu'au pair. Sous ce rapport, on ne pouvait donc se plaindre. Quant à la réduction de la paye des troupes espagnoles au niveau de celle des troupes françaises, c'était évidemment pour mieux les confondre les unes avec les autres, pour les mettre sur un pied d'égalité et pour éviter toute cause de jalousie ; d'ailleurs, ce ne pouvait être un sujet de plainte que pour les Espagnols et non pour les Français.

Quoiqu'il en soit, il y avait une fermentation sourde et un mal-aise général dans la colonie : voilà quels étaient les préludes du drame qui devait bientôt l'ensanglanter.

## CHAPITRE XXIII.

RÉGLEMENTS DE COMMERCE ÉTABLIS PAR ULLOA.—REPRÉSENTATIONS DES MARCHANDS.—MARIAGE ROMANESQUE D'ULLOA.—INUTILES EFFORTS DE KERLEREC POUR SORTIR DE LA BASTILLE.—RETOUR DU DÉLÉGUÉ MILHET.—EXASPÉRATION DES COLONS.—ASSEMBLÉES POPULAIRES.—REQUÊTE DES COLONS AU CONSEIL SUPÉRIEUR.—RÉQUISITOIRE DU PROCUREUR GÉNÉRAL LAFRÉNIÈRE.—AVIS RAISONNÉ DU COMMISSAIRE-ORDONNATEUR FOUCAULT.

1766. Le 6 mai, le gouvernement espagnol lança un décret, par lequel il permettait, par grâce spéciale, un commerce direct entre quelques-unes de ses possessions d'Amérique et les colonies françaises. En conséquence, il était permis, en remplissant certaines formalités, de tirer des possessions espagnoles, des bestiaux et des grains, pourvu que le transport s'effectuât dans des bâtiments espagnols de Caracas. Pour éviter la contrebande et toute autre fraude, il devait être indiqué un port dans chaque province où résideraient deux commissaires français, chargés de faire les achats. Le droit d'exportation était fixé à 5 pour cent. De la Louisiane il était permis d'exporter des bois, du riz, du maïs et d'autres productions du sol. Messieurs Favre d'Aunoy et Villars furent nommés commissaires français à la Nouvelle-Orléans, aux appointements de 4,000 livres.

Cet acte devait faire voir aux colons que la cour de Madrid prenait au sérieux le traité de cession et que la

France avait renoncé de bonne foi à la Louisiane, qu'elle reconnaissait dorénavant comme une province espagnole.

"Le 6 septembre, M. Aubry publia l'ordonnance suivante, comme réglement de commerce:

"Sa Majesté Catholique, ne désirant que le bien et l'avantage de ses sujets établis à la Louisiane, étant informée par M. de Ulloa, capitaine de vaisseau, envoyé par elle pour en prendre possession, de tout ce qui concerne l'approvisionnement de vivres de cette colonie et de l'exportation des denrées et autres productions qui en sortent, a bien voulu, pour favoriser les habitants de ce pays, permettre que les bâtiments des colonies françaises de St.-Domingue et de la Martinique qui apporteront ici des vins, farines et autres vivres, et qui, en échange, tireront de la colonie des bois et des denrées, soient reçus, en attendant que d'Espagne on trouve le moyen de faire ce commerce. On a bien voulu aussi accorder des passeports aux armateurs de France qui apporteront de ce royaume les provisions et autres marchandises nécessaires pour cette colonie. Mais comme ces permissions n'ont été accordées qu'autant qu'elles seraient avantageuses pour les habitants de la Louisiane, et que depuis quelque temps les négociants ont fait monter les marchandises, les vins principalement, à un prix extraordinaire, et qu'ils ne veulent que des piastres gourdes, ce qui porte un grand préjudice aux habitants ; en conséquence des ordres que Sa Majesté Catholique a adressés à M. de Ulloa et qu'il nous a communiqués, il est ordonné à tous les capitaines venant de St.-Domingue, aussi bien qu'à ceux qui viennent de France, munis d'un passeport de Son Excellence le secrétaire d'Etat de Sa Majesté Catholique, car autrement ils ne seront pas reçus, de se présenter à M. de Ulloa avec leurs passeports, aussitôt leur arrivée, et avec la facture de leurs cargaisons. Il est défendu

1766. de rien décharger jusqu'à ce qu'ils aient permission de lui au bas de leurs passeports ou de leurs factures. Et il est ordonné aux commissionnaires, de se présenter également à M. de Ulloa, en donnant la note du prix auquel ils voudront vendre leurs marchandises, pour les faire examiner par des personnes justes et intelligentes de cette colonie, et, si les prix sont excessifs, on ne leur permettra pas de les vendre, et ils seront obligés d'aller vendre ailleurs.

"Les dits négociants seront obligés de recevoir la monnaie courante du pays en paiement de leurs marchandises. Ils tireront au moins le tiers de leur cargaison en bois et autres effets de la colonie."

Le reste de l'ordonnance détermine la quotité des produits de la colonie qu'ils devront emporter comme cargaison de retour, et cette quotité d'exportation est basée sur la quotité d'importation des marchandises étrangères introduites dans la colonie.

On voit que, bien qu'il n'y eut pas encore de prise de possession de la part d'Ulloa, le gouverneur français, Aubry, considérait la province comme espagnole et ne faisait usage des pouvoirs dont il était revêtu, que pour faire exécuter les volontés du roi d'Espagne. Il servait d'intermédiaire entre la population française et Ulloa, qui n'avait pas les forces nécessaires pour se faire obéir directement. Ainsi, Ulloa ordonnait, et Aubry exécutait.

Le 8, les négociants de la Nouvelle-Orléans présentèrent aux membres du conseil supérieur, une requête pour les prier de ne pas consentir à la mise à exécution de l'ordonnance précitée, avant qu'ils n'eussent eu le temps d'être entendus à ce sujet. Cette requête était conçue et signée ainsi que suit:

*Requête des Négociants.*

A Nos Seigneurs du conseil supérieur de la province de la Louisiane :

"Les négociants en corps, Nos Seigneurs, n'ignorent 1766. point assez les lois, ils s'y sont trop soumis pour ne pas se croire en droit de réclamer votre autorité, et demandent à se pourvoir contre une ordonnance publiée le 6 de ce mois, au nom de Sa Majesté Catholique, signée Aubry, défendant à tout capitaine et négociant d'aborder dans ce pays pour y faire leur vente, qu'au préalable ils n'aient fait estimer et mettre un prix à leurs marchandises par-devant M. de Ulloa.

"Un corps aussi utile à tous égards et que les rois ont toujours honoré de leur confiance, accablé par des conditions onéreuses, ne craint point qu'on lui refuse, à la réquisition d'un procureur général aussi zélé que celui du Roi Très-Chrétien en cette province, le temps de faire ses représentations avant l'exécution de la dite ordonnance, et de démontrer que l'extension et la liberté du commerce, loin de nuire aux états et aux colonies, en sont au contraire la force et le soutien.

"Signé : Joseph Milhet, Roze, Cantrelle, D. Braud, J. Mercier, L. Ducrest, Petit, Duforest, Toutant Beauregard, L. Boisdoré, B. Duplessy, Braquier, P. Caresse, J. Vienne, P. Segond, Voix, Durel, Blache, M. Poupet jr, P. Poupet, Estèbe, Rodrigue fils aîné, J. Sauvestre, G. Gardelle, Ducarpe, F. Durand, J. et N. Boudet, Rivoire, Macuenara, F. Denis, J. Arnoult, A. Reynard, P. Senilh, A. Bodaille, Laulhé, Dubourg, Durand cadet, Festas, Frigière, L. Ranson, Fournier et St.-Pé, Détour et Villefranche, Salomon, Delassize, Blaignat, Langlois, Fortier, J. Lafitte cadet, Hénard, L. Estardy, Astier et Brunet, J. Bienvenu, Sarpy, Doraison, Cavelier frères, Papion, Gaurrège, Revoil, Guezille, Guignan, St. Anne, Moullineau, P. Héry, A. Ollivier et Broussard."

Les représentations mentionnées dans cette requête et que le corps des négociants demandaient le temps de rédiger, furent présentées au conseil supérieur, le 12 du même mois, et en addition aux noms précédents,

1766. portaient les suivants : Dumas et Grieumard, Chateau, P. Simon, E. Hugues, J. Sarrou, B. Gaillardi, Raguet, J. Nicolet, Brion, Betrémieux l'aîné, Blandin Dutertre, Bijon, L. d'Haubeck, M. Duralde, Bonnemaison, Joli, Forstall, B. l'Enfant.

Les capitaines de navires présentèrent une supplique de la même nature.

Les colons, en dépit de l'évidence, se berçaient toujours de la même illusion et espéraient que le traité de cession n'était pas définitif. Cependant, l'aliénation de la moitié de la Louisiane en faveur des Anglais, qui en avaient pris possession, était un fait accompli et devait leur dessiller les yeux. Un autre fait, entre bien d'autres, qui aurait dû les éclairer, c'est que le gouvernement français avait suspendu le paiement des lettres de change de la colonie pour les exercices de 1763, 1764 et 1765, en prétendant que c'était aux Espagnols à supporter les dépenses de la colonie depuis cette époque. Donc, l'acte de cession était bien réel, donc la France, en attendant que la prise de possession eût lieu, ne se considérait que comme le dépositaire et le gardien d'un bien qui ne lui appartenait plus.

M. Foucault réclama contre cet arrêt du conseil d'état portant ainsi suspension du paiement des lettres de change. "Cette suspension, disait-il, en date du 29 septembre, a été à la veille de produire un fort mauvais effet. L'alarme répandue à ce sujet pouvait anéantir le commerce de cette colonie. Je manquais de tout, ne pouvant plus offrir de lettres de change en paiement. Il m'était impossible de rien acheter, ni de nourrir et entretenir les troupes.

"Si M. de Ulloa avait pris possession de cette colonie aussitôt après son arrivée, comme il le devait, il nous aurait évité tout cela. Je n'aurais été assujetti qu'aux embarras qu'aurait causé le défaut des ordres que j'ai eu l'honneur de vous demander. Il n'a reçu de sa cour rien de ce qu'il en attendait, et il ignore si quelques mois 1766. ne s'écouleront pas encore, avant qu'il soit en état de rien opérer. Il y a quelque temps qu'il engagea M. Aubry à rendre l'ordonnance dont copie est ci-jointe. Elle a été rendue sans ma participation, le 6 de ce mois, publiée en ville le même jour et le lendemain, à son de tambour, sous l'escorte de quelques fusiliers français, la bayonnette au bout du fusil. La colonie, à peine revenue du trouble qu'avait occasionné l'acte de suspension, se trouve dans de nouvelles peines. Le début de M. de Ulloa fait que chacun craint pour sa liberté, après la prise de possession. Les négociants et les autres domiciliés de la ville m'ont présenté ensemble, à des jours différents, deux requêtes adressées au conseil supérieur. Les capitaines de bâtiments qui se sont trouvés à portée m'en ont présenté une autre. Les habitants de la campagne se sont seuls abstenus d'en faire autant, quoiqu'ils ne craignent pas moins. Il se peut que les uns et les autres interprètent mal le sens de la lettre qu'ils citent du roi à feu M. d'Abbadie pour la remise de cette colonie. Mais il est certain que, outre que la possession n'est pas encore prise, beaucoup de raisons, sans parler du vice d'irrégularité, mettent cette ordonnance hors d'état d'être exécutée en tous ses points; et Sa Majesté n'a pas entendu dépouiller ses sujets, en faveur de l'Espagne, des privilèges et exemptions dont ils ont toujours joui, lorsqu'elle a fait cette cession. Néanmoins, M. Aubry ayant assuré verbalement à plusieurs personnes que, réflexions faites, on n'exigeait plus l'exécution de cette ordonnance, j'ai refusé de faire droit à ces requêtes. Je me borne à vous en adresser les copies ci-jointes, vous suppliant, Monseigneur, de faire passer ici promptement des ordres qui confirment les sujets du roi dans la croyance où ils sont, qu'il n'est rien diminué des avantages qui leur étaient accordés par Sa Majesté.

1766. "La révocation de l'ordonnance n'ayant pas été faite dans les formes, on n'est pas plus rassuré. Plusieurs personnes ont écrit dans les autres colonies d'y suspendre les armements pour celle-ci. Depuis quelques mois il ne nous vient que fort peu de bâtiments français, et point d'anglais, qui nous ont toujours été d'un grand secours par les farines dont étaient composées leurs cargaisons, et, comme il ne me reste plus que cinquante quarts de vivres, je vais me trouver réduit à donner du riz à la garnison et aux autres rationnaires."

On voit que les habitants de la Louisiane attachaient à la lettre du roi de France à d'Abbadie une importance qu'elle ne devait pas avoir. Le roi, annonçant aux colons qu'il les avait placés sous la domination de l'Espagne, ne cherchait évidemment qu'à les consoler en leur disant, qu'il espérait que le roi d'Espagne les maintiendrait dans la jouissance de tous leurs droits et privilèges et ne changerait rien à l'ordre de choses auquel ils étaient accoutumés, ainsi qu'aux lois qui les avaient toujours régis. Les colons avaient d'ailleurs eu connaissance des actes de donation et d'acceptation, et avaient pu se convaincre que la cession était sans réserve aucune et sans condition imposée au roi d'Espagne. La lettre même sur laquelle ils appuyaient leurs prétentions n'était adressée, qu'après la cession, par le roi de France à un de ses officiers. Le roi d'Espagne n'y était nullement partie et devait être censé n'en point avoir connaissance. Après tout, le roi de France se bornait à exprimer des désirs que le roi d'Espagne pouvait, à sa guise, prendre ou ne pas prendre en considération. Les désirs ou les vœux du roi de France ne pouvaient donc imposer aucune obligation au gouvernement espagnol, et par conséquent ne pouvaient constituer aucun droit dont les colons pûssent se prévaloir. Seulement, en dehors de la question de droit, les colons auraient pu s'étayer de la lettre du roi de France, comme appui moral, pour faire un appel à la générosité du roi d'Espagne. 1766.

Pendant que les colons étaient dans cet état d'exaltation, Ulloa descendait le fleuve, au mois de septembre, et allait fort tranquillement attendre à la Balise l'arrivée de la marquise d'Abrado, l'une des plus riches héritières du Pérou, dont la beauté égalait l'opulence, et qui venait épouser le nouveau gouverneur que l'Espagne avait donné à la Louisiane. La bonne fortune d'Ulloa était d'autant plus remarquable, qu'il était alors dans sa cinquantième année. C'était une aventure romanesque qui se terminait, au moment où une révolution allait commencer.

M. de Kerlerec, qui était à la Bastille depuis 1763, voyant qu'on l'y laissait sans plus s'occuper de lui, fit cette année de grands efforts pour en sortir. Il soumit au gouvernement une lettre d'adieux que lui avait présentée le corps des négociants, lorsqu'il quitta la Louisiane, et dans laquelle on lui disait que l'on considérait son départ comme un malheur public! "Jamais, lui disaient les négociants dans cet écrit, un gouverneur ne fut mieux instruit des justes bornes qu'on doit mettre à l'autorité. Vous n'avez jamais usé de votre pouvoir que pour nous faire du bien, et tout ce qui était injuste vous a toujours paru impossible."

M. de Kerlerec appelait aussi l'attention du gouvernement sur une communication du conseil supérieur, qui lui donnait beaucoup de témoignages d'estime et de reconnaissance.

Pensant que c'était par les accusations et par l'influence de M. de Rochemore qu'il était ainsi détenu, il ajoutait aux pièces déjà citées le certificat suivant qui lui avait été donné, en 1760, par les personnes les plus recommandables de la colonie:

"Nous soussignés, déclarons et attestons qu'il est à notre connaissance que depuis que M. de Rochemore

1766. est dans cette colonie, il n'a cessé de barrer et traverser toutes les opérations de M. de Kerlerec, gouverneur, et les sages précautions qu'il est à notre connaissance qu'il a voulu prendre, pour sauver la colonie de la disette où elle se trouve aujourd'hui, et enfin, pour être paré à tout évènement d'incursion de la part des ennemis, en portant dans toutes les parties de son administration une lenteur marquée et affectée, quand il n'a pas pu refuser d'exécuter les ordres donnés par le dit sieur de Kerlerec, gouverneur, dont il a publiquement dit ne pas reconnaître les ordres. Ce qui est arrivé très souvent à notre connaissance. Nous ajoutons cette déclaration, &c., &c.

Nouvelle-Orléans, 25 avril 1760.

Signé : Devergès, chevalier de St.-Louis, ingénieur en chef, Chabrillard, capitaine d'infanterie, d'Arensbourg, capitaine commandant les Allemands, Coppin, capitaine d'infanterie, Volant, commandant des Suisses, Lessassier, capitaine de milice, Favrot, capitaine d'infanterie, de Chermont, ingénieur du roi, Raguet, procureur général du conseil, le chevalier de Lanoue, lieutenant d'infanterie, L. Milhet, officier de milice, Braquier, officier de milice et négociant, Trudeau, lieutenant aide-major, de Lalande, commissaire au conseil, P. Marquis, lieutenant des Suisses, Huchet de Kernion, commissaire au conseil, P. Caresse, officier de milice et négociant, Pradel, ancien capitaine d'infanterie, Desmazelières, capitaine d'infanterie, Duverger, Toubadon, officier d'infanterie, Delassize, négociant, Descoudreau, lieutenant d'artillerie, Pontalba, capitaine d'infanterie, le chevalier de Macarty, capitaine d'infanterie, le chevalier de Masan, chevalier de St.-Louis, ancien capitaine retiré, Raguet fils, négociant, Cantrelle, marguillier, habitant, Leblanc, officier d'infanterie, Voisin, capitaine d'infanterie, L. Ollivier, négociant, Devergès, fils aîné, officier d'infanterie, Bienvenu, aide-major de milice garde-côte, Faubenheim, officier suisse, Ducros, aide-major de milice, Rivière, négociant, Laperlière, lieutenant d'infanterie, Belair, capitaine de milice garde côte, Dreux, officier de milice, Adamville, enseigne en pied d'infanterie, Boissan, officier d'infanterie, Lavergne, capitaine d'infanterie, le chevalier de Glapion, enseigne d'infanterie, Grévemberg, habitant, de Labarre, capitaine de milice garde côte, L. Ranson, habitant, officier de milice, Chabert, capitaine d'infanterie, de la Gautray, capitaine d'infanterie, Laclède, négociant, officier de milice, Bachemin, enseigne d'infanterie, Roullin, enseigne d'infanterie, Latouche Verbin, enseigne d'infanterie, &c. &c.

Tous ces documents étaient accompagnés d'un mémoire justificatif dans lequel M. de Kerlerec passait en revue et défendait tous les actes de son administration. Mais en dépit de toutes ses démarches et de tous ses efforts, les portes de la Bastille restèrent impitoyablement fermées.

Le 20 janvier, le commissaire ordonnateur Foucault écrivait au ministre :

"M. de Ulloa, voyant combien était grand l'embarras dans lequel j'étais, pour l'acquittement des dépenses à faire dans la colonie, par le discrédit des anciens billets et celui des lettres de change causé par l'arrêt du conseil d'état du roi, du 4 mai 1766, et voulant me mettre à mon aise de ce côté là, me proposa par écrit, le 9 décembre dernier, de la Balise, où il était depuis le mois de septembre précédent, de me faire fournir des deniers du roi d'Espagne, a titre d'emprunt, les piastres qui me seraient nécessaires pour cet objet, et, comme il me marqua que toutes les dépenses depuis l'arrivée des Espagnols ici, étaient pour le compte de Sa Majesté Catholique, j'acceptai."

On voit par cette dépêche, que Ulloa faisait preuve d'une extrême libéralité, lorsqu'il offrait à titre de prêt,

**1767.** au commissaire ordonnateur, tout l'argent dont il pouvait avoir besoin pour suppléer au discrédit de l'ancien papier du gouvernement français. On voit que non seulement Foucault acceptait cette offre, mais encore ne l'acceptait que parce que le gouverneur espagnol s'engageait à prendre pour son compte toutes les dépenses de la colonie depuis son arrivée. M. Foucault admettait donc que la colonie, quoiqu'il n'y eut pas de prise de possession officielle, était devenue espagnole, et que M. Ulloa avait un titre suffisant pour en assumer tous les frais d'administration. D'après cela, on ne comprend pas comment Foucault se crût par la suite autorisé à refuser à Ulloa le droit de s'immiscer dans une administration dont il payait toutes les dépenses, et comment il put se joindre à ceux qui crûrent pouvoir légitimement chasser Ulloa d'une province reconnue espagnole par les principales autorités françaises à la Louisiane et surtout par la France elle-même. Car des ports de ce royaume il ne s'expédiait pas un seul navire français pour la Louisiane, sans un passeport espagnol. Ce fait seul était concluant et devait convaincre les colons, autant qu'une prise formelle de possession, que la colonie avait réellement cessé d'être française.

Le 30 mars, M. Foucault informait le ministre que, grâce à l'argent prêté par Ulloa, il avait fait rentrer une quantité considérable du vieux papier déprécié, émis par le gouvernement. En date du même jour, M. Aubry écrivait aussi :

"J'attends avec le plus grand empressement la troupe espagnole destinée à servir dans cette colonie. Je me flatte qu'au moment de son arrivée, la prise de possession se fera et qu'il n'y aura plus alors aucun motif pour la retarder. Depuis un an que M. le gouverneur espagnol est ici, je me suis toujours concerté avec lui, dans tout ce qui regarde l'avantage et le bien du service de

Sa Majesté Catholique ; je lui ai donné toutes les connaissances que je pouvais avoir de la Louisiane. Je l'ai accompagné dans tous ses voyages, et, quoique je pense différemment que lui sur plusieurs objets concernant le gouvernement de cette colonie, je tâche autant qu'il est possible de conformer mes idées aux siennes, et de le prévenir dans tout ce qui peut lui faire plaisir. Ma position est très embarrassante. Je suis obligé d'avoir de grands ménagements avec les Espagnols, Français, Anglais et Sauvages qui se trouvent ici, et ne peuvent guère s'accorder. Je tâche de faire régner l'union et la concorde entre tout le monde, mais c'est un grand ouvrage. Depuis le matin jusqu'au soir, j'ai affaire à toutes sortes de nations, dont les intérêts et les caractères sont très différents. Ce qui me surcharge d'occupations.

"M. de Ulloa est depuis sept mois à la Balise, occupé à établir un nouveau poste et à attendre des nouvelles. J'y ai resté quelque temps avec lui, mais comme j'ai vu que rien ne finissait, et que ma présence était nécessaire à la ville, j'y suis remonté, attendu que les habitants témoignent bien du regret de ne plus appartenir à la France. Je ne cesse de leur persuader qu'ils seront aussi heureux sous la domination espagnole que sous la domination française, et qu'ils jouiront des mêmes privilèges et avantages sous le roi d'Espagne, comme sous le roi de France. Je ne cesse aussi depuis deux ans d'inspirer les mêmes sentiments aux Sauvages, qui regrettent beaucoup leur ancien père et sont très fâchés de cette révolution.

"Le gouverneur que Sa Majesté Catholique a envoyé, est un homme rempli de mérite, de connaissances et de talents, mais contre l'usage de sa nation, il est extrêmement vif, et il me semble qu'il n'écoûte pas assez les représentations qu'on lui fait. Ce qui mécontente ceux qui ont affaire à lui. Je lui ai dit que les habitants de

1767. la Louisiane étaient comme ceux du Canada, qu'en leur parlant avec douceur, qu'en les prenant par l'honneur et les sentiments, on en ferait tout ce qu'on voudrait; mais que si on voulait les gouverner despotiquement, comme ils ont toujours été menés doucement, du temps qu'ils appartenaient à la France, il serait à craindre qu'après la prise de possession, plusieurs n'abandonnâssent leurs terres pour aller chez l'Anglais, qui leur en donnera tant qu'ils en voudront, et leur accordera toute liberté, afin d'engager d'autres à les suivre. . . . .
. . . . . . . . . . . . . . . . . .

"Dans le changement de gouvernement de cette colonie, j'aurais bien désiré que celui qu'on a envoyé pour la commander eût l'art de manier les esprits et de gagner les cœurs. Ce n'est point par la hauteur et la fierté, par les menaces et les châtiments qu'on doit conduire les hommes. Des marques de bonté et de bienveillance, quelques promesses dispersées à propos, étaient nécessaires dans une révolution pareille. C'est le seul moyen de parvenir à ses fins et de s'attacher de nouveaux sujets qui regrettent beaucoup leur ancien maître.

"Si les Espagnols n'agissent pas avec douceur et qu'ils veuillent gouverner cette colonie comme un Préside du Mexique, la plupart des habitants quitteront leurs terres pour aller chez l'Anglais, qui est vis-à-vis et qui ne négligera rien pour se les attirer; et de cette façon, la partie espagnole qui s'est beaucoup peuplée depuis quelques années, deviendra avant peu un désert.

"A mon dernier voyage à la Balise, M. de Ulloa me témoigna avoir envie de prendre possession de la colonie. Je lui répondis qu'il en était le maître, et que je la lui remettrais aussitôt qu'il le jugerait à propos. Il me proposa d'en prendre possession à la Balise même, et en conséquence, de faire amener le pavillon français et de faire hisser le pavillon espagnol ; et, comme il attendait de jour en jour des troupes, il me pria, au nom du roi son maître, de continuer le gouvernement du 1767. pays jusqu'à leur arrivée. Cette proposition m'étonna et m'embarrassa. Je lui représentai que je croyais qu'une cérémonie semblable devait se faire dans la capitale, avec toute la dignité convenable, en présence de tous les habitants, qui viendraient lui rendre leurs hommages et l'assureraient de leur fidélité inviolable pour le service de Sa Majesté Catholique. Je lui dis que les habitants et même les étrangers seraient étonnés qu'une cérémonie aussi éclatante se fît à la Balise. Après quelques difficultés que nous eûmes à ce sujet, pour lui prouver que je cherchais toujours à me concerter avec lui dans tout ce qui regarderait le service de Sa Majesté Catholique, malgré que sa demande me parût singulière, j'y consentis. En conséquence, nous dressâmes, d'un commun accord, un acte signé de lui et de moi, ci-joint, par lequel vous verrez, Monseigneur, que je lui livrais la colonie et que je m'en réservais le gouvernement jusqu'à l'arrivée de la troupe espagnole. Cet acte fut rédigé et signé le soir, et, le lendemain au matin, jour où la prise de possession devait avoir lieu, M. de Ulloa me dit qu'il avait fait ses réflexions pendant la nuit sur l'ouvrage de la veille, et qu'il pensait qu'il valait mieux différer et attendre l'arrivée des troupes ; que cependant, quoique cet arrangement n'eût pas eu lieu, il enverrait à sa cour une copie de ce qui s'était fait entre nous, et que si je le jugeais convenable, je n'avais qu'à en envoyer une également à la mienne. Comme je devais partir le surlendemain pour la ville, où ma présence était nécessaire, et qu'il attend des troupes d'instant en instant, il me pria, avant mon départ, de donner ordre au commandant de la Balise, de faire arborer, aussitôt sa demande, le pavillon espagnol, et amener le pavillon français. Ce que j'ai fait.

"Je ne néglige rien, et je fais tout ce que je peux pour me réunir et me concerter avec lui dans tout ce

1767. qui regarde le bien et l'avantage du service de Sa Majesté Catholique, et il est certainement trop juste pour ne pas se louer de tous mes procédés à son égard. Mais dans un changement tel que celui-ci, et dans la position où est la colonie, comme il est intéressant de gagner les cœurs et de faire aimer un nouveau gouvernement, il me paraît qu'il ne prend pas les mesures les plus convenables pour cela."

Quant à la prise de possession que l'on reprochait tant aux Espagnols de ne pas compléter, et, quant aux dépenses de la colonie que la France voulait faire payer, à partir de 1763, au gouvernement espagnol, le marquis de Grimaldi, alors ministre en Espagne, écrivait au comte de Fuentes, ambassadeur près de la cour de France, en date du 11 mai :

"Ulloa n'est arrivé à la Nouvelle-Orléans, que le 5 mars 1766. Il ne prit pas alors possession pour les motifs déjà expliqués. M. le duc de Praslin (1) se rappellera qu'il y eut des doutes de notre part à l'égard de l'acceptation. Mais, comme les mêmes raisons qui faisaient croire à la France la nécessité de la cession, conseillaient à l'Espagne de l'accepter, le roi la reçut, quoique l'on reconnût parfaitement que nous ne faisions l'acquisition que d'une charge annuelle de deux cent cinquante mille à trois cent mille piastres, en échange d'une utilité négative et éloignée, c'est-à-dire, celle de posséder un pays pour qu'un autre ne le possédât pas.

"D'ailleurs, rien n'a été stipulé sur le temps où l'Espagne devait en prendre possession, et l'on ne doit point s'étonner si elle ne s'est point pressée, parceque si la colonie est utile, nous avons perdu notre profit ; si elle ne l'est point, quelle raison pourrait-il y avoir pour nous faire sortir de notre train ordinaire et pour nous faire courir après un poids onéreux ? Voilà, Monsieur, pour-

---

(1) Ministre de la marine.

quoi nous sommes surpris que M. le duc de Praslin nous fasse entrevoir que nous serions même obligés de payer les dépenses faites depuis 1763, époque de la cession. Il n'y a pas plus de raison pour cela que pour nous demander toute la dépense faite par la France depuis son établissement dans ce pays-là. Cette prétention est d'autant plus singulière que, depuis la cession jusqu'à l'arrivée d'Ulloa, c'est la France qui a absolument joui des avantages du commerce de la colonie, avantages dont elle continue de jouir même actuellement, quand les dépenses que l'on y fait ne sont pas à sa charge. Pas un seul vaisseau espagnol avec des denrées n'a encore été à la Louisiane. Tous ceux qui y ont été sont des vaisseaux français. Serait-il juste que la France, ayant gardé pour son compte l'utilité du pays, exigeât de l'Espagne les dépenses de la colonie avant d'y avoir mis le pied?

"Le roi, toujours porté à ne pas causer le moindre préjudice aux intérêts du Roi Très-Chrétien, son cousin, quoiqu'il eût connu, dès le commencement, que la colonie était une charge sans profit, quoique M. de Ulloa n'en ait pas pris possession par les justes motifs de se trouver sans l'appui de la troupe française, sur laquelle on croyait pouvoir compter, et quoique tout le commerce ait été à l'avantage des Français, le roi, dis-je, a déclaré qu'il ferait payer toutes les dépenses faites depuis l'arrivée d'Ulloa."

Tel était l'état des choses lorsque Jean Milhet revint de France, où il avait été envoyé comme délégué. Sa longue absence avait contribué à nourrir les espérances de ses concitoyens, car ils pensaient qu'il ne l'aurait pas ainsi prolongée, s'il n'avait pas vu une probabilité de réussite pour sa mission. Mais lorsqu'à son retour, il leur annonça qu'il leur fallait renoncer aux chimères dont ils s'étaient bercés, l'exaspération fut portée à son comble, et les colons ne craignirent pas de manifester

1768. à Ulloa toute la haine qu'ils portaient à la domination espagnole dont ils étaient menacés.

Le 20 janvier, M. Foucault écrivait au ministre: "Quelques entretiens que j'ai eus avec M. de Ulloa, dans les premiers instants de son arrivée, m'avaient fait croire que, ne pouvant prendre possession de la colonie, à cause du peu de troupes qu'il y avait amenées et du refus que la garnison française avait fait de passer au service d'Espagne, il en aurait attendu le moment, en ne s'occupant que de la discipline de ses soldats, de l'administration des finances de Sa Majesté Catholique, et de prendre connaissance de la situation du pays et des endroits les plus propres à y fonder des établissements. Mais il a trouvé tant de facilités dans M. Aubry que, peu après, il a agi ouvertement comme s'il eût été réellement à la tête de la colonie, en sorte que M. Aubry ne représente plus depuis long-temps que le commandant de la troupe, et qu'on a tout sujet de nous regarder l'un et l'autre comme au service d'Espagne, sous les ordres de M. de Ulloa. Je me suis porté avec plaisir à lui donner les éclaircissements dont il a eu et a encore besoin, et au commissaire espagnol aussi. Néanmoins, sentant que sa lenteur à prendre possession, ne pouvait qu'être onéreuse au roi et à ses sujets, mon sentiment sur la plupart de ses mouvements a souvent différé de celui de M. Aubry, et je ne m'y suis rendu que parce qu'il est seul chargé de la colonie."

Le même jour que le commissaire ordonnateur envoyait cette dépêche, le gouverneur Aubry en rédigeait une de son côté, dans laquelle il disait:

"Je me trouve forcé d'attendre l'arrivée de la troupe espagnole, sans laquelle la prise de possession ne peut pas absolument se faire. En attendant, les affaires se dirigent autant que possible, comme si elle y était déjà.

"Ma position est des plus extraordinaires. Je commande pour le roi de France, et en même temps, je 1768. gouverne la colonie comme si elle appartenait au roi d'Espagne. Un commandant français forme des Français à la domination espagnole. Le gouverneur d'Espagne me prie instamment de rendre des ordonnances touchant la police et le commerce, qui surprennent tout le monde, attendu qu'on n'est point accoutumé à toutes ces nouveautés. C'est un instrument qu'il faut démonter entièrement pour l'accorder sur le ton espagnol. Le pavillon d'Espagne est présentement aux extrémités de la colonie. Il est à la Balise, au Missouri, à la rivière d'Iberville, et vis-à-vis les Natchez. M. de Ulloa vient d'établir ces quatre nouveaux postes, et y a dispersé les quatre vingt dix hommes qu'il a amenés avec lui. Cette opération s'est exécutée avec tranquillité, sans aucun accident, et n'a causé aucun dérangement aux nôtres qui subsistent toujours également; de sorte que dans tous ceux qui sont sur le fleuve depuis la Balise jusqu'aux Illinois, le pavillon français y est tout comme auparavant.

"Il n'est pas flatteur de gouverner une colonie qui éprouve tant de révolutions, qui ne sait depuis trois ans, si elle est espagnole ou française, et qui, jusqu'au moment de la prise de possession, se trouve, à proprement parler, sans maître. Lorsqu'elle se fera, je pourrai dire à M. de Ulloa que je lui remets une colonie espagnole, attendu les changements et les nouveautés que j'y ai introduits de concert avec lui, du temps qu'elle appartenait à la France.

"Il me paraît que M. de Ulloa est quelquefois trop pointilleux et fait souvent des difficultés sur des choses qui n'en valent pas la peine. Il nous faut quelquefois disputer sur les choses les plus justes, et sur lesquelles il n'y aurait aucun débat entre de pauvres particuliers."

Le 17 et le 18 janvier, il avait fait le froid le plus vif qu'on eût jamais éprouvé à la Louisiane. Les oran-

1768. gers eurent le même sort qu'en 1748, et périrent pour la seconde fois dans toute l'étendue de la province. En face de la Nouvelle-Orléans, le fleuve fut glacé des deux côtés jusqu'à trente et quarante pieds de ses bords.

Le calme était loin de se rétablir à la Louisiane, malgré les efforts d'Aubry. Tout n'était qu'agitation et qu'intrigues d'un bout de la province à l'autre. Des assemblées fréquentes avaient lieu à la Nouvelle-Orléans et dans les campagnes, et ne faisaient qu'échauffer davantage les esprits. Un missionnaire capucin, curé de la Côte des Allemands, prit une part très active à toutes ces menées, et fut un de ceux qui contribuèrent le plus au soulèvement de cette partie de la province. Enfin, tous les habitants du pays furent invités à envoyer des délégués à une grande assemblée qui devait se tenir à la Nouvelle-Orléans. Lafrénière y joua le principal rôle et harangua l'assemblée. Il fut vivement soutenu par Jean et Joseph Milhet, et par l'avocat Doucet. On y vota une adresse au conseil supérieur, demandant l'expulsion d'Ulloa. Cette adresse fut couverte de plus de cinq cents signatures et présentée au conseil, le 28 octobre. Elle énumérait les raisons pour lesquelles les pétitionnaires pensaient que la domination espagnole devait être fatale au pays. Elle exposait que de nombreux actes de rigueur avaient été exercés contre de paisibles citoyens par un étranger qui, quoique se présentant sous un caractère officiel, n'avait satisfait à aucune des formalités, ni à aucun des devoirs prescrits par l'acte de cession.

"On citera, était-il dit dans cette requête, un ancien capitaine qui a été détenu aux arrêts par ses ordres, et son navire dans le port, pendant l'espace de huit à dix mois, pour n'avoir pas su lire dans les décrets de la Providence que le bateau, dans lequel il avait envoyé des paquets qu'on lui avait confiés, ferait naufrage.

"Une semblable tyrannie a été exercée par le dépositaire de cette même autorité informe et illégale envers deux capitaines de la Martinique, qui n'avaient commis d'autres crimes que celui de n'avoir pas deviné que le conseil de la Louisiane avait rendu un arrêt qui interdisait l'entrée des nègres créolisés des îles du vent et sous le vent.

1768.

"Quel traitement un ancien citoyen n'a-t-il pas éprouvé, à l'occasion d'un paquet qui avait été remis au capitaine de son navire, et qui ayant été contrarié par les vents, n'a pu le remettre à la Havane !

"Comment décrira-t-on l'inhumanité avec laquelle ont été menés les Acadiens ! Ce peuple, si long-temps le jouet des évènements, s'est déterminé par un esprit patriotique d'abandonner tout ce qu'il pouvait posséder sur les terres anglaises pour venir vivre sous les heureuses lois de leur ancien maître. Ils sont arrivés à grands frais dans cette colonie. A peine sont-ils parvenus à défricher l'emplacement nécessaire à une pauvre chaumière que, sur quelques représentations qu'ils ont voulu faire à M. de Ulloa, il les a menacés de les chasser de la colonie et de les faire vendre comme des esclaves, pour payer les rations que le roi leur avait données, en enjoignant aux Allemands de leur refuser retraite. On laisse à décider si cette conduite ne tient pas de la barbarie. Mais on croit pouvoir conclure, sans rien avancer, qu'elle est diamétralement opposée à la prudence politique qui veut que l'on favorise toutes les branches de la population.

"Ceux qui se plaignent, (et quel homme assez anéanti sous le joug peut essuyer sans murmure de telles inhumanités !) oui, on ose le dire, ceux qui se plaignent sont menacés d'être emprisonnés, exilés à la Balise et envoyés aux mines.

"Si M. de Ulloa a été revêtu de quelque autorité, son prince ne lui a jamais ordonné de la rendre tyrannique, ni de l'exercer avant d'avoir fait connaître ses titres et

1768. pouvoirs. De telles vexations ne sont pas l'ouvrage des cœurs des rois. Elles s'accordent peu avec l'humanité qui fait leur caractère et qui dirige leurs actions.

"On ne finirait point si on entreprenait le détail de toutes les humiliations que les Français de la Nouvelle-Orléans ont éprouvées. Il est à désirer, pour l'honneur de la nation, que ce qui a pu en transpirer puisse être effacé par les précieux effets de la protection du conseil supérieur que l'on réclame aujourd'hui. Car, pour mettre le comble à tant de tribulations, on lui prédit, qu'avec le temps, on réduira les colons de la Louisiane à la simple nourriture de la Tortilla, tandis que l'aliment le plus sobre ne fera jamais leur peine.

"Cependant la conservation de leurs jours, leurs obligations envers leurs créanciers, leur honneur émanant du patriotisme et de leur devoir, leurs fortunes enfin se trouvant attaqués par le dit décret, les portent à offrir leurs biens et leur sang pour conserver à jamais le doux et inviolable titre de citoyen français.

"Tout cet exposé les conduit naturellement à des conclusions, auxquelles le zèle de la cour supérieure pour le bien public, sa fermeté pour le maintien des lois dont Sa Majesté Très-Chrétienne l'a établie dépositaire, les assurent qu'elle fera l'accueil le plus favorable.

"Mais avant d'entrer dans ces conclusions, les soussignés doivent rendre hommage aux bontés de M. Aubry. Les vœux du public se sont toujours accordés avec le choix du prince à lui donner le commandement en chef de la Louisiane. Ses vertus lui ont fait décerner le titre d'honnête homme et de gouverneur équitable (1). Il n'a jamais usé de ses pouvoirs que pour faire le bien, et tout ce qui a été injuste lui a toujours paru impossible. Ils ne craignent point qu'on leur reproche que la reconnaissance les ait fait exagérer en quelque

---

(1). Ce sont à peu près les mêmes expressions du certificat donné à M. de Kerlerec. (Voyez page 153.)

chose. Négliger des louanges méritées, c'est voler une dette légitime. 1768.

"Enfin les soussignés concluent en suppliant la cour:

1°. "D'obtenir que les privilèges et exemptions, dont la colonie a joui depuis la rétrocession que la Compagnie des Indes en a faite à Sa Majesté Très-Chrétienne, soient maintenus, sans qu'aucune innovation puisse en arrêter le cours et troubler la sûreté des citoyens.

2°. "Qu'il soit accordé des passeports, congés et permissions émanants de Messieurs les gouverneur et commissaire de Sa Majesté Très-Chrétienne aux capitaines de navires qui s'expédieront de cette colonie pour tel port de France et de l'Amérique que ce puisse être.

3°. "Que tout bâtiment expédié de tel port de France et de l'Amérique que ce puisse être, aura l'entrée libre du fleuve, soit qu'il vienne directement pour cette colonie, ou qu'il y aborde de relâche, ainsi que cela s'est toujours pratiqué.

4°. "Que la liberté du commerce avec toutes les nations du continent qui sont sous la domination de Sa Majesté Très-Chrétienne soit accordée à tous les citoyens, en conformité des ordres du roi à feu M. d'Abbadie, enrégistrés au greffe de cette ville, et conformément aussi à la lettre de Monseigneur le duc de Choiseul au même M. d'Abbadie, en date du 9 février 1765.

5°. "Que M. Ulloa soit déclaré infractaire et usurpateur, en plusieurs points, de l'autorité dévolue au gouvernement et au conseil, puisque toutes les lois, ordonnances et coutumes veulent que cette autorité ne soit exercée par aucun officier qu'après qu'il aura rempli toutes les formalités prescrites, et c'est à quoi M. Ulloa n'a point satisfait. Il doit donc être déclaré infractaire et usurpateur pour les raisons suivantes:

"Pour avoir fait arborer le pavillon espagnol en plusieurs endroits de la colonie, sans avoir préalablement

1768. montré et fait enrégistrer au conseil les titres et pouvoirs dout il a pu être muni, et sans que les citoyens assemblés en aient pu être informés.

Pour avoir de son chef et autorité privée, exigé que des capitaines de navires fûssent détenus, et leurs bâtiments dans le port, sans aucun fondement, et pour avoir fait mettre aux arrêts à bord d'une frégate espagnole des citoyens français.

"Pour avoir fait tenir des conseils par des officiers espagnols, dans lesquels il a été rendu des arrêts concernant les citoyens de la Louisiane.

"Les soussignés demandent qu'en vertu de tous ces griefs, et tant d'autres de notoriété publique, et aussi pour la tranquillité des citoyens qui réclament la protection du conseil, ils soient affranchis désormais de la crainte d'une autorité tyrannique et des conditions portées par le dit décret, au moyen de l'éloignement de M. de Ulloa, auquel il doit être enjoint de s'embarquer dans le premier bâtiment qui partira, pour se rendre où bon lui semblera, hors de la dépendance de cette province.

"Enfin qu'il soit ordonné à tous les officiers espagnols qui sont dans cette ville, ou répandus dans les postes dépendants de la colonie, d'en sortir pour se rendre également là où ils jugeront à propos, hors de la dépendance de la dite province, et qu'il plaise à la cour d'ordonner que l'arrêt à intervenir sera lu, publié et affiché dans tous les lieux et endroits accoutumés de cette ville, et copies collationnées envoyées dans tous les postes de la dite colonie."

On voit que cette adresse qui, dit-on, avait été rédigée par Lafrénière, ne brillait pas par le style.

Après qu'elle fut lue au conseil, sur demande du procureur général Lafrénière, elle fut renvoyée à Messieurs Huchet de Kernion et Piot de Launay, conseillers titulaires, pour être par eux examinée et communiquée à Messieurs les gens du roi.

Séance tenante, le procureur général soumit au 1768. conseil le réquisitoire suivant, qu'il avait eu soin de tenir tout prêt :

"Le premier point, le plus intéressant à examiner, est la démarche de tous les habitants et négociants réunis qui, dans leur servitude préparée et leurs malheurs démontrés, s'adressent à votre tribunal et vous demandent justice des infractions faites à l'acte solennel de cession de cette colonie.

Votre tribunal est-il compétent ? Sont-ils fondés ?

"Je vais prouver l'étendue de l'autorité royale déférée au conseil supérieur. Les parlements et les conseils supérieurs sont les dépositaires des lois à l'abri desquels les peuples vivent heureux, sont protecteurs nés, par état, des vertueux citoyens, et sont établis pour faire exécuter les ordonnances, édits et déclarations des rois, après leur enrégistrement. Telle a été la volonté de Louis le Bien Aimé, Votre Seigneur et Roi, et au nom duquel tous vos arrêts jusqu'à ce jour ont été rendus et mis à exécution. L'acte de cession, seul titre dont le commissaire de Sa Majesté Catholique puisse se prévaloir pour réclamer autorité et propriété, fut adressé à défunt M. d'Abbadie, avec ordre de le faire enrégistrer au conseil supérieur de la colonie, afin que les différents Etats de la colonie, soient informés de son contenu et puissent y avoir recours au besoin, la présente n'étant à autres fins.

"La lettre de M. Ulloa, datée de la Havane, du 10 juillet 1765, qui caractérise ses désirs de rendre à Messieurs les habitants tous les services qu'ils pourront souhaiter, vous fut adressée, avec prière de faire savoir aux dits habitants qu'en cela il ne ferait que remplir son devoir et flatter son inclination.

"La dite lettre fut, par votre arrêt de délibérés, publiée, affichée et enrégistrée, comme un garant que les habitants auraient de leur bonheur et de leur tranquillité.

"Une autre lettre du mois d'octobre dernier, écrite à M. Aubry, constate que la justice se rend toujours dans la colonie au nom du roi Louis le Bien Aimé.

"Il résulte du puissant point d'appui de l'acte solennel de cession et des actes accessoires, que Messieurs les habitants et négociants sont bien fondés à vous représenter leurs très humbles représentations, et vous, Messieurs, très autorisés à prononcer.

"Examinons maintenant avec scrupule l'acte de cession, et la lettre de M. Ulloa écrite au conseil supérieur.

"Ce même acte solennel de cession qui donne titre de propriété à Sa Majesté Catholique, statue pour les colons des privilèges anciens et connus, et la parole royale de Notre Seigneur Roi en promet et en fait espérer d'autres, dont les malheurs de la guerre l'ont privé de faire jouir ses sujets. Les privilèges anciens étant supprimés par l'autorité du commissaire de Sa Majesté Catholique, la propriété devient caduque. L'acte de cession, par pure, simple et bonne amitié, s'est fait avec les réserves qui confirment les privilèges et libertés, et qui promettent aux habitants une vie tranquille à l'abri de leurs lois canoniques et civiles. La propriété résultant d'une cession par don gratuit, ne pouvant se répéter et être obtenu, qu'en satisfaisant pendant toute la propriété aux réserves contenues dans le dit acte de cession, Notre Seigneur Roi espère et promet, en conséquence de l'amitié et affection de Sa Majesté Catholique, qu'elle voudra bien donner des ordres à son gouverneur, et à tous autres officiers employés à son service dans cette colonie, pour l'avantage et la tranquillité des habitants de cette même colonie, et qu'ils soient jugés et leurs biens régis suivant les lois, formes et usages de la colonie.

"Les titres de M. Ulloa peuvent-ils faire prévaloir des

ordonnances et des ordres infractaires au respect dû à 1768. l'acte de cession ? Les privilèges anciens, la tranquillité des citoyens étant rendus tous sacrés par une promesse royale, par un enrégistrement ordonné au conseil supérieur, par une publication notoire et prescrite, et le recours à l'acte de cession par les différents Etats de la colonie, étant l'unique fin de la lettre de Notre Seigneur et Roi, rien de mieux fondé et de plus légal que le droit de représentations acquis par autorité royale aux habitants et citoyens de la colonie.

"Passons à l'examen de la lettre de M. Ulloa, écrite au conseil supérieur de la Nouvelle-Orléans, en date du 10 juillet 1765. Je rapporterai mot à mot l'article concernant le conseil supérieur et Messieurs les habitants.

"*Je me flatte d'avance, dit Ulloa, qu'elle (la cession) pourra me fournir des occasions favorables, de vous rendre tous les services que vous et Messieurs les habitants pourront souhaiter. De quoi, je vous prie de les assurer de ma part, et qu'en cela, je ne ferai que remplir mes devoirs et flatter mon inclination.*

"M. Ulloa a prouvé par là les ordres qu'il avait reçus de Sa Majesté Catholique, conformément à l'acte solennel de cession, et il annonçait un sentiment indispensable à tout gouverneur qui veut bien servir son roi dans ses colonies. Sans habitants, point de commerce, sans commerce peu d'habitants. Le rapport des deux industries à la masse de l'état étaye les trônes. La liberté et la concurrence sont mères nourrices des deux Etats. (1) L'exclusion en est le tyran et la marâtre. Sans liberté plus de vertus. Du despotisme naît la pusillanimité et l'abîme des vices.

"Où est la liberté des négociants et des habitants ? Les marques de protection et de bienveillance sont con-

---

(1) Sans doute, le commerce et l'agriculture.

1768. verties en despotisme. Une seule autorité vient tout anéantir. Tous les Etats sans distinction ne doivent plus, sans courir risque d'être taxés de crime, que trembler et être asservis à ramper ! Le conseil supérieur, boulevard de la tranquillité des citoyens vertueux, ne s'est soutenu que par la probité, le désintéressement des magistrats et la confiance réunis des citoyens entr'eux. Sans prise de possession, sans l'enrégistrement indispensable au conseil supérieur des titres et patentes suivant les lois, formes et usages de la colonie, et sans la présentation de l'acte de cession, M. de Ulloa a fait juger par un président, trois conseillers et un greffier, nommés d'office, des faits de la compétence du conseil supérieur et concernant des citoyens français.

"Vingt fois les mécontentements et désagréments semblaient vous forcer à vous démettre de vos places, mais vous avez toujours regardé annexé à votre état de conseillers du Roi Très-Chrétien, d'adoucir et de calmer les murmures des citoyens vexés. L'amour de la patrie, et la justice dûe à tout citoyen qui la réclame ont nourri votre zèle. Elle s'est rendue avec la même exactitude. Vous n'avez jamais voulu faire vos représentations aux infractions faites à l'acte de cession, vous avez toujours craint d'autoriser la levée en masse d'une colonie mécontente et menacée des plus grands malheurs, vous avez préféré la tranquillité publique. Mais la masse des habitants et négociants vous demande justice.

"Passons à l'examen exact et scrupuleux des griefs, plaintes et imputations contenus dans les représentations des habitants et négociants.

Quel triste et notoire tableau vous exposent les dites représentations ! Les fléaux de la dernière guerre, une suspension jusqu'a ce jour du paiement de sept millions de papier du roi mis sur la place pour les besoins du service, et reçus avec confiance par les négociants et habitants, avaient reculé l'aisance et les facilités de la circulation, mais l'activité et l'industrie du cultivateur et négociant français avaient presque surmonté ces échecs. Les coins les plus reculés des populations sauvages avaient été découverts, le commerce des pelleteries était poussé à son plus haut point, la nouvelle culture du coton jointe aux indigos et tabacs assuraient des chargements aux armateurs. Le commissaire de Sa Majesté Catholique avait annoncé et promis dix ans de liberté de commerce. Ce temps suffisait pour tout citoyen français, attaché à Son Seigneur Roi. Les tabacs de cette colonie, prohibés en Espagne, où ceux de la Havane sont les seuls permis, les bois, (branche considérable du revenu des habitants) inutiles à l'Espagne qui est fournie dans cet objet par ses possessions, et enfin l'indigo, inférieur à celui de Guatimala qui en fournit plus qu'il n'en faut aux manufactures d'Espagne, rendaient ruineux les retours des denrées des habitants en Espagne et livraient les dits habitants à la plus grande misère. Le commissaire de Sa Majesté Catholique avait constaté publiquement l'impossibilité du commerce de ce pays avec l'Espagne. Toute protection, faveur, encouragement étaient formellement promis à l'habitant. Le titre de protecteur fut donné à M. Ulloa. La bonne foi et la confiance nourrissaient l'espérance et l'activité nécessaire au cultivateur.

1768.

Mais par quelle fatalité minante et imperceptible a-t-on vu une maison de 20,000 livres vendue 6,000 livres, et les habitations tout-à-coup perdre sur leur valeur intrinsèque la moitié et les deux tiers? Les fortunes s'écroulent et le numéraire est plus bas que jamais. La confiance est perdue, et le découragement est général, tout retentit du cri lugubre de la misère, le premier titre de citoyen français se voit éclipser, et le fatal décret concernant le commerce de la Louisiane porte le dernier coup de massue à l'anéantissement total de la colonie. Le pavillon espagnol est arboré à la Balise, aux Illinois et aux autres lieux ; aucun titre, aucune patente n'ont été présentés au conseil supérieur, le temps fuit, les délais fixés pour la liberté de l'émigration se trouveront expirés, la force tyrannisera, il nous faudra vivre asservis, chargés de chaînes, ou abandonner précipitamment des établissements transportés du grand père au petit fils. Tous les habitants et négociants vous demandent leur Seigneur Roi, Louis le Bien Aimé. Leurs fortunes et leur sang sont offerts pour vivre et mourir Français.

"Passons au résumé des points de charge, griefs et imputations.

"M. Ulloa a fait juger, par des conseillers par lui nommés d'office, des faits de la compétence du conseil supérieur, concernant les citoyens français. Les sentences ont été signifiées et mises à exécution contre les sieurs Cadis et Leblanc. M. Ulloa a soutenu les nègres mécontents de leurs maîtres. M. le commissaire de Sa Majesté Catholique n'a présenté au conseil supérieur aucun de ses titres, pouvoirs et provisions ; n'a point exhibé sa copie de l'acte de cession pour en demander acte ; a, sans les dites formalités indispensables, arboré le pavillon espagnol à la Balise, aux Illinois et autres lieux ; a, sans autorité légale, puni, châtié et vexé les citoyens français ; en a même envoyé aux arrêts dans la frégate de Sa Majesté Catholique ; a usurpé, de sa seule autorité, le quart des communes des habitants de la ville, se l'est approprié, et l'a fait entourer pour y faire paître ses chevaux.

"Le tout mûrement examiné, je requiers pour le roi :

"Que les sentences rendues par les conseillers nommés d'office et mises à exécution contre les sieurs Cadis et Leblanc, citoyens français, soient déclarés attentatoires à l'autorité de Notre Seigneur Roi, et destructives du respect dû à la justice souveraine séante en son conseil supérieur, en ce qu'elles violent les lois, 1768. formes et usages de la colonie, confirmés et garantis par l'acte solennel de cession.

"Que M. Ulloa soit déclaré infractaire à nos lois, formes et usages, et aux ordres de Sa Majesté Catholique en vertu de l'acte de cession, ainsi qu'il est certifié par sa lettre datée de la Havane du 10 juillet 1765.

"Qu'il soit déclaré usurpateur d'une autorité illégale en faisant châtier et vexer des citoyens français, sans avoir au préalable, satisfait aux lois, formes et usages de faire enrégistrer au conseil supérieur ses pouvoirs, titres et provisions et la copie de l'acte de cession pour en demander acte.

Qu'il soit enjoint à M. Ulloa, commissaire de Sa Majesté Catholique, de sortir de la colonie dans la frégate sur laquelle il est venu, sous le plus court délai, pour éviter des accidents ou de nouvelles rumeurs, et d'aller rendre compte de sa conduite à Sa Majesté Catholique ; et quant aux différents postes établis par le dit sieur Ulloa, qu'il soit dit qu'il laissera les ordres par écrit, qu'il jugera convenables ; qu'il soit déclaré responsable de tous les évènements qu'il aurait pu prévoir ; que Messieurs Aubry et Foucault soient priés et même sommés, au nom de Notre Seigneur Roi, de continuer à commander et régir la colonie comme ils faisaient ci-devant.

"Que tout bâtiment sortant de cette colonie ne pourra être expédié que sous des passeports signés de M. Foucault, faisant fonction d'ordonnateur.

"Que la prise de possession ne pourra être proposée ni tentée par aucuns moyens, sans de nouveaux ordres de Sa Majesté Très-Chrétienne.

"Que Messieurs Loyola, Gayarré et Navarro soient déclarés être garants de leur signature dans les bons qu'ils ont mis sur place, s'ils ne font apparoir les ordres de Sa Majesté Catholique, qui les aient autorisés à mettre les

1768. dits bons et papiers sur la place ; qu'il leur soit accordé les délais nécessaires pour donner l'ordre qu'ils jugeront convenable à leur comptabilité.

"Que les habitants et négociants soient autorisés à choisir des députés pour aller porter leurs suppliques au Seigneur Roi.

"Qu'il soit fixé et arrêté que le conseil supérieur adressera des représentations à Notre Seigneur Roi ; que l'arrêt à intervenir soit lu, publié, affiché et enrégistré.

"Que copies collationnées en soient envoyées à M. le duc de Praslin avec une lettre du conseil supérieur, et aussi dans tous les postes de la colonie, pour y être publiées, affichées et enrégistrées."

On voit que le réquisitoire du procureur général, qui passait cependant pour un homme à talents, ne valait pas mieux en fait de style que l'adresse des habitants.

Dans une séance du lendemain, le conseil déclara que, ouï le rapport de Messieurs Huchet de Kernion et Piot de Launay, conseillers titulaires, commissaires en cette partie, le tout mûrement examiné et la matière mise en délibération, le procureur général ouï et retiré, il adoptait toutes les conclusions du dit procureur général, et l'arrêt fut rendu conformément à ces conclusions, le 29 octobre.

On observera que Lafrénière assumait dans son réquisitoire, comme un fait notoire, ce qui était contraire à la vérité : c'est que de certaines obligations avaient été imposées au roi d'Espagne, et étaient inhérentes au traité de cession. Au contraire, ce traité était absolu et sans condition aucune. La chose était tellement évidente que Foucault qui, par-dessous main, fomentait toutes ces agitations, n'osa pas nier ce qui était si clair, et opina ainsi que suit dans le conseil :

"L'intention du roi, notre maître, étant que la colonie de la Louisiane appartienne en pleine propriété à Sa

Majesté Catholique, en vertu de la cession qui lui a été 1768. faite, mon avis est qu'on ne peut renvoyer de cette colonie aucun des officiers espagnols qui y sont venus par ordre de la cour ; qu'attendu les sujets de mécontentement énoncés aux représentations des citoyens de la même colonie et le défaut par M. Ulloa d'avoir observé les formalités usitées, et pris formellement possession, mon dit sieur Ulloa soit tenu de ne s'immiscer en rien, à l'égard des français, tant colons qu'autres qui pourraient y venir, de ce qui pourra concerner la place de gouverneur; et que ce qui a rapport à la navigation des Français et étrangers soit pratiqué comme avant son arrivée ; que cependant tous les officiers d'administration de Sa Majesté Catholique continuent leurs fonctions respectives pour l'approvisionnement de la capitale et des postes, pour le paiement des appointements et solde de la troupe française qui continuera son service, et des travaux qui seront jugés nécessaires ; le tout, jusqu'à la décision des cours de France et d'Espagne, sauf aux représentants à faire auprès de Sa Majesté Catholique, la démarche la plus respectueuse et la plus licite pour l'obtention des privilèges qu'ils réclament. Délibéré en la chambre du conseil, le 29 octobre 1768.

(Signé) FOUCAULT.

Il y avait une étrange incohérence dans l'opinion émise par Foucault. Reconnaître à Ulloa le droit de payer les fonctionnaires publics et les troupes françaises à la Louisiane, enfin, lui permettre d'assumer toutes les dépenses de la colonie, c'était admettre, de fait, qu'il en était le gouverneur. Les fonctionnaires publics, du moment qu'ils étaient payés par l'Espagne, cessaient d'être Français et devenaient Espagnols. Les troupes françaises, du moment qu'elles recevaient leur solde du trésor espagnol, étaient virtuellement passées au service d'Espagne et devaient obéissance au gouver-

1768. neur envoyé par elle. Ainsi, Aubry, ayant consenti à ce que Ulloa fît toutes les dépenses de la colonie, avait raison d'exécuter toutes ses volontés et d'agir en quelque sorte comme son lieutenant. Il n'était pas raisonnable d'alléguer le défaut de prise de possession, lorsque toute la colonie était approvisionnée par le trésor espagnol, du consentement des habitants et même à leur invitation. L'autorité d'Ulloa ne pouvait être admise partiellement, il fallait la rejeter ou la reconnaître dans son entier.

## CHAPITRE XXIV.

SIGNIFICATION À ULLOA DE L'ARRÊT D'EXPULSION LANCÉ CONTRE LUI PAR LE CONSEIL SUPÉRIEUR.—PROTÊT D'AUBRY.—DÉPART D'ULLOA.—REPRÉSENTATIONS DU CONSEIL SUPÉRIEUR AU ROI DE FRANCE.—MÉMOIRE JUSTIFICATIF DES COLONS.—ILS ENVOIENT DES DÉPUTÉS EN FRANCE.

AUBRY, aussitôt qu'il eut connaissance de l'arrêt adopté pour l'expulsion d'Ulloa, protesta immédiatement et en termes énergiques contre l'exécution de cette mesure : 1768.

"Je proteste, disait-il, contre l'arrêt du conseil qui renvoie Don Antonio de Ulloa de cette colonie. Leurs Majestés Très-Chrétienne et Catholique seront offensées du traitement que l'on fait éprouver à une personne de son caractère, et, malgré le peu de forces que j'ai sous mes ordres, je m'opposerais de tout mon pouvoir à son départ, si je ne craignais que sa vie ne fût exposée, aussi bien que celle de tous les Espagnols qui se trouvent ici. Délibéré à la chambre du conseil, ce 29 octobre 1768.

(Signé)          AUBRY.

On voit que le gouverneur français n'hésite pas à déclarer la seule cause pour laquelle il ne s'opposait pas, par la force, à l'exécution de l'arrêt du conseil, qu'il trouvait par conséquent illégal.

1768. Peu de jours après que l'arrêt d'expulsion fut prononcé contre Ulloa, les habitants et négociants de la Louisiane qui avaient provoqué cette expulsion, publièrent un mémoire justificatif sur cet évènement. Il était ainsi conçu:

*Mémoire des Habitants et Négociants de la Louisiane sur l'évènement du 29 octobre 1768.*

"Témoins oculaires des calamités qui nous affligeaient, les Magistrats du conseil supérieur de la Louisiane, n'ont pu se refuser plus long-temps aux cris plaintifs d'un peuple opprimé. L'arrêt du 29 octobre, qui a suivi nos très humbles représentations, est une preuve locale de l'imminence des dangers qui nous environnaient et de la pesanteur du joug qui commençait à nous accabler. Animés par la conjoncture actuelle à croire que les grands maux demandaient des remèdes prompts et efficaces, nos magistrats n'ont pas balancé un moment, sur la démarche nécessaire de renvoyer le soi-disant gouverneur de Sa Majesté Catholique, pour lui rendre compte de sa conduite. Mais leurs soins diligents ne se sont pas bornés à calmer les inquiétudes d'un peuple gémissant. Ils l'ont encore autorisé à porter sa supplique et ses vœux aux pieds du trône, bien persuadés que le regard compatissant de leur souverain naturel se détournerait sur des sujets aussi dévoués, et que leur amour respectueux pour leur monarque ne serait pas rejeté par Sa Majesté bienfaisante, l'image en terre pour ses peuples de l'être conservateur. Zélés Français, dont les biens et les familles sont établis dans ce continent, vous dont les cœurs épurés n'ont pas besoin que l'œil du souverain les anime, vous dont le zèle pour votre incomparable monarque n'a rien souffert du passage et de la distance des mers, de la fréquentation de l'étranger, de l'activité agissante d'une nation rivale et voisine, calmez vos inquiétudes sur la cession de

cette province. Notre grand roi, dans sa lettre qui nous 1768.
l'annonce, semblait pressentir nos alarmes. Il se rendait médiateur de notre cause avec Sa Majesté Catholique, nous faisait espérer de sa part les mêmes marques de bienvaillance et de protection que celles goûtées sous sa chère domination. Ces sentiments augustes doivent enhardir notre amour. Que les cris d'allégrese, que les *vive le roi* tant répétés autour de notre pavillon, le jour de la révolution, et pendant les deux qui l'ont suivie, se renouvellent sans inquiétude! Que notre faible organe apprenne à l'univers et à la postérité même que cette domination chérie sous laquelle nous voulons vivre et mourir, à laquelle nous offrons les débris de nos fortunes, notre sang, nos enfants, et nos familles est la domination de *Louis le Bien Aimé*.

"La colonie de la Louisiane fut cédée à Sa Majesté Catholique par un acte particulier passé à Fontainebleau, le 3 novembre 1762, et accepté par un autre acte passé à l'Escurial, le treizième jour suivant. Le roi, par sa lettre écrite de Versailles, le 21 avril 1764, à M. d'Abbadie, alors directeur général et commandant pour Sa Majesté à la Louisiane, en lui annonçant cette cession, témoigne qu'il *espère en même temps, pour l'avantage et la tranquillité des habitants de cette colonie, et qu'il se promet, en conséquence de l'amitié et affection de Sa Majesté Catholique*, qu'elle voudra bien donner des ordres à son gouverneur et à tous autres officiers employés à son service dans la dite colonie, pour que les ecclésiastiques et les maisons religieuses *qui desservent les cures et missions y continuent leurs fonctions . . . . que les juges ordinaires continuent, ainsi que le conseil supérieur, à rendre la justice suivant les lois, formes et usages de la colonie; que les habitants y soient gardés et maintenus en leurs possessions . . espérant au surplus que Sa Majesté Catholique voudra bien donner à ses nouveaux sujets de la Louisiane les mêmes*

1768. *marques de bienveillance et de protection éprouvées sous la domination précédente et dont les seuls malheurs de la guerre les avaient empêchés de ressentir de plus grands effets ; qu'il lui ordonne en outre de faire enrégistrer la présente lettre au conseil supérieur de la Nouvelle-Orléans, afin que les différents états de la colonie soient informés de son contenu, et qu'ils puissent y avoir recours au besoin, la présente n'étant à autres fins.* Heureuse et consolante expectative, que faisaient naître dans nos cœurs les promesses du plus auguste et du plus respectable des monarques, par quelle fatalité vous êtes-vous évanouie !

"M. Ulloa arriva à la Balise, le 28 février 1766, dans une frégate de vingt canons, ayant environ quatre-vingts hommes de troupes, trois capucins espagnols et des gens de l'administration. Il débarqua, le 5 mars, à la ville, et accompagné des magistrats mêmes du conseil qui, malgré la pluie et l'orage, s'étaient transportés à son canot. Il passa entre deux haies bordées par la troupe réglée et la milice bourgeoise, au bruit du canon et des acclamations publiques ! Il répondit d'abord à des témoignages si éclatants par les promesses les plus brillantes. Mais les suites n'en justifièrent point la solidité. Sans entrer dans les détails minutieux et ridicules de la vie privée, retraçons ses démarches relatives à la cause publique. S'il s'est proposé pour but principal de détruire, par les prémices de son administration clandestine, les espérances dont nous nous flattions, il a parfaitement bien réussi.

"Pour rendre plus sensible le premier motif de nos plaintes, il convient d'observer que la traite qui se fait dans les nations sauvages est une des principales branches du commerce, dont l'intérêt est tellement uni ici avec celui du cultivateur, que l'un est le ressort de l'autre. Cette traite est un débouché fort avantageux pour les productions de plusieurs manufactures et qui

s'étendra par l'encouragement. C'est une mine abon- 1768.
dante dont l'ouverture présente des richesses ; qui même
promet des trésors plus estimables que les veines métal-
liques du Potose, et d'autant plus considérables que l'activité du traiteur les creusera plus avant. De cette
source inépuisable découle l'avantage du public et des
particuliers. Le négociant y trouve un débit lucratif
de ses marchandises ; l'homme de travail, employé dans
ces voyages et à cette traite, y rencontre les moyens de
subsister et d'amasser un pécule. L'affection des naturels s'entretient par la fréquentation des Français,
ardents à leur procurer les effets que la connaissance
leur a rendus nécessaires. La sûreté publique enfin, que
cette traite avec les nations barbares qui nous environnent, a fait naître, est conservée par elle. Mais, ce n'est
pas le seul bien qui en résulte pour la colonie en général. C'est que les navires d'Europe et des îles, attirés
par l'espérance d'un retour avantageux, nous apportent
les provisions dont nous avons besoin, et trouvant dans
nos magasins des pelleteries sur lesquelles ils espèrent
bénéficier, ces approvisionnements nous sont distribués
à un prix honnête, qui devient excessif lorsqu'il leur
faut s'en retourner sur leur lest. Ces vérités, ces solides avantages ont été envisagés par nos respectables
ministres, toutes les fois que leurs ordres précis ont en-
couragé les traiteurs en recommandant la liberté de ce
commerce. La vérité en a bien été reconnue et expressément déclarée par Monseigneur le duc de Choiseul dans sa lettre à M. d'Abbadie, en date du 9 février
1765. Tout le Nord du Mississippi et tout le Nord-
Ouest du Missouri étaient alors offerts à notre activité.
Des nations innombrables et riches en rares pelleteries,
qui habitent ces contrées inconnues, seraient conquises
en peu de temps à nos seules manufactures. Les découvertes à faire dans ces beaux pays seraient réser-
vées à nos efforts, et nos yeux perceraient pour la pre-

1768. mière fois, au profit de l'univers, cette partie de son globe qu'il lui reste à connaître. Quel encouragement pour nous que les intentions de ce sage ministre ! Nous le voyons, avec des transports de reconnaissance, non-seulement se prêter au rétablissement de nos fortunes renversées par les malheurs de la guerre, et à l'agrandissement de nos ressources presque anéanties par les conditions mêmes de la paix, mais encore étendre ses vues à des découvertes géographiques, et nous tracer dans le même tableau la route de la fortune et de la gloire ; projet éclatant que M. Ulloa a dérangé et qu'il eût renversé sans doute ! Ne cherchons pas à pénétrer ses motifs et bornons nous à retracer la persévérance de ses tentatives sur la liberté de la traite. Elles se sont manifestées d'abord sur les lieux mêmes par une prohibition générale. Les habitants et négociants des Illinois se sont récriés. Ils ont fait envisager, dans leurs représentations à M. St.-Ange, commandant français au dit lieu, la certitude de leur ruine et le danger inévitable d'être pillés et peut-être égorgés par les sauvages qui, n'entrant pas dans les considérations politiques, veulent être fournis de nos marchandises et traiter constamment de leurs pelleteries. Malgré la répugnance du sieur Rici, capitaine espagnol envoyé par M. Ulloa aux Illinois en qualité de commandant, les traiteurs sont encore allés cette année dans les villages, avec cette différence, qu'ils ont été réduits à un certain nombre ; mais c'étaient les derniers efforts de leurs privilèges expirants, et M. Ulloa, environ dans le même temps, accordait à cinq ou six particuliers une traite exclusive dans ces pays, recommandés par nos ministres à l'émulation générale.

"L'exploitation des bois est un autre objet qui occupe ici le commerçant, que nous venons d'unir si étroitement d'intérêt avec le cultivateur. Dans les représentations faites au conseil supérieur de cette province, il a été exposé que cet article pour le pays était d'un débit excédant cinq cent mille livres chaque année, et 1768. cette vérité n'a éprouvé aucune contradiction. Cette exploitation, que la nature du pays présente à chacun avec un bénéfice proportionné aux forces qu'il peut y employer, mais toujours certain dans ce dégré de proportion, est le premier effort de l'habitant qui commence, et l'objet de l'application de celui qui s'est fortifié. Otez dans la Louisiane la liberté de la traite ; fermez les débouchés au débit de ses bois, et dès cet instant vous réduisez le commerçant et le colon au désœuvrement et à la disette. L'ordonnance publiée, le 6 septembre 1766, n'était que comminatoire de ce malheur. Sa Majesté Catholique, nous disait-on, informée par M. Ulloa de tout ce qui concernait en ce pays l'approvisionnement et l'exploitation, voulait encore favoriser les habitants au point de permettre l'exploitation de leurs bois sur les bâtiments venant de St. Domingue et de la Martinique, jusqu'à ce qu'on eût trouvé en Espagne le moyen de faire ce commerce. Mais quelle vraisemblance que le commerce de nos bois fût jamais adopté en Espagne! C'était enfoncer par dégrés le poignard, et le grand coup a été porté par le décret. Dans le premier article, il est dit que les chargements se feront seulement dans les ports de Séville et d'Alicante, Carthagène, Malaga, Barcelone, la Corogne, &c. Dans le huitième, que les retours se feront dans les mêmes ports. Dans l'article troisième, les bâtiments qui s'expédient pour la Louisiane seront de construction espagnole, et les capitaines et équipages seront espagnols ou naturalisés. Enfin, dans les articles 4ème et 9ème, les relâches volontaires dans aucun port de l'Amérique, même de la domination espagnole, sont prohibées, et les relâches forcées sont soumises à des vérifications et à des impositions onéreuses. Nous restait-il donc, pour le commerce de nos bois dans les colonies françaises de St. Domingue et de la Martinique, seuls

1768. endroits où ils aient quelque valeur, nous restait-il, dis-je, la lueur de la plus faible espérance? Censeurs imprudents, dont les réflexions peu solides pourraient s'étendre sur notre conduite dans la présente révolution, tâchez, j'y consens, par vos combinaisons problématiques, de recomposer l'harmonie interrompue, en l'accordant avec le décret. Mais songez d'abord à nous enseigner les moyens de subsister.

"D'ailleurs, quelle apparence de ressource pourrait suspendre à moins nos justes inquiétudes? Le produit de nos terres et notre commerce consistent en bois, indigo, pelleteries, tabac, coton, sucre, bray et goudron. Les pelleteries ont d'autant moins de valeur en Espagne qu'elles y sont employées à très peu d'usage et que l'apprêt même de celles qui s'y emploient se fait à l'étranger. La Havane et le Pérou lui fournissent des sucres et des bois bien préférables aux nôtres; Guatimala, un indigo supérieur et en plus grande quantité que ses fabriques n'en consomment; le Pérou, la Havane et Campêche, du coton; l'île de Pin, des brays et goudron; la Havane et la partie espagnole de St. Domingue, du tabac. Les denrées de notre crû, inférieures à celles que ses vastes possessions produisent, inutiles d'ailleurs, et surabondantes dans ses ports, y sont rebutées, ou réduites à très peu de valeur. Quel faible produit devons-nous donc attendre de l'exportation qui en sera faite dans les ports où le décret nous adresse! D'un autre côté, le peu de manufactures établies en Espagne, joint au peu de secours que les villes maritimes y ressentent de l'agriculture interne, forcent les sujets de Sa Majesté Catholique qui y sont établis, de recourir à l'étranger pour leurs provisions de toute espèce. Marseille fournit des blés dans ces ports qui ne pourraient s'approvisionner des productions du pays même, sans les frais excessifs d'une exportation pénible à travers d'un pays montagneux. La nation entière est tributaire d'ailleurs de tous les pays manufacturiers de l'Europe, et la faveur la plus insigne que lui ait faite la providence, est de la rendre maîtresse du Pérou et du Mexique, pour acheter ses premiers besoins. Riches par notre seule industrie, pouvons nous espérer que l'Espagne nous fournira les nôtres suffisamment, et à bon compte, lorsqu'elle est obligée elle-même de se procurer les siens à prix d'argent et à grands frais ? Malgré l'exemption momentanée peut-être que nous annonce le décret, de tous les droits à percevoir sur les effets qui seront chargés pour la Louisiane, ces tristes vérités connues de l'univers entier, jointes au discrédit certain de nos denrées dans les ports d'Espagne, nous ont fait craindre à juste titre que nos récoltes, quoiqu'abondantes, loin de récompenser comme ci-devant notre application et notre industrie, en nous donnant souvent le superflu, cessent de nous produire même le pur et simple nécessaire.

"D'après ces observations, quoique superficielles encore aux certitudes dont elles sont déduites, peut-on douter un instant que cette colonie, quant à ses productions, ne soit inutile à l'Espagne, et que les vues politiques dans le traité de cession n'aient été restreintes au seul but d'en faire un boulevard du Mexique. Mais la misère des colons ajoute-t-elle de nouvelles forces à ce boulevard ? Et par quelle manie saper nos fortunes renaissantes, en détruisant la liberté de notre commerce, lorsque ces mêmes vues politiques ne semblent pas exiger ce sacrifice ? Tout nous donne lieu de penser que Sa Majesté Catholique désirait de s'instruire d'abord, par les rapports de son envoyé, des causes productives et des moyens conservateurs de notre bien être. Les assurances de notre roi nous assuraient de la bienveillance du nouveau souverain, et des douceurs de la domination future. Les officiers de Sa Majesté Catholique nous annonçaient, à leur arrivée, la continuation de notre com-

1768. merce au moins pendant dix années ; la source de nos besoins connue en Espagne, sans que nous l'eûssions indiquée nous mêmes, restait encore ouverte à notre activité ; mais avons nous pu douter, à la vue du décret que M. Ulloa, chargé de ce rapport, comme l'ordonnance publiée ici, le 6 septembre 1766, nous le déclare, ne soit l'auteur de ces calamités imminentes, et qu'ayant projeté nos ruines, ses relations peu véridiques n'aient détourné les effets de cette même bienveillance que son maître voulait sans doute nous faire ressentir.

L'on objecterait en vain que le dernier article du décret permet d'extraire des ports d'Espagne les fruits et effets apportés de la Louisiane, pour les aller vendre chez l'étranger, s'ils n'ont pas de débit en Espagne même, et qu'il ne sera payé aucun droit d'extraction. Que trouve-t-on d'avantageux dans tout ce qui nous est présenté ici comme un véritable avantage ? Ne comptons pas les articles du décret, mais prenons en l'esprit, et ne lisons aucun de ces articles sans suivre l'enchaînement qui les joint si intimement les uns aux autres. Il nous sera permis à la vérité d'aller débiter chez l'étranger nos denrées et nos effets qui ne pourront pas se vendre en Espagne, mais à quelles conditions ? Nos commerçants naturalisés d'Espagne, suivant l'article 3 du décret, seront tenus d'aller dans les ports de Séville, Malaga, et de payer le 4 pour cent, suivant l'article 12. Forcés par le rebut de leurs denrées de quitter ces ports et d'aller faire leur vente chez les nations voisines, il faudra qu'ils reviennent sur leur lest dans les ports d'Espagne, suivant l'article 1er, pour prendre leur chargement de fruits et effets déjà introduits en Espagne, et qui auront payé les droits d'entrée suivant l'article 7. Cette marche dispendieuse détruit-elle nos réflexions affligeantes sur la vue de la disette générale qui nous menaçait ? Joignons à cela les frais de navires, estimés par nos chambres de commerce, à 3,000 livres, chaque

mois, pour un bâtiment de 300 tonneaux ; ceux de dé- 1768.
chargement dans les ports d'Espagne et rechargement
pour les pays étrangers ; le doublement des commissions et des assurances, les frais de magasinage, l'augmentation des avaries, les droits domaniaux dont les
voisins ne feront pas grâce sur des denrées venant d'Espagne ; et nous verrons le décret, comme un alambic
dévorant raréfier nos récoltes jusque dans la cinquième
essence.

"Les promesses de notre roi, retracées dans sa lettre
du 21 avril 1764, nous faisaient espérer que nous aurions
toujours les mêmes lois à suivre et les mêmes juges à
écouter. Mais quelle atteinte donnée à cet article par
M. Ulloa dans le début même de son administration !
Il n'a pas encore pris possession ; ses titres n'ont été ni
vérifiés ni enregistrés, ni même présentés ; aucun lien
ne nous attache encore à son autorité ; rien autre
chose qu'une déférence respectueuse pour le caractère
dont on le croit revêtu, lui promet notre obéissance ;
et des punitions sévères, des châtiments inconnus sous
la domination française encore subsistante, sont infligés
déjà par son ordre aux fautes les plus légères, en supposant même qu'elles soient réellement des fautes. Or,
il ne faut pas s'imaginer que ces faux principes d'administration et les tristes nouveautés d'une domination inconnue aient été les seuls motifs de nos craintes
et de l'alarme répandue dans nos familles. La loi
d'Espagne peut avoir ses agréments et ses avantages
que nous ne connaissons pas ; mais l'antipathie pour
l'humanité et la disposition naturelle à faire du mal,
reconnue et avérée dans la personne chargée de nous
présenter cette loi, nous en a fait sentir les conséquences
les plus dures, en ne paraissant agir que par ces mêmes
conséquences. La politique espagnole rétrécit les postes, le plus qu'il est possible, pour en fermer à son gré
l'entrée aux étrangers et l'interdire absolument à l'in-

1768. terlope. En conséquence de cette loi, l'envoyé de Sa Majesté Catholique a fermé toutes les passes du Mississippi, à l'exception d'une seule ; mais celle qu'il a choisie est la moins profonde, la plus difficile et la plus périlleuse. Une loi presque universelle défend les établissements dans une certaine distance des citadelles et fortifications des villes frontières. M. Ulloa en a conclu que des établissements formés dans les temps primordiaux de la colonie naissante, par concession de notre prince, et sous les yeux de ses gouverneurs, ne devaient plus subsister, à cause de la proximité d'un entourage en pieux dont depuis quelques années on a fermé la ville. La condamnation aux mines est définie par la loi d'Espagne contre les malfaiteurs et les hommes dangereux. M. de Ulloa n'a pas craint de la prononcer contre des citoyens considérés, dont le délit n'était autre que d'avoir été les interprètes de leurs compatriotes et les porteurs de représentations respectueuses, expositives de nos besoins et tendantes uniquement à l'encouragement de notre agriculture, à l'accroissement de notre commerce, à l'importation de nos besoins et au bien général du pays. Les paquets qui sont remis par des personnes constituées en dignité méritent d'autant plus de diligence et d'exactitude qu'ils peuvent intéresser la cause commune. Mais ceux qui s'en chargent n'ont jamais répondu des forces majeures, de la contrariété des vents, des risques et périls de la mer. Quelles duretés, quels traitements, quelles vexations exercés par M. Ulloa consécutivement contre les sieurs Gagnard et Gachon, parce que leurs navires n'avaient pu remettre ses paquets à la Havane, pour avoir été contrariés par le temps. Un arrêt du conseil supérieur de cette province avait défendu par de justes et sages motifs l'introduction des nègres créolisés ou domiciliés de St.-Domingue et autres îles, mais le tout se réduisait à visiter les navires négriers à leur arrivée et à renvoyer au plus vite ceux qui étaient dans le cas de la prohibition. M. 1768. Ulloa y a joint le séquestre des biens, l'emprisonnement des personnes, et sans aucune ordonnance comminatoire qui doit toujours précéder les premiers châtiments, il les a exercés envers Cadis et Leblanc, dont tout le crime était de n'avoir pas eu la faculté divinatoire et d'avoir ignoré l'existence de cet arrêt. Ces faits qui sont d'une notoriété constante et dont plusieurs particuliers ont été les victimes, intéressent la cause publique autant et plus qu'on ne peut l'imaginer. Pour en rendre les conséquences plus sensibles, nous entrerons dans le détail de plusieurs.

"Quant à l'interdiction des passes du Mississippi, il faut savoir que M. Ulloa, malgré tout ce qu'on a pu lui représenter et ce qu'il a pu voir lui-même, ou apprendre par de fâcheux évènements, s'était entêté à faire fréquenter la seule passe du Nord-Est, où il n'y a dans les plus hautes marées, que neuf à dix pieds d'eau; défendant qu'aucun bâtiment n'entrât ou ne sortît par toute autre, dont le fonds est ordinairement de dix à douze. A cette prohibition si gênante et si périlleuse, il en avait joint une autre qui l'était encore davantage. C'était la défense aux pilotes de coucher à bord des bâtiments mouillés devant la passe et que les vents et le peu d'eau empêcheraient d'entrer. De là sont nés des inconvénients et des accidents récidivés, qui cependant ne l'ont pas dissuadé de son premier arrangement. Le premier inconvénient était le retard des navires qui sortaient, retard dispendieux et fréquent en toute saison, mais presque inévitable en hiver, que les vents de Nord Nord-Est règnent le plus, lesquels ne pouvaient servir pour la passe du Nord-Est, au lieu qu'ils font non-seulement sortir par la passe de l'Est, mais servent encore à faire route, sans qu'on soit obligé après la sortie d'attendre le temps. Il en était de même pour l'entrée; les vents étant Sud-Ouest et Sud Sud-Ouest, on ne pou-

1768. vait entrer par la passe du Nord-Est ; ces vents étaient favorables à la passe de l'Est. En outre, dans l'obligation à laquelle l'officier espagnol de la Balise assujétissait de mouiller les bâtiments une fois entrés, vis-à-vis des maisons de la dite Balise, mouillage de haut fond et découvert à tout vent, on y courait de grands risques qu'on aurait évités en mouillant à Lafourche, ou en continuant de monter le fleuve, suivant la liberté ancienne qui n'en était pas plus favorable à ceux auxquels on aurait voulu interdire le port. D'ailleurs, dans tous les pays, dès qu'un pilote côtier a mis le pied à bord, il n'en sort plus que le bâtiment ne soit entré ou sorti, et mis en lieu de sûreté, opérant de jour et de nuit suivant l'exigence des cas et les vicissitudes du temps. Si cette règle doit être inviolable, c'est sans contredit dans nos parages, avoisinés de pays bas, et d'un grand fleuve où les fonds sont de vase dans un endroit, de sable dans un autre, où d'heure à autre les vents changent et les eaux augmentent ou diminuent. Donc, en empêchant les pilotes de coucher à bord, dans un coup de vent forcé, et s'en revenant de nuit, un capitaine qui n'était pas pratique, ne connaissant ni les fonds ni les passes, n'avait aucune ressource. Obligé d'appareiller pour s'élever, et souvent de laisser ses ancres et ses cables, il allait donner sur les récifs voisins, appelés les *moutons*, où du moins tombait sous le vent de la passe, sans espérance de remonter si tôt. Enfin, s'il avait le bonheur de s'élever au large, il ne revenait, après bien du temps et de la peine, que pour chercher les mêmes dangers.

La navigation, cet art si utile aux états, mérite-t-elle donc qu'on seconde la nature pour en accroître les peines et les périls ? La fortune des armateurs et la vie des marins sont-elles si peu précieuses que le caprice d'un seul homme doive les soumettre à des dangers presque inévitables ? Interrogez les capitaines et équipages d'Europe et des îles qui sont venus ici depuis deux ans 1768. et demi; tous ont vu les nouveaux périls inventés par M. Ulloa; plusieurs ont été les jouets et les victimes de ses mauvaises combinaisons. Sans citer tant d'exemples, l'accident du capitaine Sarron, à la sortie du fleuve, est frappant. Après avoir resté long-temps sans pouvoir sortir par la passe Nord-Est, les vents étant Nord et Nord-Nord-Est, il s'y présenta enfin, le vent ayant changé; mais le temps avait fait évacuer les eaux au point qu'il resta dans la passe. Il fût assez heureux pour se retirer et rentrer. Il remonta en ville pour caréner son navire une seconde fois. Notez que la ville est à trente lieues de l'embouchure du fleuve, qu'il faut souvent monter à la cordelle, et qu'il est arrivé à plusieurs d'y mettre cinquante à soixante jours sans pouvoir faire autrement. Le sieur Sarron perdit son voyage. Il lui en coûta beaucoup de frais, et si la passe de l'Est n'eût pas été interdite, et qu'il eût été permis aux pilotes de la fréquenter, il serait sorti sans retard et sans danger.

"Mais dans le temps même que nous traçons ce Mémoire, la trompette nous annonce qu'on vend à l'encan les agrès et l'artillerie retirés du navire *la Carlota*, de La Rochelle, presque ensevelie dans les sables. Le capitaine Lacoste ne gémirait pas sur la perte de son bâtiment si, quand il s'est présenté pour entrer, il lui eût été permis de retenir de nuit le pilote à son bord, qui, ne pouvant le mettre dans les passes, lui aurait indiqué un fond de vase d'où il se serait retiré, comme il est arrivé à plusieurs, et entr'autres, au capitaine Chouriac.

"Quelques habitans s'adonnent ici à faire de la brique qui s'emploie et se consomme dans le pays. Les trois principales briqueteries sont aux trois principales portes de cette ville. Une des plus fortes, et à laquelle un atelier nombreux est occupé, fait le patrimoine de quatre mineurs, et s'afferme quelquefois plus de douze mille

1768. livres par année. Cette terre n'est susceptible d'aucun autre revenu, et l'atelier n'y peut pas faire ses vivres. La ville d'ailleurs n'en ressent aucune incommodité, et les terres, d'où l'on tire la terre nécessaire à la fabrique, étant éloignées du grand chemin, la voie publique n'en est ni rétrécie ni embarrassée. M. Ulloa s'est attaqué d'abord au fermier judiciaire de cette briqueterie, et lui a défendu absolument de continuer, sous peine de saisie des nègres, bœufs, charrettes et ustensiles. Les parties intéressées, après bien des efforts, sont enfin parvenues à tirer de lui la raison de cette défense. Il a dit que les trous d'où l'on prenait la terre contribuaient à corrompre la salubrité de l'air. On s'est muni, pour le dissuader, des rapports de médecins et de chirurgiens. M. Lebeau, docteur en médecine, entretenu par Sa Majesté, a même donné là dessus des observations savantes et concluantes en tout point. Quant aux réflexions vulgaires, elles étaient que le pays avait toujours été fort sain malgré les trous des briqueteries et les cyprières qui bordent le fleuve et entourent la ville; que suivant ce système il faudrait aussi combler celles-ci, où les eaux s'écoulent et séjournent pendant la majeure partie de l'année. M. Ulloa n'avait pas prévu sans doute ces objections, mais il en imagina et en adopta une autre qu'il crut sans réplique; c'est que les établissements doivent être éloignés des fortifications, donnant ce nom à un entourage en pieux qui n'a rien de secret, et dont l'approche est sans conséquence. L'affaire cependant a traîné en longueur sans pouvoir obtenir de lui, ni un ordre par écrit de cesser, ni une permission verbale de continuer; et plusieurs ont pensé, avec fondement, que l'entreprise de la brique était ambitionnée par un ou deux particuliers, ce qui s'accordait fort bien avec le penchant de l'envoyé d'Espagne à réduire tout en priviléges exclusifs.

"Ce penchant indomptable s'est déclaré encore bien

davantage dans la prohibition qu'il fit l'année dernière 1768. d'apporter des nègres en cette colonie, sous prétexte d'une concurrence qui aurait été nuisible à un négociant anglais de la Jamaïque, qui avait envoyé un bateau à M. Ulloa pour cimenter avec lui l'entreprise de la fourniture d'esclaves. Le coup portait en même temps sur le commerce et sur l'agriculture. C'était enlever au négociant un objet considérable, et restreindre au colon les moyens de se fortifier, car cette concurrence, préjudiciable au fournisseur anglais, devenait avantageuse à l'habitant qui aurait donné la préférence au bon marché et à la meilleure constitution des esclaves. Quoi donc! ravir aux nouveaux sujets les moyens les plus naturels de profiter et de s'accroître, pour en gratifier un étranger! Est-ce ainsi qu'une nouvelle administration s'annonce? M. Ulloa aurait-il reçu ces ordres de son maître? Qui oserait le présumer? Mais n'est-on pas tenté de croire que de viles raisons d'intérêt entraient dans l'ordre de ses projets exclusifs.

"Nos gouverneurs et magistrats ont toujours été regardés par nous comme nos pères. Toutes les fois que nous avons cru devoir leur faire nos très humbles représentations sur nos besoins particuliers ou sur l'intérêt général, nous en avons été favorablement accueillis. Nous adressons-nous aux gouverneurs et commandants, loin de nous regarder comme des rebelles et des mutins, (terme chéri de M. Ulloa) ils approuvent nos démarches, comme conformes au sentiment du vrai citoyen. Nous en avons une preuve dans la réponse de M. Aubry, du 28 juin 1765, au Mémoire des négociants de la Nouvelle-Orléans. Il dissipe nos incertitudes. Organe du ministre à notre égard, comme le ministre l'était du souverain, il nous communique les ordres qu'il a reçus de lui, et nous donne copie des lettres qu'il a écrites en conséquence aux officiers des postes. Il finit par nous exciter, nous encourager, et nous demander un zèle ré-

1768. ciproque. Nous adressons-nous au conseil, nos Mémoires y sont examinés; si nos demandes paraissent justes, la voix de M. le procureur-général seconde la nôtre, et la cour délibère ensuite. L'évènement du 29 octobre en est la preuve récente. Des promesses royales nous faisaient espérer la même douceur, la même liberté, les mêmes priviléges dans le nouveau gouvernement. Mais bien loin de nous en assurer la continuation, M. Ulloa n'a pas même voulu en laisser subsister plus long-temps les apparences. L'ordonnance publiée, le 6 septembre 1766, engagea les négociants à faire des représentations qu'ils addressèrent à leurs magistrats. M. Ulloa les traita de séditieuses sans les connaître, et quoique nos juges, par condescendance, eussent suspendu leur jugement, il a cru devoir tenter un exemple capable d'effrayer à l'avance quiconque oserait s'expliquer sur ses intérêts ou ses besoins. Des négociants d'ici, qu'il a cru sans doute les principaux auteurs de ces représentations, attachés au pays par leur famille, leur crédit, leur commerce et leur fortune entière, se sont vus menacés de la confiscation de leurs biens et de leurs personnes, jugement qui devait émaner du seul tribunal de M. Ulloa, et dont ils ont avec peine détourné les effets.

"Mais quel était donc cet officier de Sa Majesté Catholique? De quels brevets était-il muni? De quel privilége inouï était-il revêtu, pour exercer une autorité si tyrannique, avant même d'avoir montré ses pouvoirs ou ses titres que nous ignorons encore? Un bruit confus nous dit que, pendant le long séjour qu'il fit à la Balise avec M. Aubry, notre commandant, il a été passé entr'eux un acte sous seing privé de remise. Si cela est vrai, quel aurait été son principe politique en ne rendant pas cet acte public, et en ne déclarant pas sa qualité, si ce n'est de masquer sa tyrannie des voiles de la domination française?

"Le terme de tyrannie paraîtra fort. Joignons y ce- 1768. lui de vexation, pour correspondre à la vérité des faits. Avec quel appareil menaçant, dans le même temps qu'il ne recevait de notre part que des marques d'une aveugle soumission, l'avons-nous vu nous présenter d'une main les prémices de la loi nouvelle et le glaive vengeur de l'autre ordonnance du 6 septembre 1766, premier décret de ses volontés qui ait été publié ici, et où le nom auguste de Sa Majesté a été abusivement employé. Cette ordonnance, dis-je, a été promulguée dans nos carrefours, au son de la caisse et à la tête de vingt soldats espagnols armés de leurs fusils et de leurs baïonnettes. Etait-ce pour nous insulter ou pour en imposer à nos murmures? Dans le premier cas, qu'eût-il donc fait, cet Ulloa, en ville conquise et prise d'assaut? Quel appareil eût-il choisi pour y manifester ses ordonnances, puisqu'il en a mis un semblable en usage envers des amis et des alliés? nous prenait-il pour les sauvages du Pérou et du Mexique? Dans le second cas, l'envoyé d'Espagne n'ignorait donc pas que cette ordonnance, fruit de ses relations erronées, était diamétralement opposée à notre bien être, et capable de prime abord d'exciter nos murmures? Chargé de notre haine qu'il a si justement méritée, sa nation peut lui reprocher encore d'avoir manqué aux règles de la politique, en nous forçant par sa tyrannie à redouter le gouvernement espagnol.

"Nous l'avons vu avec indignation négocier avec un Anglais la liberté de quatre allemands pour quinze piastres par tête; et lorsque le jour da la révolution, M. Aubry, notre commandant, pressé par nos prières et nos instances, les a redemandés avec autorité, nous avons vu ces nouveaux affranchis descendre de la frégate espagnole où leur nouveau maître les retenait, et se jeter en pleine levée aux genoux de leurs libérateurs. Nous avons vu ces victimes infortunées du fléau

1768. de la guerre, ces citoyens persévérants, qui ont sacrifié leurs possessions héréditaires au sentiment patriotique, ces malheureux Acadiens qui, recueillis ci-devant dans nos ports, protégés par nos commandants et nos juges, commençaient à se consoler de leurs désastres et travaillaient à les réparer; nous les avons vus, effrayés du courroux frénétique de M. Ulloa, pour un sujet aussi léger que des représentations très humbles; tremblants de ses menaces, ils croyaient déjà les voir effectuer sur la liberté de leurs familles, et se voir vendre à l'encan pour acquitter les rations du roi. Sommes-nous à Fey ou à Maroc?

"Que n'a-t-il pas fait enfin, cet homme singulier dans les actions mêmes de la vie privée? Quelle humiliation la nation française n'en a-t-elle pas reçue pendant son séjour ici, non-seulement par la violation du droit des gens, mais encore par le mépris des lois ecclésiastiques? Outre que, par dédain sans doute pour les Catholiques français, il s'est abstenu de fréquenter nos églises, et s'est fait dire la messe dans sa maison, pendant dix-huit mois, mais c'est qu'il y a encore fait conférer le sacrement du mariage par son aumônier à deux personnes, dont la femme était une négresse esclave et l'homme un blanc, sans la permission du curé, sans aucune publication de bans, sans aucune forme ni solennités requises par l'église, au grand scandale du public, au mépris du concile de Trente, et contre la disposition précise de nos ordonnances, tant civiles que canoniques.

"Qu'y aurait-il donc de répréhensible dans le parti que la conduite et les vexations de M. Ulloa nous ont fait prendre! quel mal aurions-nous fait en secouant un joug étranger, que la main qui l'imposait rendait encore plus accablant? Quel tort avons-nous eu enfin de réclamer nos lois, notre patrie, notre souverain, et de lui vouer la persévérance de notre amour? Ces louables tentatives sont-elles donc sans exemple dans notre histoire ? Plus d'une ville de France, des provinces 1768. même, le Guerci, le Rouergue, la Gascogne, Cahors, Montauban, n'ont-ils pas brisé à plusieurs reprises le joug anglais avec fureur ou refusé ses fers avec constance ? En vain les traités, les cessions, les ordres mêmes renouvelés de nos rois ont-ils tenté quelquefois ce que le bonheur des armées anglaises n'était pourtant pas capable d'achever, et cette noble résistance aux volontés des souverains naturels, loin d'allumer leur colère, a réveillé leur tendresse, attiré leur secours et opéré une entière délivrance.

"Mais d'ailleurs de quelle utilité la colonie de la Louisiane serait-elle à l'Espagne ? Inférieur à ses productions, aux riches contrées qu'elle possède, notre pays ne pourrait être que le boulevard du Mexique. Or, ce boulevard sera-t-il impénétrable aux forces de Sa Majesté Britannique qui, étant maîtresse de la partie orientale du Mississippi, en partage la navigation, et qui possède, dans le haut, des établissements dont l'accès ne lui est pas ouvert par l'embouchure seule du fleuve, mais encore par la proximité immédiate des autres pays du Nord, où sa domination est établie.

"La conservation de cette colonie par la France garantit mieux les possessions d'Espagne de ce côté que la cession faite à cette couronne. Les impressions désavantageuses conçues déjà contre elles par les nations sauvages et qui ont attiré non-seulement des insultes, mais de vives menaces de leur part à M. Rici, capitaine espagnol, commandant aux Illinois, les rangeraient en cas d'attaque dans le parti ennemi. Tout au contraire, ces peuples marchent toujours avec le soldat français, sans s'informer pour qui l'on veut combattre. Voilà le véritable boulevard.

"Puisque l'Espagne ne peut trouver aucun avantage en l'acquisition de cette province immense, et que, de certitude, les strictes bornes de son commerce nous

1768. réduiraient presque à la simple existence, pourquoi les deux souverains s'accorderaient-ils à nous rendre malheureux par le plaisir seul de le faire. C'est un crime de le croire, et ces sentiments n'entrent pas dans le cœur des rois. La protection que le nôtre nous promet en sa lettre du 21 avril 1764, de la part du nouveau souverain, fait voir qu'ils conspiraient pour notre bonheur ; et le silence respectueux que nous avons gardé jusqu'à présent sur la réalité de nos intérêts, les a sans doute empêchés de parvenir aux vrais moyens qui pouvaient nous rendre heureux. Quant à l'utilité dont cette colonie peut être à la France, les moindres réflexions la rendent sensible. La perte du Canada ayant fermé ce débouché aux manufactures dont la France abonde, la conservation de la Louisiane peut réparer sous peu de temps une perte aussi nuisible à l'industrie nationale. Les efforts des vrais Français établis ici, et qui viennent chaque jour s'y établir, peuvent facilement creuser cette traite du Missouri, ouverte déjà avec des succès heureux, et à l'agrandissement de laquelle il manque l'encouragement et les secours que la domination française peut seule procurer. Les sauvages mêmes du Canada viennent tous les jours aux Illinois traiter des marchandises françaises, qu'ils préfèrent à celles que les Anglais leur portent dans leurs villages. Que l'on cesse de forger des entraves à notre activité, et bientôt les Anglais cesseront de vendre à la France les pelleteries qu'elle consomme. Nos manufactures, dans leurs envois, trouveront un débit assuré qui fera leurs gains et leurs profits, et dans les retours des pelleteries auxquelles on peut joindre notre indigo, notre sucre, notre coton, elles auront encore la fourniture des matières premières qui fait leur aliment et sur lesquels s'exerce la main d'œuvre. Si donc l'utilité des manufactures dans le royaume est si bien reconnue, qu'elle leur ait attiré de tout temps une protection particulière du souverain, n'est-il pas dans l'ordre politique que cette protection 1768. s'étende à leur conserver des ressources auxquelles elle emploierait peut-être les forces de l'état, s'il s'agissait de les acquérir.

"Joignez à ces considérations le remboursement suspendu, depuis 1759, des sept millions de papiers royaux qui formaient le numéraire de notre place et le nerf de notre commerce ; joignez l'enchaînement des engagements réciproques des négociants de France à nous, et de nous aux négociants de France, qui attendent leur sort de celui qu'il plaira au Seigneur Notre Roi de donner à cette finance ; joignez enfin l'obligation où nous sommes de travailler au rétablissement de nos fortunes délabrées, sans pouvoir nous aider de ces anciens fonds, partages ci-devant d'un chacun, en proportion de son économie, de son émulation ou de son patrimoine, et l'on verra que nos nouveaux efforts méritent d'être secondés par notre roi.

"Jaloux observateurs de tout le respect dû aux têtes couronnées, et des égards mutuels que les peuples policés se doivent les uns aux autres, nous serions au désespoir que nos démarches pûssent s'en écarter. Il n'y a rien d'offensant pour la cour de Madrid, dans l'exposition de nos besoins et dans les assurances de notre amour que nous portons aux pieds de notre auguste Souverain. Nous osons espérer que ces marques de notre zèle serviront encore à prouver aux nations la vérité du titre de *Bien Aimé*, que l'univers entier lui donne et dont nul autre monarque n'a joui jusqu'à présent. Peut-être dira-t-on à Madrid même : heureux ce prince, notre allié, qui trouve pour obstacle à son traité de cession l'attachement inviolable de ses sujets à sa domination et à sa glorieuse personne !

"Nous n'ignorons pas que l'envoyé d'Espagne a pris, avant son départ, et recueille encore par émissaires des certificats de quelques particuliers qui résident parmi nous; clients mercenaires qu'il s'est attachés par des promesses brillantes et qui cherchent ici des prosélytes en persuadant les simples et en effrayant les faibles. Mais quelque chose que puissent contenir ces certificats peu authentiques, ils ne démentiront jamais la voix générale et la notoriété publique. Les marchands génois, anglais, hollandais, témoins de la révolution, rendront compte de la vérité dans leur patrie. Ils certifieront, d'une manière bien plus certaine, que notre pavillon s'est élevé, sans que la frégate espagnole ait reçu au sien la moindre insulte; que M. Ulloa s'est embarqué avec toute la liberté possible et sans aucun acte de notre part qui tendît même à l'indécence; qu'alors et depuis nous avons redoublé d'égards et de politesses envers les autres officiers de Sa Majesté Catholique; que pendant les trois jours de la révolution, (chose unique et singulière, de l'aveu même des Espagnols), il ne s'est élevé parmi plus de douze cents hommes de milice, parmi les femmes, les enfants, le peuple entier, aucun cri injurieux à la nation, et que les seuls qui se sont faits entendre, auxquels les étrangers mêmes ont pris part, ont été : Vive le roi de France ! Vive Louis le Bien Aimé !

"C'est à Sa Majesté bienfaisante que nous, habitants, négociants et colons de la Louisiane, adressons nos très humbles prières pour qu'elle reprenne incessamment la colonie, et aussi résolus de vivre et de mourir sous sa chère domination que déterminés à faire tout ce qu'exigera la prospérité de ses armes, l'extension de sa puissance, la gloire de son règne, nous la supplions de vouloir nous conserver notre nom patriotique, nos lois et nos priviléges."

A la Nouvelle-Orléans,
Chez DENIS BRAUD,
Imprimeur du Roi.
Avec permission de M. le Commissaire-Ordonnateur.

On voit que ce Mémoire justificatif, rédigé en fort 1768. mauvais français, mélange confus de vérités et d'erreurs, obscur et défectueux par le langage, sans netteté dans les idées, fait peu d'honneur à ses rédacteurs. Je n'ai cité tout au long ce document, bien inoffensif sans doute par lui-même, qu'à cause de l'importance qu'y attachèrent les Espagnols, et du ressentiment qu'il provoqua plus tard chez ces nouveaux maîtres de la colonie. D'ailleurs il est intéressant, peut-être, comme représentant les mœurs, les sentiments, les passions et les capacités de l'époque.

Quant au privilége de traite exclusive avec les sauvages, dont les colons se plaignaient comme ayant été accordé à quelques personnes au détriment du reste de la population, il est juste de faire observer que cette traite exclusive avait déjà été établie par d'Abbadie, en 1764, et que le gouvernement français ayant blâmé cette mesure, Foucault l'avait justifiée. Ulloa n'avait donc fait que continuer l'existence d'un privilége créé par un gouverneur français.

Quant aux expressions hyperboliques d'inviolable attachement et de dévouement inébranlable pour la *glorieuse* personne de Louis XV, de Louis le Bien Aimé, que les colons appelaient le plus auguste et le plus grand de tous les monarques, on se demande sur quoi de pareils sentiments pouvaient être fondés. La France lui rendait plus de justice, à ce prince avili, qui, sans remords, l'avait dépouillée de ses plus magnifiques colonies, s'étendant sans interruption depuis l'embouchure du Mississippi jusqu'à celle du St.-Laurent, et qui, au lieu d'employer les trésors de la France à soutenir une guerre glorieuse et à défendre ses immenses domaines américains, les prodiguait à de vils flatteurs, les jetait sous les pieds des plus ignobles courtisanes, et s'endormait au milieu des orgies de son Parc-aux-Cerfs, sans savoir probablement dans quelle partie de l'Amérique était située

1768. la Louisiane, et, certainement, sans se douter que là il y avait des hommes qui regrettaient sa domination.

Le 30 octobre, le lendemain du jour où le conseil rendait l'arrêt d'expulsion contre Ulloa, Aubry écrivait au ministre :

Monseigneur, depuis près de quatre ans que je commande cette colonie, j'avais fait tout ce qui était en mon pouvoir pour faciliter aux Espagnols la prise de possession de cette colonie. J'ai eu l'honneur de vous informer des arrangements que j'avais pris, de concert avec M. Ulloa, pour l'établissement des postes espagnols dans différents endroits du fleuve. Ce qui avait été exécuté jusqu'ici avec beaucoup de tranquillité. J'ai eu l'honneur également de vous informer que, quoique la prise de possession n'eut pas encore été faite, vu le retard de la troupe d'Espagne, cependant les affaires se passaient, autant qu'il était possible, comme si elle l'était déjà. Il m'a paru que ma conduite n'avait point été désapprouvée par vous. Vous avez marqué en conséquence que le roi d'Espagne devait payer toutes les dépenses de la colonie, à commencer du jour de l'arrivée de M. de Ulloa dans le pays. J'espérais que tout se serait passé tranquillement jusqu'à l'arrivée des troupes d'Espagne. Mais malheureusement, une révolte générale contre le gouverneur espagnol et sa nation vient d'éclater, sans que j'aie pu m'y opposer, et de renverser tous nos projets. Le peu d'argent que l'Espagne a envoyé ici, les dettes qui ont été contractées au nom du roi d'Espagne et qui ne sont point acquittées, joint à la misère affreuse qui règne dans le pays, telle que je vous l'ai exposée par ma lettre du 4 avril dernier, ont mis le peuple au désespoir, lequel, étant excité et animé par des commerçants et habitants, a poussé les choses à l'excès. Une requête signée par six cents habitants a été présentée au conseil, le 28 octobre. Ils ne demandent pas moins que de renvoyer le gouverneur et les Espagnols hors de la colonie. Le 29 1768 octobre, jour du conseil, il s'est trouvé dans la ville près de neuf cents hommes armés, avec un pavillon blanc qu'ils ont arboré sur une place, criant tous généralement qu'ils ne voulaient point d'autre roi que celui de France et paraissant disposés à faire main basse sur les Espagnols, si on n'avait point égard à leur demande. Voyant qu'on ne reconnaissait plus l'autorité, et que le peuple avait franchi les bornes du respect et de l'obéissance à ses supérieurs, je priai M. Ulloa, contre qui l'animosité était la plus grande, de se retirer dans sa frégate avec Madame son épouse, qui est grosse et a un enfant de six mois. Pendant ce temps, M. de Grand-Maison, major de la place, a été par mes ordres au Quartier se mettre à la tête de la troupe avec Messieurs les officiers ; malheureusement je n'ai qu'une centaine d'hommes ici, le reste étant dispersé dans les différents postes de ce vaste pays. De ces cent hommes, j'ai envoyé un officier et vingt soldats dans la frégate de Sa Majesté Catholique, dont on a rompu le pont aussitôt. Vingt autres étant de garde sur la grande place, il n'en restait plus qu'une soixantaine au Quartier. Quelque temps auparavant, j'avais fait donner des cartouches aux soldats, à tout évènement. Ce qui a répandu l'alarme parmi les habitants. M. de Grand-Maison, major, a été parler aux officiers de milice qui étaient à la tête de leur troupe, pour leur ordonner de se retirer. J'ai fait également de mon côté tout ce qui était en mon pouvoir pour tâcher de calmer les esprits. Ce qui est difficile dans les premiers moments de fureur. Mais comme il était dangereux d'aigrir les esprits, qui n'étaient déjà que trop animés, me trouvant sans forces pour m'opposer à tout un peuple, j'ai cru que, pour sauver la vie au peu d'Espagnols qui se trouvaient ici, il était convenable dans une circonstance aussi malheureuse d'agir avec douceur. J'ai été ensuite assister au

1768. conseil pour tâcher par mes représentations de faire sentir aux juges les suites et la conséquence de l'affaire qu'ils allaient juger ; je leur ai exposé tous les dangers auxquels ils s'exposaient en renvoyant honteusement M. de Ulloa de cette colonie. Je leur ai dit que les rois de France et d'Espagne seraient offensés de voir traiter ainsi une personne de son rang et de son caractère. Voyant que je ne pouvais m'opposer à leurs démarches, que leur parti était pris, j'ai protesté contre leur arrêt qui ordonne de renvoyer hors de la colonie, sous trois fois vingt-quatre heures, celui qui avait été envoyé par Sa Majesté Catholique pour en prendre possession. Je regarde cette action comme un des plus grands attentats. S'il y avait eu une douzaine d'individus de moins dans le pays, qui n'ont pas peu contribué à mettre tout en feu, cet évènement ne serait pas arrivé !

"Vous saurez, Monseigneur, que, malgré que tout le monde universellement veuille rester Français et proteste d'une fidélité inviolable pour le service du roi de France, cependant tout est bouleversé. L'on veut que je reste commandant, et M. Foucault, ordonnateur. Tout se fait par violence ; sous prétexte de me rendre beaucoup de respect, on ne m'obéit point, et sous un fantôme d'autorité, n'ayant point de troupes pour la faire respecter, l'on dégrade ma personne et la dignité de la place où je suis élevé.

"Un capitaine et cinquante hommes de milice doivent escorter M. de Ulloa jusqu'à la Balise, et cela se fait malgré mes ordres. J'ai donné en conséquence un officier avec un détachement, pour aller dans le même vaisseau où passe M. de Ulloa jusqu'à la Balise, afin de le garantir de toute insulte. On se propose aussi de renvoyer la frégate de Sa Majesté Catholique. Ce qui serait une injure atroce au pavillon du roi d'Espagne. Cette révolte ne tend pas à moins qu'à empêcher les Espagnols de prendre possession du pays. Sous le prétexte de quelques griefs qu'ils ont contre le gouverneur, ils se proposent de renvoyer la nation. Ils veulent mettre une garnison d'habitants à la Balise pour refuser les bâtiments espagnols qui viendraient. Ils animent le peuple à crier qu'ils veulent rester français et fidèles sujets de Sa Majesté Très-Chrétienne. Une copie d'un décret de Sa Majesté Catholique par rapport au commerce de ce pays, qui annonce qu'il ne viendra plus ici de bâtiments de France ni des îles, n'a pas peu contribué à cette révolution.

1768.

"J'ai l'honneur de vous écrire cette lettre à la hâte par M. de Ulloa. Son prompt départ et l'embarras inévitable où je me trouve, attendu que tout le peuple est en armes et continuera d'y être jusqu'à ce qu'il soit parti, m'empêchent de pouvoir vous en écrire davantage. Sous peu de jours il partira quatre députés pour la France, savoir : M. Lapeyrière, chevalier de St.-Louis et officier de mérite, que j'envoie pour avoir l'honneur de vous remettre le détail circonstancié de cette révolution.

"Le conseil envoie le sieur Lessassier.

"Les habitants, M. de Bienville, officier de vaisseau.

"Les commerçants, le sieur Milhet, capitaine de milice.

"Dans une circonstance aussi déplorable, je vais, conjointement avec M. de Grand-Maison, qui s'est toujours réuni avec moi pour le bien et l'avantage du service de Sa Majesté, travailler à apaiser cette sédition et tâcher de conserver, s'il est possible, les établissements espagnols placés sur le fleuve, jusqu'à ce que nous ayons reçu de nouveaux ordres de votre part.

"Je me flatte, Monseigneur, que vous ne m'imputerez pas cet évènement, ayant fait tout ce qui était en mon pouvoir pour l'empêcher.

"Le retard de la troupe d'Espagne, les dettes qu'ils ont contractées et qu'ils paient trop lentement, n'ont pas

1768. peu contribué à augmenter la misère qui a enfin réduit le peuple au désespoir. Tout ce qu'on peut faire dans un moment aussi malheureux, c'est de tâcher de calmer les esprits et de faire en sorte que chaque chose reste à sa place. Mais c'est bien difficile.

"Je suis persuadé que les députés vous rendront un détail différent du mien. Mais je suis sans reproche, à ce que je me flatte, et je marque la vérité. Vous pourrez d'ailleurs interroger M. Lapeyrière. . . . . .
. . . . . . . . . . . . . . . . .
. . . . . . . . . , . . . . . . .

"J'ai oublié de vous marquer que M. Ulloa m'a écrit, depuis cette lettre, pour me prier de faire évacuer les établissements espagnols, et de les faire relever par ma troupe. Il me marque de les renvoyer à la Havane par les bâtiments qui vont à St.-Domingue. Il a, en même temps, été assez généreux pour ordonner au commissaire espagnol de continuer à fournir la solde à la troupe française et aux officiers."

Le 31 octobre, le conseil supérieur se réunit de nouveau et annula la protestation d'Aubry par l'arrêt suivant :

"Vu par le conseil supérieur la protestation faite par M. Aubry, chevalier de l'ordre royal et militaire de St.-Louis, commandant pour Sa Majesté Très-Chrétienne la province de la Louisiane, à l'arrêt rendu le 29 du présent mois, contre M. Ulloa, commissaire de Sa Majesté Catholique, icelle lue, l'audience tenante ; ouï sur ce le procureur général du roi en ses conclusions, le conseil, sans condamner les motifs qui ont donné lieu à M. Aubry de protester contre l'arrêt de la cour du 29 du présent mois, a déclaré et déclare la dite protestation nulle et comme non avenue ; ordonne que le dit arrêt sortira son plein et entier effet, &c. &c.

La protestation du gouverneur Aubry ayant été annulée, Ulloa se prépara à partir dès le lendemain et écrivit à M. Aubry, en date du 31 octobre, une lettre dans laquelle il lui disait entr'autres choses :

"On n'a nul reproche à me faire ; car si j'ai fait construire des forts ou donné tout autre ordre, cela n'a été que de l'avis et consentement de votre Seigneurie, et avec l'approbation du roi, mon maître, à qui la colonie appartient ; et votre Seigneurie étant le gouverneur-général d'icelle, et à qui a été adressé l'édit de Sa Majesté Très-Chrétienne, par lequel elle déclare la cession, dans ce cas, les juges civils qui composent le tribunal du conseil supérieur ni autres personnes n'ont rien à y voir."

Cet argument d'Ulloa ne manquait pas de force. Du moment que le gouverneur français jugeait convenable de reconnaître ses pouvoirs et de lui livrer tacitement la colonie, en lui obéissant et en se constituant son lieutenant, le conseil supérieur assumait une bien haute responsabilité, en déclarant que la province n'avait pas cessé d'être française. Qu'Ulloa eût exhibé ou non ses pouvoirs, il n'en est pas moins certain que le gouverneur français avait reconnu son autorité comme gouverneur espagnol. S'il en avait abusé, il semble que c'était au roi d'Espagne qu'il fallait s'en plaindre et non au roi de France.

Le 31 octobre, au soir, Ulloa était embarqué avec toute sa maison. Au point du jour, le 1er. novembre, une troupe nombreuse de colons qui avaient passé la nuit à une fête donnée pour un mariage, et dont probablement les têtes étaient échauffées par les libations ordinaires dans une semblable occasion, parurent sur la levée en chantant des airs patriotiques et en poussant des cris de triomphe. L'un d'eux, nommé Petit, coupa les cordes qui retenaient le navire au rivage, et la troupe joyeuse eut la satisfaction de le voir flotter et descendre le fleuve en suivant le courant ; mais il s'arrêta à quelque distance, et ne mit à la voile que dans l'après midi. Tel

1768. fut le départ d'Ulloa. Il devait en coûter bien des larmes à la colonie! Ulloa s'était embarqué pour la Havane à bord d'un navire français, parce que la frégate espagnole qui l'avait amené avait besoin de beaucoup de réparations.

Le conseil avait débuté par décréter l'expulsion d'Ulloa, et, six jours après son départ, il ordonna une information relative aux vexations qu'on reprochait à cet officier d'avoir fait subir à des citoyens français. Il semble que c'est par là que le conseil aurait dû commencer. Huchet de Kernion et Louis Piot de Launay furent chargés de procéder à cette enquête.

Les témoins entendus témoignèrent sur plusieurs abus d'autorité, et déclarèrent entr'autres choses : que M. Ulloa avait arbitrairement et injustement puni un capitaine de navire, ainsi que le maître de ce navire, pour n'avoir pas remis à la Havane des paquets dont il les avait chargés; qu'il s'empara de plusieurs enfants lépreux, et eut la cruauté, malgré les supplications de leurs parents, de les envoyer à la Balise, où ils manquèrent de tous soins; que pour plaire à sa femme, M. de Ulloa avait défendu de fouetter en ville, attendu que les cris des esclaves faisaient mal à madame Ulloa, de sorte que les habitants de la ville, à leur grand préjudice, étaient obligés d'aller faire fouetter leurs esclaves à deux lieues de là; enfin, que M. de Ulloa avait, pour sa convenance personnelle, empiété sur une rue, qu'il avait réduite à seize pieds de largeur; et qu'il avait jugé convenable de boucher une des portes de la ville, toujours pour sa convenance personnelle.

Entr'autres curieuses dépositions est celle du révérend père Dagobert, vicaire-général et curé. Il dépose qu'il n'a autre chose à imputer à Ulloa que d'avoir, dans sa maison, fait procéder, par son aumônier, à l'administration du sacrement du mariage à deux personnes, sans aucune publication de bans et sans aucune forme, et qu'on lui a même donné l'assurance que ce mariage 1768. était entre un blanc et une négresse. Le témoin déclare que ce mariage avait eu lieu sans son consentement. Il ajoute qu'Ulloa s'est arrogé le droit de chapelle chez lui, et qu'il y a fait dire la messe pendant dix-huit mois par l'aumônier de la frégate, sans qu'il y eût aucun endroit décent pour la dite chapelle. Il dépose que Mademoiselle de Larredo, marquise d'Abrado, étant arrivée du Pérou à la Balise, où M. de Ulloa était allé l'attendre, il l'avait menée à la Nouvelle-Orléans en triomphe, comme se disant marié, à la Balise, avec elle, et la bénédiction nuptiale lui ayant été donnée par l'aumônier de la frégate, sans permission du déposant, vicaire-général et supérieur de la province, et sans aucune publication de bans, le dit aumônier n'ayant jamais été autorisé à célébrer les mariages dans la province. Le père Dagobert termine en disant que ce mariage a causé beaucoup de scandale dans la ville, a effrayé les consciences timorées, et qu'on le croit clandestin, aucune forme civile ni canonique n'ayant été observée.

Le 22 novembre, le conseil supérieur adressa la lettre suivante au duc de Praslin, ministre des affaires étrangères, pour le prier d'appuyer les représentations que le conseil déposait aux pieds du trône.

"Monseigneur,

"Le conseil supérieur de la Louisiane vous dépêche M. Lessassier, l'un des conseillers assesseurs, pour vous remettre un arrêt rendu par cette cour, le 29 octobre 1768, contre M. Antonio Ulloa, arrivé en cette colonie le 5 mars 1766, se disant l'officier envoyé par la cour d'Espagne pour en prendre possession au nom de Sa Majesté Catholique.

"Lorsque cet officier s'est présenté sous les apparences d'une mission aussi honorable et aussi importante, toute la colonie pénétrée de respect pour son

1768. caractère prétendu, remplie d'obéissance et de soumission aux volontés du roi, lui a rendu, de son propre mouvement, les honneurs et les hommages dûs à un envoyé représentant son souverain. Tous les états, sans exception, lui ont fait en corps leurs visites respectueuses, en lui témoignant le regret sincère et naturel que tout sujet français ressent en perdant un si bon prince que Louis le Bien Aimé. Ils lui ont en même temps donné des marques de leur soumission à passer sous la domination espagnole, tant en considération du pacte de famille que dans l'espoir de vivre sous leurs anciennes lois, usages et coutumes, ainsi que l'acte de cession, publié et affiché, semblait les en assurer, espérant d'ailleurs mériter par un sincère attachement et une inviolable fidélité la bienveillance et l'amour du nouveau roi, Sa Majesté Catholique.

"En effet, les esprits paraissaient dans des dispositions assez favorables, et cette partie de la nation française serait devenue espagnole sans s'apercevoir de son changement de domination. Mais cet envoyé soi-disant a bientôt renversé et détruit toutes ces dispositions. D'abord, il a refusé constamment de se faire reconnaître et recevoir dans la forme légale, sans laquelle toute autorité peut-être méconnue. Il a ensuite éludé de donner la moindre connaissance de ses pouvoirs à qui de droit. Quoique non revêtu d'aucune autorité légale, il s'est néanmoins fait conduire dans différents postes de la colonie, où ayant été annoncé comme gouverneur par Sa Majesté Catholique, il a été reçu et traité avec toute la décence possible. Il y a fait généralement tout ce qu'il a voulu, sans la moindre opposition. Il n'a trouvé partout qu'un peuple très soumis. C'est dans ces voyages que la bizarrerie et l'inflexibilité de son caractère ont commencé à se développer et à se faire connaître.

"A son retour dans la capitale, il a insensiblement

usurpé l'autorité du gouvernement, et peu après il s'est 1768. érigé en despote absolu. Enfin il s'est bientôt rendu l'objet de l'horreur et de l'indignation publique, tant par ses mauvais procédés que par l'indécence outrée de sa conduite, et par une sordide avarice qui lui a attiré le mépris le plus marqué de la part du peuple, qui ne juge que sur les apparences. Il n'a respecté aucune des lois, coutumes et usages établis. Tous les états ont été par lui avilis, méprisés, et la colonie allait tomber sous le joug du despotisme le plus odieux. Le droit des nations, comme les lois les plus sacrées, tant pour le spirituel que pour le temporel, ont été violés par des coups d'autorité multipliés, par les vexations les plus criantes, par des emprisonnements arbitraires, par une protection singulière accordée aux esclaves, toujours ennemis jurés de leurs maîtres, et par des procès où la forme et les lois n'ont aucune part. Les gens mêmes de sa nation venus à sa suite, revêtus de caractère ou non, ont également partagé avec les Français le poids de cette tyrannie.

"C'est enfin par une conduite aussi indécente, aussi odieuse et aussi coupable, qu'il a dissous ces liens précieux d'amour et de respect qui se formaient dans le cœur des Français pour s'attacher à leur nouveau roi. Oui, Monseigneur, cette aliénation est d'autant plus irréparable, qu'elle est l'effet du mépris souverain que cet officier a témoigné pour la nation française, et que les habitants de ce continent sont informés du despotisme odieux, sous lequel gémissent toutes les colonies espagnoles, notamment celles dont ils sont voisins.

"Toute la colonie, consternée par le présent et effrayée pour l'avenir, s'est écriée d'une commune voix: que deviendrons-nous, lorsque ce gouverneur non reconnu sera revêtu d'une autorité légale et qu'il aura des forces, puisqu'aujourd'hui, sans forces et sans autorité légitime, il ose nous traiter aussi indignement? Quoi donc!

1768. après avoir essuyé tant de malheurs, occasionnés par la guerre et le discrédit des billets, seul numéraire de cette colonie, faut-il encore que le peu de bien qui nous reste, que notre liberté, notre honneur et même notre vie soient livrés à l'entier arbitraire d'un tyran, et que nous soyons réduits à une condition plus dure que celle des plus vils esclaves, dont la vie est au moins sous la protection des lois !

"Ce sont ces réflexions et quantité d'autres également justes et terribles, qui ont réuni en corps tous les habitants et qui les ont contraints à faire au conseil de très humbles représentations.

"La cour n'a pu, sans violer son serment pour le maintien des lois et sans manquer aux devoirs les plus essentiels de la religion et de l'humanité, refuser à toute une colonie gémissante, la justice qu'elle réclamait avec tant d'instance contre l'oppression de cet officier. En remplissant son devoir à cet égard, elle a certainement évité quelque coup d'éclat, qui aurait terni le lustre de la nation française. Pressée par tous ces motifs, elle a rendu contre cet officier l'arrêt dont elle vous fait remettre copie. M. Ulloa s'y est soumis. C'est le premier acte de prudence et de sagesse qu'il a fait en cette colonie. Il s'est embarqué sur un vaisseau français pour la Havane. Il a mis à la voile, le 1er du présent mois, à quatre heures après midi. Quoiqu'un peuple très nombreux fût présent à cet embarquement, les choses se sont passées avec toute la prudence, la modération et la tranquillité possible. M. Ulloa ne peut se plaindre, sans manquer à la vérité, d'avoir reçu, ni lui ni qui que ce soit de sa suite, la moindre insulte, soit de paroles ou de faits.

"Le conseil vous présente ici plusieurs pièces, conjointement avec l'arrêt rendu contre cet officier, dont l'énumération suit : . . . . . . . . . . . . . .

. . . . . . . . . . . . . .

"Le conseil ose se flatter, Monseigneur, que vous voudrez bien les faire passer aux pieds du trône et les appuyer de tout votre crédit auprès de Sa Majesté, pour qu'elle daigne les recevoir favorablement."

1768.

A cette lettre était annexée une adresse au roi, ainsi conçue :

"Très humbles représentations qu'adressent au roi, notre très honoré et Souverain Seigneur, les gens tenant son conseil supérieur à la Nouvelle-Orléans, province de la Louisiane.

Sire,

"Votre conseil supérieur, en se hâtant d'enrégistrer votre ordre en forme de lettre au sujet de la cession de cette colonie, faite par Votre Majesté à Sa Majesté Catholique, prouva sa soumission, et détourna ses regards de la triste situation de votre peuple, toujours attaché à vous, Notre Seigneur Roi.

"Votre Majesté garantit par cet acte solennel la tranquillité et le bonheur des habitants et de ses autres sujets. Elle avait promis qu'ils seraient jugés et leurs biens réglés suivant les lois, formes et usages de la colonie. Deux ans s'écoulèrent depuis l'enrégistrement, jusqu'à l'époque funeste du principe de nos malheurs éprouvés jusqu'à ce jour. Dans cet intervalle, les cœurs français se nourrissaient de l'espérance. Ils se regardaient, Sire, toujours sujets de Louis le Bien Aimé. L'industrie du cultivateur, l'activité du négociant, rendaient la colonie florissante. Les terres, les maisons en ville et les nègres avaient une juste valeur. De considérables magasins de négociants attiraient les piastres et le bois de Campêche, et animaient l'émulation des traiteurs parmi les nations sauvages. Le commerce des pelleteries était poussé dans les contrées les plus éloignées. Un numéraire considérable circulait ; les piastres étaient communes ; les traiteurs espagnols affluaient,

1768. et l'on fait compte de plus de quatre cent mille piastres qui ont été portées à Pensacola depuis l'arrivée de M. Ulloa. Le quai de la Nouvelle-Orléans était sans interruption rempli de différents navires. Le prix des loyers multipliaient les maisons. La ville s'embellissait. Un gouvernement doux, tant pour l'équité des chefs que pour l'urbanité naturelle aux Français, attirait et fixait de nouveaux colons. L'image du bonheur facilitait les établissements; les accroissements en tout genre étaient considérables. M. Ulloa arriva à la Balise, le 22 février 1766. Un évènement tragique lui enleva onze matelots; la pluie, le tonnerre et le vent l'introduisirent à la Nouvelle-Orléans, le 5 mars à midi. Le temps le plus affreux ne fournit aucune excuse. M. Ulloa fut reçu avec les démonstrations les plus distinguées de respect; tous les Espagnols reçurent des Français les marques de politesse les mieux caractérisées.

"M. Ulloa partit pour aller visiter les postes et établissements jusqu'aux Natchitoches; il fit peu de frais, et trouva chez les habitants les secours et les provisions dont il eut besoin. Il ramena les esprits, et, depuis son entrée dans le fleuve jusqu'à son arrivée aux Natchitoches, il promit dix ans de liberté de commerce. Tous les habitants aisés projetèrent de profiter de ce délai, pour arranger leurs affaires et se faciliter une émigration favorable dans quelques colonies françaises. M. Ulloa, de retour des Natchitoches, ne fit apparoir aucun de ses titres et pouvoirs, et prétendit ne devoir pas dépendre d'une présentation de ses titres et provisions au conseil supérieur pour en obtenir l'enrégistrement. Une ordonnance concernant le commerce fut, par ordre de M. Aubry, sur la demande de M. Ulloa, publiée au son des tambours, escortés d'un détachement la bayonnette au bout du fusil, commandé par deux officiers, le 6 septembre 1766. Cette ordonnance était illégale. M. Aubry, commandant pour Votre Majesté, ne pouvait rendre 1768. aucune ordonnance de police générale sans agir conjointement avec M. Foucault, ordonnateur. M. Ulloa, qui n'avait point satisfait aux lois, formes et usages de la colonie, en demandant l'enrégistrement de ses titres, ne pouvait donner aucun ordre légal. Tous les négociants s'unirent pour demander à votre conseil supérieur justice contre l'illégalité de la dite ordonnance, et contre le coup destructif qu'elle portait au commerce. La requête fut présentée à M. Foucault, premier juge; il couvrit l'illégalité de l'ordonnance, mit à l'écart l'infraction faite aux droits de sa place, et, s'unissant avec les magistrats de votre conseil supérieur, calma et apaisa le mécontentement. L'ordonnance ne fut point annulée par arrêt; il fut promis aux négociants qu'elle n'aurait point son exécution, tant que la prise de possession légale ne serait point faite. Premier trait de modération, pour ne point dire de faiblesse, de votre conseil supérieur. M. Ulloa exigea que cette requête lui fût remise pour choisir dans les soussignés ceux qu'il voulait sacrifier à son courroux. M. Foucault résista à cette infraction à la confiance publique, et répondit qu'il envoyait la requête à M. le duc de Choiseul. M. Ulloa se disait roi de cette colonie. Surpris que des représentations décentes fussent adressées à une autorité légale, il déclara cette démarche attentatoire au despotisme qu'il voulait introduire, et s'exhala dans les termes les plus injurieux contre votre conseil supérieur, M. Foucault et tous les Français. L'alarme et la consternation se répandirent dans les esprits. Votre conseil supérieur, par sa soumission innée aux ordres de Votre Majesté, avait fait enrégistrer, publier et afficher votre ordre en forme de lettre. Le contenu en fut examiné: cet acte solennel assure la tranquillité et le bonheur de vos sujets. Votre Majesté garantit le clergé dans ses privilèges et fonctions; elle promet les mêmes lois, formes et usages; elle

1768. promet la conservation de son conseil supérieur et de ses juges; elle promet enfin à ses sujets que, sous une domination nouvelle, ils vivront heureux à l'abri des lois canoniques et civiles, toujours observées dans votre colonie. Tous ces bienfaits, Sire, solennels par votre promesse royale, par un enrégistrement et publication prescrits, ne pouvaient jamais dédommager vos sujets de la perte du meilleur des rois. Le Français naît libre et soumis. Ses privilèges nourrissent son amour. Les lois protègent les vertueux, punissent le coupable; on y admire les formalités que l'humanité et l'équité ont prescrites. La notoire conviction du crime proportionne les châtiments et peines à infliger aux criminels. Jamais, Sire, un de vos sujets ne peut être condamné sans être entendu et sans que les délits soient prouvés. Tels sont les lois, formes et usages toujours suivis et observés dans cette colonie. De combien d'infractions commises par M. Ulloa contre ces privilèges sacrés pour l'humanité, et contre les lois, formes et usages de la colonie, Sire, votre conseil supérieur se voit-il obligé de porter des plaintes à Votre Majesté! M. Ulloa a affecté pour votre conseil supérieur le plus grand mépris. Il a cherché à le rendre inutile, et a osé, sans autorité légale, et par infraction à la lettre de Votre Majesté, créer et former un nouveau corps de conseil.

"L'arrêt du 9 juillet 1763 défendit l'entrée de tous nègres domiciliés de St.-Domingue. Le nouvel arrêt du 16 novembre 1765 fit la même défense pour tous les nègres domiciliés de la Martinique et de toutes les autres colonies. Les funestes suites du poison dont les nègres se servaient à St.-Domingue, pour se défaire de leurs maîtres, furent les puissants motifs des sages arrêts rendus par votre conseil supérieur. Le sieur Cadis arriva de la Martinique avec quarante-quatre têtes de nègres ou négresses. M. Lebeau, médecin, fit la visite des nègres et en donna son rapport. Le sieur Cadis fit sa soumission par écrit de rembarquer les dits nègres qui avaient été domiciliés à la Martinique. Il en vendit vingt-six, reconnus bruts, et l'acquéreur les envoya à la Pointe-Coupée, avec un permis de M. Aubry. M. Ulloa arriva de la campagne, fit descendre les nègres déjà vendus à différents habitants, et nomma trois Espagnols et quatre Français pour juger les dits nègres. Votre procureur-général, Sire, réclama les droits de votre conseil supérieur. M. Ulloa répondit qu'il voulait et entendait que l'importation et l'exportation de tous objets quelconques fûssent soumises à ses ordres, et qu'il avait nommé un nouveau conseil pour juger et lui en rendre compte. Ce coup d'autorité fut déclaré infractaire à l'acte solennel de cession, et aux lois, formes et usages de la colonie. Il nous fallut céder. Quel plus notoire attentat, Sire, peut être commis contre votre autorité royale, séante en les gens tenant votre conseil supérieur, à la Nouvelle-Orléans? On trembla sur le despotisme qui s'annonçait, on l'envisagea certain à la prise de possession, puisqu'une autorité illégale osait s'arroger des faits de la compétence de votre conseil supérieur.

"Le sieur Leblanc, quelque temps après, arriva avec dix-sept nègres ou négresses. La même autorité illégale jugea. Les sentences espagnoles sont annexées aux très humbles représentations de votre conseil supérieur. Le sieur Loyola, désigné pour commissaire-ordonnateur pour Sa Majesté Catholique, rendit une ordonnance de paiement pour les droits du geolier, infractaire à l'acte de règlement du 1er. février 1764. Le sieur Leblanc représenta que l'arrêt de règlement ne condamnait qu'à quinze sols par tête de nègres emprisonnés; sur ce, il fut mis en prison, jusqu'à ce qu'il eût satisfait à l'ordre de M. Loyola, qui le condamnait à une piastre pour chaque nègre.

"M. Ulloa, six mois après son arrivée, exigea que les bâtiments, allant et revenant de St.-Domingue et autres

1768. îles françaises, se chargeâssent de ses paquets pour les remettre à la Havane, et y en reprendre d'autres en revenant. Tous les capitaines s'offrirent, et plusieurs, sans aucun lucre, favorisés par les vents, portèrent des paquets à la Havane et en rapportèrent. Aucun de ces bâtiments n'avait l'entrée du port. Ils avaient ordre de mettre en travers devant le fort Morro, et d'envoyer leur canot porter les paquets ou en recevoir. Le sieur Gagnard, ancien navigateur, propriétaire et capitaine d'un bâtiment brigantin, fut chargé de paquets. Le vent et le courant le forcèrent à débouquer. Rendu à St.-Domingue, il profita d'un bâtiment qui appartenait à un domicilié à la Nouvelle-Orléans, qui partait le lendemain ; il lui remit les paquets et en tira un reçu. Le sieur Gagnard revint deux mois après dans son bâtiment. Il rendit compte, exhiba son journal, et remit à M. Ulloa le reçu qu'il avait tiré. Il essuya toute la mauvaise humeur de M. Ulloa, silence lui fut imposé, et il fut renvoyé chargé de menaces. Son bâtiment fut arrêté pendant six mois. Il eut, au bout de ce temps, permission de l'expédier en donnant les sieurs Grieumard et Denis pour ses cautions, et il eut ordre de rester comme otage. M. Ulloa apprit enfin que ses paquets avaient été remis à la Havane. Les cautions civiles furent déchargées, et l'infortuné Gagnard devint homme libre.

"Les sieurs Durand frères expédiaient leur bâtiment pour St.-Domingue. Ils envoyèrent les sieurs Gachon et Martineng, leurs capitaines, prendre les paquets de M. Ulloa ; ces paquets ne purent être remis à la Havane, ni en allant à St.-Domingue, ni en revenant. Ils furent remis à M. Ulloa, qui entra dans ses fureurs ordinaires, fulmina en injures et menaces, et envoya les sieurs Gachon et Martineng dans la frégate de Sa Majesté Catholique, où ils furent constitués prisonniers dans la Sainte Barbe. M. Ulloa avait formé un nouvel établissement à la Balise. Il défendait de se servir de

l'ancienne passe, beaucoup plus sûre et plus profonde. 1768.
Il obligea les bâtiments de passer par celle qui était à
la portée de pistolet de son établissement. Plusieurs
bâtiments ont essuyé de grandes pertes et de considérables avaries; les accidents réitérés firent cesser son
établissement, et l'ancienne passe fut permise.

"Trois familles acadiennes, dont les chefs étaient
deux frères et un cousin, tous trois nommés Braud, arrivérent dans la colonie à leurs frais. Ils supplièrent
pour avoir la permission d'acheter une terre auprès de
leurs parents et amis, dans le haut du fleuve. Les cris
de leurs enfants, l'état critique d'une femme prête à
accoucher, les représentations des hommes irritèrent M.
Ulloa. Il leur défendit de rester dans la colonie, et il
les fit embarquer dans un bâtiment anglais qui partait
pour la Nouvelle Angleterre. Ils furent protégés par des
étrangers qui favorisèrent leur évasion. L'un a été jusqu'à
ce jour chez les Anglais à Manchac, et le troisième
s'est soumis à aller à l'établissement que M. Ulloa a fait
vis-à-vis des Natchez. Vingt familles se sont rendues à cet
établissement. Le terrain noyé, par devant, par les eaux
du fleuve, par derrière par celle des lacs, les a obligés à
des représentations. M. Ulloa a ordonné des otages
qui sont dans le fort espagnol et qui répondent des autres Acadiens. Les Acadiens, jouets des mers et des
évènements, qui ont refusé tous les avantages offerts
par les Anglais, pour recourir à vous, Sire, le meilleur
des rois, et observer leur religion, se trouvaient si malheureux et si vexés, que la plus grande partie était
décidée à passer sur les terres anglaises, où on leur promettait des prêtres. Depuis le départ de M. Ulloa, la
famille acadienne établie chez les Anglais, demanda
une terre pour redevenir sujette de Votre Majesté. Des
faits multipliés et notoires de sordide avarice et non
admissibles à M. Ulloa, pourvu de quarante mille livres d'appointements, ne doivent pas être insérés dans

1768. les très humbles représentations de votre conseil supérieur. Le détail des sociétés de M. et de Mme. Ulloa, quoique très extraordinaires, serait déplacé ici. Mais, Sire, quelle nouvelle infraction aux articles six et trente-huit de votre édit connu sous le titre de Code Noir, du mois de mars 1724, enrégistré, publié et affiché dans cette colonie ! M. Ulloa a fait marier dans sa maison un Espagnol avec une négresse, sa domestique, et a accordé la protection la plus ouverte aux nègres non mutilés, sur leurs simples plaintes, et sans avoir jamais entendu les maîtres. Quel bouleversement funeste ! Vos sujets étaient menacés de l'esclavage, et leurs nègres acquéraient des dégrés d'hommes libres.

"Votre Majesté a été informée depuis long-temps du caractère dûr et tyrannique de M. Ulloa. Messieurs de la Condamine et Manuel Edmas, vice roi du Pérou, l'ont connu avant, Sire, que vos sujets de la Louisiane, ses victimes, aient été forcés de s'en plaindre. Les principes politiques sur le devoir des hommes qui sont honorés du titre de commander, pourront-ils s'accorder avec la conduite de M. Ulloa, nommé par Sa Majesté Catholique pour venir prendre possession d'une colonie habitée par des sujets de Votre Majesté ! Il se hâta de caractériser son antipathie, en demandant à la Havane une nourrice, pour que son enfant ne pût sucer aucune goutte de sang français ! Quels pernicieux principes ! Quelles barbares dispositions !

"Les négociants furent renvoyés au sieur Maxent comme à l'organe de M. Ulloa et à l'oracle du commerce.

"L'habitant, pas mieux accueilli, vivait reclus sur ses terres, occupé de ses sillons. Il désirait un avenir heureux, tremblait, et gémissait sur celui dont il était menacé.

"L'émigration parut le seul moyen, aux habitants les plus aisés, pour se soustraire au joug projeté. Tout-à-coup les immeubles et nègres perdirent la moitié de leur 1768. valeur, le découragement devint général ; le numéraire manqua ; les billets de la colonie, d'une grande ressource, quoique discrédités, furent convertis en récépissés ; onze mois s'écoulèrent sans qu'il arriva une piastre. Les Espagnols étaient les seuls payés de leurs appointements, gages et salaires. L'ordonnance du 6 septembre 1766, parvenu à St.-Domingue et dans les autres îles, avait dégoûté le commerçant navigateur. Le quai se trouva dégarni ; il n'y restait que deux vaisseaux. La misère devint si grande que la moitié de la colonie se trouva réduite au riz et au maïs, et, sans les sages précautions de M. Foucault qui en fit descendre de la Côte des Allemands, les pères et mères n'auraient eu que des larmes à offrir aux cris plaintifs de leurs enfants affamés. Dans la plus profonde paix, les rigueurs de l'affreuse famine se firent sentir en cette colonie seule, dans le temps où l'Europe entière et toutes les autres colonies jouissaient de l'abondance. Votre conseil supérieur, Sire, doit-il dire à Votre Majesté que votre peuple est persuadé, que M. Ulloa se réjouissait d'avoir si bien réussi et qu'il était décidé à réduire vos sujets à la nourriture de la Tortille ? Le désespoir devint général. M. Ulloa, l'homme le plus fin et le plus dûr de son siècle, travailla à gagner les esprits et fit courir le bruit que la colonie pourrait bien retourner à Votre Majesté ; que l'Espagne ne pouvait pas en faire le commerce ; que les tabacs rapés étaient prohibés en Espagne ; que Guatimala fournissait plus d'indigo qu'il n'en fallait à ses manufactures, et que le Pérou fournissait du coton. Le désir et l'espérance assoupirent les cris vifs de la misère et du mécontentement ; quelques bâtiments arrivèrent chargés de comestibles. Les Anglais approvisionnèrent de quantité de farines, et cent trois mille piastres furent débarquées à la Contadorie. Les appointements, gages et salaires furent

1768. payés jusques à la fin de juin dernier. On n'acquitta que la moitié des dettes contractées par les Espagnols, et ils devaient, au 1er octobre, plus de quatre cent mille livres, en y comprenant les dépenses de 1767. Le numéraire s'éclipsa, on perdit toute confiance sur un papier dont il n'y avait que la moitié de payée après onze mois d'attente. Dans ces moments de perplexité, plusieurs copies du décret royal parvinrent des différents ports de l'Europe. La voix générale rendit M. Ulloa responsable de ce coup de trahison. Il avait promis dix ans de liberté de commerce ; il annonçait qu'il avait tout crédit à la cour ; il n'y avait que trente et un mois qu'il était arrivé ; il avait prouvé l'impossibilité du commerce de l'Espagne avec la Louisiane ; il connaissait l'espèce d'aisance des habitants, et savait qu'il était beaucoup dû au commerce de France et à plusieurs colons retirés et domiciliés dans votre royaume. Les habitants et négociants entrevirent leur ruine, des chaînes, et la plus cruelle misère. Votre conseil supérieur a l'honneur d'annexer à ses très humbles représentations un commentaire qui constate l'impossibilité de l'exécution du décret royal publié à Madrid, et prouve jusqu'a quel point de misère M. Ulloa avait entrepris de réduire des sujets, pour lesquels Votre Majesté espérait de Sa Majesté Catholique, protection, faveur et bienveillance.

"Vos sujets, Sire, devant être privés de leurs aliments ordinaires, étaient condamnés à fournir leurs substances à des vampires, et tout moyen avantageux leur était ôté d'acquitter leurs dettes avec le commerce de France et les anciens colons retirés de la colonie et domiciliés dans votre royaume. Tous les cœurs furent livrés au désespoir. M. Ulloa fut unanimement déclaré l'ennemi implacable de tous les Français ; tous les anciens mécontentements se réveillèrent ; les habitants, négociants, artisans et ouvriers s'unirent pour faire des représentations à votre conseil supérieur. Elles furent présentées 1768. à M. Foucault. Votre conseil supérieur fut convoqué le 28 octobre, à huit heures du matin, et, par arrêt de délibéré, il fut ordonné que deux conseillers titulaires examineraient les dites représentations; qu'elles seraient communiquées au ministère public et rapportées le lendemain sur le bureau pour y être dit droit; six colons notables furent nommés conseillers d'office. Votre conseil supérieur, composé de treize membres, s'assembla le 29, à neuf heures du matin. Avant de recueillir les opinions, le doyen de votre conseil supérieur demanda à M. Aubry si M. Ulloa lui avait communiqué ses titres et pouvoirs. M. Aubry répondit qu'il ne lui avait été communiqué aucun titre décisif sur la mission de M. Ulloa. Les opinions furent données par écrit, et l'arrêt fut prononcé à onze heures trois quarts. Le dispositif de l'arrêt étant, comme il est de règle, enrégistré et copié, il fut signifié à deux heures un quart à M. Ulloa, à bord de la frégate de Sa Majesté Catholique. M. Aubry protesta contre l'arrêt. La protestation fut mise sur le bureau, le 31 octobre. L'arrêt intervint le dit jour, qui déclara nulle et caduque la dite protestation, et ordonna que l'arrêt du 29 sortirait son entier et plein effet. Quatre députés des habitants et négociants demandèrent, le 1er. novembre, à deux heures et demie, l'exécution de l'arrêt. Votre conseil supérieur s'assembla, et l'huissier vint rendre compte, à quatre heures, que M. Ulloa était embarqué dans le bâtiment qu'il avait choisi. Il est resté onze heures dans le fleuve, et y a joui de la plus grande tranquillité. Votre conseil supérieur, Sire, a l'honneur de représenter à Votre Majesté qu'il ne fut accordé à M. Ulloa que trois jours de délai, parce que, 1o. la fermentation était si grande et le mécontentement si général, qu'il crut faire acte de prudence en limitant le départ sous un court délai; 2o. parce

1768. que dans les meubles qui servaient à M. Ulloa, les quatre cinquièmes appartenaient au propriétaire de la maison et à différents particuliers. Votre conseil supérieur, Sire, croit devoir rendre compte à Votre Majesté des évènements qui précédèrent et suivirent les séances du 29 octobre. Le bruit courut que les habitants et négociants devaient faire des représentations à M. Ulloa; il en fut informé. Il fulmina, et promit l'exemple le plus sévère, les châtiments les plus rigoureux pour les principaux et notables soussignés. Il employa tous les moyens pour fomenter une émeute et irriter vos sujets. Douze cents livres de poudre, cent cinquante sabres furent embarqués dans la frégate; elle mouilla un peu au large, après avoir démoli le pont qui communiquait à la levée. L'alarme se répandit dans la ville et à la campagne. Les habitants arrivèrent en ville avec leurs fusils. M. Aubry fut au devant d'eux, leur promit que votre conseil supérieur jugerait librement, et leur ordonna la tranquillité. Les armes furent mises bas et déposées. M. Ulloa, pendant que votre conseil supérieur siégeait, fit demander à haute voix deux canonniers de plus. Aucun Français ne s'en émut, et la tranquillité, le silence et la décence continuèrent à être observées. Cinquante habitants et négociants notables se chargèrent des patrouilles. Pendant quatre jours, les cabarets et billards furent fermés, et malgré l'affluence et le concours de sept à huit cents personnes, (de l'aveu des étrangers et des Espagnols mêmes), il ne s'est jamais vu autant de tranquillité, et plus d'ordre. Quatre députés des habitants et négociants vinrent, le 29, à deux heures et un quart, supplier de leur faire part du prononcé de l'arrêt. Ils furent introduits, et, audience tenante, le greffier leur lut le prononcé. Ils furent en rendre compte aux habitants, négociants, ouvriers et artisans, qui s'assemblèrent autour d'un mât de pavillon.

Le précieux pavillon français fut arboré. Les femmes, 1768. les enfants couraient le baiser; l'air retentissait de mille *vive le roi! vive Louis le Bien Aimé!* Quel glorieux moment, Sire, pour un aussi grand monarque! Vos bienfaits, vos bontés paternelles, vos termes tendres et compatissants, exprimés dans le douloureux acte de cession de cette colonie, ont gravé dans tous les cœurs de la Louisiane la reconnaissance et le plus vif amour. Votre Majesté trouvera dans tous les citoyens des soldats qui offrent de verser leur sang, sacrifier leurs fortunes, pour couvrir le Mexique et soutenir vos alliés, pourvu qu'ils n'appartiennent qu'à vous, Sire, leur très honoré Seigneur et Roi, Louis le Bien Aimé. Grand Roi, le meilleur des rois, père et protecteur de vos sujets, daignez, Sire, recevoir dans votre sein royal et paternel des enfants qui n'ont d'autres désirs que de mourir vos sujets. C'est le vœu de cette colonie. Votre conseil supérieur a cru devoir en rendre compte à Votre Majesté. Daignez, Sire, préserver vos sujets de nouveaux malheurs. Leurs cœurs sont tous ulcérés des plaies de la tyrannie et du despotisme. Les bienfaits du meilleur des rois peuvent seuls, Sire, rendre votre peuple heureux. Les Français, accoutumés aux douceurs d'un gouvernement désiré par tous les étrangers, ne pourront jamais s'assujettir à l'exclusion et au despotisme pratiqués dans tous les gouvernements espagnols. L'homme naît soumis à des lois. Il les connaît en grandissant, et y demeure attaché dans un âge mûr. La refonte du caractère, du cœur et des mœurs honnêtes, ne peut jamais se faire librement par des hommes qui ont rempli la moitié de leur carrière; la force seule peut les assujettir. Quelle vie! quel combat pour des citoyens, Sire, nés sujets du roi Louis le Bien Aimé! Daignez encore, Sire, être favorable au vœu général de la colonie et aux très humbles représentations de votre conseil supérieur.

1768. "Votre conseil supérieur, Sire, croit avec certitude pouvoir assurer Votre Majesté que, depuis la paix jusqu'à l'arrivée de M. Ulloa, la colonie avait augmenté d'un tiers, et que depuis l'arrivée de M. Ulloa, jusqu'au 29 octobre, elle était retombée dans son premier état; que dix ans de liberté de commerce avec toutes les nations, qu'un fonds de cent mille écus, Sire, accordés de vos bienfaits pour les dépenses des troupes, les présents des sauvages, et l'entretien des bâtiments, donneraient à Votre Majesté, au bout de dix ans, un demi-million pris dans la colonie, vous fourniraient, Sire, huit à dix mille citoyens bons soldats, et feraient encore subsister et encourageraient les manufactures de votre royaume, en couvertes, lainages, &c., &c. Cette colonie est la seule partie septentrionale de l'Amérique qui puisse donner un débouché aux dites manufactures.

"Telles sont les très humbles et très respectueuses représentations qu'ont cru devoir présenter à Votre Majesté,

"Sire,

"Vos très humbles, très obéissants, très fidèles et très affectionnés sujets, les gens tenant votre conseil supérieur de la Nouvelle-Orléans."

Cette adresse au roi est sur un ton d'exagération qui dut nuire à son effet. On y reconnaissait l'accent de la haine plutôt que celui de la froide vérité, qui seule aurait dû présider à la rédaction d'une pareille pièce. Personne ne pouvait croire que ce *fût l'intention d'Ulloa de priver les nouveaux sujets de Sa Majesté Catholique de leurs aliments ordinaires et de les réduire à la nourriture de la Tortille.* Il était permis de penser que les accusateurs *qui faisaient un crime à Ulloa d'avoir donné à son enfant une nourrice espagnole,* étaient trop irrités pour voir froidement les faits tels 1768. qu'ils s'étaient passés. On devait les soupçonner de dénaturer la vérité, involontairement peut-être, dans le récit qu'ils faisaient. Il y avait en effet quelques reproches à faire à Ulloa, mais ses fautes étaient loin d'être d'une nature aussi grave qu'on les représentait.

## CHAPITRE XXV.

QUELLE ÉTAIT LA COMPOSITION DU CONSEIL ÉTABLI PAR ULLOA. SITUATION DE LA COLONIE APRÈS LE DÉPART DE CE GOUVERNEUR.—PROTÊT DES OFFICIERS ESPAGNOLS, LOYOLA, GAYARRÉ ET NAVARRO CONTRE L'ARRÊT RENDU À LEUR ÉGARD PAR LE CONSEIL SUPÉRIEUR.—REQUÊTE DES HABITANTS AU CONSEIL POUR L'EXPULSION DE LA FRÉGATE ESPAGNOLE RESTÉE DANS LE FLEUVE.—ARRÊT CONFORME À LA REQUÊTE.—LE CONSEIL DES MINISTRES EN ESPAGNE DÉLIBÈRE SI ON GARDERA LA LOUISIANE.—LA QUESTION EST RÉSOLUE AFFIRMATIVEMENT.—FOUCAULT JOUE EN MÊME TEMPS LE ROLE DE CONSPIRATEUR ET DE DÉNONCIATEUR.

1768. Le nouveau conseil formé par Ulloa pour remplacer le conseil supérieur et auquel on fait allusion dans tous les documents où l'on se plaint de l'administration d'Ulloa, se composait de Loyola, commissaire de guerre, de don Antonio Estevan Gayarré, contador ou président de la cour des comptes, de don Jose Melchior d'Acosta, commandant le paquebot de Sa Majesté Catholique, *le Volant*, de Reggio, capitaine réformé d'infanterie, de Olivier de Vezin, grand voyer et arpenteur, de la Chaise, conseiller honoraire du conseil français, et Dreux, capitaine de milice.

L'adresse du conseil supérieur envoyée, le 22 novembre, au roi de France, était accompagnée de cette lettre de Foucault au ministre :

"Monseigneur,

"Par ma lettre du 29 septembre 1766, j'ai eu l'honneur de vous informer de ce qu'avait produit dans l'esprit des habitants et autres domiciliés de cette colonie, une ordonnance captieuse que M. Ulloa avait fait rendre par M. Aubry, au nom du roi d'Espagne. Depuis ce temps, M. Ulloa n'a cessé de donner à chacun des sujets de mécontentement, et, en dernier lieu, il a paru ici un décret de Sa Majesté Catholique, concernant le commerce de la Louisiane, tout-à-fait opposé à ce qu'on espérait, fondé sur l'acte de cession.

1768.

"De tout cela, il est résulté d'abord, que les colons riches et ceux tant soit peu à leur aise projetaient de quitter la Louisiane avec leurs femmes, enfants, nègres et effets, aussitôt qu'il se présenterait des occasions, et que ceux, obligés de passer leur vie ici, parce qu'ils sont sans fortune, hors d'état de jeter les fondements d'un nouvel établissement et chargés de famille, gémissaient de ce que leur sort ne leur permettait pas d'échapper à un joug aussi pesant que celui dont ils étaient menacés de la part des Espagnols, et ne vivaient que dans l'espoir d'être un jour sous un gouvernement plus conforme à leurs mœurs et usages que n'est celui d'Espagne.

"Je croyais donc voir, au premier jour, la colonie privée de ses meilleurs habitants. La réflexion a fait changer ce plan. Le 24 octobre dernier, j'appris que tous les colons réunis faisaient des représentations adressées au conseil supérieur, tendantes à renvoyer de la colonie M. de Ulloa et les autres espagnols qui s'y trouvaient, et qu'à cet effet, ils étaient résolus à se présenter en armes et à arborer le pavillon français. Aussitôt, j'en assemblai un grand nombre. Je leur dis que cette conduite me paraissait bien peu réfléchie, qu'il y avait à craindre qu'elle déplût aux deux rois de France et d'Espagne et que les suites en fussent funestes pour la colonie ; qu'ils trouveraient une voie plus douce et plus analogue au caractère français pour parvenir à leurs fins; que le conseil délibérerait sur une matière

1768. aussi importante, s'il le fallait ; que j'espérais qu'il ne se passerait de leur part rien qui pût troubler le repos et la tranquillité, étant décidé à ne point tenir de conseil, s'ils persistaient dans leur résolution de paraître avec des armes et d'arborer pavillon français. Ils me répondirent que, excepté sept ou huit personnes, toute la colonie faisait des vœux bien sincères pour l'éloignement de M. Ulloa et des autres Espagnols, particulièrement contre M. de Ulloa. Mais je me refusai à les écouter. Je me retirai avec des assurances de leur part, qu'ils se comporteraient de la manière la plus décente et la plus paisible et qu'il ne serait nullement question de pavillon. Malgré ces assurances, je n'ai passé que dans la plus grande inquiétude le temps qui s'est écoulé du 24 octobre au 29, que le conseil a prononcé définitivement. Car, M. Aubry ayant fait espérer à M. de Ulloa qu'avec la garnison il le mettrait à l'abri de tout ce qu'on pourrait tenter contre lui, le reste des habitants des bords du fleuve, de dix-huit à vingt lieues, haut et bas, s'étaient rendus à la capitale, le 28, avec leurs armes, et on pouvait craindre que quelques coups ne fussent portés. Le même jour, 28, ces représentations parvinrent au conseil, qui a rendu l'arrêt interlocutoire dont je joins ici copie.

"Mes soins et ceux de M. Aubry, pendant cinq jours, ont calmé les esprits, et quoique, le 29, la troupe étant au Quartier, les habitants, commerçants &c., au nombre de mille environ, dans un emplacement situé à peu de distance de la maison que j'occupe et où se tenait le conseil, fûssent assemblés et à portée de prendre les armes au premier signal, pendant que le conseil délibérait sur le sort de M. de Ulloa, qui, dès la veille, s'était retiré avec sa suite à bord de la frégate qui l'avait amené ici, tout s'est passé tranquillement, à cela près que le pavillon français a été arboré dans cet emplacement, et que cette cérémonie a été accompagnée de cris réitérés de *vive le roi de France, vive Louis le Bien-Aimé.*

"M. de Ulloa a satisfait à ce même arrêt. Sa frégate s'étant trouvée hors d'état de partir dans un délai si court, parce qu'il fallait changer les mâts et la carène, il s'est embarqué pour la Havane, avec sa suite, son argent et ses effets, sur un navire français en présence des huissiers audienciers, qui en firent leur rapport au conseil. Il a appareillé de la Balise, la nuit du 16 au 17 du courant, emmenant avec lui l'officier, le sergent, le caporal et six fusiliers du détachement que M. Aubry lui avait donné pour le tranquilliser jusqu'à sa sortie du fleuve.

"M. Ulloa a donné ordre par écrit aux officiers d'administration du roi d'Espagne qui sont ici, d'arrêter toutes les dépenses qui regardent la colonie, pour le compte de Sa Majesté Catholique, jusqu'au 31 octobre dernier inclusivement, à la réserve cependant de celles des postes, qui seraient continuées jusqu'au jour où les comptables auraient reçu, de leur part, des ordres conformes à cet arrangement. Il leur a marqué aussi, qu'aussitôt son arrivée à la Havane, il enverrait ici de l'argent pour acquitter toutes les dépenses, ajoutant qu'ils pourraient prêter à M. Aubry les fonds qui leur resteraient, et dont il aurait besoin pour la solde de sa troupe seulement.

"J'ai l'honneur de vous assurer, Monseigneur, sans trop hasarder, que si M. de Ulloa avait su se conduire ici comme il convient à tout homme placé pour en gouverner d'autres, et surtout une nation dont le caractère et les mœurs diffèrent tant de ceux de la sienne, il aurait dissipé la crainte où l'on était avec raison de ne pouvoir jamais sympathiser avec les Espagnols, fait succéder à cette crainte et à l'aversion, l'harmonie et la bonne intelligence, et pu gouverner avec succès. La réception qu'on lui a faite, à lui et à sa dame, et l'empressement avec lequel on a toujours tâché de mériter son estime, lui en étaient un sûr garant. Mais quelle différence! Sans avoir pris possession de la colonie, ni même communiqué aucun des titres dont il disait être porteur, il était fort dûr et fort absolu, d'un accès extrêmement difficile, s'arrogeait tout, ne voulait entendre aucune représentation, témoignait sans le moindre ménagement une haine implacable pour le nom français et marquait tous les jours qu'il a passés ici par des traits d'inhumanité et de despotisme.

"M. Aubry, ayant été instruit de l'ordre que M. Ulloa a donné aux officiers d'administration espagnole, m'a fait entendre qu'il se proposait un plan d'arrangement sur les dépenses qui seront à faire pour les besoins du service, et qu'il en conférerait avec moi, après le départ du bâtiment sur lequel partent les députés. Il est fort embarrassé, et ne peut guère être autrement, car les Espagnols n'ont ici que sept à huit mille piastres, trois ou quatre bateaux en fort mauvais état, et très peu de munitions et de marchandises, dont ils ne sont pas disposés à se défaire, n'ayant aucun ordre de M. Ulloa à cet égard; et avec cela, il est difficile de payer les appointements et solde de la troupe, les appointements et gages des autres sujets qu'il faut conserver au service, de suffire aux autres dépenses inévitables, et de fournir à la consommation de la capitale et des postes, jusqu'à la réception de vos ordres, Monseigneur. Mais je ne prendrai rien sur moi. Je ne puis remplir tous ces objets que sur des ordres par écrit, et avec ce qu'il me fera délivrer. Il est assez fâcheux pour moi d'être obligé de me charger de ce détail, dans une circonstance telle que celle-ci, pour que j'évite, autant qu'il sera en mon pouvoir, de tirer des lettres de change pour d'autres parties que celles qui ont rapport à l'arrangement des comptes de cette colonie, ou de répandre aucune espèce de papiers sur la place. Cependant je me concerterai toujours très volontiers avec M. Aubry pour l'économie et pour tout ce qui pourra tenir au bien et à l'avantage de la couronne, pour le service de laquelle nous exerçons.

"Tous les colons se flattent que, compâtissant à leur triste situation, par un effet de la générosité de votre cœur, vous voudrez bien, Monseigneur, porter le roi à ne pas désapprouver leur démarche contre la domination espagnole et appuyer auprès de Sa Majesté la très humble prière qu'ils lui font de reprendre incessamment cette colonie et de lui conserver son nom patriotique, ses lois et ses privilèges. Je prends la liberté de vous assurer, et je n'avance rien qui ne soit fondé, que si, contre leur espoir, Sa Majesté se refusait à leur accorder cette grâce, les Espagnols n'y trouveraient plus qu'un désert, n'y ayant que très peu de personnes qui, dans ce cas, n'aient pas pris le parti irrévocable d'abandonner leurs biens-fonds et de se retirer avec tous leurs nègres et effets, les uns dans des colonies françaises, les autres chez les Anglais qui, sans se rebuter de leur refus, leur font toujours les plus belles promesses pour les engager à aller augmenter leurs établissements, qui ne sont éloignés des nôtres que d'une portée de mousquet, à trente milles de la capitale tout au plus. Il est aisé de comprendre qu'ensuite cette nation n'aurait ici aucun obstacle à surmonter pour l'exécution de ses projets ambitieux sur le Mexique, ni de la part des Français, ni de celle des sauvages, qui se font un mérite de détester tous les Espagnols et qui, sans notre médiation en plusieurs rencontres, depuis les premières années de la fondation de cette colonie, les auraient extrêmement resserrés dans leurs possessions de cette partie du continent, &c."

Trois jours plus tard, le 25 novembre, M. Aubry écrivait de son côté, au ministre :

"Je vous supplie, Monseigneur, de daigner jeter les

1768. yeux sur une lettre que j'ai eu l'honneur de vous écrire en date du 30 mars 1767. Vous y verrez que j'y pressentais presque ce malheur dans trois endroits différents. Je vous ai fait connaître que M. de Ulloa n'était point convenable pour gouverner ce pays, malgré son esprit, ses talents, ses connaissances et sa réputation dans toutes les académies de l'Europe, malgré qu'il soit rempli d'honneur, de probité, et de zèle pour le service de son prince. Il n'a point les qualités requises pour commander des Français. Au lieu de chercher à gagner les cœurs, ce qui est absolument nécessaire dans un changement de gouvernement, il a fait tout ce qui convenait pour se les aliéner. Il a paru mépriser les premiers du pays et surtout Messieurs du conseil. Par ses propos indiscrets, il a fait appréhender la domination espagnole et donné à penser qu'il n'aimait point notre nation, faisant des menaces et annonçant un despotisme affreux pour l'avenir. Il a effrayé tout le monde, et par une conduite aussi déplacée et surprenante dans un homme qui a autant d'esprit, il n'a pas peu contribué à s'attirer cette tempête, sur lui et sur sa nation.

"Par une autre lettre, du 4 avril 1768, j'ai eu l'honneur de vous informer de l'état déplorable et de la misère affreuse à laquelle était réduite cette colonie. L'indécision du sort des papiers français, la lenteur avec laquelle on acquitte les dettes de Sa Majesté Catholique, qui s'est chargée de la dépense de ce pays, la privation de tout numéraire, l'insolvabilité des trois quarts de ceux qui doivent, la diminution des terres, nègres, et généralement tous les biens réduits à plus de deux tiers de perte, le regret de passer sous une domination étrangère où on craint d'être toujours malheureux, le peu de talent que le gouverneur a eu de se concilier le cœur et l'estime des habitants, la nouvelle d'un décret rendu par Sa Majesté Catholique, qui prive le pays du commerce des îles et de la France, tous ces motifs, réunis à l'extrême misère qui règne ici depuis long-temps, et qui ne fait qu'augmenter tous les jours, ont enfin poussé le peuple au désespoir et occasioné cette fatale révolution, qui ne serait jamais arrivée, si j'avais eu seulement trois cents soldats rassemblés. . . . . . . . . . , .

. . . . . . . . . . . . . : . . . . .

. . . . . . . . . . . . . . . . . .

Il serait peut-être dangereux, à cette heure, de faire trop sentir aux coupables la grandeur de leur faute et les rigoureux châtiments aux quels ils s'exposent, vu le voisinage de l'Anglais. Il serait à craindre que, par désespoir, ils ne fissent encore pis.

"A la tête d'une colonie bouleversée par la dernière révolution qui vient d'y arriver, et au milieu de tout un peuple qui, après s'être regardé comme espagnol pendant trois ans, maudit aujourd'hui cette nation et veut rester français, à l'exception de Messieurs les officiers, dont j'ai beaucoup à me louer, d'une poignée de vieux soldats qui me sont fidèles, et d'un petit nombre d'honnêtes gens qui se réunissent à moi, tout le reste de la colonie, depuis le premier jusqu'au dernier, veut rester français."

Par une autre dépêche de la même date, Aubry annonçait que les Anglais avaient évacué, en septembre, les postes des Natchez et d'Iberville, d'après les ordres du général Gage, et qu'ils avaient établi leur quartier-général à Saint-Augustin, ne laissant que cinquante hommes à Pensacola et vingt-cinq à la Mobile. Aubry pensait que les Anglais cherchaient à concentrer leurs forces, par suite de certains mouvements qui se faisaient dans la Nouvelle-Angleterre, où déjà fermentait le levain de cette révolution qui devait faire perdre aux Anglais leurs plus belles colonies. Il terminait sa dépêche en disant :

"Je n'attendais plus que l'arrivée des troupes espagnoles pour livrer le pays et aller en France rendre

1768.

1768. compte de ma conduite, lorsqu'une révolte générale de tous les habitants du pays, contre le gouverneur et sa nation, laquelle a éclaté tout d'un coup, le 28 et le 29 octobre, et à laquelle il ne m'a pas été possible de m'opposer, est venue renverser en un moment l'ouvrage de quatre années, et toutes les dispositions que j'avais prises pour l'avantage de la couronne d'Espagne. Une requête audacieuse, outrageante à la nation espagnole, et rebelle aux ordres du roi, signée par six cents habitants et négociants, a été présentée à M. Foucault pour demander un conseil, afin d'expulser M. Ulloa et les Espagnols de la colonie. Le 29 octobre, jour du conseil, il s'est trouvé, tant de la ville que de la campagne, près de neuf cents hommes armés, tous les officiers de milice à leur tête, avec un pavillon blanc qu'ils ont arboré sur une place, criant tous: *Vive la France!* paraissant même disposés à faire main basse sur les Espagnols, en cas de refus. Voyant qu'on ne reconnaissait plus l'autorité, j'ai engagé M. de Ulloa à se retirer à bord de la frégate. &c.

"Les habitants envoient, comme leur député, M. de St.-Lette. Ils voulaient envoyer M. de Bienville, enseigne de vaisseau et créole de la Louisiane, mais celui-ci a refusé, ayant jugé cette mission incompatible avec son état, et il est parti pour France par la même occasion que les autres députés."

Ce Bienville, dont il est ici fait mention, était neveu de l'ancien gouverneur, fondateur de la Nouvelle-Orléans.

Ainsi la révolution était accomplie. Une population qui pouvait à peine mettre dix-huit cents hommes sous les armes, et qui avait dans son sein plusieurs milliers de noirs qu'il fallait contenir, jetait le gant à toute la monarchie espagnole, et bravait un peuple puissant qui n'avait jamais passé pour disposé à pratiquer l'oubli des injures, surtout lorsque sa fierté était blessée. Quant à la France, il était évident qu'on ne pouvait compter sur 1768. son appui, puisque c'était son état de faiblesse qui l'avait forcée à renoncer à cette colonie, et à l'offrir au roi d'Espagne, qui ne s'en souciait guère. D'ailleurs, lors même que la France aurait été assez forte pour soutenir les colons, comment aurait-elle pu annuler le don qu'elle avait fait à l'Espagne, sans l'indemniser de toutes ses dépenses dans la colonie, et sans punir les auteurs de l'outrage auquel elle avait elle-même exposé une alliée, qui n'avait voulu que lui rendre service en acceptant la Louisiane. Il est donc difficile de comprendre l'aveuglement et la témérité des colons, car il n'était que trop aisé de deviner la suite inévitable de cette révolution.

Déjà les trois officiers espagnols, Messieurs Loyola, Gayarré et Navarro, que le conseil supérieur avait rendus garants personnellement des bons qu'ils avaient émis au nom du roi d'Espagne, et qui étaient restés dans la colonie pour suivre leur comptabilité et pourvoir aux besoins des quelques soldats espagnols qui s'y trouvaient, avaient protesté contre un décret qu'ils traitaient d'attentatoire à la majesté souveraine représentée par eux, chacun en sa capacité respective. Aussitôt après le départ de leur chef, ils déclarèrent qu'étant en pays révolté, ils étaient en pays ennemi, et se considéraient par conséquent comme prisonniers. Dès lors, ils ne sortirent plus que sans épée.

Sur ces entrefaites, Ulloa, étant arrivé à la Havane, écrivait, le 4 décembre, au marquis de Grimaldi, ministre en Espagne :

"Le bruit s'étant répandu, le 28 octobre, que les soulevés se proposaient d'attaquer ma maison pendant la nuit, et d'en enlever tous les effets de valeur qui s'y trouveraient, en me donnant un reçu pour m'en faire rembourser par les trésoriers de Sa Majesté, ainsi que les rebelles le pratiquent dans les séditions, et la nouvelle m'étant venue pareillement qu'ils étaient détermi-

1768. nés à faire la même chose à la trésorerie du roi, où ils comptaient trouver un capital de plus de cent mille piastres, et au paquebot de Sa Majesté, *le Volant*, où ils s'imaginaient aussi qu'il y avait de l'argent, et enfin qu'ils avaient intention de s'emparer des papiers du gouvernement, et principalement de ceux de ma correspondance avec votre excellence, je me suis rendu à bord du paquebot, où j'ai porté avec moi tous ces papiers, afin de les mettre en sûreté et à l'abri de tout danger.

"Dès le 27, voyant l'état où se trouvaient les affaires, j'avais pris les mesures que les circonstances m'avaient permises pour mettre ce paquebot en état de défense, et pour empêcher que le pavillon du roi ne fût insulté, et il n'avait été fait aucune tentative de cette nature, le 1er. novembre, jour auquel je me suis embarqué avec toute ma maison sur un vaisseau français pour me rendre à la Havane, conformément à la sommation qui m'avait été faite.

"Je suis sorti, le 16 novembre, de la barre de la rivière, et je suis arrivé hier à la Havane, après une navigation très pénible, occasionnée par un départ si précipité et qui ne m'a point laissé le temps de pourvoir à la moindre chose.

"J'ai communiqué succinctement au gouverneur de cette place ce qui venait d'arriver, et, dès le même soir, il s'est tenu un conseil sur ce qu'il y avait à faire pour secourir les troupes espagnoles et françaises restées à la Louisiane. Mais il a été impossible de prendre aucune détermination à cause de beaucoup de difficultés qui se sont présentées. On tiendra après demain un autre conseil pour voir quel tempérament on pourrait prendre, et pour choisir le plus conforme aux vues de Sa Majesté. Ce conseil était composé du gouverneur, du marquis de Rubi, maréchal-de-camp, et de Michel de Altariva, intendant de l'armée.

"Mon avis était que je devais continuer ma route pour

l'Espagne, par le premier vaisseau qui ferait voile de ce 1768. port, non-seulement pour rendre à votre excellence un compte détaillé de tout ce qui s'est passé et pour satisfaire en même temps aux doutes ou aux difficultés qui pourraient s'élever, mais aussi pour fournir à votre excellence les connaissances nécessaires au succès des vues que Sa Majesté pourrait avoir, soit relativement aux principaux chefs de la rébellion, soit sur d'autres points, car je sais que, dans des cas semblables, il est très important de bien connaître la nature des moyens que l'on peut se résoudre à employer, ainsi que le temps et les circonstances où ils doivent être mis en œuvre; mais ces Messieurs ont été d'un sentiment contraire, et il leur a paru qu'il était plus prudent que j'attendisse ici les ordres de Sa Majesté, afin d'exécuter ce qu'il lui plairait de décider dans cette affaire, ajoutant que l'intervalle de quatre à cinq mois, qui est nécessaire pour recevoir les ordres de Sa Majesté, ne ferait rien perdre au bien du service."

"Je me suis donc conformé à leur avis, quoiqu'avec répugnance, considérant que j'aurais gagné beaucoup de temps, si j'eusse suivi mon premier mouvement, puisqu'il m'aurait été aussi aisé de me rendre en Espagne que d'y envoyer une lettre."

Peu après, Ulloa envoyait au ministre la relation suivante de ce qui s'était passé à la Louisiane:

"Rappelez-vous, disait-il, ce que je vous ai écrit en mars 1766, peu de temps après mon arrivée à la Nouvelle-Orléans, relativement au caractère des habitants. Ce que je vous écrivis à ce sujet était fondé sur les premières informations que m'avait données le gouverneur Aubry, et sur une lettre que je reçus de M. de Kerlerec, où il me faisait en abrégé le tableau de la colonie, et me plaignait beaucoup d'être venu dans un semblable pays, et enfin sur ce que j'avais éprouvé moi-même depuis le peu de jours que j'étais arrivé, et sur la liberté qu'a-

1768. vaient prise les marchands, tant de la ville qu'étrangers, de me présenter une espèce de manifeste contenant différents articles, sur chacun des quels ils me demandaient une décision, pour qu'ils eussent à prendre des mesures en conséquence. J'envoyai à votre excellence copie du Mémoire, pour qu'elle connût la hardiesse des gens avec les quels elle avait à traiter, qui ne prétendaient rien moins que capituler avec leur propre souverain, et dont les expressions, loin d'être respectueuses et suppliantes, avaient le ton impérieux et insolent de la menace.

"Environ trois mois avant l'évènement, on sut que M. de Bienville, frère de Noyan, et M. Masan, le fils, étaient passés secrètement à Pensacola, par un canal de l'habitation de ce dernier, qui va se rendre au lac Borgne, sans savoir d'ailleurs quel était l'objet de ce voyage.

"A peu près dans le même temps, un Français, étranger dans la colonie, qui était venu prendre possession de certains biens, appartenant à des mineurs ses neveux, alors en France, outré d'une sentence que le conseil avait rendue contre lui, et que Lafrénière avait dictée, et de ce que je ne pouvais lui faire rendre la justice qu'il croyait mériter, me dit d'un ton assuré qu'il savait qu'il y avait des traîtres dans la ville, et que ces traîtres étaient des personnes chargées de la conduite des affaires les plus importantes, me donnant à entendre que c'étaient les individus qui, aujourd'hui, figurent en tête du soulèvement.

"Lorsque le soulèvement a commencé à se manifester, les personnes qui n'y trempaient point, et dont le nombre est assez considérable, ont hautement publié quel avait été le motif du voyage de Bienville et de Masan, à Pensacola, et les conjurés eux-mêmes n'ont point fait de difficultés de dire qu'on avait été implorer le secours du gouverneur-général anglais, et le prier d'envoyer des troupes pour soutenir les rebelles, ce qui devait s'exécuter après que le soulèvement projeté aurait éclaté. 1768. Il paraît que la réponse du gouverneur anglais ne leur fut point favorable, car le dit gouverneur, après avoir réfléchi mûrement sur cette affaire, les renvoya, ainsi qu'il convenait, sans vouloir se prêter à leurs intentions.

"Il est à propos que votre excellence sache que ce projet a éprouvé plusieurs changements, et qu'une de leurs idées, suivant ce qu'on a rapporté, était d'ériger la colonie en république, sous la protection de l'Angleterre; mais voyant qu'ils ne trouvaient point en elle l'appui qu'ils espéraient, ils ont pris le parti de se soulever, et de fouler aux pieds les ordres de leur souverain. . . .

"De là l'origine de la conspiration. Il est à propos que je vous fasse connaître les liaisons et les intérêts des habitants entr'eux, pour faire la part de chacun plus facilement.

"Le commissaire Foucault a toujours entretenu une liaison scandaleuse avec une certaine veuve, nommée Madame Pradel, vivant avec elle, même quand il logeait dans une maison différente, et logeant aussi avec elle dans son habitation qui avoisine la ville du côté de la partie haute. A peu près dans le même temps que Bienville et Masan passèrent en secret à Pensacola, Foucault et Madame Pradel se rendirent à l'habitation, qui est précisément la dernière maison de la ville de ce côté là, et ils y passaient toutes les nuits, ne venant que de jour à la ville. Dès que le soulèvement fut déclaré, on dit publiquement qu'il y avait fréquemment des soupers dans cette habitation, auxquels se trouvaient Lafrénière, ses parents et les autres personnes qui formaient le complot, et qu'après les soupers on passait le reste de la nuit dans le jardin, en conférence, en sorte qu'il n'est pas douteux que le coup ne soit parti de cet endroit.

"Le capitaine des milices allemandes, nommé Villeré, est beau-frère de Lafrénière, et il est marié à la nièce

1768. de D'Arensbourg, commandant des Allemands. Le capitaine des milices des Tchoupitoulas est un nommé Léry, cousin-germain de Lafrénière, de sorte que les intérêts de Lafrénière sont soutenus par les trois compagnies de milice que commandent son cousin et son beau-frère, et par les parents de ceux-ci, de sorte qu'avec de simples prétextes pour engager les milices de la ville à se révolter, toute la colonie se trouve soulevée à la voix d'un seul homme.

"L'oncle de Noyan et de Bienville était venu du Canada pour gouverner à la Louisiane, et dans le nombre des gens du commun qu'il emmena avec lui, il se trouva quatre frères appelés Leroy, qui prirent ensuite différents noms à la Louisiane, l'un se faisant appeler Lafrénière, l'autre, Léry, le troisième, Beaulieu, et enfin le quatrième Chauvin. Ces quatre Canadiens étaient d'une si basse extraction, et avaient reçu si peu d'éducation, qu'ils ne savaient pas même écrire, étant venus avec la hâche sur l'épaule pour vivre du travail de leurs mains. Ce sont aujourd'hui leurs enfants qui sont les chefs et les auteurs de la rébellion.

"Dans une lettre que j'ai eu l'honneur d'écrire à votre excellence, avant l'évènement de la rébellion, je l'ai informée de la précaution que j'avais prise d'envoyer M. Maxent, avec quinze cents piastres, pour remplacer aux Allemands les vivres qui leur avaient été pris cette année, pour fournir à la subsistance des Acadiens, parce qu'on s'était servi de ce prétexte pour engager les Allemands à entrer dans la conspiration.

"Le lendemain du départ de M. Maxent, Lafrénière et un autre, nommé Marquis, envoyèrent de grand matin à sa poursuite, Villeré et Verret, pour l'arrêter et l'empêcher de remettre l'argent aux Allemands, craignant que s'il les satisfaisait, le motif qui les avait déterminés à s'unir à leur rébellion n'existant plus, ils ne voulussent plus concourir à soutenir la conspiration, et que pour lors, leur projet ne restât sans effet. Maxent 1768. arriva à l'habitation de d'Arensbourg, pour lequel je l'avais chargé d'une lettre, et lorsqu'il la lui remit, il le trouva si différent de ce qu'il le croyait, que, malgré son grand âge, et les preuves non équivoques qu'il avait données de sa fidélité et de son attachement pour la nation, il vit en lui un homme entièrement livré aux persuasions de ses parents, Villeré et Léry, déterminé à défendre la liberté, et à ne vouloir ni être sujet du roi, ni que le pays appartînt à Sa Majesté.

"Maxent fut arrêté par Verret, ainsi qu'il le dit dans sa déclaration, chez un nommé Cantrelle, beau-père d'un autre Verret, commandant des Acadiens, et chez lequel il fut beaucoup maltraité. Le même Verret, appelé André, a confirmé la déclaration de Maxent à M. de Sale, lieutenant d'infanterie, qui commandait le détachement donné par le gouverneur français pour la sûreté de ma personne et de mes papiers, le 2 novembre, le vaisseau étant amarré vis-à-vis de l'habitation de Madame d'Aunoy. Par conséquent, il est prouvé, par la détention de la personne de Maxent, qu'on avait formé le complot de se soustraire à l'obéissance de l'Espagne, en empêchant les mesures que la prudence pouvait suggérer, pour écarter les prétextes dont on voulait se servir.

"Le même André Verret a déclaré à M. de Sale qu'à l'égard de l'ordre d'arrêter Maxent, il l'avait reçu de Villeré, de Lafrénière et de Marquis.

"On a exploité (Lafrénière et Foucault) le mécontentement causé parmi les négociants, par le décret du commerce. Quant aux Acadiens et aux Allemands, on leur a persuadé de venir en ville pour se faire payer de ce qui leur était dû pour remboursement de leurs billets du Canada. Ils vinrent en effet désarmés avec leurs capitaines, Judice et Verret. A la ville, on leur distribua des armes.

1768. Après la révolte, les Acadiens, mécontents d'avoir été trompés, firent des reproches aux chefs, et se plaignirent de n'être pas indemnisés de leur perte de temps et du dommage résultant de l'abandon de leurs travaux.

"Les Allemands ont été égarés par des menaces de tyrannie et par de fausses raisons, ainsi que par des calomnies envers les Espagnols.

Quant à la masse des habitants, elle a été violentée par les chefs des factieux.

"Les Acadiens et les Allemands n'en sont pas moins coupables d'ingratitude, parce qu'ils n'avaient reçu que des bienfaits des Espagnols. Ils auront été entraînés.

"S'il y a eu disette en 1766, la faute en est à M. Foucault seul, qui a négligé de demander des grains.

"On a fait signer en blanc le mémoire des habitants, que j'attribue à Lafrénière.

"On y reconnaît aisément son style. On y retrouve ces expressions arrogantes, cette hauteur et cette liberté insolente avec lesquelles il a coutume de déclamer contre notre nation et cherche à persuader aux habitants de rester toujours français.

"J'avais bien vu, dès le commencement, que cet homme ne serait jamais bon sujet du roi, et qu'il emploierait toute la force de son éloquence à inspirer les mêmes sentiments au reste de ses concitoyens, et votre excellence peut se souvenir que je l'en prévins dès l'année 1766.

"Par les mêmes lettres j'ai informé votre excellence que Lafrénière était considérablement endetté, au point que ses biens n'équivalaient point aux dettes qu'il avait en France.

"De Noyan, son gendre, Villeré, Milhet et les autres principaux chefs du parti se trouvent dans la même position.

"Il serait à leur bienséance à tous que la colonie restât à la France, que ce fût Lafrénière qui dirigeât le 1768. conseil à son gré, au moyen de quoi il saurait faire perdre ses créanciers et empêcher qu'ils ne ruinent ceux qui doivent, comme il arriverait si on les obligeait à payer. Lafrénière s'était promis qu'après la chûte des Espagnols, il ferait avec sa famille de gros fonds, avec lesquels il se retirerait en France. Foucault avait pour objet que le commerce de France pût toujours se soutenir, afin qu'il pût rester dans la colonie avec la charge de conseiller et de commissaire, ainsi que j'en ai informé votre excellence. Ne pouvant réussir dans leurs vues, ils ont tout soulevé.

"Ce n'est pas la première fois que les maximes séditieuses de Lafrénière ont causé des troubles. Si M. de Kerlerec, du temps de son gouvernement, a dissimulé les intrigues et les menées dont cet esprit turbulent agitait alors le pays, c'est qu'il était obligé de soutenir en même temps et cette guerre intestine et une guerre ouverte contre les Anglais, de façon qu'il n'était pas en état de prendre des mesures efficaces contre ces désordres.

"M. d'Abbadie, successeur de ce dernier, a eu tant de désagréments, qu'il en a porté plusieurs fois ses plaintes à la cour de France, lui représentant les risques que la colonie courait par la folle ambition d'un sujet, qui prétendait réunir dans sa personne tout le pouvoir du gouvernement, et il fit de fortes instances pour qu'on lui retirât la charge de procureur général, qui ne lui avait été donnée que pour un temps limité. Si la cour de France n'y a pas eu égard, c'est que la cession étant faite, on laissait à l'Espagne le soin de faire les réformes, &c. &c."

L'expulsion d'Ulloa, n'avait pas satisfait les colons, et, le 14 décembre, ils présentèrent une autre requête au conseil pour l'expulsion de la frégate Espagnole. Elle était conçue en ces termes :

1768. *Requête au Conseil Supérieur sur l'expulsion de la frégate Espagnole.*

"M. Marquis, ancien commandant de la quatrième compagnie suisse, le chevalier de la Ronde, lieutenant réformé d'infanterie, le Breton, ancien mousquetaire de la garde du roi, syndics des habitants et colons de cette colonie, Messieurs Caresse et Braquier, syndics du commerce en cette ville, exposent que cette frégate qui servit de charte aux citoyens vexés par M. Ulloa, de refuge aux esclaves révoltés contre leurs maîtres et d'écueil évident à la liberté expirante de leur navigation, que cette frégate, disent les demandeurs, fait encore voltiger sa flamme dans ce port et semble commander à la rade ; que les postes de Manchac, des Natchez et des Illinois sont encore occupés par des garnisons et des commandants Espagnols, que les officiers de Sa Majesté Catholique ne se disposent pas plus à partir que si le pays était de son obédience, et qu'il n'y a jusqu'à présent aucun changement apparent dans la perspective effrayante de cette domination étrangère, qui a fait naître chez les citoyens de si vives inquiétudes ; que, quant à la frégate espagnole, il n'est pas étonnant que sa demeure en cette rade cause un mécontentement général, attendu que le souvenir des vexations exercées par elle, conformément aux ordres de M. Ulloa, tant sur la liberté de la navigatiou que sur celle des citoyens, ne peut produire que l'indignation. . . . . .
. . . . . . . . . . . . . . . . . . . . . .

"Continuent les dits demandeurs à représenter que l'arrêt rendu par la cour, le 29 octobre dernier, en enjoignant à M. Ulloa de s'embarquer sous trois jours, soit dans la frégate, soit dans tel autre bâtiment qu'il jugerait à propos, enjoignait aussi implicitement aux officiers de la dite frégate de s'expédier sous peu de jours, et que s'il a été accordé à M. Ulloa le choix du bâtiment pour

s'en aller, ce n'est que parce que la cour avait présumé 1768. que la frégate avait besoin de quelques réparations pour tenir la mer avec sécurité ; que même un bruit confus s'est répandu que M. Ulloa lui-même, avant son départ, avait ordonné aux officiers de cette frégate de la réparer promptement, et de faire incessamment voile pour la Havane ; qu'en effet, ils ont pris des ouvriers presque aussitôt, mais que leur travail a été conduit avec une excessive lenteur ; que la carène de cette frégate est l'ouvrage de Pénélope, et que si l'on n'excitait leur diligence, on n'en verrait jamais la fin ; qu'au rapport de tous les marins de cette rade, elle devrait être prête depuis long-temps, et qu'ils se feraient fort de l'expédier sous quinze jours. . . . . . . . . . . . . . .
. . . . . . . . . . . . . . . . . . . . . .

"Observent encore les dits demandeurs que cette lenteur ne produit rien qui tende à la tranquillité et à la satisfaction générale ; que, soumis et dévoués aux ordres qui émanent de Sa Majesté Très-Chrétienne, ils chérissent et révèrent tout ce qui porte ce caractère, mais qu'ils ont horreur de tout ce qui peut perpétuer à leurs yeux l'image de l'autorité et les traces de l'administration espagnole que M. Ulloa leur a présentée sous un appareil si menaçant, bien secondé d'ailleurs, en ses vexations, par tous ceux auxquels il avait départi la moindre parcelle de l'autorité qu'il affectait ; qu'ils viennent encore de recevoir de tristes nouvelles touchant ceux qui ont participé à cette autorité illégale ; que les sieurs Rivard et Bérard, négociants, allant aux Illinois, se sont vus contraints de débarquer aux Arkansas, et de se rendre par terre, pour n'être plus témoins des propos injurieux qu'un certain Catalan, nommé Chouriac, envoyé par les Espagnols aux dits lieux des Illinois, comme garde-magasin et commissaire, tenait contre la nation française ; que le sieur Piernas, capitaine des troupes espagnoles, allant aux Illinois pour en prendre le com-

1768. mandement avec le dit Chouriac, ont rencontré, aux écores à Margot, une voiture qui descendait de ce lieu, qu'ils l'ont arrêtée, et en ont enlevé deux rameurs pour augmenter leur équipage, avec menace de faire jouer leur périer sur la voiture, et de faire amarrer les neuf hommes qui la conduisaient; que, malgré le besoin qu'ils se faisaient les uns aux autres, ils ont tiré au sort pour décider ceux qui embarqueraient dans le bateau espagnol, sans autre expectative que la crainte des mauvais traitements; qu'ayant voulu convenir de leur salaire, le dit Chouriac leur a dit qu'il fallait marcher pour le service du roi, sans autre information.

"Les demandeurs ajoutent que ce trait en rappelle un autre qui ne sert pas moins à démontrer l'évidence de la tyrannie que les officiers, sous les ordres de M. Ulloa, exerçait déjà ; qu'ils les rapportent tels qu'ils se sont passés, sans la moindre passion et sans fiel, et qu'ils désirent ardemment que la vérité toute nue, qui guide leur plume, puisse dessiller les yeux de quelques mauvais citoyens, si par malheur il en existe parmi eux, dont l'ame basse et vénale flotterait encore incertaine dans le choix de la liberté ou de l'esclavage; que le sieur Chamard partit l'année dernière dans son bateau pour les Illinois ; qu'ayant touché aux Natchez, le sieur Piernas, commandant espagnol, s'adressant à un passager, lui demanda des vivres, dont il craignait de manquer; que ce passager lui répondit qu'il était à même de s'en procurer, soit à la Pointe-Coupée, soit ailleurs, lui ajoutant que les bateaux qui s'expédiaient de la Nouvelle-Orléans pour les Illinois, loin d'être en état de pouvoir vendre leurs vivres, étaient eux-mêmes obligés d'en acheter dans tous les postes établis le long du fleuve ; que le sieur Piernas s'étant retiré, l'équipage du bateau crut en être quitte, et qu'on embarquait pour pousser au large, lorsque, tout à coup, le sieur Piernas fit charger le canon pour tirer sur le bateau, s'il osait partir, et fit sonner la cloche, (signal ordinaire dont il se servait pour 1768. faire prendre les armes), rassembla sa troupe, et ordonna à M. de Lavillebeuvre de se mettre à leur tête ; que cet officier, malgré sa répugnance, fut obligé d'obéir, et qu'il fallut livrer les vivres ; qu'il n'y a point de vexation plus complète ni de violence mieux circonstanciée ; qu'il faut donc qu'on les prenne pour des forçats ; qu'enfin cette humeur altière et l'affectation tyrannique de ce soi-disant officier de Sa Majesté Catholique doit leur causer toute indignation.

"Continuent les dits demandeurs, en leurs dites qualités, de représenter que c'est à la cour à appliquer le remède au mal qu'ils font connaître, mais ils ne balancent point à dire que la continuation de ces vexations ferait de la colonie un désert.

"En conséquence, ils prient le conseil de solliciter de la justice de M. Aubry, qu'il engage le capitaine de la frégate espagnole, *le Volant*, à accélérer son départ dans l'intérêt de la tranquillité publique."

Le conseil supérieur, sur les conclusions conformes du procureur-général, rendit un arrêt dans le sens de la requête.

Le 23 décembre, Aubry, dont l'esprit était assez éclairé et le jugement assez calme pour prévoir les suites funestes de ce qui s'était passé à la Louisiane, et dont par conséquent les inquiétudes ne faisaient que croître, communiquait au ministre ses réflexions sur la révolution dont il avait été témoin.

"Je me trouve, disait-il, dans la triste nécessité de parler, et de tout dire, malgré ma répugnance. Le conseil s'est mal comporté. Le procureur-général, Lafrénière, est un des principaux meneurs.

M. de Ulloa a commis plusieurs fautes, mais jamais de crimes, et, abstraction faite de son rang et de son caractère, ne méritait pas le traitement qu'on lui a fait subir.

1768. "Il faut envoyer ici un bataillon et un nouveau conseil. L'un, pour renvoyer du pays dix à douze boutefeux qui y font la loi, et ont fait tout le mal; l'autre, pour administrer la justice, qui est presque méconnue.

"Si cette révolution n'occasionne aucun changement dans les arrangements qui ont été pris entre la France et l'Espagne, par rapport à cette colonie, ne serait-il pas convenable que les ordres de Sa Majesté arrivâssent le plus tôt possible, annonçant la dernière et irrévocable volonté de Sa Majesté sur la cession à l'Espagne, promettant pardon et oubli, sauf pour un petit nombre de coupables qu'il faut absolument punir.

"Il est probable que les plus coupables se retireront chez les Anglais, en apprenant l'arrivée des troupes.

"Il serait bien à désirer que celui que Sa Majesté Catholique enverra pour prendre possession ait les qualités convenables. Si M. Ulloa eut eu plus de douceur et de complaisance, il y a long-temps que le pays serait espagnol. Tout y serait tranquille, et nous n'en serions pas où nous en sommes. Je vous assure, monseigneur, que, sans moi, il y a plus de deux ans qu'on l'aurait renvoyé.

"Il serait à désirer que l'on laissât venir, pendant quelque temps, dans la colonie les vaisseaux de France et des îles. Ce serait le plus grand bienfait que Sa Majesté Catholique pourrait accorder aux habitants de la Louisiane.

"Si le pays reste à la France, les habitants en seraient comblés de joie! Ils ont généralement le cœur français, et ce serait la plus agréable nouvelle qu'ils pourraient recevoir. Mais je suis certain présentement qu'ils aimeraient mieux presque tous passer sous la domination anglaise que d'être Espagnols, à moins que Sa Majesté Catholique ne voulût bien leur accorder quelques priviléges et avantages pour les engager à rester. La trop grande sévérité de M. Ulloa les a effrayés et ils craignent d'être gouvernés despotiquement comme dans 1768. le Mexique.

"Avec un million par an, on pourrait entretenir ici pour la France une troupe suffisante pour faire marcher l'administration et pour faire les présents aux sauvages, et l'on conserverait une colonie qui nous est attachée et dont le commerce peut être fort avantageux."

On voit par cette dépêche que le gouverneur français pensait qu'il y avait une douzaine de *boute feux à punir dans la colonie*, et que, par conséquent, il anticipait ainsi sur le jugement qui fut rendu plus tard par Oreilly.

En même temps que la dépêche d'Aubry, il en partit une autre de Foucault qui expliquait le rôle qu'il avait joué au conseil, lorsqu'il délibéra sur l'expulsion de la frégate Espagnole :

"Le 9 du courant, dit-il, les syndics des habitants, colons et commerçants de cette colonie me remirent une requête adressée par eux en cette qualité au conseil supérieur, tendante à ce que la frégate du roi d'Espagne, qui est amarrée au quai de cette ville, ensemble les officiers et autres personnes ayant titres et brevets de Sa Majesté Catholique, ou commissions de M. de Ulloa, venus ici avec lui ou sur d'autres bâtiments espagnols, fussent contraints de s'éloigner de cette colonie dans le plus court délai. J'étais instruit des vexations qui ont donné lieu à cette demande, et elles étaient trop iniques pour que je pûsse me dispenser de blâmer intérieurement les sieurs Piernas, capitaine dans les troupes espagnoles, commandant aux Natchez, (1) et Chouriac, envoyé par M. de Ulloa, comme garde magasin et commissaire aux Illinois. Mais je fus d'abord tenté de n'y

---

(1) Le nom de Natchez ne s'appliquait pas seulement à la rive gauche du fleuve sur laquelle la ville de Natchez est située, mais s'étendait aussi à la rive opposée. A l'époque dont il est ici question, on sait que cette partie de la rive gauche était en possession des Anglais.

1768. avoir aucun égard, attendu que le conseil ne pouvait y faire droit, sans s'écarter des bornes qu'il s'était prescrites par son arrêt du 29 octobre dernier, de ne prononcer que contre M. Ulloa ; que renvoyer hors de la colonie les vaisseaux et les officiers que Sa Majesté Catholique y avait fait passer, ce serait se détacher de l'obéissance due aux volontés de notre souverain, convenant mieux, selon moi, d'interdire l'autorité à ceux de ces officiers qui en feraient un usage abusif et d'en rendre compte. &c. &c.

"Pour bien des raisons, j'ai été obligé de convoquer le conseil pour le lendemain. Il a rendu un arrêt interlocutoire portant qu'il serait informé juridiquement des faits imputés aux sieurs Piernas et Chouriac, pour sur le tout rapporté être ordonné ce que de droit.

"Le 14, le conseil s'étant assemblé de nouveau sur le rapport du cahier d'informations contenant les dépositions de quatre témoins, j'y ai donné mon avis par écrit, où sont déduites les autres raisons que j'ai eues de m'opposer fortement à ce qu'il fût rien prononcé ni contre la frégate ni contre aucun officier espagnol. Le conseil a ordonné que l'arrêt du 29 octobre sortirait son plein et entier effet, et prie M. Aubry de solliciter le capitaine de la frégate d'accélérer son départ dans ce bâtiment, sous le plus court délai possible. Il m'a prié aussi d'offrir et fournir à ce capitaine toutes les augmentations nécessaires à cet effet, en matelots, ouvriers et effets. Je m'y suis conformé malgré ma répugnance, et seulement quant aux ouvriers et matelots, n'y ayant point d'effets à ma disposition dans les magasins du roi. J'ai l'honneur de vous adresser ci-jointe, Monseigneur, copie du cahier d'informations, de mon avis et de l'arrêt.

"Les postes établis par M. de Ulloa seront relevés, en conformité de la prière qu'il en a faite à M. Aubry, et occupés par des Français, jusqu'à ce que les ordres que nous avons demandés nous soient parvenus. Celui de la 1768. Balise l'est depuis un mois. Nous avons, M. Aubry et moi, envoyé le sieur Andry, sous ingénieur, à ceux de la rivière d'Iberville et des Natchez, pour y dresser et signer, conjointement avec Messieurs les commandants de Sa Majesté Catholique, des devis et plans de tous les bâtiments qui s'y trouveront, en faire et signer inventaire ainsi que de l'artillerie et des vivres, munitions, marchandises et effets, de concert aussi avec les commandants et gardes magasins, recevoir le tout, et placer dans chacun de ces postes huit ou dix Acadiens, au lieu de soldats qu'il n'a pas été possible d'y envoyer, à cause de leur petit nombre ici."

Foucault termine en disant que tous les Espagnols se retirent des autres postes et qu'il est convenu avec eux, qu'après l'évènement du 29 octobre, les dépenses de la colonie seraient réputées pour le roi d'Espagne jusqu'au 31 décembre inclusivement, et que les comptes seraient rendus en conséquence.

Lorsque Ulloa était arrivé à la Havane, il y avait trouvé huit cents hommes de troupes destinées pour la Louisiane, et qui s'y rendaient avec Urissa, ancien consul d'Espagne à Bordeaux, et récemment promu à l'emploi d'intendant de la Louisiane. Urissa s'était arrêté à la Havane pour y prendre un million de piastres, que le roi d'Espagne consacrait aux dépenses à faire dans le nouveau domaine qu'il venait d'acquérir. Si ces huit cents hommes de troupes et surtout le million de piastres, somme que les colons n'avaient encore jamais vue en valeur métallique à la Louisiane, étaient arrivés à temps, il est plus que probable que la révolution n'aurait pas eu lieu. Mais en apprenant le traitement fait à Ulloa, Urissa se détermina à retourner en Europe.

Ulloa a joué un rôle si important à la Louisiane, qu'un précis historique de toute sa vie réclame ici sa place.

1768. Voici ce qu'on trouve sur son compte dans la biographie universelle de Michaud :

"Antonio de Ulloa fut un des hommes qui honorèrent le plus l'Espagne au dix-huitième siècle, par ses longs et utiles services comme voyageur, marin, administrateur, et par ses travaux scientifiques. Il naquit à Séville, le 12 janvier 1716. Sa famille, déjà distinguée dans la marine, le prépara de bonne heure à suivre cette carrière par les études les plus soignées ; il entra au service comme garde marine, en 1733 ; et ses progrès surpassèrent bientôt les espérances que ses heureuses dispositions avaient fait concevoir. La première commission dont il fut chargé fut la savante expédition concertée entre les ministères de France et d'Espagne pour prendre la mesure d'un arc du méridien à l'équateur, opération sollicitée par l'académie des sciences de Paris, afin de déterminer la figure de la terre, et dont la conduite fut confiée à plusieurs membres de cette compagnie : Bouguer, La Condamine et Godin.

"La province de Quito, au Pérou, ayant paru offrir la station équatoriale la plus favorable à cette entreprise, qui devait être longue et pénible, il avait fallu amener le ministère de Philippe V, et le conseil des Indes espagnoles, à permettre que des savants étrangers allassent faire une curieuse investigation de ces riches contrées. L'amitié qui unissait alors les deux cours, et une généreuse émulation en faveur de la science l'emportèrent sur toute autre considération ; il fut décidé que deux officiers de la marine royale, capables de seconder les académiciens français dans leurs travaux, seraient envoyés avec eux pour les protéger auprès des autorités du pays, et pour partager, au nom de leur patrie, l'honneur de cette importante opération. Le choix des deux officiers fut remis au chef du *corps et académie des cavaliers royaux gardes marines*, et le jeune Antonio de

Ulloa, à peine âgé de dix-neuf ans, fut proposé, avec un 1768. autre officier, du même corps, George Juan, déjà renommé pour ses talents comme mathémacien. L'un et l'autre s'acquittèrent dignement de leur commission: ils surent concerter leurs efforts pour le plus grand succès de l'entreprise, et toujours exempts des fâcheuses mésintelligences qui survinrent parmi les savants français, ils publièrent à leur retour, treize ans après leur départ, et un an avant les académiciens de Paris, les résultats de ce grand voyage. George Juan, s'étant réservé plus spécialement la rédaction des observations géométriques, physiques et astronomiques faites soit en commun, soit par chacun d'eux séparément, publia en 1748, aux frais du gouvernement espagnol, son volume d'*Observaciones*, &c., Madrid, in-4°; et peu de mois après, Ulloa publia également aux frais du roi d'Espagne, la *Relation Historique* du voyage fait à l'Amérique Méridionale, par ordre du roi, pour mesurer quelques degrés du méridien et connaître la véritable figure et grandeur de la terre, avec diverses observations astronomiques et physiques, &c. Madrid, 1748.

"Partis en 1735, avec le grade de lieutenants de vaisseau, sur deux bâtiments de guerre, qui transportaient à Carthagène le nouveau vice-roi du Pérou, ils attendirent dans cette ville pendant cinq mois l'arrivée de la corvette française, qui amena enfin Bouguer, La Condamine et Godin. Ce long séjour leur permit de se livrer à de nombreuses observations d'histoire naturelle, de mœurs et de statistique, dont s'enrichit la relation d'Antonio de Ulloa, où l'on remarque partout un esprit attentif, exact et judicieux. La compagnie, enfin rassemblée, partit avec un riche équipage d'instruments géométriques, et se rendit à Quito, par la route de Portobello, Panama et Guayaquil. Depuis le commencement des travaux trigonométriques, en juin 1736, Ulloa ne cessa d'y contribuer avec un zèle dont ses collègues eurent beaucoup à se louer ; il participa à toutes les opérations de Bouguer et de La Condamine, tandis que George Juan et Godin formaient de leur côté une autre série de triangles et de calculs. Les mesures géométriques ne furent terminées qu'après plus de quatre années, pendant lesquelles on fut exposé à des fatigues, à des dangers sans nombre, soit par un séjour presque continuel sur des montagnes couvertes de neige, et au milieu des précipices, soit par le passage subit de ces régions glacées à la température brûlante de la plaine, soit enfin par l'effet de l'ignorance et des préventions des habitants, qui faillirent être funestes à l'expédition en août 1739, à Cuença. Ulloa décrit avec beaucoup d'intérêt et de simplicité toutes les souffrances qu'il eut à endurer ainsi que ses compagnons ; d'ailleurs, peu occupé de lui-même, il omet presque une grave maladie dont il se guérit heureusement dans un chalet de ces montagnes : mais on ne pouvait attendre ni d'un écrivain espagnol, ni d'un narrateur officiel, des détails qui eussent compromis plusieurs des autorités du Pérou, et en général l'amour propre de ses compatriotes. Il ne laisse pas de faire connaître les préjugés des naturels du pays, par diverses anecdotes, entre autres celle de cet Indien qui vint à genoux supplier les savants européens, qu'il prenait pour des magiciens, de lui révéler quel était le voleur d'un âne qu'on avait pris. Vers la fin de septembre 1740, comme on travaillait aux observations astronomiques à l'une des extrémités de l'arc du méridien qui avait été mesuré, un ordre du vice-roi obligea subitement les deux officiers espagnols de se rendre à Lima. La guerre entre l'Angleterre et l'Espagne venait d'éclater. L'expédition du vice-amiral Anson menaçait les côtes des possessions espagnoles ; Ulloa et Juan furent chargés de mettre en état de défense les parages voisins de Lima et de Callao. Dès que ces dispositions furent terminées, ils obtinrent de retourner à Quito reprendre leurs travaux scientifiques. Mais à peine arrivés, on les appelle à Guayaquil : Le sac de Payta, par l'escadre anglaise, avait répandu au loin la terreur. Pour se faire une idée des fatigues de ces allées et venues, il faut songer à la difficulté des voyages à travers les montagnes du Pérou. Quand toutes les mesures furent prises pour la sûreté de Guayaquil, on ne consentit à laisser repartir que l'un des deux officiers ; ce fut Ulloa qui s'empressa de reprendre, dans la saison la plus défavorable, la route de Quito. En entrant dans cette ville, on lui apprit qu'il était rappelé en toute hâte à Lima, et il s'y rendit de nouveau avec George Juan. Là, ils prirent le commandement de deux frégates avec ordre de croiser devant les côtes du Chili et les îles de Juan Fernandez. L'arrivée de quelques renforts espagnols à Lima leur permit d'aller encore une fois reprendre l'objet de leur mission scientifique, à Quito, où ils ne trouvèrent plus les académiciens français, à l'exception de Godin, avec lequel ils observèrent, la comète de 1744. Enfin, impatients de rapporter en Europe le fruit de leurs travaux, ils allèrent s'embarquer à Callao, sur deux navires français qui devaient doubler le cap de Horn, et se rendre à Brest : mais des tempêtes les séparèrent ; celui où se trouvait Ulloa ayant rejoint deux autres bâtiments français, échappa difficilement à un combat très vif contre des corsaires anglais, supérieurs en force, qui s'emparèrent de ces deux bâtiments chargés de trois millions de piastres fortes. Il fallut changer de route pour éviter de nouveaux dangers : on se dirigea vers le Nord de l'Amérique. En entrant dans le port de Louisbourg, au cap Breton, l'équipage se félicitait d'avoir échappé à tant de périls, lorsqu'il fut obligé de se rendre aux Anglais qui, venant de prendre cette ville, y avaient à dessein laissé flotter les bannières françaises. Ulloa, fait prisonnier, fut transporté en Angleterre, et traité avec égards. Il ne tarda pas à

1768.

recouvrer sa liberté et ses papiers, par le crédit de plusieurs personnages distingués qui s'intéressèrent vivement en sa faveur auprès de l'amirauté, entre autres le célèbre président de la société royale de Londres, Martin Folkes. Ce savant s'empressa de le présenter à ses collègues, et le fit nommer membre de la société.

"Bientôt Ulloa s'embarqua pour Lisbonne, et arriva à Madrid, en 1746, au commencement du règne de Ferdinand VI. Il reçut à la cour l'accueil le plus flatteur, fut nommé capitaine de frégate, et commandeur de l'ordre de St.-Jacques. A la relation de son voyage, dont il s'occupa pendant les deux années suivantes, et qui eut un grand succès, il joignit un résumé historique sur les souverains du Pérou depuis Manco Capac, le premier Inca, jusqu'aux derniers rois d'Espagne. Il y fait beaucoup d'emprunts à l'historien Garcilasso : ce travail, peu remarquable en lui-même, a peut-être aussi le défaut de figurer comme un étalage fastueux de la puissance espagnole, plutôt que comme le complément d'un ouvrage écrit avec candeur, et rempli d'observations utiles ou savantes. Ulloa parcourut ensuite une partie de l'Europe, par ordre du roi, et les connaissances qu'il recueillit dans ce voyage furent heureusement appliquées au service de l'état et à l'utilité de la nation.

"Pendant la suite d'une carrière très active, Ulloa s'efforça de concilier son goût pour l'étude des sciences avec les nombreuses commissions dont il fut chargé par son gouvernement pour le service maritime, et plus tard pour l'amélioration de l'industrie intérieure. La surintendance de la mine de mercure de Guancavelica, au Pérou, fut la récompense de son zèle ; mais les produits de cette mine diminuèrent par l'avarice et la mauvaise administration des entrepreneurs, et Ulloa ne put les rétablir, parce qu'il osa dénoncer les malversations de quelques hommes alors en pouvoir. Sous le règne de Charles III, un ministère qui savait apprécier les talents nécessaires à l'Espagne l'éleva au grade de 1768. chef d'escadre, et lui confia le commandement de la flotte des Indes. Lorsque la paix de 1762 eut fait passer la Louisiane sous la domination de l'Espagne, Ulloa fut envoyé pour en prendre possession, la gouverner, et pour y organiser les différentes branches de l'administration espagnole. Il y arriva en 1766 ; mais la résistance qu'il éprouva de la part des colons qui avaient encore le cœur et l'esprit français, le força de se rembarquer.

"Le voyage de Ulloa ne fut cependant pas inutile à sa réputation et à sa patrie : il parcourut les deux Amériques, et y recueillit des matériaux précieux, qui lui servirent à composer un nouvel ouvrage. Dans l'intervalle de ses campagnes, il correspondait avec les savants étrangers, et il fut nommé associé des académies de Stockholm et de Berlin. Dès 1748, il était devenu correspondant de l'académie des sciences de Paris. En 1772, il publia à Madrid, en 1 vol. in-4o., un recueil d'observations sous ce titre : *Noticias Americanas, Entretenimientos physico-historicos sobre la America Meridional, y la septentrional-oriental;* dans cet ouvrage il se livre à des dissertations d'une lecture facile (c'est ce que signifie ici le mot *Entretenimientos*) sur le sol, le climat, les productions végétales, animales et minérales de ces vastes contrées ; sur les pétrifications marines ; sur les Indiens, leurs mœurs, leurs usages, leurs antiquités, leurs langues, et enfin sur l'origine probable de la population de l'Amérique. A l'égard de cette dernière question, l'auteur, admettant sur des autorités fort suspectes, qu'à la suite du déluge les hommes construisirent de petites arches à l'imitation de celle de Noé, suppose qu'une de ces arches dut être entraînée par les vents jusqu'en Amérique. Ce n'est point sur des hypothèses aussi hasardées qu'il faut juger cet esprit sage et sincère. Son livre fut bientôt suivi d'un autre : *La Marine*

1768. ou *Forces navales de l'Europe et de l'Afrique*, présenté au ministère espagnol en 1773. Ulloa fit paraître à Cadix, en 1778, une *Observation, faite en mer, de l'éclipse de soleil*, qui avait eu lieu cette année. Ce petit ouvrage fut traduit en français par Darquier, Toulouse, 1780, in-8°., et se retrouve dans le *Journal de Physique*, d'avril 1780. On y remarque un fait singulier qui occupa quelque temps les astronomes. L'auteur assure avoir vu pendant plus d'une minute, durant l'éclipse, et fait voir à plusieurs personnes un point brillant sur la lune, et il le regarde comme un véritable trou au travers de cette planète. "Suivant mon calcul, dit Lalande (*Bibliogra-*"*phie astronomique*, page 573), ce trou serait à quinze "lieues de distance de sa surface, et il aurait cent neuf "lieues de longueur; mais on ne peut le regarder que "comme un volcan." Suivant le même Lalande (*ibid.*, page 778), Ant. de Ulloa, l'un des plus grands promoteurs de l'astronomie en Espagne, contribua beaucoup à la construction de l'Observatoire de Cadix; et c'est surtout comme savant, qu'il a laissé un nom honorable. Quoiqu'il possédât, au degré le plus éminent, toutes les connaissances théoriques de la navigation, on est forcé de convenir que dans la pratique de la marine militaire il ne s'éleva pas au-dessus de la médiocrité. Il commanda diverses escadres, mais sans éclat. Il était cependant parvenu au grade de lieutenant-général des armées navales, lorsqu'il fut chargé, en 1779, d'une croisière aux îles Açores, afin de s'y emparer de huit vaisseaux de la compagnie anglaise, qui revenaient de l'Inde, et de se rendre ensuite à la Havane, où il devait trouver des forces plus considérables, pour attaquer les Florides. Ulloa, l'esprit trop préoccupé d'expériences et d'observations, oublia de décacheter la lettre qui contenait les instructions ministérielles; et il revint au bout de deux mois après une croisière inutile. On l'accusa d'avoir laissé passer les huit navires anglais sans les

poursuivre, d'avoir laissé prendre, à sa vue, une frégate 1768.
espagnole et un vaisseau de Manille. Il fut arrêté et
traduit, en décembre 1780, d'après sa demande, devant
un conseil de guerre. Soit que l'accusation ne fût pas
prouvée, soit que le mérite supérieur de Ulloa, et les
services qu'il avait rendus eussent disposé ses juges à
l'indulgence pour une faute occasionnée par sa seule
distraction, il fut acquitté honorablement, et conserva
son grade et ses titres; mais il cessa de figurer dans
l'armée active, il commanda des départements maritimes, et sur la fin de sa vie, il fut directeur-général par
*interim* des armées navales, et comme tel chargé d'examiner les élèves de l'école d'artillerie de marine à Cadix.
Ulloa était aussi ministre de la junte générale du commerce et des monnaies. Il mourut dans l'île de Léon, le
3 juillet 1795, dans la quatre-vingtième année de son
âge. Un voyageur anglais (Townsend), qui l'avait visité
à Cadix huit ans auparavant, a fait ainsi son portrait:
"L'Espagnol dont la conversation m'intéressait le plus
"était don Antonio de Ulloa;..... je trouvai en lui un vé-
"ritable philosophe, spirituel et instruit, vif dans sa con-
"versation, libre et aisé dans ses manières..... Il est d'une
"petite stature, extrêmement maigre et voûté par les
"années : il était habillé comme un paysan, et entouré
"de ses nombreux enfants, dont le plus jeune, âgé de
"deux ans, jouait sur ses genoux. Dans la chambre où il
"recevait ses visites, on voyait confusément dispersés
"des chaises, des tables, des malles, des caisses, des li-
"vres, des papiers, un lit, une presse, des parasols, des
"habits, des outils de charpentier, des instruments de
"mathématiques, un baromètre, une pendule, des armes,
"des tableaux, des miroirs, des fossiles, des minéraux,
"des coquilles, une chaudière, des bassins, des cruches
"cassées, des antiquités américaines, de l'argent et une
"curieuse momie des îles Canaries....." Ce n'est point
seulement par ses services rendus à l'état et par ses con-

1768. naissances supérieures dans les hautes sciences que don Ant. de Ulloa a laissé de justes regrets dans sa patrie. L'Espagne lui doit le premier cabinet d'histoire naturelle, et le premier laboratoire de métallurgie qu'elle ait possédés; la première idée du canal de navigation et d'arrosement de la Vieille-Castille, commencé sous Charles III, et abandonné sous ses successeurs; la connaissance du platine et de ses propriétés; de l'électricité et du magnétisme artificiel. C'est lui qui perfectionna l'art de la gravure et celui de l'imprimerie, en Espagne; qui dirigea la géographie espagnole dans la rédaction des cartes de la Péninsule, et qui fit connaître l'utilité des laines *churlas*, très semblables à celles de Canterbury, en Angleterre, et le secret de fabriquer des draps fins par le mélange de ces laines avec celle des mérinos. Afin de démontrer l'avantage de sa découverte, il établit à Ségovie, pour le compte et avec l'autorisation du roi, une fabrique d'où sortirent des draps comparables, pour la finesse, à ceux qui provenaient des manufactures étrangères. Enfin, c'est d'après les sollicitations d'Ulloa, que des jeunes gens furent envoyés dans divers états de l'Europe pour s'instruire dans les arts mécaniques et libéraux, et propager ces connaissances dans leur patrie. Son principal ouvrage a été traduit en français, sous ce titre : *Voyage historique de l'Amérique méridionale*, etc., par de Mauvillon, 2 vol. in-4°., 1752.

Ainsi la cour d'Espagne avait fait à la Louisiane le compliment de lui envoyer, pour en prendre possession, un savant illustre, dont la haute réputation était appréciée dans le monde entier. On n'en sait pas moins que les qualités de cet homme distingué n'avaient pas suffi pour le faire aimer de ceux qu'il était venu gouverner et pour contre-balancer chez lui quelques défauts de caractère. Il en arriva que la mission, dont il avait été chargé, lui devint odieuse, au sein d'une population pour laquelle il ne cachait pas son mépris, et qui y répondait par la haine. On a vu ce qui en est résulté. 1769.

La nouvelle de la révolution opérée à la Louisiane parvint en Espagne en quarante jours, et il se tint aussitôt un conseil de ministres composé du duc d'Albe, du marquis de Grimaldi, du comte d'Aranda, du bailli d'Arriaga, &c., &c. Il y fut arrêté qu'il était convenable de garder la Louisiane, et qu'il fallait par conséquent prendre les mesures nécessaires pour l'assujettir et en assurer la possession à l'Espagne. Le marquis de Grimaldi en donna avis au comte de Fuentes, ambassadeur d'Espagne près de la cour de France, par la dépêche suivante :

"LE MARQUIS DE GRIMALDI AU COMTE DE FUENTES.

"Je ne vous ai plus parlé des affaires de la Louisiane depuis le 23 février dernier, mais je vais vous informer à présent de tout ce qui s'est passé depuis ce temps là. Aussitôt qu'on reçut ici toutes les lettres où M. Ulloa rendait compte de la rébellion de cette colonie, le roi ordonna qu'examinant tous les documents et pièces qui y étaient relatifs, depuis l'acte de cession de Sa Majesté Très-Chrétienne jusqu'au moment où les habitants de la colonie en chassèrent M. Ulloa, on discutât, dans une assemblée de ministres, s'il était convenable pour l'Espagne qu'elle gardât la dite colonie. Car, en cas qu'il le fût, Sa Majesté prendrait les mesures nécessaires pour l'assujettir et pour s'en assurer la possession.

"Cette assemblée a été composée de..... &c. Pour que tous ces ministres pûssent être bien au fait de la matière sur laquelle on devait délibérer, on commença par former ce précis ci-joint de toute l'affaire, lequel fut lu d'avance, par chacun de ces ministres, avec les pièces qui y sont citées. Cela fait, on convoqua la première assemblée, et tous, à l'exception d'un de ceux qui la composaient, ont été unanimement d'avis que la possession de la dite colonie, dont les limites étaient formées

1769. par le fleuve Mississippi, assuraient les avantages suivants:

1°. "Qu'elle établissait entre le nouveau Mexique et les possessions anglaises une ligne de séparation invariable, telle que l'était le grand fleuve qui conserve son nom depuis sa source jusqu'à son embouchure dans le golfe du Mexique.

2°. "Qu'en établissant dans la dite colonie un mode de gouvernement pareil à celui des autres possessions de l'Amérique, on éviterait non-seulement la contrebande que les habitants auraient continué de faire, mais aussi une grande partie de celle des colonies anglaises.

3°. "Qu'en encourageant la culture du blé et d'autres grains, la colonie pourrait en faire un commerce très utile avec la Havane, Porto-Rico et les autres îles.

4°. "Que l'entretien de cette colonie ne serait ni plus onéreux ni plus à charge que ne l'avait été celui de St.-Augustin, de Pensacola et des Apalaches dans la Floride, et que ne l'étaient les postes qui existent dans le Nouveau-Mexique, lesquels pourraient être supprimés.

5°. "Que si l'on rendait à la France cette colonie, ses négociants pourraient établir un commerce frauduleux et illicite, encore plus considérable que celui qu'ils avaient fait par le passé.

"Je vous dirai en passant que, pendant qu'on était occupé de cette affaire, M. de Ulloa arriva à Madrid, et rendit compte de tout ce qui s'était passé pendant sa résidence à la Louisiane.

"Le roi approuva l'avis de l'assemblée, non-seulement par les raisons qu'on y avait exposées, mais aussi par la réflexion des suites que le mauvais exemple de la Louisiane pouvait entraîner à l'égard de toutes les autres possessions de l'Amérique, même de celles des autres puissances, où l'esprit de sédition et d'indépendance commençait à se répandre, comme il paraissait par ce qui venait d'arriver aux Français mêmes dans l'île de 1769. St.-Domingue. Sa Majesté fit aussi la réflexion qu'étant essentiellement en possession de la Louisiane par un titre très légitime, quoiqu'il lui manquât la cérémonie de la prise de possession, cette colonie devait être respectée et comptée comme une province de la couronne, et ses habitants comme ses sujets. D'où il résultait qu'il n'appartenait qu'à Sa Majesté de la recouvrer, et de punir la témérité de ses habitants et l'offense qu'ils avaient faite à son gouvernement et à la nation. Sa Majesté pensa aussi qu'il était nécessaire qu'on vît dans le monde qu'elle savait et pouvait, sans aucun pouvoir étranger, réprimer l'audace des séditieux, et les desseins formés contre le respect dû à sa dignité et à sa couronne. D'après ces principes, Sa Majesté se détermina à soumettre les rebelles par la force, et voulut que, sans délai, l'on prît des mesures à cet effet.

"Don Alexandre Oreilly, inspecteur et lieutenant-général des armées, était alors nommé par le roi pour passer à la Havane, et aux autres villes de la Nouvelle-Espagne, pour faire la revue des troupes et des milices, et il parut à Sa Majesté que cet officier pourrait se charger en même temps de l'expédition de la Louisiane. En conséquence, on lui ordonna de hâter son voyage. Il partit sur-le-champ pour Cadix, où il trouva une frégate qu'on lui avait préparée. Il s'embarqua, et il doit être, à l'heure qu'il est, près de l'île de Cuba. Il n'a tiré de Cadix aucun préparatif, car on crut convenable de cacher l'objet de sa commission. A cet effet, on lui donna un ordre ostensible dans lequel il n'était question que de l'inspection et de la revue générale, mais il savait bien qu'il trouverait à la Havane tout ce dont il aurait besoin. L'instruction qu'on lui donna fut, qu'en prenant dans ce port les bataillons d'infanterie, les munitions et les autres apprêts qu'il jugerait nécessaires, il se transportât à la colonie, et, qu'après en avoir pris

1769 possession au nom de Sa Majesté, il fît des procédures et punît, suivant les lois, les chefs du soulèvement, en faisant sortir de la colonie toutes les personnes et familles qui pourraient en troubler la tranquillité. On lui a aussi ordonné d'établir, à l'égard du militaire et de la police, une administration convenable de justice, et les règles nécessaires pour l'administration des finances, pour la dépendance et la subordination des habitants, et enfin pour la forme du gouvernement; le tout, conformément aux instructions de vive voix qu'on lui avait données ou à celles qu'on pourrait lui donner ensuite. Il emmène aussi des personnes de loi pour ce qui concerne les procédures judiciaires, et il a été autorisé de se servir de la voie des armes, en cas que les habitants de la colonie l'y obligent par leur résistance. Il parut convenable de donner à M. Oreilly des instructions de cette étendue, à cause de la distance et de l'éloignement du pays. Mais comme le roi, dont le caractère est bien connu, est toujours porté à la douceur et à la clémence, il ordonna de prévenir M. Oreilly qu'il serait conforme à la volonté de Sa Majesté d'agir avec la plus grande douceur, et de se contenter d'expulser de la colonie ceux qui mériteraient un plus grand châtiment.

"J'aurais pu vous informer auparavant de tout ceci, mais n'ayant de votre part aucune démarche à faire, attendu que le roi a pris sur lui la satisfaction de l'attentat commis par les habitants de la colonie, nous jugeâmes qu'il était inutile de vous envoyer par le courrier ordinaire, le grand nombre de papiers nécessaires pour vous mettre au fait de tout ce qui s'est passé. J'avais aussi pensé de vous envoyer avec ces pièces le dit mémoire ou manifeste publié par les habitants de la Louisiane. Mais je suis persuadé qu'il vous en sera parvenu quelque exemplaire, attendu qu'il a été réimprimé en France, avec l'arrêt du conseil supérieur de la colonie. Je ne crois pas, Monsieur, devoir vous cacher

que, quand le roi apprit les termes insolents de cet 1769.
écrit, il en fut fort indigné, et qu'il ne le fut pas moins
d'apprendre que les auteurs de cet écrit, non-seulement
avaient réussi à le rendre public, mais aussi à faire
mettre dans différentes gazettes un article de Paris, où
notre gouvernement et notre nation étaient dépeints
avec les plus noires couleurs. La liberté entière avec
laquelle les députés de la colonie demeurent à Paris
n'aura pas peu contribué à la publicité de ces déclamations insolentes, et, comme on n'y a point fait contre eux
la moindre démonstration, nos ennemis auront peut-être
lieu d'imaginer que le ministre de Sa Majesté Très-
Chrétienne ne les désapprouve pas. Mais je dois vous
certifier pleinement à cet égard que le roi n'en a pas eu le
moindre soupçon, et que d'ailleurs il est persuadé que
l'honneur de son gouvernement et le crédit d'une nation ne dépendent jamais des invectives des gazetiers et
des particuliers qui les font répandre. Je dois cependant vous dire franchement que la délicatesse de Sa
Majesté ne se serait jamais contentée de ne pas prêter
l'oreille à ceux qui se disent députés de la colonie, et
que Sa Majesté aurait certainement fait punir la hardiesse de réimprimer et de publier en Espagne des
écrits injurieux au gouvernement de Sa Majesté Très-
Chrétienne et à la nation française. Sa Majesté pense que nous ne devons pas nous contenter de l'intimité d'union qui subsiste entre les deux monarques et
entre les deux ministres, mais que nous devons l'étendre
d'une nation à l'autre, et il est certain que de pareils
écrits ne contribuent pas à cet effet. Votre excellence
sait bien qu'on regarde en Espagne avec indifférence
la perte des grands intérêts, mais point les injures.

"Dès que nous reçûmes le dit manifeste, on détermina que M. de Ulloa répondrait aux fables et aux accusations exagérées qui y sont exposées. Mais avant que de le
lui ordonner, il avait prévenu nos intentions, et il nous

1769. envoya de Cadix la satisfaction et réponse ci-jointe. La copie que je vous en envoie et le précis qui l'accompagne rendent pour ainsi dire inutiles tous les autres papiers que j'avais eu le dessein de vous envoyer. Ces deux pièces vous feront reconnaître que le véritable objet des habitants de la colonie, et particulièrement des chefs de la sédition, est de vivre dans l'indépendance la plus absolue, sans lois, sans police et sans ordre, et que le roi les a traités et voulait les traiter à l'avenir avec une prédilection et une liberté bien différentes de celles dont toutes les autres colonies américaines jouissent, quel que soit leur mérite et quels que soient les services qu'elles aient pu rendre à la métropole.

"Vous rendrez compte de tout à M. le duc de Choiseul, et vous lui demanderez une lettre ou déclaration de Sa Majesté Très-Chrétienne, en improbation de la conduite des habitants de la Louisiane. Vous prierez ce ministre d'engager Sa Majesté Très Chrétienne à déclarer que les dits habitants de la colonie, comme sujets qu'ils sont du roi son cousin, doivent s'en remettre à sa clémence et vivre sous ses lois. L'acte de cession de la colonie, comme vous le reconnaîtrez par la copie, fut absolu et sans aucune obligation de la part du roi. Seulement, dans la lettre écrite postérieurement à M. d'Abbadie, pour la remise de la colonie, Sa Majesté Très-Chrétienne insinuait au roi son cousin qu'elle attendait qu'il conserverait les mêmes habitants dans leurs priviléges. C'est à quoi le roi était déterminé, et il l'avait même ordonné, mais les dits habitants s'en sont rendus indignes par leur rébellion.

"Voilà, Monsieur, l'unique chose dont je dois vous charger pour le présent, car, quoiqu'il fût très naturel que la gazette de France désapprouvât l'article qu'on a mis comme nouvelle de Paris dans quelques gazettes des Pays Bas, il serait déjà un peu trop tard, et d'ailleurs il ne nous appartient pas de la solliciter. Nous

nous contentons d'avoir écrit à Vienne et en Hollande 1769. pour qu'on y apporte le remède convenable."

Au commencement de l'année 1769, la province de la Louisiane était presque rentrée dans le calme, mais ce calme n'était pas exempt d'un certain sentiment de terreur. Car si la révolution était accomplie, il s'agissait de savoir quels en seraient les résultats. Maintenant que le moment de l'action était passé, on réfléchissait. On avait tout le loisir d'examiner l'étendue et la nature des dangers que l'on avait appelés sur le pays et que chacun voyait poindre comme de gros nuages à l'horizon. Que ferait la France ? que ferait l'Espagne ? Voilà les questions que l'on s'adressait avec inquiétude. Beaucoup de gens commençaient à se repentir de ce qu'ils avaient fait, et c'était à qui avait pris le moins de part à la révolution. Comme cela s'est vu dans plus d'un évènement de ce genre, les chefs commençaient à se trouver isolés et seuls désignés à la vindicte que l'on redoutait. On s'écartait d'eux, comme à l'approche de l'orage, on évite ces grands arbres sur lesquels on croit que la foudre va tomber.

Le 15 février, le gouverneur Aubry écrivait à Buccarelly, capitaine-général de l'île de Cuba :

"J'espère que M. d'Ulloa me rend justice et qu'il aura donné bon témoignage de ma conduite, car nul plus que moi ne vénère et n'aime la nation espagnole. Cette révolution déshonore les Français de la Louisiane.

"Malgré que la fureur et la frénésie continuent, il me paraît cependant que quelques-uns des plus opiniâtres commencent à envisager l'avenir avec quelque inquiétude et effroi, et si, dans cette circonstance, il pouvait arriver un bataillon et de l'argent, avec promesse d'oubli et de pardon pour tout ce qui s'est passé, on aurait bientôt rétabli la tranquillité, en faisant subir à un petit nombre de séditieux, qui donnent la loi dans ce pays

1769. et y ont fait tout le mal, les justes châtiments qu'ils méritent."

Néanmoins, ces chefs auxquels Aubry fait allusion, et qui avaient perdu une grande partie de leur influence, ne sentaient pas faillir leur courage. Ils voulurent encourager leurs partisans en leur montrant qu'ils persévéraient dans leur premier dessein, et qu'ils avaient foi dans l'avenir. La frégate espagnole, contre laquelle il avait été lancé un arrêt d'expulsion par le conseil, en date du 14 décembre 1768 était restée immobile dans le fleuve. En conséquence, les conjurés provoquèrent une autre réunion du conseil qui eut lieu le 20 février. Le conseil fit demander à Aubry des explications sur la non-exécution de l'arrêt qu'il avait rendu. Aubry répondit que le capitaine espagnol ne partirait qu'à l'époque qui lui avait été prescrite par Ulloa, et que si on voulait le forcer de hâter son départ, lui, Aubry, s'y opposerait par la force.

En effet, Aubry fit armer quatre cents hommes, tant français qu'espagnols, pour s'opposer à tout acte de violence. Cette démonstration de sa part fut provoquée par un arrêt du conseil supérieur qui confirmait celui rendu précédemment, le 14 décembre, relativement au renvoi de la frégate.

On observera qu'au 28 octobre, au début de la révolution, Aubry n'avait qu'une centaine d'hommes à opposer aux conjurés, et que maintenant il en avait quatre fois autant. Evidemment, il y avait réaction.

Cependant, ceux des colons qui restaient fidèles à la cause de la révolution, adressèrent, le 20 mars, au duc de Praslin, une supplique ainsi conçue :

"MONSEIGNEUR,

"Votre grandeur aura appris par M. de St.-Lette, député de notre colonie, le départ de M. Ulloa, officier du roi d'Espagne, et nous avons l'honneur d'informer aujourd'hui votre grandeur que tous les individus de 1769. cette nation sont embarqués à bord de la frégate de Sa Majesté Catholique, qui doit faire voile, le 30 de ce mois, pour la Havane. Le retour de la paix intérieure dans cette province et le rétablissement de l'harmonie interrompue ne pouvaient s'opérer que par l'éloignement de tout ce qui portait le caractère d'une domination, dont le simulacre effrayant avait porté l'alarme et la dévastation dans tous les cœurs.

"Les citoyens de la Louisiane, Monseigneur, ne cessent d'implorer votre protection et votre appui auprès de leur bien aimé monarque. Epuisée par les prêts considérables qu'elle a faits à Sa Majesté depuis 1759, la colonie vient d'être mise à deux doigts de sa perte par trente et un mois de séjour d'un officier soi-disant gouverneur de Sa Majesté Catholique; et malgré ces violentes secousses, elle a fait encore usage de toutes les forces qui lui restent pour fournir à Messieurs Aubry et Foucault les moyens d'entretenir les postes et de faire subsister la troupe.

"Au milieu de tous ces malheurs, nous sommes dans une résolution inébranlable de réclamer constamment notre souverain naturel, de conserver le doux et inviolable titre de citoyen français, au plus grand hasard de nos vies et de nos biens, et nous sommes dans une entière et raisonnable confiance que jamais aucun dessein formé par les ennemis de notre liberté ne réussirait.

"Cette province, Monseigneur, ne demande, pour devenir florissante, qu'un regard favorable de votre grandeur. La salubrité de l'air qu'on y respire présente à l'état la perspective d'une population immense. Le courage et la fidélité des habitants lui offrent un rempart contre les tentatives et les vues ambitieuses des Anglais. Sa position favorable pour le commerce, la culture de l'indigo, du coton, du sucre, du tabac, la traite des pelleteries, tous ces objets, disons nous, assurent à

274                                                                [CHAP. XXV.

1769. nos manufactures un débouché considérable. Le transport et le débit de nos bois à St.-Domingue ravissent aux Anglais l'espoir d'en faire la fourniture et d'enlever par ce moyen au commerce de France le sucre, l'indigo, et le café de nos colonies.

"Daignez, Monseigneur, faire jouir les citoyens de ce vaste continent des fruits de l'amour paternel de Sa Majesté. Jouissez vous-même du plaisir si doux et si flatteur d'être vaincu par les larmes d'un peuple qui vient d'être aussi cruellement opprimé par une domination étrangère, qui n'a jamais été ni établie ni reconnue authentiquement, et à laquelle notre attachement pour Sa Majesté Très-Chrétienne ne nous permettra jamais de nous soumettre.

"Dans notre abattement, nous ne demandons à notre auguste souverain, pour prix de notre fidélité, que de vouloir être notre divinité tutélaire, en nous conservant le précieux et incontestable titre de citoyen français, avec lequel nous espérons vivre et mourir."

Presque en même temps que le ministre recevait cette adresse des colons, il lui parvenait une lettre d'Aubry, en date du 1er. avril, dans laquelle ce gouverneur lui annonçait que le peuple, accablé par la misère, murmurait contre les chefs de la révolte, et que le parti des rebelles diminuait.

Les députés que les colons avaient envoyés en France ne réussirent pas mieux que leurs prédécesseurs. Bienville, sur l'appui duquel ils avaient compté, n'existait plus; et le ministre qui avait conseillé la cession était toujours en place. St.-Lette avait contracté dès l'enfance, dit-on, une liaison intime avec ce seigneur. Aussi, le duc de Choiseul reçut-il à bras ouverts l'ancien compagnon de sa jeunesse, à qui il donna un emploi lucratif dans les Indes Orientales, mais il repoussa durement ses collègues, comme des importuns. Il leur dit qu'il était trop tard pour que le roi de France pût revenir sur ce qu'il avait fait, et que le roi d'Espagne avait donné les ordres né- 1769. cessaires pour prendre possession de la province. Il ne resta plus rien à faire pour les députés que de revenir rendre compte de leur mission.

Ces députés avaient eu aussi pour instruction de solliciter du gouvernement français un réglement définitif concernant les billets qu'il avait émis et qui formaient, en papier, la circulation monétaire du pays. Le roi de France eut égard à cette représentation, et ordonna que tous ces billets seraient rapportés au trésor, à la Louisiane, avant le 1er. septembre, et seraient convertis en bons portant un intérêt de cinq pour cent jusqu'au paiement final. On se rappelle qu'Ulloa avait offert, en 1766, d'échanger ces billets pour des piastres, en les prenant au taux où leur dépréciation les avait réduits, c'est-à-dire à soixante-quinze pour cent, et que l'on avait refusé, en alléguant que le roi de France les retirerait au pair.

Le 21 mars, Foucault, qui jouait un double jeu, celui de conspirateur et de dénonciateur, avait écrit au ministre pour s'excuser d'avoir convoqué le conseil qui avait expulsé Ulloa:

"Je n'ai fait que céder à la force, disait-il, vu que je n'avais pas cent cinquante hommes à opposer aux mille hommes révoltés qui menaçaient tous les Espagnols. Le même motif m'a fait souffrir, sans beaucoup d'opposition, l'élection de sept à huit syndics pour représenter la masse de la colonie.

"Il est à présumer que si la frégate ne s'en va pas avec tous les Espagnols, il y aura encore des troubles. Il n'y a point à douter que la majeure partie des habitants souhaitait, avec tout le feu qui a paru, le départ de M. Ulloa.

"Mais, si on doit croire quelques bruits sourds, les syndics mésusent de leur pouvoir. Il s'en faut de beaucoup

1769. que le même nombre d'habitants aient signé les requêtes qui ont donné lieu aux deux derniers arrêts. Cela se trouve en quelque sorte confirmé par la crainte que quelques-uns d'entr'eux m'ont témoigné avoir, d'attendre long-temps le paiement des acquits dont ils sont porteurs, si tous les Espagnols étaient renvoyés. S'il m'était possible de pressentir tous les esprits là dessus, je vérifierais peut-être que ces bruits sont fondés. Cela étant, je prendrais avec M. Aubry un parti capable d'en imposer à quelques particuliers qui se croient des êtres fort importants. Ce sont d'ailleurs d'assez mauvais sujets, fort endettés, qui, à l'envi, semblent avoir en vue de profiter du bouleversement de la colonie pour jouir impunément des avances qui leur ont été faites, et à quelques-uns desquels tout pays est bon, n'ayant aucun bien fond qui les attache à celui-ci; je pense que sans eux je ne serais plus témoin de la conduite la plus indécente et la plus audacieuse. Il n'y aurait plus à craindre l'exécution du détestable projet, qu'on assure être formé, d'incendier la Nouvelle-Orléans au premier avis de l'arrivée des troupes espagnoles, si la Louisiane doit toujours appartenir à Sa Majesté Catholique. M. d'Acosta, le capitaine de la frégate, aurait la liberté de se préparer tranquillement à suivre la destination que M. Ulloa lui a donnée avant son départ, ainsi que les autres Espagnols qui voudraient s'embarquer avec lui. Les officiers d'administration de Sa Majesté Catholique ne seraient plus exposés à la contrainte de partir sans avoir le temps de mettre leur comptabilité en règle, et l'on verrait disparaître l'anarchie et la confusion, qui ont pris la place du peu de bon ordre qui régnait dans cette colonie. Mais dans l'appréhension de causer un grand mal pour en éviter un autre, je prends le parti du silence, en attendant les ordres des deux cours de France et d'Espagne.

"Cependant, sans me soucier du mécontentement que mes oppositions à toutes les entreprises contre les Espagnols ont donné à ces esprits remuants, je ferai usage de tous les moyens les plus praticables pour que ces officiers d'administration restent ici jusqu'à l'arrivée de ces ordres. Il convient qu'ils ne partent pas plus tôt, ne serait-ce que parce que la garnison espagnole des Illinois n'a point encore évacué ce poste, ainsi qu'à cause de ma comptabilité et de la leur, depuis l'arrivée de M. de Ulloa, lesquelles ont rapport l'une avec l'autre, et pour tranquilliser d'honnêtes gens sur le sort de leurs acquits. C'est d'ailleurs conforme à l'arrêt du 29 octobre.

"Vous jugerez, Monseigneur, par tous ces détails, que notre position est bien cruelle. Absolument sans argent, ni vivres, munitions, marchandises d'aucune espèce, pour payer la troupe et pour les autres objets indispensables au service, sans moyen de nous en procurer, en butte aux mauvais sujets qui s'y trouvent, craignant toujours des évènements, et sans autorité pour les prévenir ou les contrôler, que deviendrons-nous, si vous ne changez promptement cette position, en nous envoyant des secours et des ordres ?"

Cette pièce témoigne de la lâche fourberie du commissaire-ordonnateur Foucault. Il avait été, mais le plus secrètement possible, sous le prétexte des devoirs de sa place qui lui imposaient certains ménagements, l'un des chefs les plus actifs de la révolution. Maintenant, il dénonçait ses complices *comme de mauvais sujets, fort endettés, qui, à l'envi les uns des autres, semblaient avoir en vue de profiter du bouleversement de la colonie pour jouir impunément des avances qui leur avaient été faites; gens pour lesquels tout pays était bon, n'ayant aucun bien fond qui les attachât à la Louisiane.* Puis il ajoutait aussi que, *sans eux, il ne serait plus témoin de la conduite la plus audacieuse et la plus indécente.* Foucault espérait sans doute conjurer par cette trahison le coup qui le menaçait. Du reste, il est à remarquer que, dans cette dénonciation, il confirmait presque littéralement ce que Ulloa et Aubry avaient dit sur les chefs des conjurés.

## CHAPITRE XXVI.

DÉPART DE LA FRÉGATE ESPAGNOLE.—PROJET D'UNE RÉPUBLIQUE FORMÉE PAR LES COLONS.—ARRIVÉE D'OREILLY.—LAFRÉNIÈRE, MARQUIS ET MILHET VONT À SA RENCONTRE FAIRE ACTE DE SOUMISSION.—DISCOURS DE LAFRÉNIÈRE.—RÉPONSE D'OREILLY. —PRISE DE POSSESSION. — CORRESPONDANCE ENTRE OREILLY ET AUBRY.—ARRESTATION DES PRINCIPAUX CHEFS DE LA RÉVOLUTION.—FOUCAULT EST RENVOYÉ EN FRANCE.

On ne peut s'empêcher d'admirer le courage et la persévérance de ceux qui s'étaient mis à la tête du mouvement du 28 octobre. Car, malgré de nombreuses défections, et quoique Aubry eût maintenant 400 hommes à sa disposition et fût décidé à employer la force contre ceux qu'il appelait des rebelles, ils ne sentaient pas mollir leur audace et voulaient que la révolution suivît son cours. Ainsi, il y eut une autre tentative de faite par eux, pour forcer la frégate à s'éloigner. Aubry écrivait à ce sujet le 23 mai.

1769.

"Il y a eu une nouvelle alerte pour faire partir la frégate. Les Allemands devaient venir en ville. J'ai envoyé Messieurs les officiers réformés pour les contenir. Tout est apaisé. M. de Lafrénière y a beaucoup contribué. On doit lui rendre cette justice, quels que torts qu'il ait eus précédemment.

"Le capitaine de la frégate, craignant enfin que sa présence n'occasionnât des troubles, a mis à la voile le 20 d'avril, après avoir salué la ville de toute son artillerie.

1769. "La frégate est restée ici six mois après le départ de M. Ulloa. Sans moi elle aurait été forcée de partir, il y a long-temps. Les officiers sont venus me remercier."

Tout n'était pas apaisé, comme le disait Aubry. Car les conjurés avaient formé le projet de constituer la colonie en république et de la placer sous l'égide de l'Angleterre. Ils avaient même envoyé des émissaires au gouverneur anglais à Pensacola pour le sonder sur ce projet. Cet officier n'hésita pas à faire une réponse défavorable, ainsi que Ulloa en avait informé la cour d'Espagne; mais ce refus ne les avait pas découragés. Cette république devait être gouvernée par un conseil de quarante membres, élus par le peuple. Le pouvoir exécutif devait être confié à un fonctionnaire, élu aussi par le peuple, sous le titre de protecteur. On ne sait pas quel était celui que les conjurés avaient désigné comme le futur Cromwell de cette république de cinq mille âmes. Il est permis de présumer que c'était Lafrénière. Du reste, il est à remarquer que tous les gouverneurs de la Louisiane, depuis les premiers temps de la colonie, se sont toujours plaints de l'esprit républicain qui y régnait. On eut dit que ceux qui y débarquaient y respiraient un air qui leur faisait supporter impatiemment le joug imposé par une puissance éloignée. Quoiqu'il faille admettre que le projet, conçu par une population qui pouvait à peine mettre quinze cents hommes sous les armes, de jeter un défi à la France et à l'Espagne, et de proclamer son indépendance à la face de ces deux puissantes nations, était une conception non exempte de Don Quichotisme, cependant la Louisiane n'en a pas moins acquis le droit glorieux de constater ce fait: c'est qu'elle fut la première colonie américaine qui songeât à secouer le joug européen. Ce plan d'une république qui, vu les forces du pays, était le projet le plus audacieux qu'aucune agglomération d'hommes ait jamais imaginé, prit une telle consistance, que ceux qui y étaient opposés, crurent nécessaire de le combattre par un mémoire qu'ils firent distribuer, et qui est assez curieux pour être transcrit ici tout entier :

### Mémoire contre les Républicains.

"L'on assure dans le public qu'un nombre de particuliers forment le projet, en renvoyant M. Aubry, de changer la forme du gouvernement de cette colonie pour en former une république gouvernée par quarante membres, sous la protection d'un particulier. D'après ce ouï-dire, je prends la liberté, quoique petit particulier moi-même, de proposer mes réflexions et mes conjectures sur les affaires de la colonie, sans parler des raisons qui ont engagé la France à céder par indemnité cette colonie à l'Espagne, ni de l'acceptation qui en a été faite sous la promesse de conserver à ses habitants leurs prêtres et leurs magistrats. Les vrais colons ont vu cette cession avec assez de tranquillité, sur les promesses de Sa Majesté Catholique, réitérées par M. de Ulloa, de favoriser ses nouveaux sujets de sa protection et de sa bienveillance. Je ne parlerai pas non plus des raisons qui ont engagé prudemment le conseil supérieur de cette colonie d'enjoindre à M. de Ulloa de sortir de la colonie, pour éviter plus grand désordre et conserver le gouvernement français, tel qu'il a toujours existé, jusqu'aux nouveaux ordres de Sa Majesté Très-Chrétienne. Après une pareille décision, ayant envoyé des députés en France, pour déposer aux pieds du trône les plaintes et sujets de craintes des habitants, qui ont paru attendre fort tranquillement, jusqu'à ce moment, la décision et réponse de la cour, il paraît fort étrange que quelques particuliers veuillent anéantir l'autorité royale, pour se soumettre à un gouvernement républicain. Ce qui ne s'exécuterait, dit-on, qu'après avoir chassé M. Aubry et ses troupes.

1769. "Entrons dans le détail, et pesons les moyens d'exécution et les suites d'un pareil projet, s'il est possible qu'il ait été enfanté.

"Le caractère distinctif des républiques est l'équité et l'autorité des mœurs en tous genres. Si tôt qu'elles se sont relâchées sur cet article, la tyrannie s'en est emparée, et elles sont tombées sous un affreux despotisme.

"Pour former une république, il faut que l'état qui s'y dispose ait des ressources en lui-même et des alliés intéressés à ce changement, pour pouvoir se soustraire à la domination tyrannique dont il veut se délivrer. Ces projets, d'ailleurs, ne viennent jamais qu'après d'injustes violences, qui semblent justifier l'envie de secouer un joug insupportable. Quels sujets de plaintes peut-on former contre le gouvernement actuel? Peut-on s'y soustraire avant la réponse de la cour, sans se rendre criminel de lèse majesté au premier chef?

"Comment peut-on se persuader que le roi laisserait impuni un pareil attentat, d'autant plus criminel qu'il paraîtrait que l'on se serait joué de la majesté du trône et du roi, à qui on a recours comme de fidèles sujets, et que l'on réclame par l'arrêt du 29 octobre dernier. Cette action seule déshonorerait cette colonie dans l'esprit de toutes les nations.

"Quels sont les moyens pour l'exécuter? Cette colonie n'a aucune monnaie ni aucun métal. Quelques-uns disent que l'on fera du papier. Mais peut-on dire sérieusement une pareille absurdité? Le papier peut valoir, ou pour circuler dans l'intérieur de la colonie, ou pour payer les denrées des étrangers, mais s'il n'y a pas en quelques endroits des fonds numéraires ou du métal pour répondre de la valeur du papier, personne ne l'acceptera.

"La colonie peut-elle se passer de l'étranger? Non certainement, à moins que nous ne voulions suivre les sauvages dans les bois, vivre comme eux et nous vêtir de la peau des bêtes. Car ni Français ni Anglais ne nous apporteraient aucun des besoins auxquels nous 1769. sommes accoutumés, lorsqu'ils sauront qu'il n'y a plus d'argent ici.

"Les productions de la colonie, diront quelques-uns, attireront les étrangers. Mais considérons impartialement les productions de cette colonie.

"Ces productions sont le tabac, le bois, le sucre et le coton. Mais la France ne recevrait plus nos denrées. Les Anglais ont plus que nous et peuvent donner à meilleur compte le tabac, le bois et le coton. Quant au sucre, il est si nouveau et en si petite quantité, qu'on ne peut le regarder comme une branche de commerce.

"L'indigo est donc le seul objet sur lequel on puisse compter. Mais que l'on consulte tous les marchands de la colonie, et l'on verra quel fond l'on peut faire là-dessus aujourd'hui. D'ailleurs, quand il serait de la première qualité, et lors même que l'on en ferait quatre fois plus que l'on n'en fait, il ne subviendrait jamais aux besoins de toute la colonie qui ne peut se passer de pain, vin, huile, savon, poudre, armes, fer, acier et vêtements en tous genres.

"Il faut d'ailleurs dans une république, comme dans une monarchie, une infinité de dépenses publiques. Car dans l'une comme dans l'autre, il faut que chacun vive de son état et métier. L'on n'y fait rien pour rien. Quel impôt mettra-t-on, n'ayant point de numéraire? Car il faut abandonner l'idée du papier, s'il n'est appuyé par des fonds proportionnés à ce qu'on mettra sur la place. Cette colonie vient d'en éprouver un triste exemple.

"Quelle alliance protectrice pourrait contracter cette colonie? Il n'y aurait absolument que l'Angleterre sur qui on pourrait jeter les yeux. Observez que l'on ne forme d'alliance que par quelques vues d'intérêt. Les Anglais ne sont conquérants que pour défendre leur commerce. Nous venons de dire qu'ils ne trouveraient ici qu'un peu d'indigo, dont, jusqu'à présent, ils n'ont

1769. pas paru fort jaloux, ayant toutes nos productions chez eux à meilleur marché et préférant les denrées des îles d'Amérique.

"Le commerçant anglais n'est venu ici, jusqu'à présent, que sur l'appât de l'argent. L'on dit que les interlopes espagnols apporteraient des piastres. Il faut peu connaître cette nation, pour ajouter foi à ce propos ; et de plus, d'où tirerait-on les marchandises qui leur sont propres, le commerce de France étant interrompu ? Outre que les Anglais seraient nos premiers ennemis si nous pouvions leur enlever cette branche. Leur alliance et protection ne pourraient avoir lieu, qu'autant que cette nation y verrait un avantage. D'ailleurs, quel cas feraient-ils de nous et quel fond pourraient-ils faire sur une colonie naissante, qui, sans raison, aurait si cruellement et si légèrement outragé son roi ? Considérez encore les affaires présentes et l'alliance ou trève qui vient de s'accomplir entre la France, l'Espagne et l'Angleterre. Voudrait-elle se brouiller avec la France, pour soutenir votre système, elle qui n'acquiesce à cette paix, que pour maintenir plus sûrement les peuples de ses colonies, qui paraissent vouloir remuer aussi. Ces trois puissances ne se sont assurées les unes des autres, que pour pouvoir tranquillement réduire leurs colonies à l'obéissance. L'on parle du rétablissement du traité d'Utrecht ; par conséquent, la France et l'Espagne reprendraient les possessions qu'elles avaient avant cette dernière guerre, et c'est ce que nous devons désirer.

"Si on voulait réfléchir sérieusement sur un pareil projet, (la formation d'une république), l'on verrait clairement qu'il serait suivi des plus affreuses disgrâces, pour les chefs mêmes d'une pareille entreprise. Il est bien certain que la cour de France ne souffrirait pas tranquillement que son pavillon fût insulté à ce point, et qu'elle mettrait tout en œuvre pour en tirer une sanglante satisfaction. Non-seulement toute la colonie se

verrait plongée dans un abîme de malheurs, mais même 1769.
il est impossible qu'aucun particulier puisse y trouver le
moindre avantage, supposant que la révolution puisse
s'exécuter. Elle ne durerait que peu de mois, et chaque chef sacrifierait son innocente famille à un projet
enfanté par un inconcevable aveuglement, sans aucune
apparence de le pouvoir soutenir.

"Que si quelques particuliers craignent que la cour
ne prenne en mauvaise part l'expulsion d'Ulloa et ne les
rende responsables, qui les empêche de mettre leurs
personnes à couvert, en attendant que M. Aubry puisse
obtenir un pardon, qui s'accorderait d'autant plus aisément, que le mal jusqu'à présent n'est pas fort grand,
qu'aucun pavillon n'a été insulté, et que tout s'est passé
avec tranquillité.

"Je suis persuadé que les personnes même les plus
prévenues, si elles veulent faire de sérieuses réflexions
sur ce projet, qui ne pourrait se commencer sans verser
des torrents de sang, conviendraient, si elles sont de
vrais citoyens, que le parti le plus sage est d'attendre
tranquillement la réponse de la cour, de laquelle on sera
toujours à portée, par des représentations respectueuses,
d'obtenir pour cette colonie le sort le plus avantageux."

On a vu plus haut que la cour de France avait fait
un accueil défavorable aux réclamations des colons,
mais on l'ignorait encore dans la colonie, lorsque ce
Mémoire fut publié.

Sur ces entrefaites, on apprit, le 24 juillet au matin,
que le général Oreilly était arrivé à la Balise avec des
forces tellement considérables, qu'il eût été ridicule d'y
vouloir faire la moindre opposition. A cette nouvelle,
les officiers espagnols, Loyola, Gayarré et Navarro, que
l'arrêt du conseil avait rendus personnellement responsables des bons émis au nom du roi d'Espagne, et qui,
en conséquence de cet arrêt, avaient déclaré qu'ils se

1769. consideraient comme prisonniers des rebelles, se regardant maintenant comme redevenus les maîtres de la colonie, reprirent leurs épées qu'ils avaient cessé de porter. La terreur était devenue si grande, et on croyait tellement à une proscription générale, que c'était à qui se grouperait autour de ces officiers et réclamerait leurs bons offices auprès du général espagnol.

Ce même jour, à onze heures du soir, don Francisco Bouligny, officier espagnol, arriva avec une dépêche d'Oreilly à Aubry. Voici en quels termes cet officier rend compte de sa mission à Oreilly :

"Je débarquai au milieu d'une grande foule qui gardait le plus profond silence. Je fus reçu par don Jose Loyola, don Antonio Estevan Gayarré et don Martin Navarro, qui me conduisirent à la maison du gouverneur. Il était couché, mais il avait donné l'ordre qu'on l'éveillât à mon arrivée. Le gouverneur me reçut avec affabilité et me fit les plus grandes politesses. Je lui remis la lettre de votre excellence, qu'il lut deux fois. Mais ne pouvant pas bien en comprendre le sens, il pria Loyola d'en faire la traduction. J'offris de la faire moi-même ; ce qu'il accepta. Après qu'il eut pris connaissance du contenu de cette lettre, il me dit qu'il était prêt à livrer possession de la province à votre excellence, et que si les colons y faisaient la moindre opposition, il était prêt à joindre ses troupes aux nôtres pour châtier leur audace. Le lendemain, il convoqua le peuple, et, en ma présence, lui tint le même langage qu'il m'avait tenu la veille. La masse des habitants, qui ne paraissait pas être revenue de son premier effroi, l'écouta en silence, mais Marquis, capitaine réformé des Suisses, et Lafrénière, procureur-général, s'avancèrent vers lui et le prièrent de leur accorder une audience particulière. Quelque temps après, le gouverneur vint me trouver chez Loyola, et me dit avec joie que tout était arrangé, que le peuple était disposé à se conformer aux ordres de son souverain, et que Marquis, Lafrénière 1769. et Milhet descendraient la rivière avec moi, afin d'implorer la clémence de votre excellence pour eux-mêmes et pour les autres coupables.

"Ce même jour, je dînai chez le gouverneur avec Loyola, Gayarré et Navarro. La conversation fut très gaie, roula sur plusieurs sujets, et le gouverneur me témoigna sa satisfaction de ce que le peuple avait enfin écouté les conseils de la prudence, et avait pris la seule résolution qui pût prévenir la ruine entière du pays.

"Le soir, j'allai me promener avec Loyola. Les habitants nous saluèrent avec une bienveillante courtoisie et témoignèrent nous voir avec plaisir.

"Je ne repartis pas le même jour, parce que mes rameurs étaient rendus de fatigue, et parce que je m'étais mis à la disposition de Marquis et de Lafrénière, que je tenais beaucoup à emmener avec moi, pensant que par là j'assurerais la tranquillité publique.

"Le lendemain, je dînai de nouveau chez le gouverneur avec les mêmes officiers espagnols pour convives. Le gouverneur me dit qu'il désirait envoyer avec moi le plus ancien capitaine de la garnison pour complimenter votre excellence, ainsi que le capitaine du port pour servir de pilote à vos vaisseaux et en faciliter l'entrée dans la rivière."

Don Francisco Bouligny arriva à la Balise, après quarante heures de navigation, et présenta au général Oreilly les députés qui l'avaient accompagné. Ces messieurs furent tellement troublés, qu'ils restèrent court en présence du général, mais Lafrénière, s'étant un peu remis, fit la harangue suivante, *dont*, (dit Bouligny, qui relate ces faits), *je pris note, par ordre du général :*

"Excellence,

"Monsieur Marquis, ancien commandant de la com-
"pagnie suisse, M. Milhet, lieutenant de milice et né-

1769. "gociant, et moi, Lafrénière, procureur-général du roi et
"habitant, avons été choisis comme délégués, et priés de
"venir assurer votre excellence de la soumission de la
"colonie aux ordres de Leurs Majestés Catholique et
"Très Chrétienne, et de sa vénération pour les vertus et
"les talents militaires qui vous ont élevé aux dignités
"éminentes dont vous êtes revêtu. Nous sommes char-
"gés de vous caractériser le respect profond de la co-
"lonie pour Sa Majesté Catholique, son amour pour Sa
"Majesté Très Chrétienne et pour toute l'auguste mai-
"son de Bourbon. La colonie n'a jamais eu l'intention
"de déroger en rien au profond respect qu'elle porte au
"grand monarque que vous représentez. La dureté du
"caractère de M. Ulloa, et la subversion des priviléges
"garantis par l'acte de cession, ont été la seule cause
"des révolutions arrivées dans cette colonie. Votre
"excellence est suppliée de ne point la regarder comme
"un pays à conquérir. Les ordres dont vous êtes porteur
"suffisent pour vous en mettre en possession, et font plus
"d'impression sur les cœurs que les armes que vous
"avez à la main. Le Français est docile et accoutumé
"à être gouverné avec douceur. Vous trouverez à votre
"arrivée tout le monde soumis aux ordres des deux Ma-
"jestés. La colonie réclame de votre bienveillance des
"priviléges, et, de votre équité, des délais suffisants pour
"ceux qui désireront émigrer."

Le général Oreilly répondit :

"MESSIEURS,

"Il n'est pas possible aux hommes de bien juger des
"choses, sans être suffisamment instruits de leurs anté-
"cédents. Dès que je serai arrivé dans votre ville, je
"donnerai tous mes soins à savoir à fond la vérité, à ap-
"précier les faits et à examiner vos raisons. Vous pou-
"vez être persuadés que personne n'aimera tant à faire
"le bien que moi et que je serai au désespoir de faire le

"moindre mal à qui que ce soit. Je serai le premier à 1769.
"vous procurer toutes les facilités possibles pour vous
"justifier. Soyez donc tranquilles, et assurez tout le peu-
"ple des bonnes dispositions où je suis à son égard. J'y
"suis porté par mon caractère, et je vois avec plaisir le
"parti que vous avez pris. Car soyez persuadés que j'au-
"rais fait respecter le pavillon de mon roi, et que rien
"n'aurait été capable de m'arrêter. Telle était ma réso-
"lution, et j'aurais remonté le fleuve jusqu'aux Illinois,
"s'il l'eût fallu. Des moments de vertige éblouissent
"souvent les hommes. Comment vous, qui n'êtes qu'une
"poignée d'hommes, vous êtes vous crus capables de
"tenir tête à un des plus puissants rois de l'Europe!
"Comment avez-vous pu penser que votre roi, uni par
"les liens du sang et par la plus étroite amitié au roi
"mon maître, ait jamais pu vous appuyer ni prêter l'o-
"reille aux cris d'un peuple séditieux!"

"A ce mot de séditieux, Marquis l'interrompit et donna quelques raisons pour expliquer la conduite des colons.

"Le général lui répondit avec douceur: "Soyez tran-
"quilles, Messieurs; je vous écouterai avec plaisir quand
"il en sera temps. Je suis persuadé d'avance que sou-
"vent les choses qui paraissent noires au loin, paraissent
"blanches lorsqu'on les voit de près."

Le général les retint à dîner avec lui, les traita avec *toute la politesse possible, et les renvoya pleins d'admiration pour ses talents, et avec de bonnes espérances pour l'oubli de leurs fautes passées.* Telles sont les propres expressions de Bouligny, qui assista à l'entrevue.

Oreilly, afin de faire préparer des logements convenables pour ses troupes, à la Nouvelle-Orléans, y renvoya Bouligny, qui partit accompagné de deux autres officiers nommés Karbonary et Bordenave.

La prise de possession eut lieu, le 18 août. Voici la

relation qu'en fait Aubry, dans une dépêche adressée à son gouvernement:

"J'ai eu l'honneur d'informer votre grandeur de tous les évènements qui se sont passés à la Nouvelle-Orléans, depuis la révolte du 29 octobre 1768, jusqu'au 29 mai 1769. Depuis ce temps là, la fureur et la frénésie contre la nation espagnole et son gouvernement ont toujours été en augmentant. J'ai eu la douleur de voir, pendant neuf mois, cette colonie à deux doigts de sa perte. Les séditions continuelles, les mouvements les plus dangereux et les plus inquiétants, les écrits les plus séditieux, les discours les plus rebelles, tout a été mis en usage par les chefs de la révolte, pour tromper le peuple, et lui donner horreur de la nation espagnole et de son gouvernement. Vingt fois le parti des rebelles et celui des Espagnols, qui n'était pas certainement le plus fort, ont été sur le point de s'égorger. Des lettres, écrites par les députés, qui donnaient à entendre que leurs démarches étaient approuvées à la cour, et que le pays resterait à la France, ont achevé de tout perdre et d'ébranler le reste de la colonie.

"Dans une circonstance aussi déplorable, sans troupes, sans argent, sans secours, sans ressources, ayant contre moi le conseil et la plus grande partie des habitants, j'ai cru que, pour ne pas perdre cette colonie, il était de mon devoir d'agir avec la plus grande réserve. J'ai cru que je devais faire tous mes efforts pour empêcher l'effusion du sang français et espagnol, et tâcher de conserver ce malheureux pays en son entier, jusqu'à ce qu'on fût à même de pouvoir y faire respecter les ordres sacrés de Leurs Majestés Catholique et Très Chrétienne, déterminé cependant à périr avec le peu d'officiers et de soldats qui sont sous mes ordres, lorsque la fureur et la violence des rebelles me pousseraient à bout, et me mettraient dans l'indispensable nécessité de les combattre.

"Dans le moment que tout paraissait perdu, la Pro-

vidence a eu pitié de nos malheurs, et, lorsque nous 1769.
étions sur le point d'être submergés par la tempête, elle
nous a envoyé un libérateur qui, par sa présence et sa
sagesse, a rétabli en un instant le calme et la tranquillité dans un pays, qui était depuis long-temps dans un
désordre et une confusion inexprimable.

"Le 24 de juillet, à sept heures du matin, j'ai reçu
une lettre du commandant de la Balise, qui m'a annoncé
que M. d'Oreilly, lieutenant-général et inspecteur-général des armées de Sa Majesté Catholique, était à l'entrée du fleuve avec un grand nombre de vaisseaux et
de troupes, et qu'il m'avait détaché un officier pour me
faire part de son arrivée. Cette nouvelle, qui a été répandue en un instant dans la ville et la campagne, m'a
causé la plus grande joie, et aux séditieux les plus vives
alarmes. Des hommes qui, un instant auparavant, se
flattaient que la colonie resterait à la France, et que
leurs crimes seraient impunis, ont été grandement cons-
ternés d'apprendre l'arrivée d'un général d'une aussi
grande distinction et réputation, à la Balise. Le désespoir en avait engagé une centaine à mettre des cocardes
blanches. Les chefs de la conjuration sont venus chez
moi, effrayés. J'ai fait usage de ce que j'ai pu, dans ce
moment, pour les rassurer et les tranquilliser. Je leur ai
dit que M. le général Oreilly ne venait point pour perdre ce pays, et que, comme il n'y avait point eu de sang
répandu, j'espérais, qu'en se soumettant promptement,
ils avaient tout lieu d'avoir confiance dans la bonté et la
clémence de Sa Majesté Catholique. Je leur dis qu'aussitôt que j'aurais reçu des nouvelles de son excellence,
je leur ferais part de ses intentions, et je leur ai ordonné
en même temps d'être tranquilles; ce qu'ils m'ont promis. J'ai détaché aussitôt un officier pour aller jusqu'aux Allemands, afin de tranquilliser les habitants, et
de leur ordonner, au nom du roi, de ne point remuer, et
de ne point prendre les armes, sans un ordre exprès de

1769. ma part, sous peine d'être traités comme rebelles aux ordres de Sa Majesté.

"Le 25, à minuit, M. l'officier espagnol est arrivé chez moi avec une lettre de son excellence, qui me marque qu'elle est envoyée par Sa Majesté Catholique pour prendre en son royal nom possession de la Louisiane, et qu'elle me remettra, à notre première entrevue, les ordres relatifs à cette commission. Le général me marque en même temps qu'il continue sa navigation pour la ville, et me prie d'employer les moyens que je jugerai les plus convenables pour l'objet de sa commission et le service de Leurs Majestés.

"Le 26 juillet, à neuf heures du matin, j'ai assemblé les habitants et le peuple dans la paroisse de la Nouvelle-Orléans. Je leur ai annoncé que M. d'Oreilly était dans le fleuve, à la tête de plusieurs régiments venus d'Espagne avec lui, qu'il était envoyé pour prendre possession de la Louisiane, au nom du roi d'Espagne, en vertu des ordres sacrés de Leurs Majestés Très Chrétienne et Catholique, qu'il devait me remettre à sa première entrevue. Je leur ai dit qu'ils devaient voir combien le roi d'Espagne était irrité, puisqu'il envoyait dans le pays un général d'une si grande distinction, avec autant de troupes; qu'il était prudent pour eux d'ouvrir les yeux sur leur conduite passée, et de prévenir leur perte et celle de leur patrie; qu'une prompte et entière soumission pouvait seule présentement les garantir de tous les malheurs dont ils étaient menacés. J'ai cru que, dans une circonstance aussi délicate, je pouvais prendre sur moi de les assurer que, s'ils se soumettaient, M. le général les traiterait avec bonté, et qu'ils devaient avoir pleine confiance dans la clémence et la miséricorde de Sa Majesté Catholique. Je leur ordonnai en même temps, au nom du roi, de ne point s'assembler ni de prendre les armes, sans un ordre exprès de ma part, sous peine d'être traités comme rebelles aux ordres de Sa Majesté.

"M. de Lafrénière est venu chez moi peu de temps après, et m'a dit qu'ayant toute confiance dans la générosité et la grandeur d'ame de M. le général Oreilly, pourvu que je voulusse lui donner une lettre pour son excellence, il était dans l'intention d'aller lui rendre ses hommages avec les sieurs Marquis et Milhet, afin de l'assurer de la part des habitants et négociants de leur entière soumission, et le supplier d'intercéder pour eux auprès de Sa Majesté Catholique, dont ils imploraient la clémence. Je lui ai répondu que cette démarche me paraissait la seule convenable dans ce moment ; que je leur donnais avec plaisir une lettre pour son excellence et que j'espérais qu'elle les recevrait avec bonté. La crainte qu'ils ne fussent arrêtés avait causé beaucoup d'inquiétude et une grande fermentation. La fermeté avec laquelle M. le général leur a parlé, jointe à la vue des forces qui étaient sous ses ordres, leur a inspiré la crainte qu'il fallait dans une circonstance pareille, et la bonté qu'il leur a témoignée ensuite les a déterminés à se soumettre.

"Le retour de ces députés a tout calmé. Ils ont fait tous leurs efforts pour gagner par leurs discours M. le général espagnol et effacer en quelque façon leur faute passée, en ne cessant d'applaudir au digne choix de Sa Majesté Catholique et en publiant les vertus et les rares qualités de ce digne général, qui ne les a cependant point trompés, car il a répondu à leur harangue qu'il ne connaissait point la province ni les personnes; qu'il prendrait connaissance de tous les évènements dont on parlait ; qu'il ferait avec grand plaisir tout le bien qui dépendrait de lui et ne ferait aucun mal qui ne fût très justifiable et même très nécessaire. Enfin après neuf mois de troubles et de discordes, qui ont mis cette colonie en feu et à deux doigts de sa perte, j'ai eu la consolation d'y voir régner la paix et la tranquillité la plus parfaite.

1769. "Le 15 d'août, j'ai été rendre mes respects à M. le général et prendre ses ordres par rapport à la prise de possession, qui s'est faite le 18, avec tout l'éclat, la pompe et la grandeur digne du monarque qui l'a envoyé.

"J'avais rendu, le 16, une ordonnance pour enjoindre à tous les habitants de la ville et aux principaux de la campagne d'assister à cette auguste cérémonie et d'être tous prêts à se présenter à son excellence, afin de l'assurer de leur entière soumission et fidélité inviolable à Sa Majesté Catholique.

"Dans la nuit du 17, la frégate où était M. le général a amarré au quai de la ville avec vingt-trois autres vaisseaux. Le 18, à midi, j'ai fait battre la générale. La troupe française et la milice se sont formées sur un des côtés de la place en face des vaisseaux. A cinq heures et demie, la frégate a tiré. M. le général Oreilly a descendu aussitôt à terre, et en même temps trois mille hommes de troupes d'élite ont débouché en colonnes par tous les ponts des vaisseaux, et se sont formés sur les trois autres faces de la place, avec tous les habitants et le peuple, pour recevoir M. le général, qui est venu à moi et m'a dit: *Monsieur, je vous ai communiqué les ordres et les pleins pouvoirs dont je suis muni pour prendre possession de cette colonie au nom de Sa Majesté Catholique, aussi bien que les ordres de Sa Majesté Très-Chrétienne pour la remettre. Je vous prie d'en faire la lecture.* Aussitôt que je les ai eu lus, j'ai dit aux habitants :

"*Messieurs, vous venez d'entendre les ordres sacrés de Leurs Majestés-Très-Chrétienne et Catholique, par rapport à la province de la Louisiane, qui est cédée irrévocablement à la couronne d'Espagne. Dès ce moment, vous êtes les sujets de Sa Majesté Catholique, et en vertu des ordres du roi, mon maître, je vous relève du serment de fidélité et d'obéissance que vous deviez à Sa Majesté*

*Très Chrétienne.* Alors, j'ai remis les clés des portes de la ville à M. le général.

"Aussitôt, les décharges des vaisseaux, celles de la place, et le bruit général de la mousqueterie de toutes les troupes, accompagnés des cris de vive le roi, se sont faits entendre de toutes parts, tous les postes ont été relevés, et on a arboré dans chacun d'eux le drapeau de Sa Majesté Catholique. Nous avons été ensuite à l'église, et, après avoir assisté au *Te Deum*, cette mémorable journée et auguste cérémonie ont été terminées par la marche de toutes les troupes qui ont défilé devant nous avec un ordre et un appareil redoutables.

"Après avoir éprouvé les alarmes et les disgrâces les plus terribles dans le gouvernement d'une colonie que j'ai plusieurs fois vue au moment de sa ruine et de sa destruction, Dieu m'a fait la grâce de la remettre en son entier à un général, qui, par sa présence, sa fermeté et sa sagesse y a rétabli en un instant le bon ordre et la tranquillité. Ecoutant avec une grande bonté tous ceux qui ont affaire à lui, il remplit d'espérance et de satisfaction tous les habitants qui, après tant de troubles et de désordres, voient enfin parmi eux régner la justice et la paix.

"L'approbation et le remercîment que le général a bien voulu me rendre devant tout le peuple et à la tête de ma troupe, par rapport à la conduite que j'ai tenue dans ces temps malheureux, m'est un sûr garant que j'aurai celui de votre grandeur."

La prise de possession avait eu lieu, ainsi qu'on l'a vu par la dépêche d'Aubry. Le lendemain, le général reçut les compliments des différents corps de la colonie, et ensuite alla avec un brillant état major, faire une visite officielle au gouverneur français. Le même jour, Oreilly écrivit à Aubry:

"Monsieur, ayant été présent à ce qui arriva dans

1769. cette colonie, quand don Antonio Ulloa, gouverneur nommé par Sa Majesté Catholique, en fut expulsé, je vous supplie de m'instruire et de me mettre au fait de cet évènement et de ses véritables causes, avec les noms des personnes qui ont séduit le peuple à commettre l'attentat de se présenter les armes à la main en cette place, pour soutenir la violente expulsion de don Antonio de Ulloa, excès qu'on a ensuite renouvelé contre tous les officiers et troupes espagnols qu'il y avait dans la colonie.

"Comme gouverneur de cette colonie pour Sa Majesté Très-Chrétienne, et commandant de la troupe française, vous avez reconnu en don Antonio Ulloa la personne destinée par Sa Majesté Catholique pour prendre en son royal nom possession et commandement de cette colonie. En conséquence, vous avez donné à don Antonio Ulloa, possession de la Balise et d'autres postes, et ne différâtes la reddition totale, à la sollicitation de don Antonio Ulloa lui-même, que jusqu'à l'arrivée de la troupe espagnole qu'il attendait, confiance que commandait l'étroite union des deux couronnes.

"Il serait nécessaire et utile que vous eussiez la bonté de m'informer, avec la plus grande promptitude possible, de tout ce que vous savez de la dite commotion, sans omettre la citation littérale de tous les ordres, protestations et documents publics et secrets que vous avez mis en usage, pour contenir et réduire à leur devoir les chefs et agents de la conspiration.

Il est très essentiel que je sache la personne qui écrivit, imprima, et avec quelle autorité furent imprimés et répandus dans le public, le document ayant pour titre: *arrêt du conseil sous la date du 29 octobre* 1768, et l'autre ayant pour titre: *Mémoire des habitants de la Louisiane sur l'évènement du 29 octobre* 1768, attendu que toutes les clauses des deux documents exigent mes soins. J'ai entière confiance en vos informations et je vous prie de rechef de n'omettre aucune circonstance sur les 1769. hommes et les choses touchant cette conspiration."

Le 20 d'août, Aubry adressa la lettre suivante à Oreilly, en réponse à celle qu'il lui avait fait remettre la veille.

*Aubry à Oreilly.*

"Monsieur, pour répondre à la lettre dont votre excellence m'a honoré, en date du 19 août 1769, je vais lui exposer, avec tout l'honneur et la vérité dont je suis capable, le détail de la révolte qui a éclaté à la Nouvelle-Orléans, le 29 octobre 1768, contre M. Antonio de Ulloa et la nation espagnole. Attendu que votre excellence me le demande pour demain matin, je ne peux lui donner dans ce moment qu'un extrait fidèle et exact des principaux évènements qui ont accompagné la fatale révolution, aussi bien que de la conduite que j'ai cru être obligé de tenir dans une circonstance aussi déplorable. Je supplie votre excellence d'être persuadée que je me serais sacrifié avec zèle pour m'opposer à un pareil attentat, si je n'eusse été presque certain qu'une pareille démarche de ma part aurait entraîné la perte de M. Ulloa, et de celle de tous les Espagnols qui étaient ici.

"Le refus que la troupe française a fait d'entrer au service d'Espagne, fondé sur ce que le congé lui était dû depuis plusieurs années, a été la cause que M. Ulloa, envoyé au mois de mars 1766, par Sa Majesté Catholique, avec cent soldats, pour prendre possession de ce pays, n'a pu exécuter, aussi bien que moi, les ordres que nous avions de nos deux cours; et dans la crainte que ce retard ne fût préjudiciable aux intérêts de Leurs Majestés Très Chrétienne et Catholique, nous sommes convenus que nous nous concerterions ensemble dans ce qui intéresserait le bien et l'avantage du service de Sa Majesté Catholique, et que nous dirigerions les affaires,

1769. autant qu'il serait possible, comme si le pays appartenait au roi d'Espagne.

"M. d'Ulloa m'a demandé en conséquence, au nom du roi son maître, l'agrément d'établir quelques postes sur le fleuve, qu'il y croyait nécessaires, à cause de l'Anglais qui en établissait également de son côté. Cette opération s'est effectuée avec tranquillité, et, depuis l'embouchure du fleuve jusqu'aux Illinois, les pavillons d'Espagne, de France et d'Angleterre, étaient placés sur le Mississippi; et, malgré la diversité des nations, dont les intérêts et les caractères sont très différents, tout y était tranquille. Depuis deux ans, Sa Majesté Catholique payait les dépenses de la colonie. Aucun vaisseau ne pouvait venir de France sans être muni de ses passeports. Toute la colonie se regardait comme espagnole, et M. de Ulloa n'attendait plus que l'arrivée de la troupe d'Espagne pour prendre possession, lorsque la révolte du 29 octobre a renversé en un instant l'ouvrage de quatre années, et les dispositions que nous avions prises pour l'avantage de la couronne d'Espagne.

"Messieurs de Masan, chevalier de St.-Louis, Lafrénière, procureur-général, Marquis, commandant réformé de la compagnie suisse, entretenue à la Louisiane, Noyan, capitaine réformé de cavalerie, Bienville, son frère, enseigne dans la marine, Villeré, capitaine des milices de la côte des Allemands, tous, les plus riches et les plus distingués du pays, sont les chefs de cette criminelle entreprise. Quoique M. Foucault, commissaire-ordonnateur, n'ait point été placé dans le même rang, je ne peux cependant me dispenser de prononcer qu'il est très coupable. Il a permis qu'on imprimât la requête des habitants, qui est rebelle aux ordres du roi et outrageante pour la nation espagnole. Il a permis qu'on imprimât le Mémoire des habitants, où il y avait des blasphèmes contre la nation espagnole, qu'on a retranchés, à mes fortes instances. C'est chez lui qu'on a travaillé aux lettres qui étaient adressées à Monseigneur le duc 1769. d'Orléans, le prince de Conti, le chancelier, &c. Tandis que je faisais mes efforts pour faire aimer la nation espagnole et son gouvernement, il ne cessait, avec ces Messieurs, de mettre en jeu toute sorte de ressorts pour détruire mon ouvrage et persuader le contraire, donnant à entendre à tout le monde que, dans les colonies, les gouverneurs d'Espagne étaient des tyrans, et le peuple des esclaves. La haine que l'on portait généralement à M. Ulloa, et la copie d'un décret de Sa Majesté Catholique, qui prive cette colonie du commerce des îles de la France, ont été en grande partie la cause de la révolte. Les habitants ont appréhendé de ne pouvoir plus avoir le débit de leur indigo ni de leurs bois; les commerçants ont prévu la chute de leur commerce; le conseil a appréhendé d'être supprimé; tous ensemble se sont ligués pour renvoyer M. le gouverneur, et se soustraire à la domination espagnole. Le secret de leur conspiration a été si bien gardé, que je proteste, avec sincérité, n'en avoir eu connaissance que le 25 octobre. J'en ai informé aussitôt M. de Ulloa, et j'ai fait donner des cartouches à ma troupe, qui ne consistait qu'en cent dix hommes. J'ai assemblé chez moi Messieurs les officiers, le 28 après midi. Je leur ai déclaré que je périrais plutôt que de souffrir que l'on fît la moindre violence à M. de Ulloa, et que je comptais sur leur zèle et leur fidélité. Le même soir, j'ai mandé M. de Lafrénière, qui m'a déclaré que tous les habitants et le peuple avaient signé une requête, adressée à M. Foucault, pour demander un conseil extraordinaire, afin de renvoyer M. de Ulloa et les Espagnols qui l'avaient accompagné. Il ajouta que tout le monde prenait les armes, et qu'on devait arborer un pavillon sur la place de la Nouvelle-Orléans. Je fis tous mes efforts pour le détourner d'une entreprise qui serait la cause de sa perte et celle de la colonie, et, comme il persistait dans son opiniâtreté, je lui dis que je m'y op-

1769. poserais les armes à la main, et qu'il y aurait bien du sang répandu. Je détachai en diligence le sieur Judice, commandant des Acadiens, qui se trouvait alors à la ville, afin d'aller leur ordonner de ma part, au nom du roi, de ne point prendre les armes, sous peine d'être traités comme rebelles aux ordres de Sa Majesté. Je mandai M. Foucault, à qui je demandai quel parti il prenait. Comme il me répondit avec ambiguité, je lui dis qu'il se perdrait sans ressource, s'il ne s'opposait pas, conjointement avec moi, à une rébellion pareille. Le 27, M. Ulloa me témoigna que, puisqu'on n'était point en force pour faire respecter l'autorité de Leurs Majestés Très Chrétienne et Catholique, afin d'éviter l'effusion du sang français et espagnol, il jugeait convenable de se conformer à ce que le conseil déciderait à son égard. Il me pria de communiquer ses intentions aux conjurés. Je fis venir chez moi M. de Lafrénière et plusieurs officiers de milice des plus déterminés. Je leur répétai les paroles de M. de Ulloa, et leur dis que tout le monde avait droit de faire des représentations, mais que si elles se faisaient les armes à la main, il y aurait bien du sang répandu. Ils me promirent qu'ils allaient tout contremander, et qu'il viendrait seulement des députés de chaque corps pour faire des représentations au conseil. Le 28, au matin, j'appris que les pièces de canon qui étaient à la porte des Tchoupitoulas avaient été enclouées, dans la crainte que je ne fisse feu sur les habitants qui devaient venir par ce côté. Je fis venir le même jour M. de Lafrénière chez moi; je lui représentai qu'il aurait à se reprocher d'être la cause de la perte de sa patrie. Je lui dis en même temps que les chefs de conjuration avaient toujours fini tragiquement.

"Le 28, au soir, voyant que malgré mes ordres et mes représentations, le sieur Villeré était entré dans la ville à la tête de quatre cents Allemands, Acadiens et autres miliciens conduits par leurs officiers ; que les miliciens placés au-dessous de la Nouvelle-Orléans étaient entrés 1769. également et que tout était en combustion dans la ville, je jugeai que le danger était grand pour M. de Ulloa. C'est pourquoi, dès le soir même, je l'engageai à se retirer dans la frégate de Sa Majesté Catholique, où je l'accompagnai avec Madame son épouse. J'y envoyai aussitôt un officier et vingt soldats. Le 29, jour du conseil, il s'est trouvé sur la place près de mille personnes en armes avec un pavillon blanc, criant tous généralement *vive le roi de France*, et ne voulant point d'autre roi. Comme le quartier de la troupe était proche de la frégate, j'y fis rester mes soldats sous les armes avec Messieurs les officiers, pour, au premier signal, être à même de faire feu sur les révoltés, s'ils eussent été assez téméraires pour insulter la frégate. Je fis tous mes efforts pour calmer le peuple et le faire rentrer dans le devoir. Mais voyant qu'on ne m'écoutait plus, j'ai cru que, pour sauver la vie à M. de Ulloa et éviter un carnage général, il convenait de ne pas aigrir les esprits qui déjà n'étaient que trop envenimés. J'allai ensuite au conseil pour tâcher de faire comprendre aux juges les suites et les conséquences de l'affaire qu'ils prenaient sur eux de juger. Je leur dis qu'elle n'était point de leur compétence, que M. de Ulloa était l'envoyé d'un grand roi, que son caractère était sacré, et que Leurs Majestés Très-Chrétienne et Catholique seraient irritées, si on le renvoyait de la colonie. Voyant que les prières ni les menaces ne les touchaient point, et qu'à l'exception de deux ou trois, qui m'ont paru modérés, le reste se laissait entraîner par les sentiments de M. de Lafrénière, j'ai protesté contre leur arrêt, qui enjoint à M. de Ulloa de s'embarquer sous trois fois vingt-quatre heures pour aller rendre compte de sa conduite à Sa Majesté Catholique. Le même jour qu'il est parti, le sieur Marquis avait commandé un détachement de milice de cinquante hommes pour accompagner M. le gouverneur

1769. jusqu'à la Balise, et y rester en garnison pour s'opposer aux Espagnols qui pourraient venir. Comme ils étaient déjà embarqués, j'allai aussitôt au sieur Marquis, et je lui ordonnai, aussi bien qu'aux miliciens de se retirer, si non que je ferais feu sur eux, et je fus obéi dans ce moment, pour la première fois depuis la révolte, &c. &c.

"Je ne saurai exprimer à votre excellence à quel point la fureur et la frénésie ont été portées contre la nation espagnole et son gouvernement, depuis le départ de M. de Ulloa jusqu'à l'heureux moment de votre arrivée. L'esprit de vertige et d'aveuglement a toujours été en augmentant &c. &c. Mille projets insensés se sont succédés les uns aux autres; on a eu dessein d'ériger ce pays en république; on a présenté au conseil une requête pour y établir une banque à l'imitation de celle d'Amsterdam et de Venise, car ce sont les propres termes dont ils se sont servis. M. de Lafrénière est auteur de la requête. Le sieur Doucet avait composé le mémoire des habitants.

"Le sieur Marquis, à qui j'avais refusé le commandement de la milice qu'il m'avait fait demander par tous les officiers de ce corps, n'en a pas moins été regardé par eux comme leur commandant.

"Le sieur Villeré avait à ses ordres les Allemands, auxquels j'ai fait défendre plusieurs fois de prendre les armes. Le sieur de Masan, malgré mes défenses, a tenu chez lui plusieurs assemblées d'habitants, dans lesquelles il invectivait continuellement contre la nation espagnole et son gouvernement.

"Les séditions, les mouvements les plus inquiétants, les écrits les plus audacieux, les propos les plus rebelles, toutes sortes de ressorts ont été mis en jeu pour échauffer le peuple et lui donner horreur du gouvernement espagnol. Plusieurs fois le parti des rebelles et celui des Espagnols, qui n'était certainement pas le plus fort, ont été sur le point d'en venir aux mains. Si ce malheur 1769. fut arrivé, votre excellence eût marché sur les cendres de la Nouvelle-Orléans. Dans une circonstance aussi déplorable, sans troupes, sans argent, sans secours, sans ressource, ayant contre moi le conseil et la plus grande partie de la colonie, j'ai cru que, pour ne pas perdre ce pays, il convenait d'agir avec bien de la réserve. J'ai cru qu'il était de mon devoir de faire tous mes efforts pour empêcher l'effusion du sang espagnol et français, afin de tâcher de conserver cette colonie en son entier, jusqu'à ce qu'on fût à même de pouvoir faire respecter les ordres sacrés de Leurs Majestés Très-Chrétienne et Catholique. La providence a eu pitié de la colonie et de moi. Au milieu des orages et des tempêtes, qui menaçaient de nous submerger, elle a envoyé un libérateur qui a rétabli le calme et la tranquillité. La prise de possession qui a été faite le 18 de ce mois par votre excellence, avec la solennité, l'éclat et la grandeur dignes du monarque qui vous a envoyé, est l'époque du bonheur de cette colonie. Dès ce moment, le trouble et la discorde cessent, la justice et la paix oubliées depuis si long-temps reparaissent, les fanatiques les plus furieux ont enfin ouvert les yeux et reconnaissent la grandeur de leur faute. Tous les habitants se soumettent avec joie, et remercient Dieu du digne choix que Sa Majesté Catholique a fait en vous envoyant ici.

"Je communiquerai à votre excellence, les arrêts, les mémoires et toutes les pièces d'iniquités qui ont été fabriqués dans ces temps de trouble et de désordre. Je lui remettrai les protestations que j'ai faites contre ces injustices. Ma conduite sera exposée devant le juge le plus équitable et le plus éclairé. Son suffrage, que j'ose me flatter de mériter, sera l'honneur le plus grand et la plus belle récompense que je puisse jamais recevoir."

Le 21, il y avait grande réception chez Oreilly. Tous les chefs de la révolution y étaient, et y furent arrêtés.

1769. Ils furent livrés à une compagnie de grenadiers chargée de les déposer dans leurs prisons respectives. Noyan fut conduit à sa propre maison, où il fut établi un piquet de soldats pour le garder. Boisblanc fut traité de la même manière. Quant aux autres, ils furent enfermés dans la principale caserne, à l'exception de Villeré qui fut mis à bord d'une frégate, mouillée en face de la ville, parce qu'il ne se trouva pas de place pour lui dans la caserne.

Quant à l'arrestation et la mort de Villeré, il y a plusieurs récits contradictoires. Il paraîtrait d'après une lettre d'Aubry, en date du 1er septembre, que tous les conjurés furent arrêtés en même temps chez Oreilly. Mais Bossu, officier français, qui avait déjà servi dans la colonie et qui y revint en 1770, donne la version suivante sur cet évènement :

"M. de Villeré, dit-il, écrivain du roi pour le département de la Louisiane, s'était embarqué dans une pirogue sur le Mississippi, avec ses esclaves, afin de gagner les possessions anglaises, aussitôt qu'on eut annoncé l'arrivée des Espagnols, commandés par M. Oreilly. Mais ayant reçu une lettre dans laquelle M. Aubry, d'après les assurances que lui avait données ce général, lui marquait qu'il pouvait revenir en toute sûreté, M. de Villeré, dans cette confiance, descendit le fleuve, pour se rendre à la Nouvelle-Orléans. Quelle fut sa surprise, lorsqu'en se présentant à la barrière, il se vit arrêté ! Sensible à cet outrage, il ne put modérer son indignation. Dans un premier transport, il donna un coup de poing dans l'estomac de l'officier espagnol qui commandait le corps de garde. Ses soldats s'élancèrent aussitôt sur lui, et le percèrent de coups de bayonnettes. Il fut emporté dans une frégate qui était au port, où il mourut quelques jours après."

Il est probable que Bossu, qui a dû obtenir des renseignements de la bouche des témoins mêmes de ce drame, a dit la vérité. Mais le juge Martin, dans son histoire 1769. de la Louisiane, raconte différemment la mort de Villeré. Il rapporte qu'à la nouvelle de l'arrestation de ce citoyen distingué, sa femme, qui était petite-fille du commissaire-ordonnateur de Lachaise, venu dans la colonie en 1723, s'empressa d'accourir à la Nouvelle-Orléans, et, se jetant dans un canot, se fit conduire à la frégate où son mari était détenu, mais qu'on lui en défendit l'accès. Villeré, qui était dans la chambre de la frégate, entendant la voix suppliante de sa femme, voulut monter sur le pont. Le factionnaire, obéissant à sa consigne, le repoussa. Il s'en suivit une lutte, et Villeré fut percé de plusieurs coups de bayonnette, dont il mourut. Le juge Martin ajoute qu'on jeta à Madame Villeré la chemise ensanglantée de son mari. Une pareille atrocité n'est point probable, et ce récit porte le cachet de cet amour de l'exagération qui caractérise toutes les traditions populaires.

Lorsque la nouvelle de cette arrestation se répandit, la terreur fut au comble. Les accusés étaient trop estimés et trop identifiés avec toute la population pour que la désolation ne fût pas générale. Afin de dissiper les craintes qui agitaient le public, Oreilly fit immédiatement placarder partout cette proclamation:

*De par le Roi.*

"Nous, Alexandre Oreilly, commandeur de Benfayan dans l'ordre d'Alcantara, lieutenant-général et inspecteur-général des armées de Sa Majesté Catholique, capitaine-général et gouverneur de la province de la Louisiane,

"En vertu des ordres et pouvoirs dont nous sommes munis de Sa Majesté Catholique, déclarons à tous les habitants de la province de la Louisiane que, quelque juste sujet que les évènements passés aient donné à Sa Majesté Catholique de leur faire sentir son indignation,

1769. elle ne veut écouter aujourd'hui que sa clémence envers le public, persuadée qu'il n'a péché que pour s'être laissé séduire par les intrigues de quelques ambitieux, fanatiques et mal intentionnés, qui ont témérairement abusé de son ignorance et de son trop de crédulité. Ceux-ci seuls répondront de leurs crimes, et seront jugés selon les lois.

"Un acte si généreux doit assurer Sa Majesté que ses nouveaux sujets s'efforceront, chaque jour de leur vie, de mériter, par leur fidélité, zèle et obéissance, la grâce qu'elle leur fait et la protection qu'elle leur accorde dès ce moment."

Le 24 août, Aubry écrivait à Oreilly : "En conséquence de la lettre dont votre excellence m'a honoré, en date du 23 de ce mois, j'ai fait arrêter avec la plus grande sûreté et promptitude, Foucault, faisant les fonctions de commissaire-ordonnateur. J'ai vu avec la plus grande douleur la conduite criminelle qu'il a tenue dans un temps où, s'il se fût réuni à moi, nous aurions, selon les apparences, empêché un évènement qui a offensé grandement Leurs Majestés Très Chrétienne et Catholique, et qui a mis cette colonie à deux doigts de sa perte. Sa permission pour imprimer un Mémoire, qui outrage le gouvernement et la nation espagnols, le repas splendide qu'il a donné à tous les juges, le jour même de la révolte, sont des actions qui ne sont ignorées de personne, qui ont affiché le plus grand scandale dans la colonie, et contribué à animer et échauffer le peuple contre la nation espagnole. Si je me fusse trouvé dans toute autre circonstance, je pense que le devoir de ma place m'aurait obligé de l'arrêter depuis long-temps."

Quelques jours plus tard, dans une intéressante dépêche adressée au ministre, en date du 1er. septembre, Aubry rend un compte détaillé de l'arrestation, qui eut lieu le 21 août, et de tout se qui se passa subséquemment.

*Aubry au Ministre.*

"Monseigneur, j'ai eu l'honneur de rendre compte à votre grandeur de la prise de possession de la Louisiane, par le général Oreilly, et de toutes les circonstances qui ont amené ce mémorable évènement. Depuis ce temps, M. le général s'est occupé à prendre la connaissance la plus exacte de la cause de la révolte du 29 octobre 1768, et des auteurs d'un attentat qui a mis cette colonie à deux doigts de sa perte. J'ai reçu une lettre de lui, du 19 août, par laquelle il me marque, qu'étant gouverneur de cette province pour Sa Majesté Très Chrétienne, et présent à ce qui s'y est passé, il désirait que je l'instruisisse des causes de la révolte, et des noms de ceux qui ont séduit et excité le peuple à se présenter, les armes à la main, pour expulser, par la violence, don Antonio de Ulloa, élu par Sa Majesté pour gouverner ce pays, et me prie également de marquer les noms des auteurs de tous les excès, dont on a ensuite continué de se rendre coupable envers tous les officiers et la troupe espagnols.

"J'ai l'honneur de vous adresser copie de la traduction de cette lettre, et de ma réponse, en date du 20 août, que j'ai cru que le devoir de mon état m'obligeait de faire à M. le général, et dans laquelle je lui expose, avec tout l'honneur et la vérité dont je suis capable, toutes les connaissances que j'ai sur les causes de ce malheureux évènement, et sur les principaux auteurs de tous ces excès.

"Le 21, à huit heures du matin, M. le général me communiqua, pour la première fois, les ordres de Sa Majesté pour faire arrêter et juger, selon les lois, les chefs de cette conspiration, ce dont je n'avais aucune connaissance auparavant. Il les fit tous assembler chez lui, sous différents prétextes, et, en ma présence, il leur dit:

1769. "Messieurs, la nation espagnole est respectée et vé-
"nérée par toute la terre. La Louisiane est donc le
"seul pays de l'univers où on l'ignore et où on manque
"aux égards qui lui sont dûs! Sa Majesté Catholique
"est très offensée de la violence qui a été exercée et de
"l'attentat qui a été commis envers son gouverneur, ses
"officiers et ses troupes. Elle a été très offensée de tous
"les écrits qu'on a imprimés, et qui outragent son gou-
"vernement et la nation espagnole. Elle m'ordonne de
"faire arrêter et juger, selon les lois, les auteurs de tous
"ces excès et de toutes ces violences.

"Après leur avoir lu les ordres de Sa Majesté, à ce sujet, M. le général ajouta : "Messieurs, vous êtes accu-
"sés d'être les chefs de cette révolte. Je vous arrête au
"nom du roi. Je souhaite que vous puissiez prouver
"votre innocence, et que je puisse être bientôt à même
"de vous rendre les épées que je viens de vous ôter.
"Vous produirez toutes vos défenses devant les juges
"équitables qui sont devant vous. Ce sont eux qui ins-
"truiront votre procès et qui vous jugeront.

"Il ajouta : "On a coutume en Espagne de séquestrer
"les biens et les fortunes des prisonniers d'état. Les
"vôtres le seront par conséquent. Mais vous devez être
"certains que vous serez traités avec tout le soin possi-
"ble, dans l'endroit qui vous est destiné; et, à l'égard de
"vos femmes et de vos enfants, soyez persuadés que je
"leur ferai donner tous les secours dont ils pourront avoir
"besoin." Aussitôt, plusieurs officiers, accompagnés d'un
détachement de grenadiers, les ont conduits dans les endroits qui leur étaient destinés, savoir au Quartier et
dans les vaisseaux de Sa Majesté Catholique.

"J'ai l'honneur de vous adresser les noms du petit
nombre de ceux que M. le général a été obligé indispensablement de faire arrêter. Ce qui prouve sa générosité et sa bonté, y en ayant bien d'autres que leur
conduite criminelle mettrait dans le cas d'éprouver le

même sort; et afin de tranquilliser le peuple et les ha- 1769.
bitants qui étaient alarmés, M. le général a fait publier
aussitôt, au nom du roi, un pardon général pour tout ce
qui s'était passé, à l'exception de ceux qui ont séduit le
peuple à commettre cet attentat, lesquels seront jugés
suivant les lois. Cette ordonnance affichée et publiée
dans les quatre coins de la ville, au son des tambours et
de différents instruments, accompagnés de toutes les
compagnies de grenadiers, a produit un très bon effet
et causé une satisfaction générale.

"Le 23 au matin, j'ai reçu une lettre de M. le général, dont j'ai l'honneur de vous envoyer la traduction
exacte, par laquelle il me marque qu'on lui a remis
l'original d'un papier qui a pour titre : *Mémoire des habitants et négociants sur l'évènement du 29 octobre*, qui
s'est trouvé chez l'imprimeur Braud, avec l'ordre signé
de M. Foucault, faisant fonction d'ordonnateur, pour
qu'il soit imprimé ; et qu'attendu que ce libelle est offensant au plus haut degré à l'autorité et au respect
dû à Sa Majesté Catholique, et est diffamatoire pour
toute la nation espagnole, et que le crime de M. Foucault est pleinement justifié par sa signature, il ne reste
aucun doute qu'il n'ait été un des chefs et principaux
moteurs du soulèvement et de l'excès commis contre don
Antonio de Ulloa et le gouvernement de Sa Majesté
Catholique : M. le général me prie en conséquence de
faire saisir avec la plus grande sûreté et promptitude la
personne de M. Foucault, afin que justification faite de
sa conduite très infidèle et criminelle, nous pussions
l'un et l'autre en rendre compte à nos souverains respectifs, avec la remise du procès même. J'ai l'honneur de
vous adresser la réponse que j'ai cru que le devoir de mon
état m'obligeait de faire à M. le général. Quoique avec
bien de la douleur, je n'ai pu me refuser à une demande aussi juste. En conséquence, j'ai ordonné à M. de
Grand-Maison, ci-devant major, d'aller avec M. de La-

1769. mazeliére, le plus ancien capitaine, et Aubert, aide-major, arrêter au nom du roi, M. Foucault dans sa maison, où j'ai envoyé aussitôt, avec l'agrément de M. le général, un détachement français et deux officiers, qui sont relevés tous les jours, lesquels j'ai rendus responsables de sa personne. J'ai aussi ordonné à M. de Grand-Maison de mettre les scellés sur les papiers, assisté de Messieurs de Lamazelière et Aubert, en présence de M. Bobé, faisant fonction de contrôleur de la marine, lequel j'ai chargé du soin de la comptabilité, le rendant responsable du mal qu'il pourrait faire, quoique je ne l'en croie nullement capable, attendu qu'il est honnête homme et a toujours désapprouvé la conduite de son chef.

"Le 26 d'août, tous les principaux habitants de la campagne et ceux de la ville ont prêté solennellement serment d'obéissance et de fidélité à Sa Majesté Catholique entre les mains de M. le général. Cette cérémonie s'est faite avec beaucoup d'ordre et de dignité. Je lui ai présenté tous les corps, chacun suivant son rang. M. le général leur a prononcé à haute voix toutes les obligations auxquelles ce serment les soumettait. Il leur a dit qu'ils avaient une pleine et entière liberté pour le faire ou pour le refuser; que ceux qui ne voulaient point s'y engager, étaient les maîtres, et qu'il leur donnerait tout le temps et toutes les facilités nécessaires pour arranger leurs affaires et se retirer dans leur patrie. Presque tous généralement l'ont prêté avec zèle, et j'ose assurer qu'ils seront dorénavant aussi fidèles sujets de Sa Majesté Catholique, qu'ils l'ont été du Roi Très-Chrétien. Après que tout le monde a eu prêté serment, j'ai été avec tous les officiers au-devant de M. le général et lui ai dit que nous étions très flattés et honorés de servir sous les ordres d'un général aussi recommandable que lui; que nous étions prêts à répandre notre sang pour le service du roi d'Espagne, comme pour celui du roi de France, et qu'en agissant ainsi, 1769. nous exécuterions la volonté du roi notre maître, ce qui était la seule chose que nous désirions. Il a été entièrement satisfait de cette démarche et nous a fait la réponse la plus obligeante.

"La fête de St.-Louis, celle du dimanche, et les occupations que nous avons eues le jour qu'on a prêté le serment de fidélité, ne m'ont permis de faire lever les scellés qu'on avait apposés sur les papiers de M. Foucault, que le 28. Ce jour là, j'ordonnai à M. de Grand-Maison, ci-devant major, Messieurs de Lamazelière et Trudeau, capitaines, assistés du sieur Garic, notaire de cette ville, de se transporter dans la maison de M. Foucault, pour, en présence de M. Bobé, contrôleur de la marine, procéder à la reconnaissance et levée des scellés apposés le 23 du présent mois sur les bureaux et cabinets contenant les papiers, comptes de finances et autres comptabilités pour être ensuite remis à M. Bobé, à l'exception des papiers qui pourront avoir rapport à l'évènement du 29 octobre, lesquels doivent m'être remis par M. de Grand-Maison.

"J'ai également ordonné le même jour à M. de Grand-Maison et aux mêmes officiers, assistés du dit notaire, de faire faire à M. Foucault une déclaration par serment de tous les biens, meubles et immeubles qu'il peut avoir dans cette colonie. Il a déclaré très peu de biens et beaucoup de dettes en France et dans cette colonie.

"J'ai l'honneur de vous adresser, Monseigneur, la copie des actes qui ont été faits à ce sujet. Malgré que toutes les opérations précédentes aient donné considérablement d'occupation à M. le général, il n'a pas négligé les soins du gouvernement, auxquels il s'est donné tout entier. Des voitures ont été expédiées dans tous les postes pour annoncer la nouvelle de son arrivée et de la prise de possession. Les commandants de la Pointe-

1769. Coupée et des Acadiens ont reçu ordre d'envoyer à la ville les principaux habitants, munis du pouvoir de tous les autres, pour prêter le serment de fidélité. A l'égard des postes éloignés, M. le général a chargé de ses pouvoirs les officiers qui y commandent, pour faire prêter le serment aux habitants qui y sont établis.

"La saison ne permettant pas d'envoyer un convoi aux Illinois, M. le général a marqué à M. de St.-Ange, qui y commande et qui y est depuis cinquante ans, qu'ayant confiance dans son expérience et sa probité, il n'a qu'à lui envoyer l'état de ce qu'il pense nécessaire, tant pour les sauvages que pour les habitants, et qu'il aura égard à ses demandes.

"Son intention est de n'établir des nouveautés qu'autant qu'il le sera absolument nécessaire. Il continuera et fera exécuter ensuite tous les réglements sages et utiles que la faiblesse du gouvernement n'a pas permis de faire observer depuis plusieurs années. Il suivra le Code Noir, qui lui a paru rempli d'ordonnances sages et utiles, tant pour la discipline des nègres que pour modérer la trop grande dûreté des maîtres. Ce qui a flatté infiniment les habitants."

"J'ai l'honneur de vous adresser l'ordonnance que M. le général a rendue à ce sujet. Enfin, après tant de troubles et de désordres qui ont désolé si long-temps cette colonie, il est surprenant que la présence d'une seule personne y rétablisse en si peu de temps le bon ordre, la paix et la tranquillité. Si, pour le bonheur de ce pays, M. le général y fut arrivé plus tôt, nous n'aurions jamais été témoins de toutes les calamités dont il a été affligé. A cela près du petit nombre de familles qui sont dans la consternation, pour la juste disgrâce de leurs parents qui ont été arrêtés, tout le reste de la colonie est tranquille et content.

"Tous les habitants sont flattés de ce que Sa Majesté leur a envoyé un général qui écoute avec bonté les personnes qui ont affaire à lui, étant craint, respecté et aimé pour sa générosité, sa bonté et sa justice envers tout le monde. Il fera le bonheur de cette colonie."

1769.

Il résulte de l'examen de plusieurs documents, notamment de la correspondance d'Oreilly et d'Aubry, que ce dernier avait été chargé par Oreilly de procéder non-seulement à l'arrestation mais aussi à l'interrogatoire de Foucault, et, qu'en effet, cet accusé fut interrogé le 5 octobre. Mais il répondit que, n'ayant pas vu d'ordre du roi de France concernant son arrestation, il protestait contre sa détention, et refusait de répondre aux questions qui lui étaient posées, vu qu'il déclinait la compétence des tribunaux espagnols pour des faits accomplis sous la domination française, alléguant en même temps que, dans tout ce qu'il avait fait, il n'avait agi que comme commissaire-ordonnateur, et par les ordres de Sa Majesté Très Chrétienne, à laquelle il était prêt à rendre compte de sa conduite. En effet, il garda un silence obstiné, chaque fois qu'on voulut lui faire subir un interrogatoire. Sur sa demande, mainte fois réitérée, il fut embarqué pour France, le 14 octobre, et, à son arrivée, il fut mis à la Bastille.

Parlant de Foucault, dans une lettre écrite au marquis de Grimaldi, Oreilly dit : "C'est un personnage vain, borné, qui a dupé beaucoup de monde, ainsi qu'il est aisé d'en juger par l'état des dettes qu'il laisse. Je suis persuadé que la crainte de ne pouvoir jamais les payer a été la principale cause de ses délits."

En effet, il paraît, d'après le bilan de Foucault, que ses dettes surpassaient ses biens d'environ vingt-sept mille et quelques piastres, somme considérable pour l'époque et pour le pays. Le tableau de ses dettes fait voir qu'il avait même eu le talent de duper ceux qu'il avait failli faire égorger ou chasser de la colonie, car le contador espagnol, don Antonio Estevan Gayarré, figurait sur la liste de ses créanciers pour la somme de $780.

1769.   Parmi les témoignages qui avaient le plus chargé Foucault, on remarquait surtout celui de Garic, greffier du conseil supérieur. Voici sa déposition, en date du 6 octobre :

"Je soussigné, avocat au parlement, ci-devant greffier du conseil supérieur de la province de la Louisiane, commissionné par Sa Majesté Très Chrétienne, certifie à tous ceux à qui il appartiendra, que, le 27 octobre 1768, sur les quatre heures du soir, M. Foucault, faisant alors les fonctions d'ordonnateur et de premier juge au dit conseil, convoqua l'assemblée des conseillers pour le lendemain, 28 du même mois, laquelle assemblée fut uniquement composée de M. Foucault, de Messieurs Kernion et de Launay, conseillers titulaires, de M. de Laplace, conseiller assesseur, du procureur-général Lafrénière, et du sieur Garderat, greffier-commis au dit conseil, qui y tint le plumitif, nonobstant que j'y fusse présent ; qu'à ce conseil il fut homologué quelques testaments et autres actes juridiques, pendant lequel temps entra, autant que je puis me le rappeler, le sieur Caresse, qui présenta un cahier contenant les représentations des habitants et négociants de cette colonie ; que les dites représentations, sans être lues, furent remises à Messieurs de Kernion et de Launay, nommés par le dit conseil pour les examiner et en faire leur rapport le lendemain, jour également fixé pour y être dit droit ; que dans le même moment le procureur-général représenta qu'eu égard à l'absence des autres conseillers détenus par la maladie, il convenait, à cause de l'importance de l'affaire, de nommer des conseillers d'office, et qu'au même instant, M. Foucault, conjointement avec M. de Lafrénière, proposa MM. Hardy de Boisblanc, Thomassin, Fleuriau, Bobé, Ducros et de Labarre. Sur quoi intervint arrêt qui priait ces Messieurs d'augmenter le nombre des juges, et d'assister le lendemain, 29 du même mois, à la séance du conseil ; que le lendemain, le conseil fut assemblé à huit heures du matin, et 1769. on lut les dites représentations tendantes à l'expulsion non-seulement de M. Ulloa, mais encore de tous les Espagnols, officiers et autres. On lut aussi le rapport qu'avaient fait, sur les dites représentations, les conseillers nommés à cet effet. Suivit ensuite le réquisitoire du procureur-général avec ses conclusions. Après quoi, on vint aux opinions. Comme il était d'usage que Messieurs les assesseurs ou conseillers d'office donnassent leurs avis avant les titulaires, ils commencèrent en effet, et chacun d'eux sortit son avis de sa poche et le lut, à l'exception de M. de Lalande d'Aprémont, conseiller titulaire et doyen du conseil, de M. de Laplace, conseiller-assesseur, et de M. de Labarre, l'un des six nommés d'office, qui dirent que, n'ayant point examiné l'affaire, ils n'avaient pu travailler leurs avis, et le firent sur le bureau, où il leur fut fourni de l'encre et du papier. J'atteste en outre que le conseil finit vers midi, et qu'on me chargea de travailler à rédiger l'arrêt, sans perdre de temps comme la veille. Messieurs les rapporteurs m'avaient déposé leur rapport avec les dites représentations, et sur la connaissance que je pris de l'importance de l'affaire, n'ayant coutume, pour former les dispositifs des arrêts, que de prendre la substance des requêtes, mémoires ou représentations, et autres pièces de procès, je me trouvai embarrassé par la crainte qu'on ne m'imputât quelque faute ; et, pour éviter cette imputation, je pris le parti de copier, mot pour mot, les dites représentations, et, le conseil fini, j'entrai avec mon commis dans la chambre de M. Foucault, où nous achevâmes le dit arrêt.

"J'atteste en outre que M. Foucault nous retint tous à dîner, qu'on se mit à table vers les deux heures, qu'on en sortit à cinq, que pendant que l'on était au dessert, M. de Noyan et quelques autres vinrent prier le conseil, en s'adressant à M. Foucault et à M. de Lafrénière de

1769. passer au Quartier où étaient assemblés les habitants, colons et négociants; qu'en effet, après le café, ces deux Messieurs nous sollicitèrent d'y passer en corps, en disant qu'ensuite nous irions chez M. Aubry. Nous les suivimes tous, à l'exception de Messieurs de Lalande d'Apremont et de Kernion, qui s'étaient retirés pour cause de maladie; qu'à peine fut-on arrivé au dit Quartier, et près du pavillon qu'on avait arboré depuis que l'expulsion de M. de Ulloa avait été décidée, c'est-à-dire depuis midi, que l'air retentit de mille acclamations de "*Vive le roi!* qui furent souvent répétées et rendues par le conseil en corps; qu'ensuite on se rendit chez M. Aubry, d'où on s'était écarté pour se rendre au dit Quartier; que le conseil fut suivi de plusieurs notables, et, qu'arrivés chez M. Aubry, Messieurs Foucault et Lafrénière furent les porteurs de parole et prièrent instamment M. Aubry, de la part de la colonie, de prendre les rênes du gouvernement."

Il est curieux de remarquer la maladie épidémique qui s'empara, lorsqu'il fut question de l'expulsion d'Ulloa, de la moitié des membres du conseil, et qui nécessita la nomination de six conseillers surnuméraires.

## CHAPITRE XXVII.

PROCÈS DES CHEFS DE LA RÉVOLUTION.—LEUR CONDAMNATION. EXÉCUTION DE LA SENTENCE.—LETTRE D'OREILLY AU MARQUIS DE GRIMALDI SUR CE SUJET.

Braud avait été arrêté pour avoir imprimé le mémoire des habitants, négociants et artisans de la Louisiane sur l'évènement du 29 octobre. Il plaida, en justification, qu'il était imprimeur du roi, qu'en vertu de son brevet, il était obligé d'imprimer tout ce que le commissaire-ordonnateur lui envoyait, et il montra la signature de Foucault au bas du mémoire manuscrit qui lui avait été livré pour l'impression. On trouva sa défense bonne, et il fut relâché.

1769.

Le procès des autres accusés fut instruit jusqu'au bout. Voici un résumé de l'acte d'accusation rédigé au nom du roi par le procureur fiscal:

*Acte d'Accusation* (1).

"M. le licencié don Félix del Rey, avocat aux audiences royales de St.-Domingue et du Mexique et à leurs illustres colléges royaux, nommé procureur fiscal dans la cause qui s'instruit par ordre de Sa Majesté contre les chefs, moteurs et principaux complices de la conspi-

---

(1) J'ai conservé dans tous les documents espagnols, transcrits dans ce volume, la traduction de l'époque.

1769. ration de cette colonie, effectuée le 29 octobre de l'année dernière contre don Antonio de Ulloa et les autres Espagnols qui se trouvaient dans la dite colonie, expose que les actes présents ont été dressés sur les réponses que les coupables ont faites respectivement aux chefs de l'accusation intentée contre eux, afin qu'en conséquence d'iceux et de ce qui a été fait dans le procès, il forme son réquisitoire. Cependant pour appuyer ses conclusions, il croit qu'il est nécessaire d'établir les faits qui ont donné lieu à ce criminel attentat, en faisant le détail des évènements arrivés depuis la cession que Sa Majesté Très-Chrétienne a faite de la colonie à Sa Majesté Catholique jusqu'à l'époque de la conjuration, et des effets dont elle a été suivie, en se réglant sur ce qui a été prouvé et constaté dans le procès.

"La colonie ayant été cédée à Sa Majesté Catholique, la cour de France expédia des lettres patentes adressées au gouverneur français de cette province, par lesquelles la dite cession lui était annoncée, en le prévenant de remettre la colonie à la personne que Sa Majesté Catholique nommerait à cet effet. En conséquence de ces ordres, la cession fut enrégistrée et publiée par le conseil suprême de la colonie, et tous les habitants parurent se soumettre à la nouvelle domination qu'on leur annonçait et en être contents, en attendant l'arrivée de celui que Sa Majesté Catholique aurait nommé pour prendre possession de la colonie et de son gouvernement.

"Don Antonio de Ulloa fut nommé à cet effet par Sa Majesté. Il arriva à la Nouvelle-Orléans au mois de mars de l'année 1766. Tous les corps de la colonie le reçurent avec les démonstrations les plus marquées de respect, reconnaissant le caractère dont il était révêtu et qui n'avait d'autre objet que de prendre, au nom de Sa Majesté Catholique, possession de ce pays en vertu de la cession que Sa Majesté Très-Chrétienne en avait faite et de se charger ensuite du gouvernement. 1769.

"Mais comme cet envoyé n'avait point le nombre de troupes nécessaires pour prendre effectivement possession pour Sa Majesté Catholique, il résolut de suspendre cet acte jusqu'à l'arrivée du bataillon qui était destiné pour la garnison de la colonie, afin d'en pouvoir occuper les forts et les postes.

"Pendant ce temps, Charles Philippe Aubry, qui se trouvait chargé du gouvernement pour Sa Majesté Très-Chrétienne, ne fit aucune difficulté d'agir de concert avec don Antonio Ulloa, pour travailler ensemble à tout ce qui intéressait l'utilité et le service de Sa Majesté Catholique, en administrant les affaires de la colonie comme si elle eût appartenu à Sa Majesté autant par la possession que par la propriété.

"Dans cet état de bonne harmonie, comme il se présenta quelques mois après une occasion favorable, Charles Aubry remit personnellement à don Antonio de Ulloa, le fort de la Balise, et tous les autres postes de la province, en le faisant connaître aux commandants et aux officiers pour gouverneur de la colonie, et nommé par Sa Majesté le roi d'Espagne, nouveau maître de ce pays. Depuis ce moment, l'étendard royal d'Espagne resta arboré dans tous les lieux. Don Antonio de Ulloa a aussi été reconnu en cette qualité par les milices de cette ville, en vertu des ordres que le gouverneur français communiqua aux officiers de cette troupe, ainsi qu'il est constaté par la lettre que ce gouverneur leur a écrite et qui est portée dans les pièces justificatives, sous la côte A.

"Tous les corps de la colonie, ecclésiastique, militaire et politique avaient donc déjà reconnu d'une manière incontestable le caractère de don Antonio de Ulloa, et cette reconnaissance était établie sur les fondements les plus solides, non-seulement par la déclaration du gou-

1769. verneur Charles Aubry, mais aussi par le fait de ce que le commissariat espagnol satisfaisait par ordre de don Antonio de Ulloa à toutes les dépenses de la province, dont la France s'était retirée, et le faisait avec l'argent et pour le compte de Sa Majesté Catholique. Les conseillers eux-mêmes, les curés, les officiers et les autres personnes, qui allaient recevoir au dit commissariat leurs pensions et appointements, en étaient des témoins irrécusables.

"Dans le même temps, toutes les affaires de commerce, de guerre et de finances se faisaient par la direction de don Antonio de Ulloa avec tant de notoriété, que les négociants lui demandèrent leurs passeports pour leurs vaisseaux, les commandants des postes, la continuation du commandement, les curés, leur subsistance et la réparation de leurs églises, et les habitants, la permission de faire sortir leurs productions et de se pourvoir de nègres pour l'agriculture. Enfin les conseillers mêmes lui demandèrent quelquefois son approbation dans les matières de justice, ainsi que les témoins que le procureur fiscal a produits pour instruire la cause, l'ont déclaré dans l'interrogatoire B.

"Cet ordre et cette bonne harmonie régnaient dans le gouvernement entre don Antonio Ulloa et Charles Aubry en attendant l'arrivée des troupes espagnoles, et, par ce moyen, le peuple jouissait de la plus grande tranquillité et vivait dans la plus parfaite soumission, lorsque quelques personnes, mécontentes de la nouvelle domination et dégoutées d'un gouvernement qui commençait déjà à se déclarer peu favorable à leur système, à proportion de ce qu'il anéantissait le dégré d'autorité qu'elles avaient acquise dans la colonie, s'avisèrent inconsidérément d'indisposer les esprits, en semant malheureusement parmi les habitants qui ne se tenaient point sur leurs gardes des clameurs séditieuses, en se récriant contre le décret que l'on disait avoir été expédié de Madrid, relativement au nouvel établissement de 1769. commerce de la colonie, et en faisant de ce décret la critique la plus propre à exciter une conspiration et à faire secouer le nouveau joug du gouvernement.

"Pour parvenir plus facilement à soulever le peuple, ils employèrent tous les moyens possibles de persuasion pour lui faire croire que ce décret était un coup de foudre qui détruirait sans ressource la colonie, et qui réduirait les habitants à la plus grande misère ; à quoi ils ajoutaient que les habitants se verraient bientôt dans un état plus malheureux que celui des esclaves mêmes, et que ce décret les forçait à faire usage du vin abominable de Catalogne, en les privant du vin de Bordeaux, auquel ils étaient accoutumés. Enfin ils se servirent de plusieurs autres discours séditieux qui ne tendaient qu'à échauffer les esprits, et les porter à embrasser plus facilement le parti de la révolte.

"Les mêmes qui répandaient ces discours dans le public ne négligeaient rien pour souffler le feu par des invectives injurieuses contre la législation et le gouvernement espagnols, ainsi que contre la nation. L'horreur et la crainte parvinrent à échauffer les esprits les plus faibles et les plus imprudents. Le mécontentement, et l'appréhension de perdre leurs biens, perte que ceux mêmes qui par leur rang avaient acquis la réputation de gens sages et prudents pronostiquaient comme certaine, s'emparèrent d'eux et bannirent entièrement des cœurs l'obéissance et la fidélité.

"C'est ce qui commença la scène du soulèvement, et tous les colons, à l'exception des notables de la colonie, parlaient hautement de leur mécontentement du gouvernement espagnol et de la nation. Les auteurs de ces murmures profitèrent de cette occasion, et ayant tramé une conspiration, dans plusieurs assemblées qu'ils tinrent à cet effet dans leurs maisons respectives, ils trouvèrent le moyen d'engager quelques habitants et négo-

1769. ciants, d'un esprit borné et de peu de jugement, à faire, au nom de leurs communautés, une représentation au conseil pour demander, par la déclamation la plus exécrable contre le gouvernement et la nation, l'expulsion de don Antonio de Ulloa, et de tous les Espagnols.

"Comme c'était M. Foucault, qui faisait les fonctions de commissaire pour la cour de France, assisté de Nicolas de Lafrénière, procureur-général du roi, tous deux personnages jouissant de la plus grande autorité dans la colonie, qui avaient formé cette conspiration, qui la protégeaient de toutes leurs forces, pour des motifs particuliers, et qui donnaient le ton dans les assemblées réitérées qui se tenaient pour concerter les moyens de la faire réussir, ils résolurent de charger de la composition de leur détestable Mémoire, Pierre Caresse, homme d'un esprit inquiet et turbulent, qui jouissait de quelque réputation parmi les négociants, et qui s'était trouvé, conjointement avec Masan, Bienville, Noyan, Milhet l'aîné, Marquis et autres, aux assemblées qui s'étaient tenues avant le soulèvement.

"Caresse ayant été chargé de ce travail, sous la direction de Lafrénière, et étant muni des matériaux que l'animosité et la fureur des chefs lui fournissaient, la représentation au conseil fut formée en très peu de temps. Les plus puissants, et entr'autres Masan, l'ayant signée les premiers, afin d'entraîner les autres par leur exemple, Caresse, Milhet le jeune et d'autres s'offrirent pour la faire signer par les habitants de la ville, et, pour donner plus de force à leurs prétentions injustes, par l'intervention des Allemands et des Acadiens, Joseph Villeré, capitaine des Allemands, homme d'un esprit atroce et plein d'orgueil, s'engagea à séduire les premiers et à leur faire signer le Mémoire; de Noyan fit la même chose auprès des Acadiens, et se servant l'un et l'autre, pour parvenir à ce but, de menaces, de ruses ou de flatteries, suivant ce que le caractère et les besoins des 1769. habitants l'exigeaient.

"Tous ces mouvements furent tenus si secrets, que Charles Aubry ne les apprit que le 25 octobre de l'année dernière. Il fit aussitôt venir chez lui les deux premiers chefs, Foucault et Lafrénière. Il se servit des raisons les plus fortes, que son honneur et sa fidélité purent lui suggérer, pour les détourner d'une pareille entreprise, qui, indépendamment de l'outrage qu'elle ferait aux deux souverains, entraînerait nécessairement la perte de la colonie, et serait suivie de la fin tragique et déplorable des auteurs de la conspiration. Mais comme tout était dans la plus grande combustion, et qu'on attendait à tout moment les Allemands que Villeré était allé soulever, ainsi que les Acadiens, auprès des quels Noyan avait fait la même diligence, pour les joindre aux milices de la ville, dans le but de soutenir la conspiration, les efforts de M. Aubry furent infructueux, et tout ce qu'il put obtenir, ce fut que Lafrénière lui promît qu'on ne répandrait pas de sang, en assurant qu'il allait sur-le-champ donner des ordres à cet effet. Ce qui est prouvé par la lettre que ce gouverneur français a écrite à votre excellence, et qui est insérée (C).

Le Mémoire fut présenté au conseil, le 25 octobre, par Caresse, Masan, Marquis et autres, ainsi que ce dernier l'a avoué (D). Foucault et Lafrénière, qui étaient les plus intéressés dans cette affaire, voulant faire croire aux habitants qu'ils procédaient légalement, et avec les formalités les plus sérieuses, nommèrent six conseillers-surnuméraires, afin que, conjointement avec les autres conseillers, ils délibérassent le lendemain sur l'affaire en question ; et, depuis ce jour-là, Messieurs de Launay et Kernion furent chargés d'examiner les clauses du Mémoire pour en informer le conseil. C'est ce qui a été fait, sans que les uns et les autres aient été arrêtés par la réflexion que la connaissance de cette matière

1769. était au-dessus de la sphère de ce corps de justice, et qu'il n'appartient qu'aux souverains de décider les affaires de cette nature.

"La rébellion éclata le 29. Les milices, d'une part, et les Allemands et les Acadiens, de l'autre, contre la défense de Charles Aubry, prirent les armes sous le commandement général de Marquis, et sous les ordres particuliers de Villeré, de Caresse, et des deux frères Milhet, comme officiers des milices. C'est avec cet appareil que les conseillers délibérèrent sur un point aussi critique que celui d'expulser de la colonie un gouverneur nommé par Sa Majesté Catholique, avec la participation de la cour de France, ainsi que tous les Espagnols qui s'y trouvaient. Comme une partie des conseillers était entrée dans la confédération, et que l'autre avait été gagnée et instruite par les chefs, Foucault et Lafrénière, et que l'arrêt avait été dressé d'avance dans leurs maisons, le conseil décida aussitôt en faveur de la rébellion, ainsi qu'il avait été prémédité, et il ordonna de signifier à don Ulloa de sortir, sous trois jours, de la province avec tous les Espagnols, c'est-à-dire avec toute sa suite, puisqu'il n'y avait d'autres Espagnols dans la colonie que ceux qui étaient employés au service de Sa Majesté. Cependant il fut arrêté que le commissaire (Loyola), le contador (Gayarré), et le trésorier (Navarro), resteraient dans la colonie pour servir de cautions des dettes qui avaient été contractées au nom de la cour d'Espagne. Ce qui est un nouvel outrage fait à l'autorité royale.

"La nouvelle de cette décision fut annoncée aux rebelles qui l'attendaient sous les armes ; alors ils arborèrent le pavillon français et ils firent les acclamations de, vive le roi de France, nous ne voulons point d'autre roi, en rendant, par ces dernières paroles, plus criminelle encore leur offense envers sa Majesté Catholique, souverain du pays. En effet, par cette exclusion, ils marquaient non-seulement leur désobéissance et leur infidélité, mais ils voulaient aussi empêcher les effets de la cession et s'opposer de toutes leurs forces à l'exercice de la souveraineté espagnole dans la colonie, tandis qu'ils n'avaient que la liberté de se retirer de la province.

1769.

"Comme don Antonio de Ulloa et Charles Aubry n'avaient pas assez de forces pour faire respecter l'autorité des deux souverains, et que la protestation qu'Aubry avait faite contre l'arrêt du conseil avait été déclarée nulle, don Ulloa fut obligé de se conformer à l'arrêt d'expulsion, en sortant avec sa famille et quelques autres espagnols avec tant de violence et de célérité, qu'il fut même menacé d'être suivi par une partie des rebelles jusqu'à ce qu'il fût embarqué, (quoique M. Aubry le retint alors,) parce que les rebelles voulaient empêcher qu'il ne demeurât à l'île royale catholique, dont la prise de possession avait été effectuée et où le pavillon du roi catholique avait été arboré, et qu'ils voulaient occuper ce fort en délogeant les Espagnols, dans le dessein de s'opposer aux troupes d'Espagne qui pourraient arriver par la suite. Ce qui est encore une autre espèce d'outrage à la souveraineté et à l'état. Par cette démarche hardie et criminelle ils ont achevé de découvrir leur esprit d'indépendance et leur désobéissance envers l'un et l'autre souverain, en insultant la garnison de Sa Majesté Catholique et en méprisant celle du Roi Très-Chrétien qui seule était en droit d'occuper ce fort, après l'évacuation des troupes espagnoles. Ce qui ne pouvait en aucun cas être fait légalement par les rebelles, commandés par Marquis. La conspiration continua constamment ; on tint des assemblées pour concerter les moyens de soustraire la colonie à la domination espagnole ; on nomma des députés pour faire adopter cette idée en France. On leva à cet effet une contribution sur le peuple, on choisit un trésorier et des officiers de justice parmi les rebelles, et quelqu'un d'entre ceux-ci projeta d'ériger la colonie en république, en secouant le joug de l'un et de l'autre souverain. On fit plusieurs écrits relativement à cet attentat, et entr'autres le libelle intitulé : *Mémoire des négociants et habitants de la Louisiane sur l'évènement du 29 octobre 1768,* dans lequel, avec la licence la plus affreuse, on a inséré les calomnies les plus odieuses et les injures les plus atroces contre la législation, le gouvernement et le peuple espagnols. On insista avec opiniâtreté pour faire sortir de la colonie la frégate de Sa Majesté Catholique, *le Volant,* sans autre motif, comme le dit Marquis dans sa confession, (G) que parce que la domination espagnole à laquelle ils ne voulaient point se soumettre, était représentée sur la rivière, et enfin, persévérant dans leur obstination, ils tâchèrent de faire résistance, lorsqu'ils apprirent l'arrivée de votre excellence à la Balise ; à l'effet de quoi, ils ont fait des efforts pour soulever de nouveau les Allemands et les Acadiens, et ils ont mis des cocardes blanches, comme la marque distinctive du parti rebelle.

"Voilà les faits atroces par lesquels ces insolents rebelles ont conspiré contre l'état, ainsi qu'il est prouvé par le procès. Les chefs et les principaux complices de la conspiration étaient Nicolas de Lafrenière, Jean Baptiste Noyan, Balthazar Masan, Pierre Marquis, Joseph Villeré, mort depuis peu, Pierre Caresse, Pierre Hardy de Boisblanc, Joseph Petit, Jean et Joseph Milhet, Pierre Poupet, Julien Jérome Doucet, Foucault et Bienville, ces deux derniers employés au service de France. Quoiqu'à la rigueur du droit, le crime d'état, de rébellion et de trahison, comprît tous ceux qui sont impliqués dans ce délit énorme, cependant notre souverain, le plus clément des rois, voulant, pour écarter du peuple de plus grands malheurs, que le châtiment ne tombe que sur un petit nombre, afin de servir d'exemple à tous les autres, a ordonné par sa cédule royale insérée au procès, (H) qu'on n'instruise que la cause 1769. des auteurs, chefs, moteurs et principaux complices d'un délit aussi grave et qu'ils soient seuls punis, au moyen de quoi la vindicte sera satisfaite, et cette punition servira d'exemple pour l'avenir.

"Il n'est pas douteux que le fait de conspirer d'une manière séditieuse contre l'état ne rende les dits chefs et principaux complices également coupables, quoique l'offense n'ait point Sa Majesté pour premier objet, attendu que ce crime, lors même qu'il ne serait point dirigé contre la personne du prince, est par sa nature un crime de lèse-majesté, et que par conséquent il emporte les peines de mort et de confiscation des biens.

"Le procureur fiscal ne prétend point se jeter ſdans l'abîme des lois qui viennent à l'appui de cette conclusion. Il la fondera seulement sur les lois qui décident ce cas définitivement. La première loi qu'il citera est celle qui ordonne que tout séditieux ou factieux qui cause quelque soulèvement, et qui, sous prétexte ou sous l'apparence de défendre la liberté et son droit, prend les armes et excite les autres à les prendre, soit puni de mort comme coupable de crime de lèse-majesté. Cette loi est claire dans le cas dont il s'agit, attendu que les coupables de cette conspiration ont induit les habitants et les autres personnes de cette colonie à prendre les armes, pour soutenir contre don Antonio de Ulloa les droits qu'ils ont exposés dans leur représentation. Il est dit dans une autre loi : que si quelqu'un occasionne des troubles ou des soulèvements dans le royaume, en faisant des confédérations de villes ou des assemblées de gens armés contre le roi ou contre le royaume, il doit être puni de mort et perdre tout ce qu'il possède. Il y a encore une autre loi conforme à celle-ci et qui porte : que ceux qui occasionnent un *soulèvement semblable* sont des traîtres, qu'ils doivent être punis de mort, et perdre tout ce qu'ils possèdent.

1769. "La même chose est ordonnée dans une autre loi de la recopilacion. Enfin toutes les lois parlent du délit dont il est question. Il est évident que les accusés sont des séditieux qui ont conspiré contre le royaume en voulant soustraire la colonie à la domination espagnole. Ils ont outragé la législation, le gouvernement et le peuple espagnols par les invectives les plus injurieuses et par leur haine pour Sa Majesté, et cette dernière loi parle aussi de ce crime. *Par haine contre le roi ou contre le royaume,* ils ont pris les armes sous prétexte de défendre leur liberté et leurs droits, ainsi qu'ils l'avouent unanimement, et enfin ils ont causé du préjudice au royaume en détruisant par cette rébellion l'ouvrage que le gouvernement et le trésor d'Espagne avaient construit depuis plusieurs années pour augmenter et améliorer la colonie. D'ailleurs leur conspiration est la cause des dépenses qu'il a fallu faire pour l'expédition sérieuse et considérable qui est devenue nécessaire pour les soumettre et confirmer la possession de Sa Majesté Catholique, de sorte qu'en appliquant la lettre et l'esprit des lois sus-mentionnées à l'affaire dont il s'agit, il est constant que ces coupables méritent la peine de mort et la perte de leurs biens.

"Indépendamment de ce qui vient d'être dit, la même loi, appliquée à un autre objet, les condamne aux mêmes peines, en disant: *Que celui qui travaille de fait ou par conseil pour soulever contre le roi quelques peuples ou quelques provinces, qui sont sous son obéissance, est un traître.* L'application de cette loi saute aux yeux, puisque les accusés ont soulevé les Allemands et les Acadiens, qui étaient tranquilles et soumis à Sa Majesté.

"Telles sont les lois suivant lesquelles Sa Majesté a ordonné dans sa cédule royale que les coupables dans cette affaire fûssent punis; et ces lois sont conformes au droit des gens et particulièrement à celui de toute monarchie, et en effet, il n'est peut-être pas de nation chez laquelle ces mêmes lois ne soient en vigueur contre ceux qui conspirent séditieusement et tumultueusement contre l'état, puisque l'unique moyen d'assurer la conservation et la tranquillité d'un royaume, c'est d'user de ce genre de punition contre ceux qui ont l'audace d'y susciter des troubles; et on ne saurait mettre en question si ces mêmes lois sont appliquées légitimement à ce délit commis contre Sa Majesté et ses états, quand on considère que, lors de l'évènement, la souveraineté du roi d'Espagne était constatée, tant par la prise de possession, qui avait été faite au nom de Sa Majesté Catholique, par le ministère de don Antonio de Ulloa, que par le droit que le roi d'Espagne avait acquis sur la colonie en vertu de l'acte de cession de Sa Majesté Très-Chrétienne, acte qui avait été reconnu par le conseil, et publié dans la colonie par ordre de Sa Majesté.

"Il est constant que, dans le temps de la conspiration, les Espagnols avaient déjà pris possession du fort de la Balise, ainsi que des autres postes qui sont les clefs de la province, et qu'on y avait arboré le pavillon espagnol. Il est pareillement certain que, pendant ce temps, Sa Majesté Catholique faisait toutes les dépenses de la colonie, que les paiements se faisaient en monnaie d'Espagne, par les mains de ses ministres, la France ayant cessé long-temps auparavant de le faire; que la cour d'Espagne expédiait des passeports aux bâtiments français qui partaient pour la Louisiane, soit des ports de France en Amérique, soit des ports de cette nation en Europe, et que don Antonio de Ulloa en donnait indistinctement à tous les vaisseaux qui sortaient de la rivière.

"Or, ces actes prouvent d'une manière incontestable le pouvoir de Sa Majesté Catholique dans ce pays, et attestent en même temps que sa domination y était déjà établie lors de la sédition. En effet, comme ils sont de nature à supposer nécessairement l'exercice actuel de

1769. la souveraineté sur cette colonie, il faut convenir que la domination du roi d'Espagne était établie; qu'en conséquence les habitants de la Louisiane ne pouvaient pas conspirer impunément contre cette domination, ni avoir recours à un autre souverain; qu'il ne leur restait que la liberté de quitter la colonie, et, enfin, que le roi d'Espagne est en droit de faire subir la punition du crime de lèse-majesté à tous ceux d'entre eux qui, par la suite, viendraient à se mettre dans le même cas que les coupables en question.

"Je suis encore muni d'une autre raison également forte, qui prouve que la domination de Sa Majesté Catholique aurait été établie dans la colonie, quand même don Antonio de Ulloa n'en eût pas pris possession avec des troupes espagnoles, comme il a fait de cette ville, ainsi que de tous les postes de la province: c'est que si l'on examine la volonté et l'intention de Sa Majesté Très-Chrétienne, relativement à la cession du pays, on verra évidemment que, dans le temps de la conspiration, Sa Majesté Catholique avait déjà acquis tous les droits de la propriété et de la possession de cette colonie, puisque dans la lettre par laquelle le gouverneur français avait reçu la nouvelle de l'acte de cession, et l'ordre de mettre la colonie entre les mains du gouverneur nommé par Sa Majesté Catholique, il était dit que l'intention du roi de France était d'abdiquer ou d'aliéner, *dès l'instant même de la cession*, tous ses droits sur la colonie; ce qui se trouvait encore confirmé plus expressément par le passage de cette même dépêche, où les habitants de la colonie sont qualifiés du nom de *nouveaux sujets de Sa Majesté Catholique*; et comme d'ailleurs, dès l'arrivée de don Antonio de Ulloa, la France a cessé de payer les dépenses de la colonie, Sa Majesté Très-Chrétienne ayant fait donner avis par le duc de Praslin, à M. Foucault et à M. Aubry, de ne plus tirer de lettres de change, comme auparavant, sur le trésor de France, et les informant que ces mêmes dépenses séraient, à l'avenir, à 1769. la charge de l'Espagne, il est absolument évident que le roi de France avait abandonné par là à Sa Majesté Catholique tous ses droits, tant ceux de propriété que ceux de possession sur la Louisiane.

"Il ne reste donc plus de doute sur le droit par lequel la domination de Sa Majesté Catholique se trouvait établie dans cette colonie, et par conséquent il est également certain que les habitants de cette colonie étaient obligés, pour raison de leur domicile, soit perpétuel, soit passager, à la fidélité et à l'obéissance, durant leur résidence dans le pays, sans que pour remplir ces devoirs inséparables du domicile, il fût nécessaire qu'ils eussent prêté précédemment le serment de fidélité au seigneur territorial, puisqu'il est incontestable que ce serment ne produit que les mêmes obligations qu'on s'impose en fixant sa demeure dans un pays.

"Cela est si vrai, que ceux qui n'ont point fixé leur domicile dans un endroit, soit parce qu'ils n'ont qu'un certain temps à y rester, ou qu'ils ne s'y arrêtent qu'en passant, et que même les envoyés des cours étrangères sont obligés à la fidélité envers le seigneur ou le prince du pays où ils se trouvent, quoiqu'ils ne lui aient point prêté de semblable serment, et qu'ils n'aient point été déliés de celui qu'ils ont prêté à leur propre prince. La raison de cela est que le devoir de fidélité est attaché à la demeure, en sorte que ceux qui manquent à cette obligation peuvent être punis, suivant les lois, par le prince offensé, quoiqu'ils soient sujets d'un autre pays, et quand même ce serait une personne revêtue de quelque caractère distingué, attendu qu'une pareille personne, de même que toute autre, ne jouit dans le pays étranger que du droit de sûreté, mais non de celui de l'impunité

"Ce que nous venons de dire suffit pour lever tous les doutes que pourront faire naître les raisons par les

1769. quelles des coupables ont cherché à se disculper de leur crime, en se rejetant sur ce que la prise de possession de cette ville n'avait point encore été faite, sur ce qu'ils n'avaient pas prêté le serment de fidélité à Sa Majesté Catholique, et sur ce qu'ils n'avaient été déliés de celui qu'ils avaient prêté au roi de France, que depuis que votre excellence a pris possession de la colonie. Nous allons maintenant examiner le procès dans ses différents détails, par rapport à chacun de ces criminels en particulier."

Ici le procureur fiscal entre dans un examen détaillé des chefs d'accusation portés contre chaque conjuré particulier ; il pèse la valeur des témoignages, et la preuve des faits allégués contre les accusés. Il discute leurs moyens de défense, et, arrivant à la conclusion que les accusés sont coupables, il demande contre plusieurs d'entr'eux l'application de la peine de mort, et contre les autres un emprisonnement plus ou moins prolongé.

"Il résulte, dit-il, de l'examen des faits, que le procureur-général de Lafrénière, et le commissaire-ordonnateur Foucault, étaient les principaux chefs et les meneurs de la conspiration. Ce furent eux qui osèrent nommer des conseillers-surnuméraires en remplacement de ceux qui étaient ou qui se prétendaient malades, et cela, afin d'avoir un conseil dévoué, duquel ils pussent obtenir l'expulsion d'Ulloa. Lafrénière, qui était revêtu du caractère de procureur-général du roi, a non-seulement conseillé, mais même soutenu avec opiniâtreté que les conseillers étaient autorisés à connaître de la pétition des habitants et négociants de la Louisiane, tandis que l'objet de cette pétition ou requête était de s'opposer aux ordres de Leurs Majestés Catholique et Très-Chrétienne, relativement à la cession et à la prise de possession de la colonie, de même que par rapport à tous les autres points dont il est fait mention dans cette requête, et dont la connaissance appartenait uniquement aux deux rois et passait la sphère du pouvoir du conseil. 1769.

"Cette conduite de Lafrénière le rend coupable d'un crime d'infidélité des plus graves et des moins excusables, en même temps qu'elle sert à prouver les faits qu'il a niés. En effet, quoique procureur général du roi et par conséquent la personne qui est censée être l'organe du roi, celui qui doit défendre l'autorité et la juridiction royale, celui qui, par devoir, était obligé plus que personne de travailler efficacement à l'accomplissement des dispositions du roi son maître, celui qui devait montrer le plus de zèle pour le maintien de la tranquillité publique, loin d'avoir été l'organe du roi dans le conseil, loin d'avoir défendu l'autorité et la juridiction de son maître, Lafrénière a fait usurper au contraire cette même autorité et cette même juridiction par le conseil, en lui attribuant par une allégation illégale la connaissance d'une cause, qui était au-dessus du pouvoir du conseil et qui était d'autant plus importante, qu'elle roulait sur un objet qui tendait à contrarier les volontés du roi et les raisons d'état qui avaient déterminé Sa Majesté à la cession en question, tandis qu'au lieu d'appuyer cet attentat d'usurpation sur les droits de Sa Majesté, il aurait du soutenir avec fermeté que cette matière n'était point de la compétence du conseil, et qu'elle devait être renvoyée à la décision des deux souverains.

"De pareils procédés ne laissent point lieu de douter que ce coupable faisait tous ses efforts pour la réussite de la conspiration, et, pour s'en convaincre encore mieux, il n'y a qu'à jeter un coup-d'œil sur ses conclusions, qui ne respirent que haine et qu'indignation, et dans lesquelles, non content d'insister sur les motifs du mémoire des habitants, il s'est permis les expressions les plus violentes, pour aveugler les membres du conseil et pour s'assurer du succès de la rébellion.

"Telle est la conduite que Lafrénière a tenue, abusant

1769. de son emploi de procureur général et se montrant le principal fauteur de la conspiration, tandis que, conformément aux obligations de son caractère officiel, au lieu de prendre le parti des séditieux, il aurait dû s'attacher à remplir mieux que jamais ses devoirs de fidélité et d'obéissance, comme a fait dans cette occasion Charles Aubry, qui a cherché, avec le plus grand zèle et la plus grande activité, à prévenir les effets de la conspiration, à tranquilliser les habitants et à entretenir leur soumission ; et je ne doute nullement qu'on n'eût pu parvenir ainsi à remettre le calme dans les esprits, par la raison que Lafrénière était la première personne dans le conseil, celle qui avait le plus d'autorité sur le public par son emploi, et parcequ'il était le chef d'une famille nombreuse ; s'il se fût joint au gouverneur, si, à l'exemple de M. Aubry, il eût protesté, ainsi qu'il le devait, contre la prétention du conseil et contre son décret, les rebelles auraient été forcés de changer de sentiments, et les membres du conseil se seraient vus forcés de prendre le même parti." Le procureur fiscal ajoute que Lafrénière est d'autant plus coupable, qu'au moment où il poussait ainsi ses concitoyens à la révolte, il touchait, comme procureur général, ses appointements du roi d'Espagne.

Quant à Foucault, le procureur fiscal fait observer : qu'il est d'autant moins excusable, qu'en sa qualité de commissaire-ordonnateur, il était président du conseil, et tenu plus qu'un autre de donner le bon exemple. "Il n'en est pas moins évident, dit le procureur fiscal, que Foucault assista souvent, suivant les preuves rapportées dans l'interrogatoire, aux assemblés dans lesquelles on projeta le soulèvement. Il admit la représentation des séditieux, qu'il devait plutôt rejeter en menaçant les mécontents, et en leur faisant entendre que le conseil n'était pas en droit de porter un jugement dans une pareille matière. Il s'opposa par sa conduite, directement aux intentions de son souverain, au sujet de l'extradition de la colonie, qui devait se faire à la personne que Sa Majesté Catholique nommerait à cet effet. Et outre la connaissance que le sieur Foucault avait de ces ordres, qui avaient été publiés et enrégistrés au conseil, il avait encore des preuves plus claires de la volonté de Sa Majesté Catholique, par une lettre du duc de Praslin, qui lui avait signifié antérieurement que toutes les affaires de la colonie devaient s'administrer, comme si le pays appartenait déjà à Sa Majesté Catholique, laquelle devait faire tous les frais à compter de l'arrivée de don Antonio de Ulloa.

"Mais Foucault, loin d'obéir aux ordres de sa cour, laissa une liberté entière à tous les désordres que nous avons vus, et non content d'avoir excité la commotion des différents corps de la colonie et d'avoir admis le recours séditieux que l'on a eu à lui, poussa l'excès jusqu'à nommer des conseillers surnuméraires, gens à sa dévotion, et à prononcer avec eux, un arrêté diamétralement opposé à la volonté du roi son maître et aux derniers ordres de sa cour; dans lequel, porté par des vues particulières et surtout par celle de conserver le dégré d'autorité qu'il s'était acquis dans la colonie, il ordonna que don Antonio de Ulloa ne se mêlât nullement des affaires du gouvernement, comme si le représentant de Sa Majesté Catholique, qui payait les dépenses de la province au nom et au compte de son maître, ne devait pas conduire également les affaires de son gouvernement. Cet arrêté portait encore que, par rapport à la navigation des Français et des étrangers, on suivrait les mêmes usages qu'avant l'arrivée de don Antonio de Ulloa, de façon que Foucault paraissait oublier que tous les vaisseaux qui, en partant des ports de France en Europe étaient destinés pour ce fleuve, étaient munis de passeports accordés par le ministre d'Espagne à celui de France. Il donna enfin l'ordre qu'on imprimât

1769. ce mémoire insolent fait au nom des habitants, commerçants et artisans, sur l'évènement du 29 octobre 1768, écrit rempli d'insultes et d'outrages contre la législation, le gouvernement et l'autorité de Sa Majesté Catholique; objet qu'il devait respecter et défendre, par la considération au moins des liens du sang, de l'amitié et de l'alliance qui unissent si étroitement les deux souverains. Les offenses de ce ministre perfide demandent hautement un châtiment éclatant et une satisfaction publique, aux yeux de toutes les nations auxquelles la connaissance de son crime est parvenue."

Pour ce qui concerne les autres accusés, il suffit de donner un résumé concis du rôle que leur fait jouer le procureur fiscal dans son réquisitoire, en conservant toutefois avec soin le cachet de son style.

## MASAN.

Il fut prouvé qu'il avait pris une part fort active à l'insurrection; qu'il avait assisté ensuite à toutes les assemblées tenues dans ce but ; qu'il était le second signataire de la fameuse requête pour l'expulsion d'Ulloa; qu'il avait été l'un de ceux qui l'avaient présentée à Foucault pour la faire décréter par le conseil, et que plusieurs réunions séditieuses s'étaient tenues dans sa maison ; enfin qu'il avait sollicité l'expulsion de la frégate espagnole. "Il y a encore, ajoute le procureur fiscal, une circonstance aggravante : c'est que Masan est un des habitants les plus considérés et qui a le plus de crédit dans la colonie, à cause de sa naissance, et de la croix de St.-Louis dont il est décoré, et qu'en conséquence il attirait, à sa voix et par son exemple, tout le reste des habitants dans le désordre, tandis que, s'il était resté attaché au parti des fidèles sujets, à la tête desquels se trouvait Charles Aubry, il n'aurait pas peu contribué à contenir et à désarmer celui des rebelles.

### Noyan.

"Il fut prouvé contre lui qu'il avait soulevé les Acadiens, que c'était lui qui avait fait faire sur son habitation, par François Verret, la hampe à la quelle devait s'arborer le pavillon français, lors du soulèvement. Le soir qui précéda le jour où éclata le soulèvement, il se tint à la porte des Tchoupitoulas pour attendre les Acadiens, et, à leur arrivée, il les conduisit chez M. Desiller, où il les logea et leur procura des vivres, et même des armes; enfin il prit à la conspiration une part aussi grande qu'aucun des autres conjurés.

### Marquis.

"Il remplit les fonctions de commandant-général des séditieux, qui avaient pris les armes malgré la défense expresse de Charles Aubry. Il entra avec plusieurs autres dans le conseil pour apprendre ce qui serait arrêté, et il en sortit ensuite pour en faire part aux séditieux. Il engagea les conseillers à passer par l'endroit où les rebelles étaient sous les armes et où le pavillon français était arboré, et, au moment où ils passèrent, il les remercia par un discours qu'il leur adressa. Non content d'avoir contribué à l'expulsion d'Ulloa, ce fut lui qui s'embarqua avec un grand nombre de séditieux, pour le chasser entièrement de la rivière, et de l'île royale catholique où il s'était arrêté. Il ne revint sur ses pas qu'après avoir fait dix-huit lieues, et qu'après avoir appris qu'Ulloa était en mer. Il fut aussi un des plus ardents à solliciter le renvoi de la frégate espagnole, parce qu'elle représentait, sur la rivière, l'*odieuse* domination espagnole; il avait formé le projet d'établir une république à la Louisiane, qui serait gouvernée par un conseil de quarante membres et par un protecteur, élus par le peuple. Ce fut encore lui qui, lorsqu'on apprit l'arrivée d'Oreilly à la Balise, mit la cocarde blanche, en signe de résistance, et engagea plusieurs autres à en faire de même et à adopter ce signe de ralliement qu'il établissait pour les rebelles.

"Il est prouvé par le résultat du procès-verbal, et par la déclaration même de Marquis, qu'il s'est rendu coupable de tous ces crimes, et on peut dire avec vérité que c'est lui qui a commis l'injure la plus atroce envers les deux souverains, l'état, le gouvernement et le peuple espagnols, et que la distinction dont il jouissait, et sa qualité d'étranger, par rapport à la France et à l'Espagne, lui avaient fait naître l'idée frénétique de liberté et d'indépendance, et celle d'établir dans la colonie un gouvernement républicain, tel que celui de sa patrie. (la Suisse)

CARESSE.

"Il était l'auteur, conjointement avec Lafrénière, du Mémoire adressé au conseil au nom des habitants et négociants de la Louisiane. Ce fut lui qui se présenta, avec une troupe de séditieux à la porte du conseil, pour empêcher que les conseillers ne sortissent avant de prendre une résolution favorable à la prétention des rebelles. Enfin, ce fut lui qui fut toujours à la tête des principales opérations. Il fut l'un de ceux qui, pour subvenir aux besoins de la colonie, qui allait manquer de numéraire, formèrent le projet d'une banque, sous le titre de Mont-de-Piété. Annexée aux pièces du procès, se trouve une lettre qu'il écrivit à Lafrénière, le comblant d'éloges sur tout ce qu'il avait fait pour la conspiration, et lui disant: *Nous espérons voir renaître en vous à la Louisiane l'orateur de Rome et M. de Maupeou, pour le maintien des droits de la nation.* Les rebelles le choisirent pour l'un de leurs syndics.

JOSEPH MILHET.

"Il fut l'un de ceux qui s'employèrent le plus activement à faire signer la représentation qui occasionna le 1769. décret d'expulsion, lancé contre Ulloa, et il alla de maison en maison solliciter chacun de donner ce qu'il pouvait pour subvenir aux dépenses de la conspiration. Le jour du soulèvement, il se présenta comme officier d'une compagnie de milice qui avait pris les armes pour soutenir la rébellion, et, le jour suivant, il était destiné, avec d'autres conjurés, à s'embarquer sur deux bateaux pour aller à la suite de don Antonio de Ulloa, et prendre de force le fort de la Balise. Il est aussi prouvé que c'est dans sa maison que les conjurés avaient fait leur dépôt d'armes, et qu'il s'associa à tous les autres actes de la conspiration.

### Jean Milhet.

"Parmi les trente-six témoins qui furent entendus, il en est plusieurs qui ne s'accordent pas sur les faits et gestes de Jean Milhet, frère de Joseph; ce qu'il y a de plus clairement prouvé contre lui, c'est que, le jour du soulèvement, il prit les armes avec la compagnie de milice dont il était lieutenant.

### Petit.

"Il fut prouvé qu'il avait participé à tout ce qu'avaient fait les conjurés, qu'il avait beaucoup déclamé contre les Espagnols, et que plusieurs jours avant le soulèvement il avait dit : *Qu'avant peu on serait débarrassé de ce diable d'Ulloa, parce qu'il avait déjà pris les mesures nécessaires pour le faire en aller.* Le jour du soulèvement, dit le procureur fiscal, il se présenta parmi les rebelles, avec ses armes, donnant des ordres, voulant paraître jouer un des principaux rôles, jusque là qu'il eut l'insolence de détacher de ses mains le navire sur lequel on expulsa don Antonio de Ulloa, parce qu'il s'impatientait de la lenteur que les matelots mettaient dans cette manœuvre ; pour lesquels faits, plus que suffisants,

1769. il a été réputé un des principaux complices de la conspiration."

"Il fut aussi prouvé que lors de l'arrivée d'Oreilly à la Balise, Petit avait dit, en apprenant cette nouvelle: *Qu'il fallait sortir pour combattre les Espagnols, et faire sauter la cervelle à celui qui ne suivrait pas ce parti.*"

Le procureur fiscal commente avec une sévérité, non exempte d'une certaine causticité, sur les faits et gestes et même sur la personne de Petit. "Voilà, dit-il, les délits les plus atroces qu'ait pu commettre un personnage d'une trempe aussi faible que celle de Joseph Petit. Malgré son emportement et sa fureur, il ne lui était réellement pas possible d'en faire davantage. Ainsi, en ne considérant que ce qu'il a fait, il n'y a aucun lieu de douter qu'il n'ait été un des plus opiniâtres conjurés, et qu'il n'eût participé à d'autres délits encore plus graves, si sa capacité et la contexture de sa personne lui eussent laissé les moyens de l'exécution."

POUPET.

"Il fut nommé trésorier des rebelles, et accepta cette charge. En cette capacité il fournit les deniers qu'exigeait la conspiration, et c'est lui qui a payé à Braud l'impression du fameux Mémoire. Enfin, il prit les armes avec les révoltés, et tint des assemblées séditieuses dans sa maison.

HARDY DE BOISBLANC.

"Il fut un des conseillers surnuméraires nommés par Lafrénière et Foucault, et fut l'un de ceux qui soutint le plus vigoureusement dans le conseil la requête qui demandait l'expulsion du gouverneur espagnol. Il fit aussi de grands efforts pour contraindre le départ de la frégate espagnole."

DOUCET.

Les témoins ne s'accordent nullement sur le degré de participation de Doucet à la conspiration, et le procureur fiscal l'avoue franchement, mais il ajoute : "il est incontestable qu'il a commis le crime le plus énorme contre Sa Majesté, le gouvernement et le peuple espagnols, en faisant le manifeste le plus insolent et le plus outrageant, dans lequel il s'attacha à diffamer non-seulement ce qu'il y a de plus sacré, mais aussi à persuader aux rebelles et même aux sujets fidèles que la sédition n'avait rien de contraire à la justice et au droit, et dans lequel il chercha enfin à enflammer les citoyens, à nourrir la sédition et à porter dans les esprits une vive impression des horreurs, des cruautés et des excès dont il chargea avec tant de véhémence la domination espagnole. Cet accusé a encouru, par ce crime, la peine capitale dictée par les lois contre les auteurs des libelles diffamatoires, et, en particulier, de ceux qui sont dirigés contre le prince et contre l'état."

### Villeré.

Le procureur fiscal, terminant la revue des accusés, ajoute en parlant de Villeré, dont le procès n'en fut pas moins fait, quoiqu'il fût mort depuis son arrestation :

"Un des principaux complices et moteurs de la conspiration, dit-il, fut Joseph Villeré. Celui-ci fit les démarches les plus éclatantes dans la rébellion. Il souleva les Allemands, dont il était capitaine ; il leur fit signer la représentation formée pour presser le départ de don Antonio de Ulloa et de tous les Espagnols. Il les conduisit à la ville, pour les incorporer aux rebelles et pour fortifier la révolte, comme tout le monde a pu le voir, puisque, ce jour là, il était à leur tête et les commandait, suivant ce que les témoins ont déposé de point en point dans l'interrogatoire. C'est lui qui eut la témérité de surprendre le sieur Maxent à la côte des Allemands, et d'enlever une partie de l'argent qui était destiné aux Allemands, de la part de don Antonio de Ulloa, pour le paiement des grains que ces Allemands

1769. avaient fournis pour le service de Sa Majesté Catholique. L'unique but de cette action hardie était d'empêcher que le paiement de ces grains ne se fît, parce que les rebelles craignaient que les Allemands et les Acadiens, déjà soulevés par les moteurs et les chefs de la conspiration, ne s'apaisâssent par ce paiement."

Ce réquisitoire fut présenté le 20 octobre.

Voici quels furent les principaux moyens de défense sur lesquels s'appuya le reste des accusés, Braud et Foucault ayant été mis hors de cause :

Ils alléguèrent le défaut de prise de possession de la part du roi d'Espagne, et par conséquent l'absence de toute obligation, de leur part, de lui devoir foi et hommage. Ils en inféraient qu'ils avaient pu légalement résister à Ulloa, qui n'avait exhibé aucun pouvoir qui l'autorisât à requérir leur obéissance.

Ils prétendirent aussi que la cour devant laquelle ils étaient amenés n'avait pas juridiction pour instruire leur procès. "Car, disaient-ils, en admettant la vérité des faits qui nous sont imputés, ces faits ont eu lieu pendant que le drapeau blanc flottait encore sur nos têtes et pendant que les lois françaises retenaient leur empire dans la colonie. D'ailleurs, Ulloa prétendant ne pas avoir assez de forces pour prendre possession de la colonie, et le gouvernement étant resté entre les mains d'Aubry, pour le roi de France, nous n'avons pu être soumis à deux souverains à la fois, et le roi d'Espagne n'avait pas pu compter sur notre allégeance, avant d'avoir reçu nos serments, et avant d'être en état de nous couvrir de sa protection. En outre, admettant que la prise de possession eût eu lieu, ou ne fût pas nécessaire pour établir la domination de l'Espagne sur nous, il ne peut résulter d'un simple changement de gouvernement, que les lois espagnoles se trouvent implantées à la Louisiane et les lois françaises, rappelées ; il faut donc nous juger d'après les formes et usages de notre jurisprudence." 1769.

Le tribunal espagnol écarta ces objections, et prononça sur le fond de l'accusation, suivant les lois espagnoles. Il pensa sans doute qu'il fallait faire une distinction entre les lois politiques et les lois civiles ; que les lois politiques qui sont établies pour la protection du souverain, l'accompagnent partout où il s'établit, et y sont en vigueur par le fait seul de sa présence, sans que pour cela une déclaration expresse de sa volonté soit nécessaire, comme le droit des nations l'exige pour les lois civiles. Le tribunal crut peut-être qu'il était d'autant plus urgent de faire cette distinction entre les lois civiles et les lois politiques, que, dans l'affaire qui lui était soumise, il eût été étrange de voir juger un crime de lèse-majesté et de trahison envers le roi d'Espagne, d'après les lois établies par le roi de France, au profit duquel le crime avait été commis.

Quoiqu'il en soit, il est certain que les colons avaient eu le tort, dans l'intérêt de leur défense, d'accepter tacitement la domination espagnole en permettant à Ulloa de faire tous les frais d'administration de la colonie, pendant plus de deux ans. Si au lieu de ne secouer la domination espagnole que lorsqu'elle était devenue onéreuse, ils s'y étaient opposés dès le principe, en alléguant l'illégalité de la cession sans leur consentement, ils auraient certainement présenté une meilleure défense, en s'appuyant sur le passage suivant de Vattel :

"Si la nation, dit Vattel, a déféré la pleine souveraineté à son conducteur, si elle lui a commis le soin et donné sans réserve le droit de traiter et de contracter avec les autres états, elle est censée l'avoir revêtu de tous les pouvoirs nécessaires pour contracter validement. Le prince est alors l'organe de la nation ; ce qu'il fait, est réputé fait par elle-même ; et bien qu'il ne

1769. soit pas le propriétaire des biens publics, il les aliène validement, comme étant dûment autorisé.

"La question devient plus difficile quand il s'agit, non de l'aliénation de quelques biens publics, mais du démembrement de la nation même, ou de l'état, de la cession d'une ville, ou d'une province qui en fait partie. Toutefois elle se résout solidement par les mêmes principes. Une nation se doit conserver elle-même, elle doit conserver tous ses membres, elle ne peut les abandonner, et elle est obligée envers eux à les maintenir dans leur état de membres de la nation. Elle n'est donc point en droit de trafiquer de leur état et de leur liberté, pour quelques avantages qu'elle se promettrait d'une pareille négociation. Ils se sont unis à la société pour en être membres ; ils reconnaissent l'autorité de l'état, pour travailler de concert au bien et au salut commun, et non pour être à sa disposition, comme une métairie, ou comme un troupeau de bétail. Mais la nation peut légitimement les abandonner dans le cas d'une extrême nécessité, et elle est en droit de les retrancher du corps, si le salut public l'exige. Lors donc qu'en pareil cas l'état abandonne une ville ou une province à un voisin, ou à un ennemi puissant, la cession doit demeurer valide quant à l'état, puisqu'il a été en droit de le faire : il n'y peut plus rien prétendre ; il a cédé tous les droits qu'il pouvait y avoir.

"Mais cette province ou cette ville ainsi abandonnée et démembrée de l'état, n'est point obligée de recevoir le nouveau maître qu'on voudrait lui donner. Séparée de la société dont elle était membre, elle rentre dans tous ses droits ; et s'il lui est possible de défendre sa liberté contre celui qui voudrait la soumettre, elle lui résiste légitimement. François Ier s'étant engagé, par le traité de Madrid, à céder le duché de Bourgogne à l'empereur Charles V, les états de cette province déclarèrent que, n'ayant jamais été sujets que de la couronne de France, ils mourraient sous cette obéissance; 1769. et que, si le roi les abandonnait, ils prendraient les armes, et s'efforceraient de se mettre en liberté, plutôt que de passer d'une sujétion dans une autre." Il est vrai que rarement les sujets sont en état de résister dans ces occasions; et d'ordinaire le meilleur parti qu'ils aient à prendre est de se soumettre à leur nouveau maître, en faisant leurs conditions aussi bonnes qu'il est possible."

C'était en effet le meilleur parti que les colons de la Louisiane avaient à prendre, vu leur état de faiblesse, et il est à regretter qu'ils ne l'aient pas suivi. Le sang n'aurait pas été versé inutilement, dans une tentative où toute chance de succès était matériellement impossible.

Voici en quels termes la sentence fut rendue:

"Dans le procès criminel dressé par ordre du roi, notre souverain, pour découvrir et pour punir les chefs et auteurs, de même que les principaux complices de la conspiration qui a éclaté dans cette colonie, le 29 du mois d'octobre de l'année dernière 1768, contre le gouverneur d'icelle, don Antonio de Ulloa, la cause ayant été instruite en substance, et formellement entre les parties, savoir: entre le licencié don Félix del Rey, avocat des audiences royales du Mexique et de St.-Domingue, en sa qualité de procureur fiscal nommé par moi, de l'autorité royale d'une part, et entre Nicholas Chauvin de Lafrénière, ci-devant procureur-général et doyen du conseil supérieur de cette province, Jean-Baptiste Noyan, son gendre, Pierre Caresse, Pierre Marquis, Joseph Milhet, un avocat à la mémoire de Joseph Villéré, attendu le décès de ce dernier en prison, Joseph Petit, Balthazar Masan, Julien-Jérome Doucet, Pierre Hardy de Boisblanc, Jean Milhet et Pierre Poupet, accusés pour avoir participé principalement au dit crime et aux séditions postérieures qui ont éclaté contre le

1769. gouvernement et la nation espagnols; vu les actes, informations et dépositions du procès-verbal, confrontation des confessions des accusés, avec les papiers trouvés chez quelques-uns d'entr'eux, et par eux reconnus pour les leurs, les accusés entendus dans leurs défenses aux charges accompagnées de leurs preuves respectives, ouï les conclusions du procureur fiscal énoncées dans l'acte d'accusation ci-dessus rapporté, et tout vu et tout considéré, soit de droit soit de fait, dans un cas accompagné de circonstances si graves et si extraordinaires, et attendu tout ce qui résulte du dit procès, auquel je me réfère, j'ai à déclarer et je déclare que le susdit procureur fiscal a prouvé complètement ce qu'il avait à prouver, et que les accusés n'ont point prouvé leurs défenses, et qu'ils n'ont produit aucune exception qui les mette hors de délit, et encore moins qui les sauve des peines que, suivant nos lois, ils ont encourues pour la part qu'ils ont eue respectivement aux excès rapportés, en sorte que, dès à présent, je dois condamner et condamne les dits sieurs Nicolas-Chauvin de Lafrénière, Jean-Baptiste Noyan, Pierre Caresse, Pierre Marquis et Joseph Milhet, en leur qualité de chefs et de moteurs principaux de la dite conspiration, à la peine ordinaire de la potence, (comme l'exige l'infamie qu'ils ont encourue ipso jure par leur participation à un crime aussi horrible), à être conduits à la potence sur des ânes, la corde au cou, à y être pendus jusqu'à ce que mort s'en suive, à y rester attachés jusqu'à ce que j'en ordonne autrement, sans que personne soit assez téméraire de retirer leurs corps, ou de contrevenir en tout ou en partie à cette même sentence, sous peine, aux contrevenants, du dernier supplice. Et comme il résulte également du dit procès, et des énonciations du dit procureur fiscal, que le défunt Joseph Villeré est convaincu aussi d'avoir été un des plus obstinés des chefs de la susdite conspiration, je condamne de la même manière sa mémoire comme infame; et faisant aussi justice, pour ce qui concerne les autres accusés, en prenant en considération l'énormité de leur crime, comme il en appert par le procès, je condamne le susdit Joseph Petit à la peine d'une prison perpétuelle, et de relégation dans un fort ou château, tel que Sa Majesté jugera à propos de lui assigner; les susdits Balthazar Masan et Julien Jérôme Doucet, à une prison de dix ans; et à une prison de six ans, Pierre Hardy de Boisblanc, Jean Milhet et Pierre Poupet, sans que ni les uns ni les autres puissent vivre ensuite dans aucun des pays soumis à Sa Majesté Catholique, me réservant de faire en sorte que provisoirement les différentes sentences soient exécutées, et que tous les exemplaires de l'imprimé intitulé : *Mémoire des habitants et commerçants de la Louisiane sur l'évènement du 29 du mois d'octobre* 1768, soient rassemblés pour être brûlés par la main du bourreau, de même que les autres écrits qui sont relatifs à la dite conspiration, déclarant, comme je déclare, conformément à ce qui a été décidé par les mêmes lois, tous les biens de chacun des accusés compris dans cette sentence, confisqués au profit du fisc et des finances de Sa Majesté, et jugeant définitivement, je prononce cette sentence de l'avis du docteur don Manuel Jose de Urrutia, auditeur de guerre et de marine aux port et ville de la Havane, et assesseur nommé par moi, d'autorité royale, pour cette cause ; et ses honoraires, ainsi que ceux des officiers employés à ce procès, seront payés sur les biens confisqués, ainsi que les lois le prescrivent.

*Signé* ALEXANDRE OREILLY.
MANUEL JOSE DE URRUTIA.

Cette sentence fut rendue, le 24 octobre, conformément aux conclusions du procureur fiscal, en présence de François Bouligny, Yacinto Panis, et Juan Kely, lieutenants, officiant en qualité de témoins.

Le 25 octobre, le procureur fiscal, don Felix del Rey,

1769. présenta à Oreilly un réquisitoire dans lequel il l'informait que, faute de bourreau, les condamnés ne pouvaient être pendus, suivant la sentence portée contre eux, qu'en conséquence il priait le général en chef de modifier la sentence de telle sorte que les condamnés pussent être passés par les armes, en laissant subsister l'infamie attachée à la peine de la potence : ce qui fut ainsi ordonné par Oreilly.

*Exécution de la sentence:*

"En exécution de ce qui était ordonné, &c., &c., par la sentence définitive qu'il a plu à son excellence don Alexandre Oreilly, commandeur de Benfayan, &c., &c., de prononcer le 24 du courant, je certifie qu'étant à cette heure, savoir, à environ trois heures après midi, dans le quartier du régiment de Lisbonne, où se trouvaient en prison Nicolas-Chauvin Lafrénière, Pierre Marquis, Joseph Milhet, Jean-Baptiste Noyan et Pierre Caresse, tous de nation française, on les a faits sortir de la prison où ils étaient, et on les a conduits, sous bonne et sûre garde d'officiers et de grenadiers, garrottés par les bras, au lieu du supplice, pour l'exécution de la susmentionnée sentence de mort prononcée contre eux, où se trouvait grand nombre de troupes qui formaient un carré, et m'étant avancé à l'endroit où étaient déjà les coupables, je lus en substance la susdite sentence, pour faire connaître publiquement combien était fondée la justice que le roi, notre souverain, et, en son nom, son excellence faisait faire sur ces personnes, en leur qualité de chefs principaux et d'auteurs de la conspiration qui éclata en cette colonie, le 29 octobre de l'année dernière 1768, contre l'autorité et le gouvernement du souverain, laquelle lecture fut répétée en langue française par le sieur Henry Garderat, assisté du greffier, le sieur Jean-Baptiste Garic, nommé par son excellence, et, pour plus grande solennité, du lieutenant d'artillerie don Juan

Kely, un des interprètes nommés par son excellence; 1769. que conséquemment à l'ordre de son excellence, la sentence fut publiée à haute voix par le crieur public de cette ville ; que, peu de temps après, les coupables, ayant été placés au lieu où ils devaient subir le dernier supplice, furent passés par les armes ; que m'étant approché immédiatement après de l'endroit susdit, je reconnus que les dits cinq coupables avaient reçu différents coups dans la tête et dans le corps, qu'ils étaient sans mouvement et privés absolument de vie. (A la Nouvelle-Orléans, le 25 octobre 1769. En témoignage de la vérité, François Xavier Rodriguez, greffier de l'expédition.")

Le lendemain, le même Rodriguez fit brûler sur la place publique tous les exemplaires du mémoire justificatif des habitants et commerçants que l'on avait pu découvrir et rassembler.

La difficulté de trouver un bourreau à la Louisiane s'était fait sentir long-temps avant cette époque, où il fut impossible aux Espagnols d'en trouver un. A ce sujet, voici un trait remarquable raconté par Dumont, qui a écrit sur la situation de la colonie en 1753.

"Comme la race des bourreaux, dit-il, n'a point passé dans ce pays, et que dans un gouvernement bien policé on est obligé d'en avoir, au commencement de l'établissement de cette colonie, personne ne voulant exercer cet emploi, on voulut en charger un nègre appartenant à la compagnie des Indes. On le nommait Jeannot. On le fit venir ; et lorsqu'on lui eut exposé de quoi il s'agissait, il tâcha d'abord de s'en défendre, quoiqu'on lui promît la liberté pour l'y engager. Mais, quand il vit enfin qu'on voulait l'y forcer, "eh bien, dit-il, cela est bon ; attends un moment."—Aussitôt il part, va à sa cabane, prend une hâche, appuie son bras sur un billot et se fait sauter le poignet. Après cela, il revient à l'assemblée, où il expose son infirmité et l'impossibi-

1769. lité où il est d'exercer la charge dont on veut l'honorer. Il est aisé d'imaginer ce qu'on put penser de cette action. On songea d'abord à le conserver: on le mit entre les mains des chirurgiens, qui le guérirent, et il fut fait commandeur des autres nègres de la compagnie. A l'égard de la charge qu'il refusait, un autre nègre moins délicat l'accepta, pour avoir la liberté; en sorte que dans cette colonie l'office de bourreau est exercé par un nègre."

Voici en quels termes, Oreilly rendit compte de ce procès au marquis de Grimaldi, ministre de la marine et des colonies:

### Oreilly au marquis de Grimaldi.

"Le procès que l'on suivait ici contre les douze chefs, moteurs et principaux complices du soulèvement arrivé dans cette province est terminé. Six d'entre eux, ayant mérité la mort, ont été condamnés à être pendus; mais un de ces criminels étant mort dans la prison avant l'exécution, il n'y en a eu que cinq d'exécutés, et ils ont été passés par les armes, le 25 de ce mois, à trois heures après midi, parce qu'il n'y a point ici de bourreau. Les six autres ont été condamnés à la prison dans un château, savoir: un pour toute la vie, deux pour dix ans et trois pour six ans, et l'on a confisqué les biens de tous les douze.

"Les six qui ont été condamnés à la prison partent aujourd'hui pour une des forteresses de la Havane. J'envoie au capitaine général de cette place une expédition du jugement, afin qu'il le mette à exécution.

"Les biens de ces prisonniers étaient sequestrés depuis le commencement de l'instance criminelle. Je viens de donner des ordres pour procéder à la prompte liquidation de ces biens suivant les lois, afin qu'on applique au fisc ce qui lui appartient, et qu'on remette aux veuves et aux créanciers ce qui peut leur revenir.

"Ce jugement répare pleinement l'insulte faite à la 1769. dignité et à l'autorité du roi dans cette province, ainsi que le mauvais exemple qui avait été donné aux sujets de Sa Majesté. Tout le monde reconnait la nécessité, la justice et la clémence de ce jugement qui donne un exemple dont le souvenir ne s'effacera jamais. Ce qui le rend encore plus efficace, c'est la grande diligence avec laquelle cette affaire a été menée, et l'évidence des preuves sur lesquelles le jugement a été rendu.

"Je recevrai désormais avec une douceur marquée tous ceux qui par séduction ont signé la première représentation faite au conseil, et ce sera une grande consolation pour le public, quand il saura que je ne laisserai dans cette province aucun souvenir de ce téméraire attentat. Je concilierai et je tranquilliserai les esprits par tous les moyens en mon pouvoir, et rien ne sera plus propre et plus efficace pour y parvenir, que de leur faire savoir qu'on oubliera pour toujours tout ce qui s'est passé, et que chacun trouvera dans le gouvernement la protection et la faveur qu'il méritera."

On voit qu'Oreilly n'a pas l'air de se douter d'avoir outre-passé ses pouvoirs et ne se met point en peine de donner aucune raison pour s'être écarté des prétendues instructions dont parle le marquis de Grimaldi au comte de Fuentes, ambassadeur d'Espagne en France. Il est donc probable qu'il ne les avait pas reçues. Car si Oreilly prit la responsabilité de faire mourir ceux qu'il n'avait que le droit d'*exiler*, il est naturel de penser qu'il se serait hâté de donner des raisons pour justifier une conduite aussi étrange. Loin de là, il s'applaudit de la clémence avec laquelle il a traité les coupables, et semble être convaincu qu'il a mérité l'approbation de son gouvernement ainsi que celle du reste du monde.

---

## CHAPITRE XXVIII.

DÉPART D'AUBRY.—SA MORT.—ORGANISATION DU GOUVERNEMENT ESPAGNOL DANS LA COLONIE.—ORDONNANCES D'OREILLY.—RECENSEMENT DE LA NOUVELLE-ORLÉANS.—DÉPART D'OREILLY.—UNZAGA LUI SUCCÈDE.—BIOGRAPHIE D'OREILLY ET DE CHARLES III.

1769. Pendant que ces évènements se passaient à la Louisiane, il paraît que le conseil d'état en France s'en était préoccupé et avait voulu s'en faire rendre compte. Car on trouve dans les cartons du ministère de la marine un document intitulé :

"*Feuille présentée au conseil du Roi.*

5 septembre 1769.

"On a fait par une première feuille le détail de tout ce qui s'est passé à la Louisiane de la part des habitants. Il reste à rendre compte de la conduite du conseil supérieur et des motifs qui l'ont déterminé.

"M. d'Ulloa n'ayant pas fait enrégistrer ses pouvoirs, il ne pouvait strictement être regardé que comme un étranger soumis aux lois du pays qu'il habitait. Les actes d'autorité qu'il s'était permis étaient un attentat à l'autorité légale exercée par Messieurs Foucault et Aubry. La création d'un conseil particulier non revêtu des formalités prescrites était une infraction aux droits du conseil supérieur qui, suivant la lettre de M. le duc de Choiseul, du 21 avril 1764, devait, même après la prise de possession légale, rendre la justice comme auparavant. 1769.

"M. d'Ulloa, regardé comme étranger, ne pouvait rendre aucune ordonnance de police et de commerce. Celle qu'il s'est permise de proclamer, tendant à la destruction des lois civiles et politiques de la colonie, lois qui devaient être suivies après l'acte de cession, était soumise au jugement du conseil supérieur chargé de veiller aux intérêts des habitants. Par respect pour les ordres du roi, il n'a pas voulu casser l'ordonnance de 1766. Il a préféré les voies de conciliation, et il était parvenu à tranquilliser les esprits. Mais les vexations commises depuis par M. de Ulloa avaient tellement aigri les habitants, que la modération aurait peut-être été plus dangereuse que le parti auquel s'est déterminé le conseil supérieur. Mille hommes, armés et disposés à tout entreprendre, attendaient le résultat de l'assemblée du conseil supérieur. Ils ont même député un d'entr'eux pour savoir le jugement, et ils auraient certainement chassé d'eux mêmes M. d'Ulloa, si le conseil supérieur n'avait eu l'honnêteté de le prier de se retirer de la colonie.

"Il est certain que la source du mal vient des vexations commises par M. d'Ulloa, et que le défaut d'enrégistrement de ses pouvoirs n'a été qu'un prétexte que l'on n'aurait jamais fait valoir, si M. d'Ulloa eût eu une conduite sage et analogue à celle du gouvernement français. Mais on fait observer que si M. d'Ulloa a des torts, le conseil supérieur n'en est pas moins repréhensible. Lorsque les habitants ont présenté leur requête, le conseil supérieur a rendu un arrêt qui nomme deux rapporteurs et six assesseurs d'office. Le lendemain est intervenu l'arrêt qui renvoie M. d'Ulloa.

"Le jugement précité du conseil supérieur, sur une affaire aussi délicate, décèle son intelligence avec les

1769. habitants. A peine instruit du contenu en la requête, et avant d'être persuadé de la vérité des faits y énoncés, le conseil prévoit qu'il sera dans le cas de porter un jugement qui exige un nombre compétent de voix, et il en nomme d'office.

"Le conseil supérieur a excédé ses pouvoirs en nommant des assesseurs d'office. C'est un droit de la royauté. Il ne pouvait l'ignorer, et il devait se servir de ces moyens pour éluder de prononcer sur la requête des habitants.

"Quels que soient les torts de part et d'autre, il est certain que les habitants de la Louisiane sont determinés à ne pas souffrir le joug espagnol, et qu'ils se donneront plutôt à l'Angleterre. En attendant la décision de la cour d'Espagne, il paraît indispensable de procurer des secours en tous genres à cette colonie, dont elle est si dépourvue, que les administrateurs actuels sont contraints de recourir à la Nouvelle-Angleterre."

Aubry partit de la Louisiane à bord du brigantin, *le Père de Famille*, se rendant à Bordeaux. Ce navire sombra dans la Garonne, près de la tour de Cordouan. Il ne se sauva que le capitaine, un médecin, un sergent et deux matelots. Le roi, pour témoigner sa satisfaction de la conduite et des services d'Aubry, accorda une pension à son frère et à sa sœur. Avant le départ d'Aubry, il lui avait été offert, à la Louisiane, un grade élevé dans l'armée espagnole, s'il voulait y entrer; mais il avait refusé, préférant consacrer le reste de ses jours au service de son pays.

Après avoir réglé la grande affaire de la révolution, Oreilly s'occupa de l'organisation de la province. On se rappelle que Louis XV, dans sa lettre à d'Abbadie, avait manifesté le désir que la Louisiane conservât les lois et les usages auxquels elle était accoutumée, et l'espérance que son cousin, le roi d'Espagne, aurait égard à l'expression de ce vœu. Oreilly, nonobstant cette manifestation du souhait royal de Sa Majesté Très-Chrétienne, annonça aux colons, par une proclamation du 25 novembre, que, vu la part prise par le conseil supérieur dans les derniers troubles, il jugeait convenable d'abolir ce tribunal, et d'établir la forme de gouvernement et le mode d'administration qui avaient toujours maintenu la tranquillité et la subordination dans les domaines américains de Sa Majesté Catholique, et qui leur avait assuré une prospérité durable.

1769.

Cette proclamation déclarait que le conseil supérieur serait remplacé par un cabildo, composé de six regidors inamovibles, de deux alcades ordinaires, d'un syndic procureur-général, et d'un greffier. Le gouverneur devait être le président de ce cabildo.

Les places de regidors inamovibles et celle de greffier devaient être, pour la première fois, vendues à l'enchère, et l'acquéreur devait avoir le droit, moyennant certaines conditions qui lui étaient imposées, de transférer son emploi à toute personne connue et capable de le remplir.

Parmi les regidors inamovibles devaient être distribués les emplois d'*alferez real*, ou porte étendard royal, d'un *principal alcade provincial, ou alcade extra muros*, dont la juridiction ne devait s'appliquer qu'à la campagne, d'un *alguazil mayor*, ou shérif, d'un receveur de dépôts et d'un receveur d'amendes.

Les alcades ordinaires et le syndic procureur-général devaient être choisis par le cabildo, le premier janvier de chaque année, et ne pouvaient être réélus qu'après un intervalle de deux ans, à moins qu'ils n'obtinssent le vote unanime du cabildo. Pour ces élections, les votes étaient donnés de vive voix et enregistrés.

Les alcades ordinaires avaient juridiction, comme juges, dans toutes les affaires civiles et criminelles qui prenaient naissance dans l'enceinte de la ville, toutes les fois que le défendeur n'avait pas le privilége d'être

1769.

jugé par un tribunal militaire ou ecclésiastique, en vertu du *fuero militar ou ecclesiastico*. Ces alcades, dans leur capacité individuelle, prononçaient sommairement, sans procédure écrite, et dans leur propre logis, sur toutes les causes où la valeur de l'objet en litige n'excédait pas vingt piastres. Lorsque le sujet de la contestation était plus considérable, ils siégeaient dans une salle, consacrée à leurs séances en corps, et toutes les procédures étaient tenues et enregistrées par un notaire ou greffier. Leurs décisions étaient sans appel, à moins que le procès ne roulât sur un objet valant plus de quatre-vingt-dix mille maravedis ou 330 piastres 88 sous. Dans ce cas, il y avait lieu de faire appel au cabildo.

Le cabildo n'examinait pas lui-même les jugements ainsi rendus, mais choisissait deux regidors, lesquels, conjointement avec l'alcade qui avait rendu le jugement, prononçaient si l'appel était fondé; et le jugement était confirmé si l'alcade, après l'avoir examiné de nouveau, refusait de l'annuler ou de l'amender, et si l'un des regidors qui lui étaient adjoints y donnait son approbation.

Le cabildo siégeait tous les vendredis, mais le gouverneur avait le droit de le convoquer quand il le jugeait convenable, et, lorsqu'il ne présidait pas cette assemblée, deux regidors se rendaient, immédiatement après l'ajournement, à sa demeure et l'informaient de ce qui s'y était passé.

La place de *Alferez Real* était purement honorifique, car cet officier n'avait pas d'autre fonction que celle de porter l'étendard royal dans les cérémonies publiques. Le *principal alcade provincial* prenait connaissance de tous les délits commis hors de la ville, et l'alguazil mayor exécutait personnellement ou par ses députés les ordres des différents tribunaux. Le receveur des dépôts prenait soin de tout l'argent et de tous les effets qui étaient séquestrés par ordre de la loi. Quant au receveur des amendes, son titre indique ses fonctions. Le syndic procureur général, loin d'être un officier de la couronne chargé de poursuivre les délinquants, ainsi que son titre semble le comporter, devait veiller sur les intérêts du peuple et défendre ses droits contre les empiétements du pouvoir exécutif.

1769.

Dans de certains cas, on pouvait appeler des décisions du tribunal supérieur de la province, en portant l'appel pardevant une cour établie à l'île de Cuba. Enfin, en dernier ressort, on pouvait porter l'affaire pardevant le conseil des Indes séant à Madrid. Mais quand cela avait lieu, il était entendu que, de plusieurs générations d'hommes, on ne verrait pas la fin du procès.

Les autres officiers de la province se composaient d'un capitaine général, d'un gouverneur, revêtu de pouvoirs civils et militaires, d'un intendant chargé de l'administration des revenus et de tout ce qui concernait les affaires maritimes et commerciales, d'un contador ou président de la cour des comptes, d'un auditeur de guerre et assesseur du gouvernement, qui était le conseiller d'office du gouverneur sur les points de droit, et d'un auditeur de l'intendance qui remplissait les mêmes fonctions auprès de l'intendant que celles de l'auditeur de guerre auprès du gouverneur. Comme les hommes de loi étaient alors fort rares à la Louisiane, l'auditeur de guerre était souvent, à la fois, le conseiller du gouverneur, de l'intendant, du Cabildo et de tous les autres fonctionnaires. Il y avait aussi un secrétaire du gouverneur et un secrétaire de l'intendant ; un trésorier de la province, un garde magasin général et un approvisionneur, un arpenteur général, un capitaine de port, un interprète pour les langues française et anglaise, un interprète pour les langues indiennes et trois notaires. Quant à la douane, il y avait un collecteur, un contrôleur, un caissier, un officier garde côte et un notaire spécial.

1769.  Tous les officiers dont le salaire était au-dessus de trois cents piastres par an étaient nommés par la couronne. Les autres l'étaient par le gouverneur et l'intendant dans leurs départements respectifs.

"Dans chaque paroisse, un capitaine de troupe de ligne ou de milice était stationné comme commandant civil et militaire. Cet officier était chargé de faire la police dans sa paroisse et avait, pour instruction spéciale, d'examiner avec soin les passeports des voyageurs et de ne souffrir qu'aucun étranger s'établit dans les limites de sa paroisse sans une permission du gouverneur. Ce commandant avait le pouvoir de juger en dernier ressort tous les procès dont le montant n'excédait pas vingt piastres. Dans les affaires plus importantes il recevait la pétition et la réponse, prenait par écrit les dépositions des témoins et envoyait tous ces documents au gouverneur qui les soumettait aux tribunaux compétents. Il avait le pouvoir d'infliger aux esclaves les châtiments que dans sa sagesse il jugeait convenables, ainsi que celui d'arrêter et d'emprisonner toute personne libre accusée d'un délit quelconque. Mais il était de son devoir d'en donner avis au gouverneur, qui prononçait ultérieurement sur le sort du détenu. Le capitaine commandant agissait aussi comme notaire, faisait les inventaires et les ventes de succession, et exécutait dans sa paroisse les arrêts des cours supérieures qui lui étaient adressés.

Les officiers publics étaient tenus de prêter le serment suivant :

"Moi, N..... nommé ..... (suit la dénomination de l'emploi), je jure devant Dieu, sur la croix sainte et sur les évangiles, de soutenir et de défendre le mystère de la conception immaculée de Notre-Dame la Vierge Marie, et la juridiction royale à laquelle je suis attaché par mon emploi. Je jure aussi d'obéir aux ordonnances royales et aux décrets de Sa Majesté, de remplir fidèlement les devoirs de ma place, de juger 1769. conformément à la loi, dans toutes les affaires qui seront soumises à mon tribunal ; et pour mieux atteindre ce but, je promets de consulter les personnes versées dans la loi, chaque fois que l'occasion s'en présentera dans cette ville ; et enfin, je jure que je n'exigerai jamais d'autres honoraires que ceux fixés par le tarif, et de plus, que je n'en exigerai jamais aucun, de la part du pauvre."

Tels étaient les principaux rouages du nouveau gouvernement colonial (1).

A part les institutions, dont il serait inutile de discuter le mérite comparatif, la Louisiane, en cessant d'être française n'avait pas entièrement perdu au change, quant aux qualités personnelles du souverain sous la domination duquel elle venait d'être placée. Car Charles III était de beaucoup supérieur au faible et immoral Louis XV. La biographie suivante de ce monarque, empruntée à la source où celle d'Ulloa a été prise, ne peut être dépourvue ici d'intérêt et d'apropos :

"Charles III, roi d'Espagne et des Indes, fils de Philippe V et d'Elisabeth Farnèse, sa seconde épouse, naquit en janvier 1717. Appelé à la succession de l'état de Toscane, où le dernier Médicis venait de mourir sans laisser d'héritiers de ce nom célèbre, le jeune don Carlos passe en Italie en 1730, et se met à la tête des troupes de son père, le Roi Catholique, envoyées pour accélérer l'exécution du traité de Séville. Quatre ans après, il entre dans le royaume de Naples avec une armée espagnole, et s'établit dans la capitale, qui lui ouvre ses portes. Philippe V cède à son fils ses droits à la couronne des deux Siciles. Charles remporta sur les impériaux la victoire de Bitonto, qui lui valut un royaume ; et le surnom de *duc de Bitonto* fut la récompense

---

(1) Voyez l'Appendice.

1769. du duc de Mortemar, général des troupes de Sa Majesté Catholique. Après avoir assuré son autorité dans toutes les provinces napolitaines, Charles passe en Sicile, et soumet cette île en moins d'une année. Louis XV s'empresse de le reconnaître en qualité de roi des Deux Siciles, et reçoit son ambassadeur (1735). La paix de Vienne assure la couronne sur la tête de ce jeune souverain en 1738. Charles avait payé de sa personne : il était digne de sa fortune ; au milieu de sa gloire, il mérita l'estime de ses nouveaux sujets par une sage modération, qui ne se démentit dans aucune circonstance de sa longue vie. La guerre s'était rallumée ; l'Italie était foulée par les armées françaises, espagnoles, autrichiennes et piémontaises. Charles devait naturellement joindre ses forces à celles du roi son père. L'amiral anglais, Martin, se présenta devant Naples, et menaça de bombarder cette capitale, si Charles ne souscrivait sur le champ à rester neutre dans une guerre à laquelle il était de son devoir de n'être point étranger. Martin tira sa montre, et ne donna qu'une heure de temps au roi des deux Siciles pour se déterminer à abandonner la cause de son père et de sa famille, ou à voir incendier sa capitale ; il fallut céder. Charles n'oublia jamais cet affront ; il s'occupa du soin de mettre les côtes de son royaume en état de repousser désormais une semblable insulte ; et bientôt, assuré qu'il n'a plus à craindre de voir un capitaine anglais lui dicter des ordres dans son palais, il marche avec ses troupes au-devant de celles de son père, dont il est nommé généralissime, conjointement avec le duc de Modène. Après quelques succès, l'armée espagnole et napolitaine est surprise dans Villetri, par le prince de Lobkowitz, général de l'armée impériale. Charles fut sur le point d'être fait prisonnier ; mais les Espagnols parvinrent à se rallier, et chargèrent à leur tour l'ennemi, qui ne sut pas profiter de ses avantages. La négligence fut réparée par des prodiges de valeur, et les impériaux, pour- 1769. suivis pendant quelques lieues, laissèrent des canons et des drapeaux au pouvoir de ceux qu'ils avaient d'abord mis dans le plus grand désordre. Après cette campagne, Charles jouit, pendant quinze années, de sa fortune et de ses travaux ; il gouverna le royaume de Naples avec beaucoup de douceur et de sagesse jusqu'au 10 août 1759. A cette époque, il fut appelé au trône d'Espagne, vacant par la mort de son frère Ferdinand, sixième du nom, et il laissa le royaume de Naples à Ferdinand, son troisième fils. Dès que Charles se vit à la tête d'une nation puissante, il conclut avec Louis XV le pacte de famille (1761) qui assurait les droits et réunissait toutes les forces des différentes branches de la maison de Bourbon, et ne laissa échapper aucune occasion de faire voir aux Anglais qu'il n'avait point oublié la conduite de l'amiral Martin. Il se joignit à la France dans les deux guerres qu'elle eut à soutenir contre l'Angleterre. Celle de 1762 ne fut pas heureuse pour les deux puissances alliées : l'Espagne perdit la Havane, douze vaisseaux de ligne, des trésors immenses, les îles Philippines, et fit une campagne peu glorieuse contre le Portugal, secouru par les Anglais. Charles dut renoncer à la Floride pour obtenir la paix. La guerre de 1778 eut des résultats plus favorables. Le duc de Crillon, général de l'armée de Sa Majesté Catholique, s'empara de Mahon (1781), et l'île de Minorque fut restituée à l'Espagne, ainsi que la Floride, qu'elle avait perdue quelques années auparavant. Charles, débarrassé de cette dernière guerre, voulut aussi punir l'insolence des pirates d'Alger. Le comte Oreilly fut chargé de l'expédition. Cet officier avait du zèle et des talents militaires que ses ennemis même ne lui contestaient point ; mais la fierté castillane voyait à regret ce général, irlandais de naissance, obtenir la préférence du souverain. La mort du marquis de la Romana, qui périt dans une escarmouche, victime de

1769. sa fougueuse imprudence, servit de prétexte à des clameurs séditieuses; on fut obligé de se rembarquer avec précipitation, et Charles III, dans cette funeste entreprise, aussi malheureux que Charles Quint, n'eut que la faible satisfaction de dire qu'il ne s'y était pas trouvé en personne. Tel est l'abrégé des évènements militaires qui marquent la carrière de Charles III ; elle n'est pas sans gloire; mais, sous le rapport de l'administration de son royaume, ce prince doit exciter un plus vif intérêt. Il mit beaucoup de persévérance dans l'exécution des plans d'administration et de réformes utiles qu'il se proposa dès son avènement à la couronne d'Espagne. Il eut la noble pensée de réveiller l'énergie de cette vieille nation, et de rallumer le flambeau des arts, que les derniers princes autrichiens avaient laissé éteindre. Ses premières opérations firent naître des murmures; on pourrait à peine se faire une idée de l'attachement du peuple espagnol à ses usages, à ses préjugés, et surtout à son costume particulier. Les Castillans, de toutes les classes, étaient vêtus de noir, et portaient en outre, dans toutes les saisons, un manteau dans lequel ils s'enveloppaient jusqu'aux yeux; un large chapeau, rabattu de tous côtés, achevaient de cacher leur figure. Ce costume mystérieux et sombre choquait les yeux et compromettait la vigilance de la police; les ordres les plus positifs furent insuffisants pour changer cette mode, et furent le prétexte, ou plutôt la cause immédiate du terrible soulèvement de Madrid (en 1765), au milieu duquel les seules compagnies de gardes walonnes, qui étaient de service au palais, firent leur devoir; elles furent massacrées par la populace; mais elles donnèrent le temps au roi de se sauver à Aranjuez, où de nouvelles troupes vinrent se ranger autour de lui. Le comte d'Aranda fut nommé président de Castille et rétablit le bon ordre; les grands chapeaux disparurent pour toujours; l'usage des manteaux revint peu à peu, mais les formes furent moins amples; le ministre favori de Charles III (marquis de Squilace), fut éloigné : il était odieux à la multitude et à la noblesse. On a soupçonné une compagnie célèbre, qui ne fut étrangère à aucune des intrigues de son temps, d'avoir eu part à ce mouvement populaire ; mais la haine que l'on portait à ce ministre, italien d'origine, était inspirée par d'autres motifs. La marquise, femme de Squilace, était belle, et n'excitait pas moins d'envie que son époux. L'Espagne doit encore aux soins de Charles III tout ce qu'elle peut montrer au voyageur, en fait d'établissements utiles et de monuments publics. Les grands chemins, l'hôtel des douanes et celui des postes à Madrid, les embellissements et l'assainissement de cette capitale ; le cabinet d'histoire naturelle, le jardin botanique, les académies de peinture et de dessin, le canal de Tudela, celui de Madrid, (abandonné après la mort de ce prince), etc.; tout a été créé ou perfectionné sous son règne. Il aimait la justice, et choisit, avec un rare discernement, les magistrats et les fonctionnaires publics parmi les citoyens les plus vertueux. Il ne retira jamais sa confiance sur une délation, ou sur des accusations vagues, à ceux qu'il avait déjà éprouvés. Les comtes de Florida Blanca, et de Campomanès, furent élevés du sein de l'obscurité aux premières places de l'état ; ils possédèrent en même temps l'estime de leur souverain, quoiqu'ils fussent ennemis et rivaux l'un de l'autre. Charles eut l'excellent esprit d'employer les lumières de ces deux hommes distingués, chacun dans la partie qui lui était convenable, et il ne fut jamais entraîné par leurs passions particulières. C'est avec une conduite aussi sage que ce prince parvint à retirer l'Espagne de la léthargie où elle languissait depuis Philippe III. Certes, le mérite d'avoir redonné le mouvement à une nation engourdie et concentrée en elle-même doit être attribué à la volonté positive du souverain. Il fallut vaincre des obstacles de toute nature, et Charles ne se

1769. rebuta point. On cite de lui deux mots qui peignent exactement l'état de l'Espagne, l'injustice de l'opinion, et le genre d'esprit de ce monarque : "Mes sujets sont "comme les enfants qui pleurent quand on les nettoie." Lorsqu'on lui rendait compte d'une intrigue d'affaire ou d'amour, de quelque dissension élevée dans une famille, la première question que faisait Charles était celle-ci : "Quel moine y a-t-il dans cette affaire?" Il aimait à parler de ses fatigues et des dangers qu'il avait courus à la guerre, et conservait fidèlement le souvenir du moindre service qui lui avait été rendu. Le corps des carabiniers royaux s'était distingué dans les campagnes d'Italie. A la journée de Velletri, Charles fut sur le point d'être fait prisonnier; les carabiniers le sauvèrent. Longtemps après, le ministre de la guerre lui proposant des réformes dans les dépenses de sa maison militaire, employait toute son éloquence pour faire entendre que le corps des carabiniers avait une constitution vicieuse, et qu'il était plus onéreux qu'utile. Charles faisait semblant de ne pas écouter. Le ministre revint à la charge, et s'expliqua d'une manière plus positive. Le prince alors ne put retenir sa colère, et lui dit d'un ton foudroyant: "Si quelqu'un me parle encore une fois contre mes "carabiniers, je le fais pendre."

"Lorsqu'il vint, en 1759, prendre possession du trône d'Espagne, il fut surpris de voir un grand d'Espagne se présenter à lui pour exercer les fonctions de grand chambellan, que le seigneur de Losada remplissait auprès de sa personne depuis long-temps. Charles demanda pourquoi Losada ne venait point: "Sire, lui dit "alors le grand chambellan, le seigneur de Losada n'est "point grand d'Espagne; l'étiquette de la cour exige "que celui qui a l'honneur de vous servir en qualité de "grand chambellan, soit revêtu de cette dignité, et j'ai "cru devoir me présenter à sa place.—"Eh bien, lui dit "Charles, je le fais duc, et qu'il vienne me donner ma chemise."—Il avait cependant par bonté conservé la 1769. plus grande partie des serviteurs de l'ancienne cour, et, entre autres, un valet de chambre qui continua à le servir pendant dix-sept années. On vint un jour annoncer sa mort à Charles III : "Que Dieu lui fasse paix, dit-il, c'était un homme de bien ; mais il est certain que, depuis le premier jour que je le vis à Barcelonne, je n'ai jamais pu le souffrir."—Charles mettait une grande régularité dans ses actions ; c'était l'homme le plus méthodique de son royaume. On pouvait prédire, dès le premier janvier, l'heure, le genre de ses occupations et de ses voyages pendant toute l'année. Il ne reçut point de la nature ces dons brillants qui caractérisent les héros ; mais on ne peut s'empêcher de lui accorder un bon jugement, une sage fermeté, de l'esprit naturel et surtout les qualités qui constituent un homme de bien. Le souvenir de son administration paternelle et de ses vertus privées est encore cher à ses peuples. Il mourut à Madrid, le 14 décembre 1788, à l'âge de soixante douze ans, non sans avoir prévu les orages qui menaçaient l'Europe, et ses dernières paroles furent de sages avis à son successeur. L'ordre de St.-Janvier à Naples, et celui de l'*Immaculée Conception,* ou de Charles III, ont été fondés par ce prince."

Conformément à un ordre du roi, un régiment fut levé dans la province sous le nom de *Régiment de la Louisiane,* et don J. Estecheria en fut nommé colonel. Comme cet officier n'était pas encore arrivé, Unzaga qui devait être revêtu du gouvernement de la province après le départ d'Oreilly, se chargea d'organiser le régiment et en prit le commandement provisoire. Oreilly envoya des brevets d'officiers à tous ceux qu'Ulloa avait désignés comme s'étant montrés favorables à la cause espagnole. Ces brevets furent acceptés avec joie. On s'estimait heureux de ceindre l'épée du commandement sous un gouvernement qui accordait tant d'avantages

1769. et de priviléges aux porteurs d'épaulettes. La solde espagnole donnée aux troupes étant plus forte que la solde française, beaucoup d'anciens soldats français s'enrolèrent, et le *Régiment de la Louisiane* fut bientôt au complet.

L'arrivée des vivres qui étaient destinés pour les troupes espagnoles envoyées à la Louisiane fut tellement retardée qu'il s'en suivit, à la Nouvelle-Orléans, une disette excessive. Les provisions de toute espèce devinrent extrêmement rares et la farine monta jusqu'à vingt piastres le baril. Heureusement qu'il arriva de Baltimore un brick, avec une cargaison de farine appartenant à Olivier Pollock, qui la mit à la disposition d'Oreilly, au prix qu'il lui plairait à lui-même de fixer. Oreilly refusa de profiter de cette offre libérale, et finit par prendre la farine à quinze piastres le baril. Il fut si content de la conduite de Pollock en cette occasion, qu'il lui dit qu'il en ferait son rapport au roi, et il lui donna en outre l'assurance qu'il aurait, sa vie durant, la libre entrée de la colonie pour son brick et ses marchandises.

Le cabildo fut inauguré et ouvrit ses séances, le 1er décembre, sous la présidence d'Oreilly. Il était composé de Francisco Maria Reggio, Pedro Francisco Olivier de Vezin, Carlos Juan Bautista Fleuriau, Antonio Bienvenu, Jose Ducros, Dyonisio Braud. Juan Bautista Garic avait acheté la charge de greffier du Cabildo.

Reggio était alferez real ; Olivier de Vezin, principal alcade extra muros, Fleuriau, alguazil mayor, Ducros, receveur des dépots, et Bienvenu, receveur des amendes.

On voit que le gouvernement espagnol se montrait très libéral et qu'il choisissait presque tous ses employés parmi l'ancienne population.

Il a déjà été dit que don Luis de Unzaga avait été nommé gouverneur de la Louisiane, mais qu'il ne devait entrer dans l'exercice de ses fonctions qu'après le départ d'Oreilly. Aussitôt après l'installation du Cabildo, Oreilly en céda la présidence à Unzaga et n'y reparut plus.

Oreilly avait fait rédiger par don Jose de Urrustia et don Felix del Rey et publier une espèce de code, pour servir de guide aux juges dans les affaires civiles et criminelles, suivant l'esprit des lois de Castille et des Indes, en attendant que ces lois elles-mêmes fussent connues et comprises. On a lieu de croire que depuis cette époque ce fut sur les lois d'Espagne seulement que furent basées les décisions des tribunaux. Heureusement la jurisprudence espagnole et la jurisprudence française ayant une origine commune, puisqu'elles avaient été puisées toutes deux à la même source, la sagesse de Rome, se trouvaient avoir une grande similitude dans les principes sur lesquels elles étaient fondées. Cette circonstance diminua les inconvénients qu'aurait pu occasioner ce changement subit dans la législation de la colonie.

Il fut décrété que tous les hauts fonctionnaires publics emploieraient la langue espagnole pour la rédaction de leurs actes. Cependant on toléra l'usage de la langue française pour les actes judiciaires et notariés des commandants de paroisses.

Vers le milieu de décembre, Oreilly se mit en route pour visiter les établissements de la côte des Allemands, la côte des Acadiens, Iberville et la Pointe-Coupée.

Le 1er de janvier 1770, le cabildo nomma alcades ordinaires St.-Denis et de la Chaise; ce dernier était petit-fils de l'ancien commissaire ordonnateur, et beau-frère de ce Villeré qui était mort sous les bayonnettes espagnoles.

Don Cecilio Odoardo arrivant avec la commission d'auditeur de guerre et assesseur du gouvernement, don Jose de Urrustia et don Félix del Rey, pensant que

1770.

1770. leur présence n'était plus nécessaire, partirent pour la Havane.

D'après l'ordre qu'en avait donné Oreilly, on fit un recensement de la population de la Nouvelle-Orléans, et l'on trouva qu'elle était de 3,187 âmes. Dans ce nombre il y avait 1,902 personnes libres dont 31 étaient de sang africain pur, et 68 de sang mêlé, 1,225 esclaves, et 60 Indiens qui vivaient dans un état de domesticité.

Bobé Desclozeaux, qui, à la mort de Michel de Larouvillière en 1759, avait agi pendant quelque temps comme commissaire ordonnateur par intérim, resta à la Nouvelle-Orléans par ordre du roi de France, avec la permission du roi d'Espagne, pour faire rentrer les billets émis par les différentes administrations françaises qui s'étaient succédées à la Louisiane. Il restait encore sur place une grande quantité de ces billets.

On se rappelle que le dernier commissaire ordonnateur Foucault avait été mis à la Bastille, en arrivant en France. On trouve à son égard dans les cartons du ministère de la marine cette lettre du lieutenant de police, en date du 19 janvier:

M. DE SARTINES A M. LE DUC DE PRASLIN.

"Monsieur, j'ai eu l'honneur de vous rendre compte de l'arrivée à la Bastille du sieur Foucault, ci-devant faisant fonctions d'ordonnateur à la Louisiane, qui y a été transféré, le 11 de ce mois, par ordre du roi, de l'hôpital des Frères de la Charité à la Rochelle, où il était détenu. Je vous supplie de me marquer si vos intentions sont de faire interroger ce prisonnier. Dans ce cas là, j'attendrai que vous ayez la bonté de m'adresser des matériaux ou des notes sur les demandes que je pourrais lui faire. Je voudrais savoir aussi, Monsieur, si le sieur Foucault doit être resserré étroitement, ou si on peut lui accorder des douceurs, comme la promenade, du papier, des livres et la permission de voir quelques-uns de ses parents ou amis. J'attendrai vos ordres sur ces 1770. objets pour m'y conformer."

On ne sait pas quelle fut la réponse du ministre, mais on sait que, quelque temps après, Foucault fut envoyé à l'île Bourbon comme commissaire-ordonnateur.

Le 6 avril, le conseil d'état en France rendit le dernier de ses arrêts concernant la Louisiane. Par cet arrêt, il était ordonné que les habitants de la Louisiane, qui étaient en instance ou qui avaient formé des demandes pardevant les différents conseils de Sa Majesté Très-Chrétienne, seraient tenus de se pourvoir pardevant le conseil du roi d'Espagne, suivant ce qu'ils en aviseraient, encore que les dites instances eussent été commencées ou les dites demandes formées avant la cession de la colonie, et encore que les dites demandes eussent pour objet la cassation d'arrêts rendus par le conseil supérieur, lorsqu'il administrait la justice au nom de Sa Majesté Très-Chrétienne.

Les motifs de l'arrêt portaient qu'il avait été présenté, en différents conseils du conseil d'état, plusieurs requêtes contre des arrêts du conseil supérieur de la Louisiane, sur lesquels il n'avait point été statué à l'époque de la cession; que d'ailleurs il subsistait différentes instances entre des habitants du dit pays, lesquelles étaient restées indécises jusqu'au moment actuel, mais que Sa Majesté Très-Chrétienne n'en pouvait plus prendre connaissance, parce qu'en cédant le pays, elle avait cédé aussi le premier et le plus glorieux de ses droits, celui de rendre la justice.

Oreilly, dans toutes les paroisses qu'il visita, réunit les habitants et les invita à faire connaître franchement leurs besoins et leurs désirs. Mais pas une voix ne s'éleva. On le reçut partout avec un silence respectueux et avec une soumission qui ressemblait beaucoup à de la crainte.

A son retour à la Nouvelle-Orléans, Oreilly publia

1770. une série de réglements concernant les concessions de terres vacantes.

A chaque famille qui viendrait s'établir dans la province, il devait être concédé un morceau de terre de six arpents de face au fleuve Mississippi, sur quarante de profondeur, à condition que les concessionnaires, dans l'espace de trois ans, feraient une levée et un chemin de quarante pieds de largeur, en arrière de la levée, avec deux fossés courant parallèlement à la levée, ainsi que d'autres fossés avec ponts placés à des distances régulières et perpendiculairement à la levée. Il était aussi imposé aux concessionnaires l'obligation de défricher, dans trois ans, toute la façade de leurs six arpents jusqu'à la profondeur au moins de deux arpents. Autrement la concession devenait nulle.

Les concessionnaires ne pouvaient vendre leurs terres avant que les améliorations ci-dessus stipulées n'eussent été faites.

Dans le district des Attakapas, des Opeloussas et des Natchitoches, dont les habitants s'occupaient plutôt à élever des bestiaux qu'à cultiver la terre, les concessions furent beaucoup plus étendues que celles qui furent faites sur le fleuve. Oreilly décréta qu'elles pourraient être d'une lieue carrée. Lorsque la situation de la terre que l'on voulait concéder était telle qu'elle n'avait pas une profondeur d'une lieue, il était concédé deux lieues de face sur une demie de profondeur. Mais pour obtenir une concession de quarante-deux arpents de face sur la même profondeur, il fallait être propriétaire de deux nègres, de cent têtes de bêtes à cornes non épaves, de quelques chevaux et moutons.

Toutes les bêtes à cornes et tous les chevaux devaient être marqués avant d'atteindre l'âge de dix-huit mois, sous peine, pour le propriétaire, de ne pouvoir plus les réclamer comme lui appartenant. Il était accordé jusqu'au mois de juin 1771 pour ramener les animaux épaves à l'état de domesticité. Après ce laps de temps 1770. il était permis de les tuer comme des bêtes sauvages.

Toutes les concessions de terres devaient être faites au nom du roi, par le gouverneur de la province, qui devait en ordonner de suite l'arpentage et en faire fixer les bornes, en présence du juge de la paroisse où était située la terre concédée, et des deux habitants les plus voisins, lesquels devaient signer le procès-verbal d'arpentage dont l'arpenteur était tenu de faire trois copies. L'une devait être remise au greffier du cabildo de la Nouvelle-Orléans, l'autre au gouverneur, et la troisième au concessionnaire.

Par une proclamation du 22 février, Oreilly assigna un revenu à la ville de la Nouvelle-Orléans. Ce revenu consistait en une taxe annuelle de quarante piastres sur chaque taverne, café et billard; en une taxe de vingt piastres sur chaque hôtel, auberge ou pension bourgeoise; en une taxe d'une piastre sur chaque baril d'eau-de-vie ou liqueur spiritueuse importé à la Nouvelle-Orléans. Le corps des bouchers, ayant été consulté sur la taxe qu'il pouvait supporter, s'engagea volontairement à payer à la ville, annuellement, une somme de trois cent soixante-dix piastres, et à ne pas augmenter pour cela le prix de la viande, à moins d'une nécessité absolue.

Afin de fournir à la ville les moyens d'entretenir sa levée, il lui fut permis de prélever un impôt de six piastres sur chaque navire de deux cents tonneaux et au-dessus, et de trois piastres sur chaque navire d'un tonnage moins fort, qui mouillerait ou jetterait l'ancre dans ses limites.

Oreilly concéda ensuite à la ville, au nom du roi, certains terrains vacants qui se trouvaient situés autour de la place d'Armes, entre les rues de la Levée, Chartres et Condé. Quelque temps après, la ville vendit ces ter-

1770. rains à rente perpétuelle, et don André Almonaster en devint l'acquéreur.

Par une proclamation spéciale, le Code Noir, donné par Louis XV à la colonie, fut déclaré en vigueur et avoir force de loi comme s'il émanait du roi d'Espagne.

Afin d'empêcher les nations sauvages de mettre leurs prisonniers à mort, au milieu de tourments cruels et prolongés, le gouvernement français avait autorisé les colons à traiter avec ces nations pour leurs prisonniers, et à les acheter comme esclaves. Il y en avait à cette époque un nombre considérable qui étaient assimilés aux nègres et vivaient dans l'esclavage. Oreilly lança une proclamation dans laquelle il déclarait que les sages et pieuses lois d'Espagne ne permettaient pas de réduire les Indiens à l'état d'esclavage, mais que, cependant, les propriétaires de ce genre d'esclaves pourraient les conserver jusqu'à ce que le bon plaisir du roi d'Espagne fût connu à ce sujet.

Comme mesure de police, il était défendu à toute personne de recevoir, ou d'héberger tout étranger qui ne serait pas muni d'un passeport signé par le gouverneur, et de lui fournir un cheval ou aucun moyen de transport par terre ou par eau.

Il était expressément défendu de rien acheter d'aucune personne naviguant sur le Mississippi sans passeport. Ceci concernait les Anglais qui remontaient sans cesse le fleuve de la Balise à leurs établissements de Manchac, Bâton-Rouge et Natchez. Les habitants pouvaient cependant vendre des provisions aux navires et embarcations non pourvus de passeports espagnols, à condition que ces provisions fussent livrées sur le *bord de l'eau*, et qu'elles fussent payées en argent et non en marchandises ou autrement. Pour toute contravention à ce réglement, il y avait une amende de cent piastres, dont le tiers allait au dénonciateur.

Il ne fut fait, pour le moment, aucun changement à

l'organisation ecclésiastique de la province. Le supérieur 1770. des capucins, le père Dagobert, continua d'exercer ses fonctions de curé de la Nouvelle-Orléans et de vicaire général de l'évêque de Québec pour cette partie du diocèse dans laquelle la Louisiane était comprise.

On se rappelle que les Ursulines, par le traité qu'elles avaient passé avec la compagnie des Indes, s'étaient engagées à faire le service de gardes-malades à l'hôpital. Plus tard, elles trouvèrent ce service incommode, et elles obtinrent du pape une bulle qui les en dispensait. Du reste, depuis long-temps, ce service de leur part était devenu purement nominal. Car elles se bornaient à envoyer deux membres de leur congrégation assister à la visite que faisait tous les jours à l'hôpital le médecin du roi. Après avoir pris note de ses prescriptions, elles envoyaient de l'infirmerie du couvent tous les remèdes qui avaient été ordonnés. Sa Majesté Catholique, en prenant possession de la colonie, voulut traiter les Ursulines avec faveur et ordonna que deux d'entr'elles toucheraient chacune une pension de seize piastres par mois.

L'été fut malsain cette année. Le commissaire de guerre et intendant, don José Loyola, qui était venu avec Ulloa, mourut, et don Juan Antonio Gayarré, fils du contador, fut chargé de remplir ces importantes fonctions, bien qu'il ne fut âgé que de dix huit ans.

Oreilly, ayant achevé d'exécuter la mission spéciale pour laquelle il avait été envoyé à la Louisiane, remit ses pouvoirs à don Luis Unzaga y Amezaga, qui le remplaça comme gouverneur, et partit le 29 octobre, en laissant dans la colonie douze cents hommes de troupes de ligne.

Voici ce qu'on trouve dans la Biographie Universelle sur le compte de cet Oreilly, dont le passage à la Louisiane y a imprimé des traces si profondes:

"Le comte Alexandre Oreilly, général espagnol, né en

1770. Irlande, vers 1735, de parents catholiques, entra fort jeune dans le régiment d'Hibernie. Il fit, en Italie, une partie de la guerre de la succession d'Autriche, et reçut une blessure dont il resta un peu boiteux le reste de sa vie. En 1757, il alla servir en Autriche, et fit deux campagnes contre les Prussiens, sous les ordres de Lascy, son compatriote. Il passa, en 1759, dans l'armée française, et s'y distingua tellement, que le maréchal de Broglie le recommanda au roi d'Espagne, son souverain, lorsqu'il retourna dans ce royaume. Cette recommandation lui valut le grade de lieutenant colonel. Il servit, en cette qualité, dans la guerre peu glorieuse du Portugal, défendu par les Anglais. Il trouva néanmoins des occasions de se distinguer à la tête d'un corps de troupes légères, qui lui fut confié. Déjà Oreilly avait acquis la réputation de l'un des meilleurs officiers de l'armée espagnole. On le nomma brigadier des armées du roi, et l'on créa pour lui la place d'aide major de l'exercice. Ce fut dans ces fonctions qu'il forma l'infanterie espagnole aux exercices des troupes allemandes. A la paix, il fut créé maréchal de camp, et nommé commandant en second de la Havane, qui venait d'être rendue à l'Espagne par le traité de Fontainebleau. Il rétablit les fortifications de cette colonie et revint en Espagne, où le roi le nomma inspecteur général de son infanterie, et voulut assister aux manœuvres d'un camp dont il lui donna le commandement. Il l'envoya ensuite à la Nouvelle-Orléans, dont les habitants avaient peine à s'accoutumer au joug espagnol. Les moyens rigoureux qu'Oreilly employa pour les y soumettre, lui suscitèrent beaucoup d'ennemis. Il revint bientôt en Espagne, et y fut constamment soutenu par la faveur de Charles III, qui connaissait toute sa capacité, et ne pouvait pas oublier que ce général lui avait sauvé la vie dans la sédition de Madrid en 1765. Son crédit parvint ainsi au plus haut dégré ; et il avait d'ailleurs donné à l'armée espagnole, qui était restée 1770. depuis long-temps en arrière des autres nations de l'Europe, une nouvelle impulsion. On le chargea en 1774, du commandement de l'expédition contre Alger. De grands moyens d'attaque lui furent confiés ; et il partit avec une escadre de quarante vaisseaux de ligne et trois cent cinquante bâtiments de transport, qui portaient une armée de trente mille hommes ; mais cet immense convoi n'arriva pas à temps ; et ne recevant pas les bateaux plats préparés pour une descente simultanée, Oreilly fut obligé, après quinze jours d'attente, et de peur de voir sa flotte s'échouer, de débarquer un corps de dix mille hommes commandés par le marquis de la Romana. Ce corps avait ordre de s'établir sur le rivage pour protéger le débarquement de l'armée ; mais entraîné par l'ardeur des troupes, il s'avança jusqu'à ce qu'il eût rencontré l'ennemi, devenu très nombreux, et qui s'était retranché derrière des haies de nopals et de figuiers. Les troupes espagnoles se battirent avec beaucoup de courage : elles perdirent quatre mille hommes ; et leur chef la Romana fut tué. Pendant ce temps, le reste de l'armée débarquait ; mais ce premier échec ne permettait plus de former les entreprises que l'on s'était proposées. Il fallut se rembarquer ; et le général Oreilly qui avait conçu un plan que tous les gens de l'art approuvèrent, mais qu'on ne mit point à exécution ; qui s'était montré partout avec une extrême bravoure, (son cheval avait reçu deux coups de feu) fut réduit à revenir tristement en Espagne, avec son armée, qui rentra, le 24 août de la même année, à Barcelonne. Ce contre-temps nuisit beaucoup à sa réputation, mais n'ôta rien à sa faveur auprès du roi. Ce prince le mit à la tête d'une école militaire, qui fut établie à Avila, puis au port Sainte Marie. Lorsqu'Oreilly eut été nommé commandant général de l'Andalousie et gouverneur de Cadix, il déploya dans cet emploi les talents d'un bon instituteur et d'un administrateur habile ; mais il essuya une disgrâce complète à la mort de Charles III (14 décembre 1788), et vécut depuis dans la retraite en Catalogne. Cependant, malgré ses revers, il avait conservé une grande réputation dans l'armée espagnole ; et après la mort du général Ricardos, en 1794, on ne vit personne qui pût mieux que lui diriger la guerre contre les Français. Il fut nommé au commandement de l'armée des Pyrénées Orientales, et il s'était mis en chemin pour s'y rendre, lorsqu'il mourut presque subitement dans un âge avancé. Les malheurs qu'éprouva ensuite le comte de la Union, le firent regretter. Cependant il est peu probable qu'Oreilly eût été plus heureux. Son âge ne lui permettait plus de supporter le fardeau d'une guerre aussi active ; et quoiqu'il fût le maître et l'instituteur des meilleurs officiers de l'armée espagnole, il avait beaucoup d'ennemis et d'envieux, dont toute son habileté et la flexibilité de son caractère doux et insinuant n'avaient pu le garantir, auprès d'une nation vaine et toujours ombrageuse à l'égard des étrangers."

On voit que les deux premiers gouverneurs envoyés par l'Espagne à la Louisiane n'étaient pas des hommes d'une mince valeur.

Oreilly a laissé à la Louisiane la réputation d'un homme sanguinaire, qui commit un crime en envoyant à la mort plusieurs des principaux citoyens du pays dont il était venu prendre possession. Malheureusement pour sa renommée, cette réputation ne paraît pas être entièrement sans fondement. Car en admettant que les accusés aient pu être jugés suivant les lois d'Espagne et qu'ils aient pu être légalement condamnés à mort suivant ces mêmes lois, il est presque démontré qu'Oreilly a outre-passé ses pouvoirs en faisant exécuter la sentence. Car dans la lettre du marquis de Grimaldi adressée en 1768 au comte de Fuentes, ambassadeur d'Espagne près de la cour de France, et dans 1770. laquelle ce ministre lui fait part des pouvoirs et des instructions donnés à Oreilly chargé d'aller prendre possession de la Louisiane et de sévir contre les rebelles, on se souviendra qu'il y est dit: "Il parut convenable de "donner à M. Oreilly des instructions de cette étendue, "à cause de la distance et de l'éloignement du pays; "mais comme le roi, dont le caractère est bien connu, "est toujours porté à la douceur et à la clémence, il or-"donna de prévenir M. d'Oreilly qu'il serait conforme à "la volonté de Sa Majesté d'agir avec la plus grande "douceur, et de se contenter d'expulser de la colonie ceux "qui mériteraient un plus grand châtiment." Cette lettre du ministre est une puissante pièce de conviction, à l'appui de l'accusation portée contre Oreilly. Tout ce que pourrait faire le défenseur le plus ardent de sa mémoire, serait de supposer que son départ pour la Louisiane, ayant été précipité, et des instructions lui ayant été données à plusieurs reprises, les unes de vive voix et les autres par écrit, il ne reçut que celles qui lui ordonnaient de punir suivant toute la rigueur des lois, et non celles qui lui prescrivaient de commuer la peine qu'elles infligeraient. Si Oreilly reçut ces dernières instructions, il est inconcevable qu'il ait eu l'audace d'y désobéir et de faire mourir ceux qu'il ne pouvait qu'*exiler*, lui, surtout, qui avait traité les accusés avec tant de bonté et de courtoisie, lorsqu'il les avait fait arrêter, et qui n'avait cessé de leur répéter qu'il regrettait la dure nécessité où il était de les faire juger, mais qu'il espérait ne trouver en eux que des innocents. La tradition veut qu'à l'arrivée d'Oreilly à Cadix, il reçut un ordre du roi qui blâmait sa conduite et qui lui défendait de paraître à la cour. Mais il a été impossible de rien découvrir d'authentique à ce sujet. Il n'est même pas probable qu'il en ait été ainsi, puisqu'en 1774, Oreilly était tellement en faveur, qu'on le chargeait de la grande expédition

1770. contre Alger. Cependant, si réellement il outre-passa ses pouvoirs, il est hors de doute qu'il se rendit coupable d'un assassinat; et ce n'était pas une défense de paraître à la cour, ou toute autre légère disgrâce qu'il aurait dû encourir, mais c'est un châtiment beaucoup plus sévère qu'il aurait dû subir, et qu'il n'aurait eu que trop mérité. En admettant que, conformément à la tradition, Oreilly fut blâmé, ce blâme ne put être que bien léger et bien fugitif, et n'aurait probablement été manifesté que pour donner une espèce de satisfaction à la France. Car on verra plus tard, que le roi d'Espagne, en date du 28 janvier 1771, fit une communication à son conseil des Indes, par laquelle il soumettait à son examen tous les actes de l'administration d'Oreilly à la Louisiane, et déclarait que ces actes étaient pleinement approuvés par lui. On verra aussi que le conseil des Indes répondit : qu'ayant soigneusement examiné les documents sur lesquels le roi avait appelé son attention, il ne pouvait, dans tout ce qu'avait fait Oreilly, rien découvrir qui ne méritât les plus grands éloges, *et qui ne fût la preuve de l'immensité et de la sublimité du génie* de cet officier général. Il est évident, pour quiconque connaît l'atmosphère des cours, qu'on ne se serait pas servi d'expressions d'une adulation aussi outrée, envers un homme qui aurait eu le malheur de s'attirer le moindre blâme sérieux de la part du maître.

Quoiqu'il en soit, il paraît que le gouvernement français s'émut de la sanglante exécution qui avait eu lieu à la Louisiane, et prit des informations à ce sujet. La lettre suivante de M. Depuyabre, agent français à Cadix, adressée au ministre, en date du 9 mars 1770, en fait foi :

"Monseigneur, j'ai reçu la lettre que vous m'avez fait l'honneur de m'écrire, le 12 du mois dernier. Il est vrai que je n'ai pas eu celui de vous faire part des relations qu'on envoya de la Havane touchant l'expédition de

M. d'Oreilly à la Nouvelle-Orléans, par la raison que 1770. j'ai eu l'honneur de vous dire alors. Mais puisque, par votre dernière lettre, il paraît que vous l'auriez souhaité, j'ai donc celui de vous dire que toutes les relations que l'on envoya de la Louisiane s'accordaient toutes à blâmer la rigueur avec laquelle M. d'Oreilly avait sévi contre les chefs de la Louisiane. Les Espagnols d'ici, ainsi que les hommes de toutes les autres nations, en ont témoigné de l'horreur. On a écrit de la Havane que M. d'Oreilly avait servi d'interprète dans les interrogatoires qu'avaient subi les coupables. Voilà, Monseigneur, en quoi consiste ce qu'on a marqué de la Havane au sujet de l'expédition de M. d'Oreilly à la Nouvelle-Orléans. Vous savez, mieux que personne, les ordres dont cet officier général était porteur, et vous verrez par là s'il les a dépassés ou s'il s'y est conformé."

Masan et ses compagnons d'infortune avaient été enfermés au fort Moro de la Havane. Le fils de Masan partit pour Madrid, parvint à se jeter aux pieds du roi, demanda la grâce de son père et offrit de prendre sa place, si une victime était indispensable. L'ambassadeur de France appuya la prière du jeune homme. Le roi fut touché et fit grace entière aux six prisonniers; mais aucun d'eux ne retourna à la Louisiane: ils se fixèrent presque tous au Cap Français.

La Louisiane avait cessé, de jure, d'être française depuis 1763, mais elle ne fut espagnole, de facto, que depuis la prise de possession par Oreilly, et depuis la nouvelle organisation qu'il lui donna. Ainsi on peut dire que la domination française y dura soixante-dix ans. Malheureusement, la France ne sut jamais tirer aucun parti avantageux de cette belle colonie, où environ quatre-vingts millions furent inutilement versés, si on y comprend les dépenses faites par Crozat et par la compagnie des Indes. On sait cependant avec quel chagrin les colons avaient vu disparaître la domination française. Mais le nom français est si glorieux, que l'on conçoit les efforts que firent les colons pour ne pas cesser d'appartenir à cette grande nation qui, depuis plus de mille ans, occupe une si large place dans l'histoire du monde. Les Français de la Louisiane aimaient à remonter à la source de leur origine. Leur patriotisme aimait à contempler le chemin que la nation française avait tracé dans sa marche au travers de l'obscurité des siècles, chemin étincelant comme cette voie lactée qui embellit la voûte céleste. Il était cruel de laisser tomber le rideau sur ce spectacle magnifique, de rompre avec ce passé sublime, et de n'être plus Français. Il était douloureux de dire un éternel adieu à ces nobles souvenirs, et de renoncer à ce vieux patrimoine de gloire dont toutes les générations françaises ont hérité, et auquel elles ont successivement apporté leur contribution, depuis que les forêts de la Gaule ont vu briller l'oriflamme. Il était humiliant de mériter, par un oubli politique, d'être récompensé ou protégé par un maître nouveau.

Cependant, si la Louisiane avait cessé d'être française, du moins la nation à laquelle elle était annexée, était encore au rang des premières puissances de la terre. Cette nation avait aussi une illustration antique, et le sceptre qu'elle étendait sur sa nouvelle possession était décoré de plus d'une feuille de lauriers. Le nom espagnol réveille toutes ces idées de gloire et de chevalerie qui plaisent tant à l'imagination. Pélasge, Le Cid, Gonzalve, Cortez, Pizarre, Ferdinand et Isabelle, Charles Quint et tant d'autres héros ont légué des noms qui ne peuvent être prononcés sans faire palpiter tout cœur généreux. Les colons pouvaient ne pas avoir de sympathie pour les Espagnols, mais ils ne pouvaient se défendre d'un sentiment de respect et d'estime pour des hommes qui marchaient entourés de tant de glorieux souvenirs. Ils pouvaient adopter avec plaisir cette belle langue qui, par l'harmonie et la magnificence de ses périodes, rappelle celle des anciens dominateurs du monde, et qui ne semble faite que pour exprimer les sentiments les plus élevés du cœur humain. Ils ne pouvaient rougir d'appartenir à un peuple qui disait, avec une orgueilleuse vérité, que le soleil ne se couchait pas dans ses domaines.

1770.

Mais ce n'était ni sous le drapeau de la France ni sous celui de l'Espagne que la Louisiane devait prospérer, et devait voir se développer ces immenses ressources dont s'enorgueillissent les états souverains qui sont sortis de son sein ; ce devait être sous une bannière qui n'existait pas encore, qui devait être le labarum de la liberté, et dont l'apparition dans le monde, signal précurseur de la régénération des peuples, devait devenir un événement si important dans l'histoire des droits de l'homme.

FIN DU SECOND VOLUME.

# APPENDICE.

## DON ALEXANDRE OREILLY, &c.

Attendu que l'instruction criminelle, provoquée par la rébellion qui a eu lieu dans cette colonie, a clairement prouvé la part active qu'y a prise le conseil supérieur, en donnant son concours à des actes de la plus grande atrocité, tandis qu'il était de son devoir de faire tous ses efforts pour maintenir le peuple dans les limites de cette fidélité et de cette soumission qu'il doit à son souverain ; pour ces raisons, et afin de prévenir le retour de semblables malheurs, il est devenu indispensable d'abolir le dit conseil, et d'établir à sa place cette forme de gouvernement politique et cette administration de la justice que nos sages lois prescrivent, et par lesquelles toutes les possessions de Sa Majesté en Amérique ont toujours été maintenues dans un état parfait de tranquillité, de contentement et de subordination. Pour ces considérations, usant des pouvoirs que le roi, notre seigneur, (que Dieu préserve !) nous a conférés par ses lettres-patentes données à Aranjuez, le 16 avril de cette année, pour établir dans l'armée cette discipline, et dans l'administration de la justice et des finances, cette forme de gouvernement, cette dépendance et subordination, que requièrent l'intérêt de son service et le bonheur de ses sujets dans la colonie : nous établissons, par les présentes, en son royal nom, un conseil de ville ou cabildo, composé de six regidors inamovibles, conformément à la loi 2d., tit. 10, livre 5, de la *Recopilacion* des Indes, parmi lesquels seront distribués les emplois d'alferez royal, alcade mayor provincial, alguazil mayor, dépositaire général, et receveur de penas de camara, ou amendes échéant au fisc : lesquels regidors éliront, tous les premiers de l'an, deux juges, qui seront appelés alcades ordinaires, un syndic procureur-général, un percevevur et administrateur des taxes et des rentes de la ville, ainsi qu'il est pourvu par nos lois pour l'établissement de la justice. Et attendu que le manque d'avocats dans

1770. cette colonie, et le peu de connaissance qu'ont les nouveaux sujets de Sa Majesté des lois d'Espagne, peuvent rendre très difficile la stricte exécution des dites lois, (ce qui serait entièrement contraire aux intentions de Sa Majesté,) nous avons pensé qu'il était utile et même nécessaire de faire rédiger un sommaire de ces lois, afin qu'il servît d'instructions pour le public, et de règles élémentaires pour l'administration de la justice et le gouvernement municipal de cette ville, jusqu'à ce que la connaissance de la langue espagnole y soit introduite, et jusqu'à ce que chacun puisse alors, par la lecture de ces lois, arriver à les connaître d'une manière plus ample. C'est pourquoi, sous le bon plaisir de Sa Majesté, nous ordonnons que tous les juges, les cabildos et les officiers publics se conforment ponctuellement à ce qui est prescrit dans les articles suivants :

## SECTION I.

### Le Cabildo.

1.—Le cabildo, que présidera le gouverneur, ou, en son absence, un des alcades ordinaires, qui sera appelé à voter le premier dans toutes les questions, se réunira à l'hôtel de ville (1), le premier de janvier de chaque année, pour procéder à l'élection des alcades ordinaires et des autres officiers susnommés : il s'assemblera aussi tous les vendredis, pour délibérer sur les intérêts publics. Le syndic procureur-général fera, dans ces séances du cabildo, toutes les propositions que lui paraîtra exiger le bien-être de la colonie. Lorsque le gouverneur n'aura pas présidé le cabildo, un ou deux regidors devront immédiatement l'informer des résolutions qui y auront été adoptées ; et, excepté dans les cas pressants, où le cabildo pourra, pour des raisons importantes, s'assembler à la maison du gouverneur, il ne pourra siéger ailleurs qu'à l'hôtel de ville, sous peine, pour ses membres, d'être destitués (2).

2—Dans les occasions urgentes, qui ne permettront pas d'attendre les séances régulières du cabildo, les regidors pourront se réunir extraordinairement ; ils devront en être notifiés par un des portiers du cabildo (3) ; et si quelqu'un des membres n'avait pas été notifié, les résolutions prises par le cabildo, en son absence, seront réputées non avenues, s'il les récuse (4) ; et il en sera de même, si la majorité du cabildo n'avait pas été notifiée, lors même que cette majorité ne ferait aucune objection. Aucune assemblée de ce genre n'aura lieu que par

---

(1) Loi 1, titre 9, livre 4, de la Recopilacion des Indes.—(2) Loi 2, titre 9, ibid.—(3) Loi 2, ibid.—(4) Loi 1, titre 4, Part. 1.

l'ordre du gouverneur, et les personnes qui la composeront devront garder le silence le plus profond sur le sujet de leurs délibérations.

3—Les regidors voteront dans les élections, ainsi que les alcades de l'année précédente, qui resteront membres du cabildo, jusqu'à ce que l'élection de leurs successeurs soit confirmée, et jusqu'à ce que leurs dits successeurs aient été admis à exercer (5). Cependant l'alcade qui, pendant l'absence du gouverneur, remplira les fonctions de président (6), ne pourra pas donner de voie; et aussitôt que les élections auront été terminées, le secrétaire du cabildo en informera le gouverneur (7), qui seul prononcera sur la validité de toute opposition faite par un membre du cabildo aux personnes élues aux emplois municipaux, et qui seul pourra confirmer les alcades et les autres officiers.

4—L'emploi d'alcade sera donné à des personnes capables, ayant toutes les capacités requises pour remplir dignement une charge aussi importante (8). Elles devront avoir maison en ville, et devront y résider. Les personnes faisant partie de la milice (9), ne seront pas pour cela exclues de cet emploi, qui pourra aussi être donné à ceux des regidors dont les attributions ou les occupations ne seront pas incompatibles avec cette place (10).

5—Les alcades et les autres officiers électifs du cabildo ne pourront être continués dans leurs emplois que par le vote unanime de tous les membres (11). Autrement, ils ne pourront être réélus qu'après un intervalle de deux ans, à partir du jour où leurs fonctions auront cessé (12).

6—Ni les officiers du département des finances (13), ni ceux qui doivent à ce département (14), ni les cautions des uns et des autres (15), ni ceux qui n'auront pas atteint l'âge de vingt-six ans (16), ni les nouveaux convertis à notre sainte foi (17), ne seront éligibles à ces emplois.

7—Les élections étant confirmées par le gouverneur, les portiers du cabildo devront remettre aux élus des billets de l'escribano, ou greffier, par lesquels ils seront notifiés de se rendre dans la salle du cabildo, afin d'y prêter le serment prescrit par la loi (18), et dont la forme se trouvera annexée à ce réglement, et afin d'être mis en possession de leurs emplois respectifs.

---

(5) Loi 3, titre 3, livre 5 de la Recopilacion des Indes.—(6) Loi 15, titre 3, livre 5, ibid.—(7) Loi 10, ibid.—(8) Loi 4, ibid.—(9) Loi 8, ibid.—(10) Loi 7, titre 15, Part. 1.—(11) Curia Filipica, sec. 2, num. 32.—(12) Loi 9, titre 3, liv. 5 de la Recop. des Indes.—(13) Loi 7, ibid.—(14) Loi 7, ibid.—(15) Curia Filipica, sec. 2, num. 36.—(16) Loi 2, titre 9, livre 5 de la Recop. des Indes.—(17) Loi 23, titre 5, Part 1.—(18) Loi 16, titre 6, et loi 3, titre 9, livre 3 de la Nou. Recop. de Castille.

8.—L'escribano du gouvernement tiendra un régistre ayant pour titre : " Résolutions ", et dans lequel il transcrira les résultats des élections et des décisions des assemblées ordinaires et extraordinaires du cabildo. Lequel régistre sera signé, à chaque assemblée, par les juges et par les membres qui y auront assisté (19).

9.—Pour les emplois sus-nommés, un regidor ne pourra voter en faveur de son père, de son fils, de son frère, de son gendre, de son beau-fils, du mari de sa mère ou beau-frère de sa femme ; mais ils n'en seront pas moins éligibles par ceux d'entre les regidors qui auront droit de voter (20).

10—Chaque fois que le cabildo sera appelé à délibérer sur une affaire qui concernera personnellement un regidor, ou tout autre officier du cabildo, ou même aucun de ses parents, ou qui sera de nature à faire naître le soupçon de partialité en sa faveur, le dit regidor devra se retirer immédiatement, et ne revenir que lorsque l'affaire aura été décidée (21).

11—Tous décrets, provisions royales et dépêches qui pourront être adressés au cabildo par le gouverneur ou par toute autre personne dûment autorisée, ne seront ouverts que dans le sein du cabildo, où ils seront enrégistrés, et les originaux en seront conservés dans les archives du dit cabildo (22).

12—En cas de mort ou d'absence de l'un des alcades ordinaires, l'alferez royal en exercera les fonctions jusqu'à la fin de l'année pour laquelle le regidor, mort ou absent, aura été nommé ; et si la place des deux alcades devenait vacante en même temps, l'autre serait remplie, de droit, par le plus ancien regidor, pourvu qu'il n'occupe dans le cabildo aucun emploi dont les attributions soient incompatibles avec celles d'alcade (23).

13—Lorsque les regidors assisteront en corps à aucune cérémonie, ils observeront l'ordre suivant, ainsi qu'ils le feront dans les séances du cabildo, savoir : l'alferez royal prendra la première place (24), l'alcade mayor provincial, la seconde, ensuite viendront l'alguazil mayor et les autres regidors, suivant leur grade ou par rang d'ancienneté.

13—Chaque regidor, d'après son rang, et à son tour, sera chargé de faire observer les ordonnances municipales et les autres arrêtés du gouvernement pour le bien de la communauté. Il surveillera le prix des provisions, il exigera le paiement des amendes, et il fera appliquer les peines encourues par les délinquants.

---

(19) Loi 16, titre 9, livre 4 de la Recop. des Indes.—(20) Loi 5, titre 10, livre 4, ibid.—(21) Loi 14, titre 9, livre 4, ibid.—(22) Lois 17 et 18, titre 9, livre 4, ibid.—(23) Loi 13, titre 3, livre 5, ibid.—(24) Loi 4, titre 1, livre 4, ibid.

15—Chaque fois qu'il sera question d'augmenter le prix de la viande, dont cette ville doit être constamment et abondamment pourvue, le cabildo devra, par enchère publique, en adjuger le contrat d'approvisionnement à celui qui s'obligera d'en fournir aux conditions les plus avantageuses pour le public.

16—Le cabildo prendra connaissance des appels sur tous jugements prononcés, soit par le gouverneur, soit par les alcades ordinaires, dans les cas où la valeur de la matière en litige n'excédera pas 90,000 maravedis (25); mais il doit être entendu qu'il ne s'agit ici que des procès entièrement civils; car, dans les procès criminels, l'appel sera porté par-devant le tribunal supérieur qu'il plaira à Sa Majesté de nommer, en conséquence de mes représentations à cet effet.

17—Pour prononcer sur les dits appels, le cabildo nommera deux regidors, qui, en qualité de commissaires, et après avoir prêté serment, décideront si le jugement, dont appel a été fait, est juste ou non, conjointement avec le juge qui l'aura rendu. Cette nomination sera faite, aussitôt que l'appelant présentera sa requête à cet effet. Il sera traité, en son lieu, de la forme de la requête d'appel et de l'appel lui-même (26).

18—Dans la première assemblée ordinaire qui aura lieu après les élections de chaque année, le cabildo nommera deux regidors pour recevoir les comptes du mayordomo de proprios, ou administrateur du domaine public, relativement aux sommes qu'il pourra avoir reçues pour la ville pendant l'année précédente, et relativement aux déboursés faits suivant la destination donnée à ces sommes par le cabildo. Ils auront soin que ces comptes soient rendus avec la plus grande exactitude, et ils exigeront que le dit mayordomo remette immédiatement à son successeur la balance des dits comptes; les dits regidors en étant responsables pour la totalité, lorsque les dits comptes seront définitivement réglés par l'un des principaux officiers du département des finances (27).

19—Quoique l'application des revenus publics aux objets auxquels ils sont destinés appartienne au cabildo, néanmoins il ne peut, même dans les cas extraordinaires, en disposer au-delà de la valeur de 3,000 maravedis; et lorsqu'il sera nécessaire de débourser une somme plus considérable, il faudra au préalable obtenir le consentement du gouverneur, sans quoi le dit cabildo ne pourra, dans aucun cas, allouer ni salaire, ni compensation, ni faire d'utres allocations de fonds (28).

---

(25) Loi 17, titre 12, livre 5 de la Recop. des Indes.—(26) Loi 2, titre 18, livre 4, ibid.—(27) Loi 21, titre 9, livre 4, ibid.—(28) Loi 2, titre 13, liv. 4, ibid.

20—Les électeurs, dans les deux juridictions, étant responsables des dommages que le public peut éprouver par l'inconduite et l'incapacité de ceux qui seront élus pour l'administration de la justice et des intérêts publics, n'auront en vue, lorsqu'ils éliront les alcades ordinaires et les autres officiers, que le service de Dieu, du roi et du peuple, et pour empêcher tout abus de charges aussi importantes, leur choix devra se fixer sur ces personnes qui leur paraîtront les plus compétentes pour remplir ces emplois, par les preuves qu'elles auront données de leur affection pour le roi, de leur désintéressement et de leur zèle pour le bien public.

21—Le cabildo est informé par les présentes qu'il devra exiger des gouverneurs, avant qu'ils n'entrent en fonctions, une sécurité bonne et suffisante, et une assurance entière comme quoi ils se soumettront aux enquêtes et aux examens qui pourront être nécessaires pendant le cours de leur administration; et comme quoi ils satisferont à tout jugement ou décision qui pourra être le résultat des dites enquêtes (29). Cet article mérite l'attention la plus sérieuse du cabildo, attendu qu'il sera responsable de toutes les conséquences qui peuvent résulter de son omission ou de sa négligence à exiger du gouverneur les dites sécurités.

22—Les emplois de regidor et d'escribano du cabildo seront vendus. Les titulaires de ces emplois auront le privilège de les transférer, de la manière prescrite par les lois du royaume. En considération de cette faveur et de la valeur que ces emplois acquerront par la facilité de les transmettre d'une personne à une autre, il sera versé dans le trésor royal, à la première transmission, la moitié de la valeur estimative de ces emplois, et ensuite, un tiers de la valeur, à chaque transmission subséquente, exclusivement de la royale coutume des demiannates, payables, sans déduction aucune, en Espagne; la dite coutume sera aussi appliquée aux alcades ordinaires, élus tous les ans (30).

23—Pour rendre ces transmissions valides, le fonctionnaire substituant devra leur survivre vingt jours, à partir de la date de l'acte; et son substitut devra se présenter au gouverneur dans un délai de soixante-dix jours, à partir de la date de la substitution, et pourvu d'un acte authentique établissant la preuve de la substitution et de la survivance du substituant pendant vingt jours, ainsi qu'il en a déjà été fait mention. Si aucune de ces précautions n'avait été prise, le fonctionnaire substituant perdrait son emploi, qui serait déclaré va-

---

(29) Loi 9, titre 2, livre 5 de la Recop. des Indes.—(30) Loi 1, titre 21, et loi 4, titre 19, livre 8 de la Recop. des Indes.

cant au profit du roi, et ni lui ni ses héritiers ne pourraient réclamer aucune portion du prix pour lequel le dit emploi aurait pu être vendu (31).

24—Les dites substitutions ne seront pas valides, à moins qu'elles ne soient faites en faveur de personnes reconnues capables, âgées de vingt-six ans (32), et possédant les capacités et les talents nécessaires au bien-être du public, et dignes du cabildo, afin d'éviter les dommages qui en résulteraient, si ces officiers ne possédaient pas les qualités requises (33). Les dites substitutions seront soigneusement exécutées et conservées par un notaire public de l'endroit où elles auront lieu (34).

## SECTION II.

### Des Alcades ordinaires.

1—Les alcades ordinaires prendront connaissance de toutes les matières en litige, soit au civil soit au criminel, entre les habitants résidant dans les limites de leur juridiction, qui s'étendra dans toute la ville et ses dépendances, excepté dans toute affaire qui sera du ressort d'une cour ecclésiastique, militaire ou spéciale (1).

2—Les alcades ordinaires ne peuvent intervenir dans les affaires du gouvernement, qui sont exclusivement du ressort et de la compétence du gouverneur (2).

3—Sur toutes les matières qui seront l'objet des délibérations du cabildo, les alcades ordinaires qui assisteront à ces délibérations, auront, pendant la durée annuelle de leur emploi, un vote égal à celui des regidors (3).

4—Les alcades paraîtront en public avec une tenue décente et modeste, et porteront la baguette de justice royale, marque distinctive du juge, établie par la loi (4). Lorsqu'ils administreront la justice, ils écouteront avec douceur toutes les personnes qui se présenteront à leur tribunal, et fixeront l'heure et le lieu de leurs audiences, lesquelles devront s'ouvrir, à dix heures du matin, à l'hôtel de ville (5), et pour les causes plaidées verbalement, entre sept et huit heures du soir, au logis des dits alcades, et point ailleurs.

---

(31) Lois 4 et 6, titre 21, livre 8 de la Recop. des Indes.—(32) Loi 9, titre 21, livre 8, ibid.—(33) Loi 7, titre 20, lois 10 et 11, titre 21, livre 8, ibid.—(34) Loi 7, titre 21, livre 8, ibid.

(1) Loi 1, titre 3, livre 5, Recop. des Indes.—(2) Loi 11, titre 3, livre 5, ibid. (3) Loi 15, titre 3, livre 5, ibid.—(4) Loi 11, titre 2, livre 5, ibid.—(5) Loi 13, titre 2, livre 5, ibid.

5—Un des objets principaux de la justice étant d'empêcher efficacement ces désordres qui ont lieu la nuit, un des alcades, aidé de ses alguazils et de l'escribano, devra faire des rondes nocturnes par la ville ; et dans les cas où il aura besoin de forces plus considérables, il pourra requérir les personnes présentes de lui prêter main-forte, et avoir recours aussi au corps de garde le plus voisin.

6—Il est aussi du devoir des alcades ordinaires de veiller, d'un œil vigilant, sur la fornication, et de punir ce délit, et les autres délits publics, conformément aux lois ; des quelles lois nous donnerons par les présentes un détail suffisant.

7—Les alcades peuvent juger verbalement et sommairement toutes les affaires civiles où l'objet en litige ne sera pas d'une valeur au-dessus de vingt piastres, ainsi que les affaires criminelles de peu d'importance (6). Ils décideront aussi verbalement dans toutes les causes où il s'agira d'une valeur excédant vingt piastres, pourvu que les parties intéressées y consentent.

8—Les causes légalement portées pardevant l'un des juges resteront pendantes à son tribunal et devront y être jugées, sans qu'il soit permis au gouverneur ni à quiconque de lui en retirer la connaissance (7). Le gouverneur cependant, sur la requête des parties, peut, par un ordre écrit, et pourvu que l'affaire le comporte, requérir et sommer l'alcade de rendre prompte justice conformément à la loi.

9—En cas de controverse, relativement à la juridiction, entre le gouverneur et l'un des alcades, ou entre les alcades eux-mêmes, lorsque l'un d'eux prétendra avoir seul droit de prendre connaissance d'une affaire portée au tribunal de l'autre, soit parce que l'affaire est déjà pendante devant lui, soit parce qu'il suppose qu'elle est exclusivement de son ressort, ils dresseront procès-verbal de la dite controverse, dans lequel procès-verbal ils exposeront leurs prétentions dans un style grave et judiciaire. L'affaire restera en suspens jusqu'à la décision de l'autorité supérieure, qu'ils seront tenus de consulter, et à laquelle ils devront donner une copie exacte de toutes les pièces, à moins que l'un des juges ne cède à l'autre, et ne mette fin de cette manière à la controverse. Si cependant, dans l'intervalle de la décision, l'un des juges agissait dans l'affaire sus-mentionnée, d'une façon quelconque, il perdrait tous les droits qu'il pourrait avoir à en prendre connaissance, et son adversaire en serait saisi immédiatement (8).

10—Si l'une des parties à un procès récuse l'alcade qui en a déjà

---

(6) Loi 1, titre 10, livre 5 de la Recop. des Indes.—(7) Loi 14, titre 2, liv. 3, ibid.—(8) Loi 8, titre 9, livre 5, ibid.

pris connaissance, il ne pourra en continuer l'instruction, à moins de s'adjoindre l'autre alcade; et, si celui-ci est aussi récusé, il devra s'adjoindre un regidor, qui prêtera le serment de remplir son devoir impartialement, et de terminer l'affaire conformément à la loi et dans le plus bref délai possible. Tout ce que fera l'alcade, isolément, après qu'il aura été récusé, sera considéré comme non-avenu et de nul effet. La récusation devra être un acte par écrit, et il suffira à la partie d'y énoncer qu'elle n'a pas de confiance dans l'alcade, pour que cette récusation ait son effet; mais si la partie veut empêcher l'alcade de prendre aucune connaissance quelconque de l'affaire, elle devra, outre le serment sus-mentionné, faire connaître et prouver les causes de sa récusation. Si le juge est parent, même au quatrième degré, de la partie adverse, ou s'il se trouve avoir avec elle des relations d'amitié telles qu'il puisse être soupçonné de partialité, ou s'il nourrit aucune prévention contre la partie qui le récuse, il ne lui sera pas loisible de prendre connaissance de l'affaire, et l'autre alcade en sera saisi.

11—Deux arbitres nommés, l'un par l'alcade et l'autre par le récusateur, devront, après avoir juré de remplir leurs fonctions impartialement, déterminer si la récusation est fondée sur les causes ci-dessus mentionnées. Dans ce cas, ils excluront l'alcade de la connaissance de l'affaire; et si les arbitres ne s'accordent pas, un sur-arbitre sera nommé par le juge, et sa décision sera concluante.

12 La diversité des affaires ne permettant pas d'entrer dans tous les détails d'une procédure spéciale, les alcades seront guidés par le formulaire ci-annexé; ils devront se consulter avec le conseiller nommé à cet effet, dans toutes les affaires douteuses, ou auxquelles il n'aura pas été pourvu par ce formulaire; et ils devront se conformer autant que possible, à l'esprit de la loi, dans leur administration de la justice.

13—Les alcades ordinaires, accompagnés de l'alguazil mayor et de l'escribano, devront faire, tous les vendredis, la visite des prisons. Ils examineront les prisonniers, les causes de leur détention, et la date de leur emprisonnement (9). Ils relâcheront les pauvres qui seront détenus pour frais de prison, ou pour de faibles dettes, et le geolier ne pourra en exiger aucuns frais de libération (10). Les alcades ne pourront mettre en liberté aucun des prisonniers détenus par l'ordre du gouverneur ou de tout autre juge, sans leur consentement exprès.

14—Ils ne pourront libérer ceux qui seront emprisonnés pour dettes

---

(9) Loi 1, titre 7, livre 7 de Recopilation des Indes.—(10) Loi 16, titre 6, livre 7, et loi 17, même titre et livre.

dues au domaine public (11), ni pour amendes imposées par la loi, avant que ces dettes ne soient satisfaites (12).

15—Le gouverneur, avec les alcades, l'alguazil mayor et l'escribano, devra, tous les ans, la veille de Noël, de Pâques et de la Pentecôte, faire une visite générale des prisons, de la manière prescrite par les lois des Indes (13). Ils libèreront ceux qui auront été emprisonnés pour des causes criminelles de peu d'importance, ou pour dettes, lorsqu'il sera évident que les débiteurs sont insolvables ; et ils prescriront un délai suffisant aux débiteurs pour le paiement de leurs créanciers.

## SECTION III.

### DE L'ALCADE MAYOR PROVINCIAL.

1—Le regidor alcade mayor provincial portera la baguette de justice, et prendra connaissance de tous les crimes et délits commis en dehors des villes et villages. Les vols, larcins, commis avec violence ou autrement, les raps (1), les actes de trahison, les assauts et batteries, accompagnés de blessures graves, ou suivis de mort, et les autres crimes de cette nature, seront de la compétence du dit alcade mayor provincial.

2—Il prendra aussi connaissance des crimes ci-dessus mentionnés, lors même qu'ils auraient été commis dans les villes, si les coupables se sont enfuis dans les campagnes avec le fruit de leurs déprédations; il prendra aussi connaissance des meurtres ou des assauts et batteries commis sur la personne des officiers publics, si ces actes ont été exécutés avec malice (2). Si cependant le gouverneur ou l'un des alcades ordinaires de la ville avait déjà pris connaissance de l'affaire, l'alcade mayor provincial ne pourra y intervenir, parce que la juridiction en est donnée à l'alcade ordinaire (3). Le juge cependant qui aura arrêté le coupable, devra être préféré à tout autre, pour l'instruction de l'affaire (4).

3—Lorsqu'il sera avéré que le crime n'est pas du ressort de la sainte hermandad, l'alcade mayor provincial en renverra la connaissance à l'un des alcades ordinaires, sans attendre qu'il en soit requis (5).

---

(11) Loi 16, titre 7, livre 7 de la Recopilacion des Indes.—(12) Loi 17, tit. 7, livre 7, ibid.—(13) Loi 1, titre 7, livre 7, ibid.

(1) Loi 2, titre 13, livre 8 de la N. Recop. de Castille.—(2) Loi 2, titre 13, livre 8, ibid.—(3) Loi 10, titre 13, livre 8, ibid.—(4) Loi 10, titre 13, livre 8, ibid.—(5) Loi 13, titre 13, livre 8, ibid.

4—L'alcade mayor provincial veillera à ce que les voyageurs soient fournis de provisions à des prix raisonnables, tant par les planteurs que par les habitants des villes et villages, où ils passeront (6).

5—L'objet principal de l'institution du tribunal de la Sainte Hermandad étant de réprimer les désordres, et d'empêcher les vols et les assassinats commis par des vagabonds et autres délinquants dans les lieux infréquentés, lesquels coupables se cachent dans les bois pour attaquer les voyageurs et les habitants voisins de ces lieux, l'alcade mayor provincial devra réunir un nombre suffisant de commissaires ou frères de la Sainte Hermandad pour nettoyer les lieux de sa juridiction de cette espèce de gens, en les poursuivant avec vigueur, en les arrêtant, ou en les forçant de fuir au loin (7).

6—Pour atteindre ce but, et conformément aux usages observés dans les autres provinces américaines du domaine de Sa Majesté, les alcades mayores provinciales, leurs agents, et les frères de la Sainte Hermandad, auront le droit d'arrêter, hors de la ville comme dans la ville, tous les nègres marrons et autres fugitifs, et en exigeront une rétribution pour leurs peines. Lequel droit d'arrestation n'appartiendra qu'à eux, excepté le maître de l'esclave fugitif.

La dite rétribution est d'autant plus juste, que l'alcade mayor provincial, pour remplir son devoir, doit, à ses dépens, et dans l'intérêt des habitants, parcourir des lieux infréquentés.

7—Le dit officier devra rendre prompte justice dans toutes les affaires de sa compétence (8), et il n'y aura pas d'appel de ses jugements (9); autrement il serait impossible de remédier aux conséquences injurieuses qui en seraient le résultat. Mais, d'un autre côté, ses jugements devront être strictement conformes à l'esprit des lois, et il devra, à cet effet, consulter quelque avocat; mais en attendant, il devra prendre pour guide les instructions données par les présentes, concernant l'administration de la justice et les formalités de procédure.

8—L'institution de la Sainte Hermandad ayant été créée dans l'intention de prévenir les désordres qui peuvent être commis dans les lieux infréquentés, l'alcade mayor devra faire des excursions fréquentes hors de la ville. Ce devoir rend son emploi incompatible avec celui d'alcade ordinaire, à laquelle place, par conséquent, il ne peut être élu, à moins qu'il n'ait, au préalable, obtenu permission du roi,

---

(6) Loi 15, titre 13, livre 8 de la Recopilacion des Indes.—(7) Loi 1, titre 15, livre 8, ibid., et loi 1, titre 4, livre 5, ibid.—(8) Loi 18, titre 15, livre 8 de la N. Recop. de Castille.—(9) Loi 9, titre 13, livre 8, ibid.

de confier à un lieutenant, par lui nommé, l'exécution de ses fonctions de Sainte Hermandad.

9—Le dit officier et ses lieutenants devront prêter le serment annexé à ce sommaire ; il rendra compte au gouverneur des nominations qu'il aura faites, et lui donnera communication des jugements qu'il aura prononcés, afin qu'ils puissent être mis à exécution. Quoique cette formalité ne soit prescrite par aucune loi, cependant elle est nécessaire afin de conserver la bonne harmonie et la subordination, et afin de faciliter au dit alcade mayor provincial les moyens d'obtenir facilement aide et assistance.

10—Dans toutes les discussions qui peuvent s'élever, relativement à la juridiction, entre le tribunal de la Sainte Hermandad et tout autre tribunal de la province, les parties se conformeront strictement aux instructions données dans l'article spécial, qui concerne les alcades ordinaires. Les instructions qui sont données relativement aux récusations des juges devront aussi être ponctuellement suivies, afin qu'aucune altercation ne puisse avoir lieu à ce sujet entre ces officiers.

## SECTION IV.

### De l'Alguazil Mayor.

1—L'alguazil mayor est un officier chargé de l'exécution des sentences et jugements rendus relativement aux paiements à faire, à la saisie et vente d'objets, aux emprisonnements, et à la punition des crimes. Il ne peut être élu alcade ordinaire (1), à moins qu'il n'ait nommé un lieutenant pour remplir ses fonctions, de la manière prescrite pour l'alcade mayor provincial (2).

2—Le recouvrement de sommes d'argent sur ordres d'exécution, la saisie de meubles et immeubles devront être soigneusement exécutés par l'alguazil mayor, qui aura droit aux honoraires alloués par la loi et fixés par le tarif inclus dans les présentes (3).

3—L'alguazil mayor aura aussi la surintendance des prisons ; il commissionnera les geoliers (4) et les gardiens de prisons, après les avoir présentés au gouverneur pour qu'il juge de leurs qualifications et de leur aptitude pour ces emplois. Si l'alguazil mayor y manquait, il serait privé pendant un an de ce droit de nomination, dont le gouverneur serait saisi pendant tout ce temps. Tous les frais de

---

(1) Loi 29, titres 11, 20, livre 2 de la N. Recopilacion de Castille.—(2) Loi 3, titre 20, livre 2, ibid.—(3) Loi 3, titre 20, livre 2, ibid.—(4) Loi 13, titre 20, livre 2, ibid.

prison payés par les prisonniers seront au profit de l'alguazil mayor (5).

4—Le dit officier ne peut nommer pour ses lieutenants aucune personne qui n'ait les qualités requises pour le dit emploi (6), qui ne soit jeune, et qui exerce aucune profession mécanique (7). L'alguazil mayor ne prendra aucun de ses lieutenants parmi les parents ou les domestiques des juges ou des autres officiers (8), mais il lui sera permis de changer ses lieutenants quand il aura de justes raisons pour cela (9).

5—L'alguazil mayor et ses lieutenants feront des rondes, et visiteront les lieux publics, tant de nuit que de jour, pour empêcher les tumultes et les querelles (10), sous peine de destitution et de paiement des dommages qui résulteront de leur négligence (11). Ils arrêteront, sans autre autorisation, les coupables, et en donneront avis immédiat aux alcades (12). Ils ne toléreront aucun jeu prohibé et aucun délit public et scandaleux (13). Ils sont aussi informés par les présentes, que bien qu'ils aient le pouvoir d'arrêter, sans autre autorité que celle émanant d'eux-mêmes, il n'en est pas de même quant à la mise en liberté, sous peine d'être destitués de leurs emplois et d'être déclarés incapables d'en remplir aucun autre (14).

6—L'alguazil mayor se conformera strictement aux articles qui concernent les prisons, et au tarif qui spécifie les honoraires qu'il peut demander. Il accompagnera aussi les juges ordinaires, lorsqu'ils feront la visite des prisons aux époques prescrites par les réglements.

## SECTION V.

### Du Depositaire general.

1—Le dépositaire général, dont les devoirs sont incompatibles avec ceux d'un juge, ne peut pas être élu alcade ordinaire, à moins qu'il ne nomme un lieutenant, chargé du soin des dépôts.

2—Avant d'entrer en fonctions, le dépositaire général donnera de bonnes et suffisantes cautions, pour répondre de la sûreté des dépôts; lesquelles cautions devront être approuvées par le gouverneur, les

---

(5) Loi 14, titre 20, livre 2 de la N. Recop. de Castille.—(6) Loi 5, titre 20, livre 2, ibid.—(7) Loi 6, titre 20, livre 2, ibid.—(8) Loi 7, titre 20, livre 2, ibid.—(9) Loi 11, titre 20, livre 2, ibid.—(10) Loi 21, titre 20, livre 2, ibid.—(11) Loi 20, titre 20, livre 2, ibid.—(12) Loi 23, titre 20, livre 2, ibid.—(13) Loi 24, titre 20, livre 2, de la Recop. des Indes.—(14) Loi 28, titre 20, livre 2, ibid.

alcades et le cabildo (1). La sécurité donnée sera enrégistrée dans le livre tenu par l'escribano du cabildo pour l'enrégistrement des dépôts, et dans lequel livre l'escribano inscrira la date de la sécurité par jour, mois et année (2).

3—Le gouverneur, les alcades et le cabildo, examineront soigneusement les livres dans lesquels seront inscrits l'état des propriétés du dépositaire général et celui de ses cautions, ainsi qu'il en sera certifié par l'escribano du cabildo, afin que vérification en soit faite l'année d'ensuite, et que l'on puisse procéder à toute action ultérieure à ce sujet (3).

4—Si, par le dit examen, ils découvrent que la situation du dépositaire général et de ses sûretés soit telle qu'elle doive exciter des craintes, ils l'empêcheront d'exercer ses fonctions, jusqu'à ce qu'il ait rendu ses comptes et donné de meilleures garanties (4).

5—Le dépositaire général devra, à la première sommation, remettre, en même monnaie que celle reçue, toute somme déposée entre ses mains. Les juges et autres officiers compétents devront y veiller d'une manière toute particulière (5).

6—Le dépositaire général devra enrégistrer les dépôts dans un livre semblable à celui de l'escribano du cabildo, et il retiendra pour salaire trois pour cent sur la valeur des dépôts, ainsi que cela est expliqué dans la commission qui lui est donnée pour l'exercice de ses fonctions.

## SECTION VI.

### Du Receveur d'amendes.

1—Le receveur d'amendes, (dont les devoirs sont incompatibles avec ceux d'alcade ordinaire), prendra connaissance de toutes les matières qui sont de son département, et de toutes les amendes imposées par le juge (1). Il en rendra un compte exact, et tiendra, à cet effet, un livre semblable à celui tenu par l'escribano, pour le même objet, et dans lequel il enrégistrera les dites amendes, par ordre et par date.

2—Pour la sureté de la balance des comptes rendus par lui, le dit receveur donnera de bonnes et suffisantes garanties (2), de la même

---

(1) Loi 1, titre 25, livre 2 de la N. Recop. de Castille.—(2) Loi 36, titre 25, livre 2, ibid.—(3) Loi 39, titre 25, livre 2, de la Recop. des Indes—(4) Loi 5, titre 25, livre 2, ibid.—(5) Loi 25, titre 25, livre 2, ibid.

(1) Loi 1, titre 25, livre 2 de Recopilacion des Indes.—(2) Loi 36, titre 25, livre 2, ibid.

manière que le dépositaire général. Un examen annuel sera fait de la validité des dites garanties, qui seront changées si elles deviennent moins solides.

3—Afin que le receveur n'en remplisse que mieux les devoirs de sa place, et afin que l'on sache, d'une manière certaine, quels sont les fonds en sa possession, l'escribano, en présence duquel les amendes auront été payées, en notifiera l'escribano du cabildo, qui les enrégistrera dans un livre dont les feuillets seront paraphés par le gouverneur (3). Après quoi, l'escribano du cabildo en informera le receveur qui, par ce moyen, saura aussitôt quel est le montant des sommes qu'il doit recevoir ; et le livre du cabildo servira à le faire rendre compte des sommes qui y seront inscrites.

4—Le receveur des amendes ne peut disposer de leur produit sans l'ordre ou la permission de Sa Majesté, par la raison que c'est la propriété de Sa Majesté. Il ne disposera de cette portion de celles qui auront été imposées par les juges, que conformément aux ordres qu'il pourra recevoir et non autrement (4).

5—Le receveur paiera, sur la dite portion sus-mentionnée des amendes, les mandats tirés par le gouverneur, les alcades et autres juges, qui se borneront aux sommes nécessaires (5).

6—Le dit receveur rendra un compte annuel des sommes qu'il pourra recevoir et payer dans l'exercice de ses fonctions. Ce compte sera réglé par les officiers de finances, nommés à cet effet, dans cette province (6).

7—Il recevra une commission de dix pour cent sur toutes les sommes qui pourront être recouvrées ou reçues, soit par lui-même, soit par ceux commissionnés par lui pour les recouvrer (7).

## SECTION VII.

### Du Procurador general.

1—Le procurador général de la province est un officier nommé pour veiller sur les intérêts publics, pour les défendre, pour exiger que justice soit rendue aux droits du peuple, et enfin pour suivre toutes les réclamations qui peuvent intéresser la communauté (1).

2—En conséquence, le procurador général, qui n'est nommé que dans l'intérêt public, veillera à ce que les ordonnances municipales

---

(3) Loi 39, titre 25, livre 2 de la Recop. des Indes.—(4) Loi 5, titre 25, livre 2, ibid.—(5) Loi 25, titre 25, livre 2, ibid.—(6) Loi 25, liv. 2, ibid.—(7) Ibid.
(1) Loi I, titre 2, livre 4 de la Recop. des Indes.

soient strictement observées, et à écarter ou prévenir tout ce qui pourrait nuire à cet intérêt public.

3—Dans ce but, il devra, en sa qualité d'avocat de la ville, s'adresser aux tribunaux compétents, pour le recouvrement des revenus de la dite ville, et des autres dettes qui peuvent lui être dues. Dans la poursuite et l'instruction des causes dont il sera chargé, il agira avec toute l'activité et la diligence nécessaires, afin d'être déchargé de toute responsabilité résultant de la moindre omission ou négligence.

4—Il veillera à ce que les autres officiers du conseil ou du cabildo remplissent strictement les devoirs de leurs emplois ; il veillera à ce que le dépositaire général, le receveur des amendes, et tous ceux qui sont tenus de donner des suretés, en fournissent de bonnes et valables ; et dans le cas où ces garanties deviendraient moins bonnes, il en demandera le renouvellement conformément à la loi.

5—Il sera présent à toute répartition des terres, et il y interviendra ainsi que dans toutes les affaires d'un intérêt public, afin qu'il ne se glisse rien de nuisible ou d'inconvenant dans la dite répartition ou division de terres (2).

## SECTION VIII.

### Du Mayordomo de Proprios.

1—Le mayordomo de proprios recevra tout ce qui est compris sous la dénomination de fonds appartenant à la ville, et il en aura l'administration ; il donnera des reçus aux débiteurs, et il enrégistrera toutes les sommes qu'il pourra recevoir, ainsi que toutes les dépenses qu'il pourra faire pour le compte du cabildo, afin qu'il puisse rendre ses comptes aussitôt après l'expiration de sa commission, qui lui est donnée pour le terme d'une année.

2—Il paiera les mandats du cabildo sur les revenus de la ville, et aucun autre. Il s'abstiendra de fournir ou de prêter aucune somme à aucun individu quelconque, sous peine d'en être responsable personnellement et d'être déclaré incapable d'occuper aucun emploi dans la colonie.

3—Les dépenses de construction et d'entretien de ports, dans les limites ou en dehors des limites de la ville, ne seront pas payées sur les fonds de la dite ville ; ces dépenses seront supportées par ceux qui en profitent, et parmi lesquels elles seront réparties, de la

---

(2) Loi 6, titre 12, livre 4 de la Recop. des Indes.

manière prescrite par la loi 1, titre 16, livre 4 de la Recopilacion des Indes.

4—Lorsqu'aucun travail aura été entrepris dans l'intérêt public, on aura soin qu'il soit exécuté de façon à le rendre solide et durable (1). Un regidor sera nommé à cet effet, lequel, sans aucune rémunération, devra inspecter le dit travail ou ouvrage (2).

5—Les dépenses de deuil public pour la famille royale seront payées sur les fonds de la ville, avec toute l'économie que le cabildo pourra adapter aux circonstances (3).

## SECTION IX.

### DE L'ESCRIBANO DU CABILDO.

1—Cet officier conservera dans ses archives tous les papiers qui peuvent concerner le cabildo ou les actes du dit cabildo. Il inscrira dans un livre toutes les sécurités et les dépôts relatifs au dépositaire général, et, dans un autre livre, tout ce qui est relatif au receveur des amendes. Il tiendra aussi un troisième livre pour les gardiens et leurs sécurités, ordinaires et extraordinaires, dans lequel il enrégistrera toutes les patentes et commissions accordées par Sa Majesté (1), et il aura soin de conserver les originaux dans les archives du cabildo.

2—L'escribano ne souffrira jamais qu'aucun papier ou document soit enlevé de ses archives, et si les juges étaient obligés d'y avoir recours, il leur en fournira une copie correcte, mais ne se désaisira jamais de l'original (2).

3—Le dit escribano du cabildo et du gouvernement inscrira au bas de tous les actes et documents, et de toutes les copies qu'il en fera, les honoraires qu'il peut avoir perçus à leur sujet, sous peine de perdre les dits honoraires, et sous peine d'encourir les autres pénalités établies pour l'empêcher d'exiger plus qu'il ne lui est alloué par le tarif (3).

4—L'escribano du cabildo et du gouvernement inscrira, dans un livre séparé, les hypothèques résultant des contrats, passés soit par devant lui, soit par devant tout autre officier, et il certifiera, au bas de chaque instrument de vente, l'hypothèque qui s'y rattache, con-

---

(1) Loi 1, titre 2, livre 4 de la Recopilacion des Indes.—(2) Loi 3, titre 16, livre 4, ibid.—(3) Ibid.

(1) Loi 21, titre 10, livre 4; loi 39, titre 25, livre 2; loi 6, titre 8, livre 5, lois 16 et 18, titre 9, livre 4 de la Recop. des Indes.—(2) Loi 20, titre 9, livre 4, ibid.—(3) Loi 23, titre 23, livre 2, ibid.

formément à la loi, afin de prévenir les abus et les fraudes qui pourraient résulter de l'absence de cette formalité.

5—Les regidors, l'escribano, et tous ceux qui pourront se succéder dans les places vénales établies par les lois des Indes, sont informés, par les présentes, que les ordonnances royales exigent, qu'avant l'expiration de cinq ans, à partir de la date de leurs commissions, ils obtiennent la confirmation de Sa Majesté, et en présentent la preuve au gouverneur de la ville ou de la province où ils résideront, sous peine d'être privés des dits emplois.

## SECTION X.

### Du geôlier et des prisons.

1—Le geôlier sera nommé par l'alguazil mayor, et approuvé par le gouverneur avant d'entrer dans l'exercice de ses fonctions. Il devra être présenté au cabildo pour y être accepté, et pour prêter serment de remplir fidèlement les devoirs de sa place, de garder les prisonniers avec vigilance, et d'observer les lois et les ordonnances établies à cet égard, sous peine des pénalités y déclarées (1).

2—Le dit geôlier ne doit pas entrer dans l'exercice de ses fonctions, avant d'avoir donné bonnes et suffisantes garanties, en la somme de deux cents piastres, pour répondre qu'il ne mettra en liberté aucun prisonnier pour dette, à moins que ce ne soit sur l'ordre d'un juge compétent (2).

3—Le geôlier tiendra un livre dans lequel il inscrira les noms des prisonniers, celui du juge qui a ordonné la détention, la cause de cette détention, et les noms de ceux qui auront fait l'arrestation (3). Il résidera dans la prison, et pour chaque faute considérable commise par lui, il paiera soixante piastres, dont la moitié sera pour la chambre royale, et l'autre pour le dénonciateur.

4—Il sera du devoir du geôlier de maintenir la prison dans un état de propreté et de salubrité, d'y fournir l'eau nécessaire aux prisonniers (5), de les visiter dans la soirée (6), afin de les empêcher de jouer et de se quereller (7) ; il sera de son devoir de les traiter avec bonté, et d'éviter de les offenser ou insulter (8).

5—Il sera aussi du devoir du geôlier d'avoir soin que les femmes

---

(1) Loi 5, titre 6, livre 7 de la Recopilacion des Indes.—(2) Loi 4, même titre et même livre.—(3) Loi 6, titre 6, livre 7 de la Recop. des Indes.—(4) Loi 7, même titre et même livre.—(5) Loi 8, ibid.—(6) Loi 11, ibid.—(7) Loi 13, même titre et livre.—(8) Loi 9, même titre et livre.

soient séparées des hommes (9) ; que les prisonniers des deux sexes soient tenus enfermés dans leurs appartements respectifs, et qu'ils ne soient pas plus sévèrement traités que ne le comporte leur degré de culpabilité ou l'ordre du juge (10).

6—Quant à ses honoraires, le geôlier se bornera strictement à ne recevoir que ceux qui sont établis par le tarif. Il n'en recevra point du pauvre, sous peine d'une amende d'une valeur égale à la somme perçue (11). Il ne pourra pas, sous peine d'encourir la même amende, recevoir aucune gratification, soit en argent soit en effets (12). Il s'abstiendra de jouer, de manger ou de former aucune intimité avec les prisonniers (13), sous peine d'une amende de soixante piastres, dont un tiers pour la chambre royale, un tiers pour le dénonciateur, et le reste pour les prisonniers pauvres.

Forme du serment à prêter par les gouverneurs, les alcades et les autres juges, en entrant en fonctions :

Moi, N. . . . nommé. . . . (suit la dénomination de l'emploi), je jure devant Dieu, sur la Croix sainte et sur les Evangiles, de soutenir et de défendre le mystère de la conception immaculée de Notre Dame la vierge Marie, et la juridiction royale à laquelle je suis attaché par mon emploi. Je jure aussi d'obéir aux ordonnances royales et aux décrets de Sa Majesté, de remplir fidèlement les devoirs de ma place, de juger conformément à la loi, dans toutes les affaires qui seront soumises à mon tribunal ; et pour mieux atteindre ce but, je promets de consulter les personnes versées dans la loi, chaque fois que l'occasion s'en présentera dans cette ville ; et enfin, je jure que je n'exigerai jamais d'autres honoraires que ceux fixés par le tarif, et de plus, que je n'en exigerai jamais aucun, de la part du pauvre (1).

*Nouvelle-Orléans, novembre 25, 1769.*

ALEXANDRE DE OREILLY.

---

(9) Loi 2, titre 6, livre 7 de la Recop. des Indes.—(10) Loi 10, ibid.—(11) Lois 13 et 14, ibid.—(12) Loi 10, ibid.—(13) Loi 12, ibid.

(1) Les ordonnances qui précèdent ont été traduites de l'anglais par l'auteur. Celles qui suivent sont données ici telles qu'elles ont été publiées, à l'époque, en très mauvais français.

*INSTRUCTIONS sur la manière de former et de dresser les procès civils et criminels, et de rendre les jugements ordinaires, conformément aux lois de la Recopilacion de Castille et des Indes pour la conduite des juges et des parties, en attendant que l'idiome espagnol soit plus familier et plus répandu dans cette province; et qu'ils acquièrent une connaissance plus étendue de ces lois: rédigées et mises en ordre par le docteur don Manuel Joseph de Urrustia, et l'avocat don Felix Rey, par ordre de son excellence don Alexandre Oreilly, gouverneur et capitaine général de cette province par commission expresse et particulière de Sa Majesté.*

### §. I.—Des Jugements civils ordinaires.

On observera d'abord que, dans les jugements civils et criminels, de quelque nature qu'ils soient, les religieux ne peuvent jamais comparaître, ni faire aucune demande eux-mêmes, sans la permission de leur supérieur. Cette permission est également nécessaire au fils de famille, qui doit l'obtenir de son père, à l'esclave, qui ne peut agir sans celle de son maître, au mineur, qui doit être autorisé par son curateur, qu'il peut nommer lui-même, à l'âge de quatorze ans révolus, ou qui lui est nommé d'office par le juge dans un âge moins avancé, à la femme mariée, qui doit au préalable obtenir le consentement de son mari; et enfin aux fous ou imbéciles, qui doivent être représentés par le curateur que la justice leur nomme, pour l'administration de leur bien et le soin de leur personne.

2—Il faut pareillement observer que le consentement du père n'est pas nécessaire au fils de famille, quand il s'agit d'ester en jugement pour la répétition des biens et des droits qu'il aura acquis par ces services à la guerre, que l'on appelle *castrenses*; ou de ceux dont le prince l'aura particulièrement gratifié, ou enfin de ceux qu'il se sera procurés par quelque charge publique; lesquels biens sont nommés *quasi castrenses*. Mais dans le cas ou le fils de famille demanderait des aliments, ou chercherait à sortir de la dépendance de son père pour des causes de mauvais traitements, ou autres raisons légitimes pour être émancipé, il obtiendra préalablement la permission du juge, à cause des égards et du profond respect qui sont dûs aux pères et autres ascendants. L'esclave est également autorisé à le faire envers son maître, en supposant qu'il abuse de son pouvoir contre ce que les lois prescrivent à ce sujet, auquel cas l'esclave est fondé à solliciter ou sa liberté, ou d'être vendu. La femme mariée peut de même, sans la permission de son mari, lui redemander sa dot qu'il serait prêt de dissiper, ou des aliments dans les cas de séparation ou de mauvais traitements.

3—Celui qui se proposera de former une demande par écrit pour deniers excédant la somme de cent livres, le fera par une requête, dans laquelle il expliquera clairement le fait et les raisons pour lesquels il procède ; il exposera si c'est pour le produit de quelque vente, ou pour argent prêté, ou autres moyens semblables, avec toutes les circonstances convenables pour l'éclaircissement de l'affaire et l'intelligence du juge. Il conclura ensuite à ce que la remise, ou le paiement de ce qu'il demande lui soit fait, en condamnant aux dépens la partie adverse qui défendra injustement et mal à propos le contraire.

4—Cette requête sera signée de la partie, ou de celui qui sera chargé d'un pouvoir suffisant ; elle sera présentée ensuite au juge qui, par un soit communiqué, en donnera connaissance à la partie contre laquelle la demande sera formée ; et cet acte aura la force d'assignation. Le défendeur fournira ses défenses dans le terme de neuf jours, à compter de celui où la demande lui aura été notifiée. Il dressera un écrit qui contiendra en réponse les raisons qui lui seront favorables pour détruire les prétentions de sa partie adverse, si elle ne sont pas fondées, et fera ses défenses dans la même forme et avec les circonstances que le demandeur doit observer dans sa requête introductive.

5—Si le défendeur n'a point répondu dans le terme de neuf jours, le demandeur requiert alors défaut contre lui, par un écrit où il expose que le délai est expiré, et conclut que, n'ayant point donné de réponses, il soit condamné par défaut ; et qu'en conséquence sa demande soit reconnue pour avouée par sa partie et suffisamment prouvée.

6—Si au contraire le défendeur répond dans les neuf jours, et qu'il allègue qu'il ne doit point défendre la demande intentée, quant au fond, soit parce que le jugement de cette cause n'est pas de la compétence du juge qui en a pris connaissance, soit parce que le demandeur ne peut pas ester en droit, ou que le temps de remplir son engagement n'est pas encore échu, ou autres semblables exceptions ; il en sera donné communication au demandeur pour y répondre dans le délai de six jours. Sur ses repliques, le juge décidera si on défendra au fond la demande ; alors sans admettre aucun appel, la demande se poursuivra quant au fond.

7—Mais si le défendeur, sans produire aucune semblable exception, fournit au contraire d'autres moyens tendant directement à contester la demande, en alléguant que la chose demandée n'est point dûe, ou qu'elle est déjà payée, ou enfin quelqu'autres raisons appuyées de pièces authentiques, ou de toute autre espèce de vérification qui puisse être admise avant le renvoi du procès à la preuve, dont l'effet le délivrerait de la demande ; le tout sera communiqué au demandeur, pour répondre par écrit à ce que l'autre partie aura allégué, dont copie sera aussi délivrée au défendeur pour y contredire, ayant ainsi chacun deux écrits ; après quoi, le juge demandera les pièces et rendra sa sentence.

8—Si le fait contesté doit être admis à la preuve comme étant douteux, il sera pour lors reçu dans le délai compétent, qui peut être prolongé jusqu'à quatre-vingts jours sans plus. Pendant ce délai chaque partie fournira ses preuves, en s'ajournant réciproquement pour voir prêter le serment, et connaître les témoins que l'une et l'autre produira contre sa partie.

9—Les preuves présentées par les deux parties seront si secrètes qu'une partie ne puisse savoir ce que ses témoins auront déclaré, ni ceux de la partie adverse. Le délai auquel le procès aura été renvoyé, ainsi que celui qui aura été prorogé, étant expiré, une des parties demandera, qu'eu égard à l'expiration du terme, les preuves juridiques soient publiées. Cette demande sera notifiée à l'autre partie qui y consentira, et si elle n'y répond pas, elle sera condamnée par défaut, dans la forme qui doit être suivie, quand l'une des parties ne répond point à la copie qui lui est donnée. Le juge ordonnera la publication des preuves, et qu'elles soient remises aux parties, en observant qu'elles passent au demandeur avant le défendeur, pour confirmer la certitude de la preuve.

10—Les preuves et les pièces du procès étant remises, le demandeur, qui trouvera les témoins de sa partie adverse non recevables, soit parce qu'ils sont ses ennemis, ou amis intimes, ou parents de l'autre partie, soit enfin par d'autres causes qui affaiblissent la foi que l'on peut donner à leur témoignage, dressera un écrit, avant que d'alléguer la certitude de la preuve, dans lequel les reproches contre les témoins seront spécifiés, après serment prêté de n'avoir aucune intention de les offenser ; ce serment sera notifié à l'autre partie, qui pourra mettre aussi dans sa réponse les reproches faits aux témoins de sa partie adverse. On les admettra alors à la preuve des dits reproches ; et pour y parvenir, on ne pourra donner de plus long délai que celui de quarante jours, moitié de celui sous lequel la cause principale aura été admise.

11—Après l'expiration du délai de l'admission à la preuve des reproches, il ne sera pas permis de demander que cette preuve soit publiée comme dans la cause principale ; mais le procès sera remis au demandeur pour qu'il allègue le bien prouvé, et s'il établit dans ce qu'il avancera, que sa preuve est plus complète que celle de sa partie adverse, il en sera donné copie au défendeur; sur sa réponse ou faute d'en avoir produit, le juge déclarera l'instance conclue. Il ordonnera ensuite que les parties soient ajournées pour le jugement définitif, qu'il doit rendre dans le délai de vingt jours, à compter de celui où il a demandé les pièces du procès. Il examinera avec attention le droit et les preuves de chaque partie, afin de bien concevoir l'affaire, et jugera le procès en condamnant le débiteur au paiement, ou en le renvoyant libre et déchargé de la demande, suivant ce qui sera trouvé juste.

12—Si le jugement est donné pour une somme qui n'excède pas celle de 90,000 maravedis, on peut en appeler au cabildo, dans l'espace de cinq jours révolus, à compter du jour qu'il aura été notifié aux parties. Si le jugement prononce sur une plus forte somme, l'appel se fera au tribunal que Sa Majesté fixera, en conséquence de ce qui lui est demandé à ce sujet. On expliquera brièvement, à la fin de ces instructions, la manière d'avoir ce recours.

13—Si les cinq jours s'écoulent sans que l'appel soit interjeté, la partie qui aura eu gain de cause, présentera un écrit par lequel elle demandera que, vu que l'on n'a point fait l'appel dans le délai légal, la sentence soit réputée rendue définitivement, et que l'exécution en soit conséquemment ordonnée, dont il sera donné copie à la partie adverse; et soit qu'elle réplique ou non, le juge prononcera, tant sur la validité du jugement que sur l'expiration du délai; après quoi il ordonnera que la sentence sorte son effet et soit mise en exécution.

§. II.—DES JUGEMENTS EXECUTOIRES.

1—Lorsqu'une dette sera liquide et pleinement constatée, qu'elle portera avec elle exécution parée comme par un acte ou obligation passée par devant notaire, ou même par un simple billet reconnu en justice par le débiteur, ou par un aveu judiciairement fait, quoique sans titre de la part du débiteur, ou par sentence rendue et passée en force de chose jugée, ou par les livres de caisse du débiteur reconnus par lui, dans tous ces cas, le créancier dressera un écrit où il instruira de son droit et de son action, en y joignant l'acte qui le rend exécutoire, et demandera qu'en vertu de cet acte, il lui soit donné contre le débiteur mandement d'exécution, tant pour la somme due, que pour la dîme et dépense qui seront reconnues et établies. Il observera que son écrit contienne le serment que la somme demandée est certaine, dûe, et doit être payée par le débiteur.

2—Le juge examinera si l'acte ou la pièce qui donne au créancier le droit de répéter une somme, porte exécution parée; dans cet état, il ordonnera prompte exécution, en adressant pour cet effet un ordre par écrit à l'alguazil mayor de sommer le débiteur de payer la somme demandée ; si non que ses biens seront saisis jusqu'à la concurrence de la dite somme et de la dîme et dépens.

3—En vertu de cet ordre, l'alguazil mayor sommera le débiteur; s'il se soumet, l'exécution cessera. Si au contraire il ne paye pas, on lui saisira des effets qui seront transportés chez le dépositaire général, à moins que le débiteur ne donne bonne et valable caution d'acquitter la somme à laquelle il est condamné par la sentence. Mais s'il ne donne point cette caution, ou s'il n'a pas des biens suffisants, on le constituera prisonnier, si ce n'est qu'il ne jouisse du privilége de noblesse qui l'exempte de l'être pour dettes ; ainsi qu'en jouissent le militaire, le regidor, l'officier de finance, la femme, l'avocat, le médecin et autres personnes distinguées. L'alguazil mayor écrira au bas de l'ordonnance les diligences qu'il aura faites, en y faisant mention du jour et de l'heure.

4—Les biens étant saisis, le créancier demandera par un autre écrit, qu'ils soient estimés par deux experts dont les parties conviendront, et que la vente en soit publiée par enchères dans les délais de droit, suivant la nature des biens. Ce délai sera de neuf jours pour les biens mobiliers, avec une annonce publique tous les trois jours, et de trente jours pour les immeubles, qui seront aussi publiés de neuf jours en neuf jours, pendant lequel temps, si le débiteur veut renoncer à ces publications, elles n'auront pas lieu.

5—Le terme étant expiré, et les publications faites, le créancier demandera que son débiteur soit ajourné finalement pour faire ses oppositions et prouver que la sentence demandée n'est point dûe, ou est déjà payée. En conséquence de cette demande, le débiteur sera assigné définitivement s'il ne s'est point opposé avant l'exécution, comme ayant pu le faire pendant tout le temps de la saisie, ou de sa détention ès prisons, jusques à la sentence.

6—Si le débiteur ne forme aucune opposition dans trois jours, à compter de celui de la notification du décret qui ordonne l'assignation définitive, on l'attaquera par défaut, et l'on continuera le jugement de la cause ; mais s'il fait opposition, on lui ordonnera de prouver ses exceptions pendant dix jours péremptoires, lesquels commenceront à courir du jour de l'opposition ; ce qui sera commun à chaque partie pour prouver la justice de son droit, tel et ainsi qu'il lui conviendra.

7—Pendant ce délai, on recevra les preuves offertes par les deux parties qui s'assigneront à comparaître réciproquement pour voir présenter, connaître et affirmer les témoins, conformément à ce qui a été réglé pour le jugement civil ordinaire dans le §. I, No. 8 et 9, avec cette différence cependant que ce délai de dix jours pourra être prolongé à la demande du créancier, et dans ce cas le débiteur jouira de même de cette prolongation accordée.

8—Le délai des preuves étant expiré, on ne sera plus admis à en fournir que par l'aveu de la partie et nullement par les témoins; on remettra alors les pièces au créancier pour qu'il déduise son droit, dont il sera donné copie au débiteur. Sur ce qu'il exposera ou non, le défaut enfin reconnu, le juge demandera les pièces pour rendre sa sentence.

9—Il examinera avec beaucoup de prudence et d'attention, si les exceptions fournies par le débiteur sont justes, et constatées par des preuves plus convaincantes que celles de la partie adverse; si ces exceptions portent ce caractère, il le renverra déchargé de la demande intentée contre lui; le juge donnera main-levée de la saisie de ses biens, en ordonnant qu'ils lui soient remis, et condamnera en outre le demandeur aux dépens de l'instance.

10—Si au contraire le débiteur n'a point prouvé ses exceptions, et que la somme demandée soit reconnue légitimement dûe; le juge, en déclarant par sa sentence la saisie bonne et valable, ordonnera la quatrième et dernière criée pour parvenir au payement, et en outre que les dits biens saisis soient adjugés au plus haut enchérisseur, pour du produit en acquitter entièrement le créancier, ainsi que la dîme et les dépens. Le créancier cependant sera tenu de donner caution pour répondre des mêmes sommes dans le cas où la sentence serait infirmée par le juge supérieur.

11—Cette sentence, soit qu'elle soit favorable ou contraire au défendeur, doit être exécutée nonobstant appel, sans que cette exécution empêche la partie qui sera lésée, de poursuivre son appel au cabildo, pourvu que la somme n'excède point celle de 90,000 maravedis (1); car si elle est plus forte, l'appel doit se porter au tribunal supérieur que fixera Sa Majesté sur ce qui lui a été proposé.

12—La cause étant jugée, l'on fixera le jour de la quatrième et dernière criée pour la vente des biens saisis. On procédera ce même jour à cette adjudication, en présence des parties qui seront dûment

---

(1) Nota. Les 90,000 maravedis dont il est fait mention, tant au règlement que dans les présentes instructions, forment la quantité de 330 piastres 7 reaux et 2 maravedis, ce qui donne la somme de 1654 livres 7 sols 9 deniers.

appelées à cet effet; l'on remettra ensuite la somme demandée au créancier qui donnera caution comme il est dit ci-dessus, et l'on paiera la dîme à l'alguazil mayor, ainsi que les frais et dépens aux autres officiers, conformément à ce qui est réglé par le tarif.

13—Il faut observer que, si le débiteur paye sa dette dans les soixante-douze heures où la saisie aura été jugée bonne et valable, il n'aura point de dîme à payer; mais ce temps expiré, il ne peut plus s'en dispenser. C'est à cause de cette obligation, que l'on a prévenu qu'il était indispensable de marquer et de dénoncer le jour et l'heure dans les diligences faites pour les poursuites de la saisie.

### §. III.—Des Jugements criminels.

1—Dès que l'on aura connaissance de quelques crimes commis, comme homicide, vols ou autres; s'il n'y a aucune plainte, ni partie civile qui en poursuive le jugement, le juge dressera d'office un procès-verbal qui contiendra la connaissance qui lui a été donnée de ce crime; il ordonnera la vérification du corps du délit, c'est-à-dire de l'action criminelle. Par exemple, dans un homicide, il fera reconnaître le cadavre par un ou deux chirurgiens qui déclareront, par leur procès-verbal, si les blessures ont été mortelles ou non; ils expliqueront en quel lieu, et en quelle situation le cadavre a été trouvé, et dénommeront l'instrument avec lequel il paraîtra que le crime a été commis. Dans les vols, on reconnaîtra les fractures faites aux maisons ou aux meubles; l'écrivain détaillera et certifiera les marques qui indiqueront que tel crime a été commis. L'on constatera de même le corps du délit dans tous les autres crimes. Pratique qui est le fondement et la base de la forme judiciaire, sans laquelle on ne peut poursuivre avec certitude au criminel. Le juge ordonnera dans le même acte, que l'information soit faite et que les témoins soient entendus.

2—Lorsque la partie offensée portera plainte, elle le fera par une requête qui contiendra une fidèle et courte exposition du fait, et conclura à ce que l'on procède à la vérification du corps du délit, de la manière ci-dessus, et qu'en outre, il soit informé sommairement des faits contenus en sa requête; le juge lui donnera acte de sa plainte en ces termes : " Soit fait ainsi qu'il est requis."

3—Le juge doit faire lui-même ces diligences, excepté quand il s'y trouvera un empêchement formel; dans ce cas il pourra en charger le greffier. Si cependant le crime est constaté, et que le coupable ne soit point connu, on fera toutes les perquisitions, les recherches, et vérifications nécessaires pour parvenir à le connaître.

4—Après avoir vérifié le corps du délit, et connu le coupable, s'il se rencontre deux témoins, ou un seul recommandable, joint à d'autres indices qui fassent connaître l'agresseur, le juge par un autre acte, décernera prise de corps contre le coupable, ainsi que l'annotation et le séquestre de ses biens entre les mains du dépositaire général, après en avoir fait un fidèle inventaire.

5—Si le coupable n'a pu être arrêté dans les poursuites faites contre lui, soit par ⸱ ⸱ence ou pour s'être caché, on dressera un autre acte par lequel le juge ordonnera que, vu les diligences expliquées de l'alguazil, comme on n'a pu le constituer prisonnier, il soit assigné par commandement et trois cris publics, qui se feront de neuf jours en neuf jours dans la forme qui suit.

6—Premièrement, on décrétera l'accusé d'ajournement personnel avec commandement de comparaître, et de se constituer prisonnier dans les neuf jours; ce terme fini, sans avoir paru, le juge ordonnera que l'écrivain certifie que le délai est expiré, et que le geôlier affirme que le coupable ne s'est pas présenté. D'après ces certificats en bonne forme, qui seront joints au procès, on dressera un autre acte par lequel, condamnant l'accusé à la peine de contumace, le juge ordonnera qu'il lui soit fait itératif commandement de comparaître dans le même terme de neuf jours. Ce second délai expiré, on rendra une autre sentence provisionnelle pour que l'écrivain et le geôlier donnent les mêmes certificats que ci-dessus. Après quoi, le juge convertira le décret d'ajournement personnel, en décret de prise de corps, et fera afficher ce troisième commandement en l'ajournant et l'interpellant comme ci-devant. Ces neuf derniers jours étant écoulés, l'écrivain certifiera encore que le terme est expiré, et le geôlier, que l'accusé ne s'est point présenté à la prison; le juge rendra alors la sentence qui le déclarera pleinement contumax; et s'il n'y a point de partie civile et plaignante, on nommera un procureur fiscal pour faire les diligences convenables sur ce sujet; si au contraire il y a une partie plaignante, le procès lui sera remis pour établir les demandes qui lui conviendront et pour en faire la poursuite au tribunal, où l'on rend les jugements provisionnels et où l'on donne les assignations au criminel comme s'il était présent. La procédure se continuera ensuite aux audiences, jusqu'à sentence définitive, soit en faveur ou contre l'accusé.

7—Si cependant, avant ou après le jugement, l'accusé se présentait à la prison, pour n'avoir pu se rendre ailleurs, on ouvrira l'audience et on instruira de nouveau le procès, en écoutant l'accusé dans ses défenses, qui seront examinées avec attention; et sur ce que la partie civile ou le procureur fiscal opposeront ou contesteront, interviendra sentence derechef, qui confirmera ou infirmera celle prononcée par contumace, suivant les égards que mériteront les pièces reproduites au procès.

8—Si on arrête le coupable après le décret de prise de corps décerné et le procès-verbal fait, le juge ordonnera que le geôlier certifie que l'accusé est dans la prison; ensuite le juge commencera lui-même l'interrogation en lui demandant son nom, son âge, sa qualité, sa profession, pays et demeure. S'il est mineur de vingt-cinq ans, il lui sera enjoint de se nommer un curateur; sur son refus, le juge le nommera d'office, en suspendant l'interrogation, qui ne pourra se continuer sans la présence et l'autorité de même curateur.

9—Dans l'interrogatoire, le juge chargera l'accusé du délit, suivant l'abrégé des preuves fournies, et lui fera toutes les objections qui pourront mettre en évidence le délit dans toutes ses circonstances.

10—L'interrogatoire fini, on admettra le procès à la preuve, dans le plus court délai, soit à la charge, ou à la décharge de l'accusé, que l'on prolongera cependant, s'il est nécessaire, jusqu'à quatrevingts jours, comme dans le civil ordinaire. Pendant ce délai, l'accusé de son côté, l'accusateur, ou le procureur fiscal de l'autre, à défaut d'accusateur, produiront leurs preuves, de la manière expliquée dans le civil. Et quoique ces preuves doivent être secrètes, ainsi que le recolement des témoins, jusqu'à ce que la publication s'en fasse, ils se communiqueront l'un à l'autre les pièces du procès, pour mettre en ordre leurs preuves juridiques avec connaissance de cause.

11—Les témoins étant recolés, et le délai pour les preuves étant expiré, l'une des parties demandera que ces preuves soient publiées; cette demande sera communiquée à l'autre partie, à laquelle on en délivrera copie; sur sa réponse, ou n'en faisant point par cause de contumace, le juge en ordonnera la publication. Les pièces seront ensuite remises à l'accusateur, ou au procureur fiscal pour mettre son accusation en forme, et citer l'authenticité des preuves,

12—La dénonciation faite conjointement avec la citation de la certitude des preuves, il en sera donné connaissance par une copie à l'accusé, pour qu'il travaille à sa justification, et propose ce qu'il jugera favorable à sa cause. Après ses réponses fournies, le procès sera regardé comme fait, et conséquemment en état d'être jugé.

13—S'il arrive que l'une, ou les deux parties ensemble fournissent également des reproches réciproques contre les témoins qui leur sont contraires dans leur témoignage, on agira en cette occasion comme il est prescrit dans les jugements civils ordinaires, en se conformant exactement aux règles de cet abrégé. L'article des reproches étant enfin décidé, rien ne retardera plus le jugement du procès; pour y parvenir promptement, le juge redemandera les pièces et citera les parties pour ouïr la sentence.

14—Le coupable étant convaincu du délit comme étant pleinement constaté dans le procès, ou par quelqu'autre preuve jointe à son propre aveu, il pourra être condamné à la peine que la loi prononce contre ce crime. Cette même condamnation aura lieu aussi, lorsque deux témoins majeurs, exempts de tous reproches, déposeront, de science certaine, que le coupable a commis le crime, leur déposition commune faisant une preuve complète. Mais quand il ne se trouvera contre le coupable qu'un seul témoin et autres indices ou conjectures, il ne pourra alors être condamné à la peine ordinaire exprimée par la loi; on lui infligera seulement quelqu'autre peine que le juge déterminera, avec beaucoup de prudence, sur l'autorité des indices et des preuves qu'il aura en main. Cet état de choses exige la plus grande circonspection; parce qu'il faut toujours se ressouvenir que c'est un bien plus grand mal de punir un innocent que de laisser un coupable impuni.

15—Après toutes ces précautions, le juge prononcera la sentence, et quoique dans les procédures criminelles l'appel ne soit pas admis, le jugement devant être exécuté nonobstant appel, si le juge cependant a quelque doute ou quelque scrupule, ou que, par les difficultés du procès, il croit convenable de le faire examiner par le juge supérieur, l'exécution en sera sursise, s'il y a appel; cette seconde instance se poursuivra comme dans les causes civiles.

§. IV.—Des Appels.

1—Lorsque le jugement sera rendu pour une somme, ou pour un objet dont la valeur excédera quatre-vingt-dix mille maravedis, l'appel s'interjettera par la partie qui se trouvera lésée, directement au tribunal que Sa Majesté aura déterminé, suivant ce qui lui a été proposé. Et quand l'appellation aura été formée, il en sera donné connaissance à la partie adverse, qui défendra au fond, par un autre écrit, si cet appel doit être admis ou rejeté, c'est-à-dire si la sentence doit être exécutée nonobstant l'appel, ou si l'exécution en doit être sursise. Pour déterminer ce point, le juge demandera les pièces; après les avoir examinées, il prononcera ce qui lui paraîtra juste, pour ou contre; il en ordonnera l'exécution dans les causes pressantes et privilégiées, comme pour une dot, pour aliments, ou autres de cette nature, pour lesquelles les appels ne doivent point être facilement admis. De cette classe sont aussi les jugements criminels, excepté les circonstances qui sont citées à la fin du paragraphe précédent; car alors l'exécution doit être suspendue jusqu'à ce que le juge supérieur ait examiné le procès et confirmé la sentence.

2.—Si l'appel est reçu favorablement, la seconde instance s'instruira dans la forme suivante. Le juge ordonnera que les pièces du procès soient remises à l'appelant, pour qu'il explique en quoi consistent les torts et dommages dont il a à se plaindre, ce qui veut dire qu'il exposera par des moyens ceux dont il a à souffrir par le dispositif de la sentence injuste, relativement à telles ou telles raisons qui ne sont pas conformes aux dispositions de la loi sur de semblables cas, concluant en conséquence à ce qu'elle soit révoquée. Il sera donné communication et copie de cet écrit à l'autre partie, pour y répondre et contester les raisons de son adversaire, en s'appuyant sur celles qui prouveront la justice de la sentence rendue conformément à la loi. Le juge alors ordonnera, qu'après avoir tiré copie entière des pièces du procès, aux dépens de l'appelant, les originaux soient remis au tribunal où l'appel doit être porté. Il citera les parties pour voir corriger et collationner les dites copies sur les originaux, avec assignation de se présenter en personne, ou par un fondé de pouvoir, au tribunal où sortira appel; et ce, dans le délai qui sera fixé, suivant la distance qu'il y aura de cette province à celle où résidera le tribunal d'appel. Ce délai commencera à courir du jour où le premier bâtiment, avec régistre, sortira de ce port pour se rendre à celui où le tribunal supérieur sera établi, le juge ayant au préalable ordonné par un décret de remettre à bord de ce vaisseau les pièces originales, comme il a été expliqué. Il préviendra en outre l'appelant que si, dans le délai prescrit, il ne constate pas qu'il s'est présenté au tribunal avec les pièces originales, il sera purement et simplement déchu de son appel, et que l'exécution de la sentence sera conséquemment ordonnée à la première réquisition de la partie adverse. Si cependant l'appel justifiait la perte du bâtiment porteur de ces pièces, ou de celui sur lequel il aurait embarqué l'acte qui confirmerait qu'il s'est présenté au tribunal supérieur avec les originaux dans le terme prescrit, ou enfin s'il alléguait quelqu'autre empêchement aussi juste pour le décharger de son obligation, l'appel ne pourra être alors déclaré désert. On accordera au contraire un nouveau délai à l'appelant, et si les originaux étaient perdus, on lui délivrera d'autres copies, pour qu'il prouve sa présentation, et tout ce dont il a été prévenu.

3—Quand il s'agira d'un jugement pour une cause qui n'excédera pas 90,000 maravedis, les dépens non compris, l'appel en sera porté au cabildo de cette ville, et on le dirigera dans la forme suivante. Dans les cinq jours, à compter de celui de la signification de la sentence, l'appelant présentera sa requête en cause d'appel, qui sera remise au greffier pour y mettre la provision; sur le vu de la provision, le cabildo nommera deux regidors, en qualité de commissaires, pour juger de la cause d'appel, conjointement avec le juge *a quo* qui a rendu la sentence. Ces commissaires seront obligés de se prêter à cette nomination, et de faire serment qu'ils s'acquitteront bien et fidèlement de leur charge.

4—Cette pièce, avec la provision, sera remise à l'écrivain de la cause, qui instruira et poursuivra en la seconde instance. On remettra le procès à l'appelant, pour qu'il déduise ses torts et dommages, dans la forme expliquée dans le paragraphe deux. Ceci s'exécutera dans quinze jours préfix, pour que, dans ce délai, ses moyens soient communiqués à l'autre partie, pour y répondre sous quinze autres jours; en sorte que, dans le terme de trente jours, depuis celui de la nomination des commissaires, le procès doit être définitivement prêt. Les parties prouveront pendant ce temps ce qui leur sera convenable, de manière que le procès soit en état d'être jugé. On observera que ce délai de trente jours ne peut jamais se prolonger, même du consentement des parties.

5—L'affaire étant terminée dans la forme prescrite, l'écrivain remettra sous deux jours le procès aux juges. Alors les commissaires et le juge *a quo* examineront la cause, et rendront leur jugement dans l'espace de dix jours, à compter depuis les trente; cassant ou confirmant, augmentant ou diminuant la première sentence, suivant comme ils le trouveront juste. Si on laisse écouler les dix jours en entier, on ne pourra plus prononcer de jugement, ou si l'on en rendait un, il serait nul de plein droit; la première sentence sortirait son entier effet, et serait exécutée dans sa forme et teneur.

6—Entre les trois juges qui doivent prononcer, s'il y en a deux d'accord, on dressera la sentence; elle aura également lieu quand les deux regidors seront du même avis, ou si un regidor s'accorde avec le juge *a quo*. La dite sentence, rendue ainsi à la pluralité des voix, sera close sans que l'on puisse interjeter appel, ni que l'on puisse conséquemment s'adresser à aucun autre tribunal. Après quoi, le juge *a quo* la fera exécuter sans délai, dès qu'on lui aura remis, à cet effet, les pièces de la procédure.

§. V.—Des Peines.

1—Celui qui blasphêmera Dieu Notre Seigneur, ou sa Mère la Très-Sainte Vierge Marie, aura la langue coupée, et la moitié de sas biens sera confisquée, applicable moitié au fisc et moitié au dénonciateur (1).

2—Celui qui, oubliant le respect et la fidélité que tout sujet doit à son roi, son seigneur naturel, sera assez hardi pour s'exhaler en injures contre sa personne royale, ou contre celle de la reine, du prince présomptif et de nos seigneurs les infants leurs fils, sera puni corporellement, selon que les circonstances de son crime l'exigeront. La moitié de son bien sera confisquée au profit du fisc, ou du trésor de Sa Majesté, s'il y a des enfants légitimes; mais s'il n'en a point, il le perdra tout, pour les deux tiers être applicables au fisc, et l'autre tiers à l'accusateur (2).

3—Les moteurs de quelque soulèvement contre le roi ou l'état, et ceux qui, sous prétexte de défendre leur liberté et leurs droits, y auront trempé, ou aidé en prenant les armes, seront punis de mort, et leurs biens seront confisqués (3). Ces mêmes peines seront aussi infligées à tous ceux qui, conformément à ce que prescrivent les lois, seront coupables de l'infâme crime de lèse Majesté ou de trahison (4).

4—Quiconque insultera quelqu'un, soit en le blessant, soit en lui donnant des soufflets, ou des coups de bâton, sera puni par la peine que le juge croira y être attachée, respectivement à l'état des personnes, tant offensées qu'offensantes, suivant l'exigence du cas. Mais si l'injure n'est faite que par paroles, et que l'agresseur ne soit pas noble, le juge ordonnera seulement devant lui, et quelques autres personnes, la rétractation de ces injures, en condamnant de plus l'agresseur à une amende de 1,200 maravedis applicable, moitié au fisc et moitié à la partie offensée; si l'agresseur est gentilhomme, ou jouit des priviléges de noblesse, il sera condamné à une amende de 2,000 maravedis, applicable comme ci-dessus. Cependant le juge, au lieu de cette peine, en pourra imposer telle autre qui lui paraîtra convenable, suivant la qualité et l'état des personnes, et l'atrocité des injures. Quand il n'y aura point de sang répandu, ni de plainte portée par l'offensé, ou s'il s'en désiste après en avoir porté, le juge

---

(1) Loi 2, titre 4, livre 8 de la Nouvelle Recopilacion.—(2) Loi 3, même titre et livre.—(3) Loi 1, titre 2, partie 7.—(4) Loi 1, titre 18, livre 8, de la Nouvelle Recopilacion.

ne devra, ni ne pourra agir d'office, quoique l'injure par paroles soit des plus atroces (5).

5—Celui qui violera une fille, ou femme mariée, ou une veuve vivant honnêtement, sera condamné à mort, et ses biens seront confisqués au profit de la femme insultée ; mais si elle n'est pas des dites qualités, le juge infligera sur ce sujet telle peine qu'il lui paraîtra convenable, eu égard aux circonstances plus ou moins aggravantes (6).

6—La femme mariée, coupable d'adultère, et celui qui l'aura commis avec elle, seront remis au mari pour en faire ce qu'il voudra, avec cette réserve néanmoins de ne pouvoir tuer l'un, sans tuer aussi l'autre (7).

7—L'homme qui consentira que sa femme vive en concubinage avec un autre, ou qui l'aura sollicitée ou induite lui même à commettre le crime d'adultère, sera exposé à la honte publique, et condamné, pour la première fois, à être renfermé pendant dix ans dans quelque forteresse ; et la seconde fois, à cent coups de fouet et à être renfermé pour toujours (8).

8—Les mêmes peines seront infligées à ceux qui feront l'infâme métier de solliciter les femmes à se prostituer, en leur procurant les voies et les moyens de se livrer aux hommes (9).

9—Le coupable de fornication avec une parente au quatrième degré, sera condamné à perdre la moitié de ses biens au profit du fisc ; et de plus à être puni corporellement ou banni, ou à quelqu'autre peine, suivant la qualité de la personne, et le degré de parenté plus ou moins éloigné. Si ce crime se commet entre ascendants et descendants, ou avec une religieuse professe, il sera puni de mort (10).

10—Celui qui commettra le détestable crime contre nature, sera condamné à mort et brûlé ensuite, et ses biens seront confisqués au profit du fisc et du trésor (11).

11—La femme qui sera publiquement la concubine d'un ecclésiastique, ou d'un homme marié, sera condamnée, pour la première fois, à une amende d'un marc d'argent, et bannie pour un an de la ville, ou de l'endroit où elle aura donné ce scandale. La seconde fois, elle sera amendée d'un autre marc d'argent et punie de deux an-

---

(5) Lois 2 et 4, titre 10, livre 8, Nouvelle Recopilacion.—(6) Loi 3, titre 2, partie 7.—(7) Loi 1, titre 20, livre 8 de la Recopilacion de Castille.—(8) Loi 9, même titre et livre.—(9) Loi 5, titre 21, livre 8.—(10) Loi 3, titre 18, partie 7, et loi 7, titre 10, livre 8, de la Recopilacion.—(11) Loi 1, titre 21, du même livre.

nées de bannissement; et si elle y retombe encore, elle sera condamnée à cent coups de fouet, outre les susdites peines (12).

12—Si le concubinage est entre garçons et filles, ils seront admonestés par le juge pour qu'ils interrompent toute espèce de communication ensemble, à peine pour l'homme, s'il continue, d'être banni du pays, et pour la fille, d'être renfermée tout le temps qui conviendra pour opérer sa correction, et éviter qu'ils se rapprochent davantage. S'ils ne se corrigent point, le juge fera exécuter sa menace, à moins que la qualité des coupables n'exige de sa part une conduite différente qui, dans ce cas, sera soumise à l'arbitrage des juges, pour y apporter le remède convenable que la prudence leur prescrira, en agissant avec tout le zèle possible pour éloigner et réprimer des désordres de cette espèce. Ils puniront toutes les autres fautes de libertinage de moindre conséquence, suivant que l'exigeront le scandale donné et les torts occasionnés par leurs auteurs (13).

13—Celui qui rompra et ne gardera pas le serment qu'il aura fait dans les contrats que la loi permet d'affirmer par serment pour leur validité, sera condamné à la perte de tous ses biens au profit du fisc et du trésor royal (14).

14—Les faux témoins, dans les causes civiles, seront exposés à la honte publique, et condamnés ensuite à dix années de bannissement; mais dans les causes criminelles, où les faux témoignages sont d'une toute autre conséquence, pouvant faire condamner un accusé à mort, les faux témoins seront condamnés à la même peine du dernier supplice. Cependant si l'accusé n'a pas été condamné à mort, le faux témoin sera seulement exposé à la honte publique et condamné à être banni pour toujours dans quelque préside. Ces peines pourront néanmoins être commuées, quand, par la qualité et l'état des faussaires, ils ne pourront y être condamnés (15).

15—Celui qui volera des vases sacrés dans un lieu saint, sera puni de mort (16).

16—Les assassins et les voleurs de grands chemins seront aussi condamnés à la même peine de mort (17).

17—La même peine sera infligée à celui qui volera avec fracture, force ou violence, qui sera réputée telle quand le maître, ou quelqu'autre personne y aura opposé de la résistance (18).

18—Les voleurs d'une autre classe que ceux qui sont compris

---

(12) Loi 1, titre 19, livre 8 de la Recopilacion.—(13) Mathieu de re criminali contraversia 59.—(14) Loi 1, titre 17, livre 8, de la Nouvelle Recop.—(15) Lois 4 et 7, même titre et livre.—(16) Loi 18, titre 14, partie 7.—(17) Même loi.—(18) Même loi.

dans les précédents articles, seront punis corporellement, suivant la nature du vol et la qualité des personnes (19).

19—Celui qui tuera quelqu'un sera condamné à mort, à moins qu'il ne l'ait fait à son corps défendant, ou dans quelqu'autre circonstance expliquée dans les lois 3, 4, 12, titre 23, livre 8 de la Nouvelle Recopilacion.

20—Celui qui blessera ou tuera de guet-à-pens et de dessein prémédité sera condamné à mort, quoique le blessé ne meure pas; le coupable sera conduit au supplice, attaché à la queue d'un animal (20), et la moitié de ses biens sera confisquée au profit du fisc ou du trésor royal.

### §. VI.—Des Testaments.

1—Pour la validité d'un testament ouvert, appelé en latin *nuncupatif*, il est nécessaire qu'il soit reçu par un écrivain public, en présence de trois témoins au moins, résidant au même lieu; s'il n'y a point d'écrivain, il faudra la présence de cinq témoins domiciliés également dans le même endroit où le testament se fera; si cependant il était absolument impossible de trouver ces cinq témoins dans le lieu, il suffira alors qu'il y en ait trois (1).

2—Le testament sera également valable, quand il sera passé en présence de sept témoins, quoiqu'ils ne soient pas résidents du même lieu où il se fera; ni quand il ne serait pas passé par-devant notaire (2).

3—Si après la clôture du testament, le testateur voulait ajouter, diminuer ou changer quelques dispositions qui y sont insérées, il pourra le faire efficacement par un codicille, en y observant les mêmes formalités, en présence du même nombre de témoins qui est requis pour la validité du testament même. Le testateur ne pourra changer la nomination de l'héritier qu'il aura institué, à moins que ce ne soit par un autre testament (3).

4—Si le testateur est aveugle, il faudra au moins cinq témoins en passant quelqu'un des dits actes, afin de prévenir la fraude à laquelle sont exposés ceux qui sont privés de la vue (4).

5—Le testament clos, ce que l'on appelle en latin *in scriptis*, il est nécessaire, pour sa validité, que le testateur, en remettant cet

---

(19) Anto. Gomez variar Resol, livre 3, cap. 5.—(20) Lois 2, 6 et 10 du même livre.

(1) Loi 1, titre 4, livre 5, dite Recopilacion.—(2) Même loi.—(3) Loi 2, même titre et livre.—(4) Même loi.

acte au notaire, qui doit le cacheter et le sceller, mette une suscription sur l'enveloppe qui constate que c'est son testament, sur laquelle le testateur signera, ainsi que les sept témoins qui seront présents, s'ils savent signer; sinon, les autres signeront pour eux, ensorte qu'il y ait neuf signatures, en y comprenant celle de l'écrivain, qui doit aussi y mettre son chiffre (5).

6—Avant que de procéder à l'ouverture du testament, il faut d'abord, après le décès du testateur, que le juge qui en aura connaissance l'affirme et le certifie, et que les témoins comparaissent devant lui pour déclarer avec serment qu'ils étaient présents lorsque le testateur a dit que c'était là son testament ou acte de dernière volonté, et qu'à sa prière ils ont signé sur l'enveloppe; ils reconnaîtront chacun leur signature, et déclareront que c'est par leur ordre qu'un tel a signé pour eux.

7—Comme il arrive souvent que quelques-uns, ne pouvant ou ne voulant pas faire leur testament eux-mêmes, donnent pouvoir à un autre de le faire, on avertit de ce qui suit:

8—Que ce pouvoir doit être donné en présence du même nombre de témoins, et avec les mêmes formalités que pour les testaments (6).

9—Que la personne chargée du pouvoir de tester pour un autre, ne peut révoquer le testament que le constituant aurait fait avant que de lui donner le dit pouvoir, à moins qu'il n'y ait une clause particulière qui accorde cette faculté pour la révocation (7).

10—Qu'il ne peut non plus instituer d'héritier, avantager du tiers ou du quint aucuns des enfants ou descendants du constituant, encore moins en déshériter aucuns, ni substituer d'autres héritiers en leur place, ni leur nommer de tuteur, sans une clause expresse et un pouvoir spécial qui le prescrivent; le constituant devant nommer par son nom celui qu'il veut instituer son héritier, et désigner par son testament tout ce qu'il veut ordonner (8).

11—Que si le testateur n'a point institué d'héritier, et n'en a désigné aucun dans le pouvoir qu'il a donné de tester pour lui, le chargé de pouvoir pourra seulement ordonner le paiement des dettes du défunt; après les dettes acquittées, on distribuera la cinquième partie du produit de ses biens pour le repos et le soulagement de son âme. Le reste se partagera entre les parents du défunt qui, selon les lois, doivent être ses héritiers; mais s'il n'en a point, tout le bien

---

(5) Loi 2, titre 4, livre 5, dite Recopilacion.—(6) Loi 13, titre 5, livre 4.—(7) Loi 8, titre 4, livre 5.—(8) Loi 6, même titre et livre.

alors sera converti en œuvres pieuses pour le soulagement de l'âme de celui qui a donné le pouvoir, en donnant néanmoins à sa femme ce que la loi lui accorde, comme sa dot, ses gages ou présents à cause du mariage, les donations *propter nuptias*, la moitié du bénéfice de la communauté, et tout ce qui lui sera échu ou advenu par succession ou donation pendant le mariage (9).

12—Que si celui qui a donné le pouvoir, a déjà nommé celui qu'il veut instituer pour son héritier, le constitué ne pourra disposer, ni donner en legs pieux ou profanes, plus de la cinquième partie des biens du testateur, ses dettes préalablement acquittées; à moins que, par une clause expresse, il ne lui ait donné la faculté spéciale d'en disposer d'une plus grande quantité (10).

13—Que le constitué doit faire procéder à la confection du testament dont il est chargé, dans quatre mois, s'il est dans la même ville où le pouvoir lui a été donné; et dans six mois, s'il est absent, sans être hors du royaume: car, dans ce dernier cas, il aura le terme d'une année à compter du jour du décès du testateur. Tout ce que le chargé de pouvoir fera après ce délai expiré, sera nul de plein droit, sans aucun effet; même quand il dirait et alléguerait que ce pouvoir n'est pas venu à sa connaissance. Mais on accomplira toutes les autres dispositions stipulées par le testateur dans le dit pouvoir, et le reste de ses biens sera remis à ses parents, qui ont droit d'hériter *ab intestat*, qui, à l'exception des fils des descendants ou ascendants légitimes du testateur, donneront la cinquième partie du net produit de ses biens pour le soulagement et le repos de son âme (11).

14—Que le dit chargé de pouvoir ne pourra, en aucune manière, révoquer le testament qu'il aura fait en vertu de son pouvoir, ni faire aucun codicille ni aucune autre déclaration, quand même ce serait pour des œuvres pieuses, et qu'il se serait réservé la faculté de révoquer, augmenter, diminuer ou changer les dispositions qu'il aurait faites (12).

15—Dans les dits testaments, codicilles ou pouvoirs pour tester, on n'admettra jamais pour témoins les femmes, les moines, les mineurs de quatorze ans, les infâmes, les ivrognes, ni les autres gens incapables auxquels on ne peut ajouter foi.

16—Tout testateur pourra, s'il veut, avantager d'un tiers ou d'un cinquième celui de ses enfants, ou autre descendant légitime qu'il lui plaira, en déterminant les effets, meubles ou autre partie de ses

---

(9) Loi 6, titre 5, livre 4.—(10) Loi 11, titre et livre idem.—(11) Loi 7 et 10, même titre et livre.—(12) Loi 9, même titre et livre.

biens qu'il entend être remis à son fils ou descendant, afin qu'il jouisse de cet avantage (13).

17—Dans le cas où le testateur avantage quelqu'un de ses enfants ou autres descendants, il pourra imposer telle charge, telle restitution ou substitution qu'il voudra sur les biens assignés pour cet avantage, afin qu'il en résulte du bénéfice à ses autres descendants légitimes, ou à leur défaut aux illégitimes; et s'il n'existe aucun des uns ni des autres, à ses autres parents, sans que le dit avantage puisse jamais passer à un étranger, que dans le cas où tous les parents viendraient à manquer suivant l'ordre et le rang qui est expliqué (14).

18—Le père pourra aussi, de son vivant, avantager celui de ses enfants ou descendants légitimes qu'il voudra, de la même manière qu'il peut le faire à sa mort ou par testament; bien entendu qu'il ne le fera qu'une fois, et que l'avantage fait pendant sa vie ne pourra plus être révoqué après avoir été établi par un accord, et en conséquence d'un acte public, qui doit précéder la remise de la chose en quoi consiste l'avantage fait au fils ou aux descendants, ou après avoir été fait en vue de mariage ou pour quelqu'autre cause semblable, à moins qu'il ne se soit réservé dans l'acte la faculté de le faire; alors il lui sera libre de révoquer le dit avantage (15).

19—Si le père ou la mère établissait, par une convention, de n'avantager aucun de ses enfants, il ne lui sera plus permis de le faire; et quand il l'entreprendrait par un acte public, cet avantage serait nul et d'aucun effet (16). Si au contraire il promet cet avantage pour cause de mariage ou autre titre onéreux, l'avantage du tiers et du quint sera tenu pour fait à la mort de celui qui l'aura promis, quoiqu'il n'en fasse réellement pas mention dans son testament (17).

20—Cet avantage fait pendant la vie, ou à l'article de la mort, se réglera au temps du décès de celui qui l'aura fait, sur la valeur actuelle de ses biens, et non au temps qu'il l'aura promis, ou qu'il en aura disposé, ni sur celui qu'il aura promis de le faire (18).

21—Toutes donations ou legs faits par le père ou la mère à leurs enfants ou descendants, soit de leur vivant, soit par testament, seront réputés faits pour avantage du tiers et du quint, quoiqu'ils ne l'eussent point expliqué. En conséquence, ils ne pourront avantager aucun des autres enfants de plus du tiers et du quint de leurs biens, qui est la valeur des dits legs, ou donations faites pendant la vie, ou

---

(13) Lois 2, 3, titre 6, livre 5 de la Recopilacion.—(14) Loi 11 du dit titre et livre.—(15) Loi 1, titre 6, livre 5, même Recopilacion.—(16) Loi 6, même titre et livre.—(17) Même loi.—(18) Loi 7, titre idem.

à l'article de la mort, en faveur des autres enfants ou descendants légitimes (19).

22—Si quelqu'un meurt sans tester, ou sans en avoir donné le pouvoir à un autre, dans la forme qu'on vient d'expliquer, s'il n'a point d'enfants légitimes, ni, à leur défaut, d'ascendants légitimes qui puissent être ses héritiers, ses parents de son estoc et ligne, dans le quatrième degré, lui succéderont selon le droit naturel et positif, et hériteront de tous ses biens, en observant que les parents les plus proches succéderont par préférence, et à l'exclusion de ceux qui seront d'un degré plus éloigné. Excepté quand les héritiers seront frères du défunt; car alors les enfants des autres frères décédés avant celui qui laisse l'héritage en question, hériteront de tous les biens; c'est-à-dire que s'il survit un frère, et trois ou quatre enfants d'un autre frère, ceux-ci hériteront par égale portion entr'eux de la moitié des dits biens, et le frère survivant, oncle des dits enfants, héritera entièrement de l'autre moitié : parce que les neveux succèdent par représentation de leur père, et non par eux-mêmes, comme le frère survivant. Cette règle sera suivie dans le partage des successions, quand il y aura plus ou moins d'héritiers de l'une ou de l'autre classe, comme un exemple de ce que les lois prescrivent à ce sujet (20).

23—Si le défunt n'a ni ascendants ni descendants, ni aucuns parents habiles à lui succéder dans l'ordre et la forme expliqués à l'article précédent, et de plus s'il n'a point testé en faveur de personne, le Roi sera son héritier, et les biens de sa succession appartiendront au fisc ou à la chambre royale (21).

24—Ceux qui n'auront point de descendants légitimes pourront tester et instituer pour héritiers leurs enfants naturels, quoiqu'ils aient des ascendants légitimes. Il faut entendre par fils naturels, les enfants nés d'une fille libre qui n'aurait aucun empêchement pour se marier avec le père des enfants naturels. Ces enfants succéderont de droit et infailliblement à leur mère, en héritant de tous ses biens, soit qu'elle fasse un testament, soit qu'elle n'en fasse pas ; et ce, par préférence aux ascendants légitimes, au cas que la mère n'ait point d'enfants ou d'autres descendants légitimes, qui alors excluent de la succession les enfants illégitimes (22).

25—Les enfants batards ou illégitimes, de quelque condition qu'ils soient, sont pareillement les héritiers incontestables de leur mère, si elle n'a point d'enfants ou d'autres descendants légitimes, au préjudice même de son père, ou des autres ascendants légitimes (23).

---

(19) Loi 10, titre 6, livre 5, même Recop.—(20) Loi 5, titre 8, livre idem.—(21) Loi 12, même titre et livre.—(22) Loi 7, même titre et livre.—(23) Ibid.

26—Si les pères et mères ont des enfants ou descendants légitimes, ils ne pourront donner par forme d'aliment à leurs enfants naturels, au-delà de la cinquième partie de leurs biens ; de laquelle ils peuvent également disposer par testament pour le soulagement de leur âme, ou par legs en faveur de quelque étranger, quoiqu'ils aient des descendants légitimes (24). Il faut excepter de cette règle, les enfants des ecclésiastiques ou des moines, qui ne peuvent hériter en aucune manière de leurs pères, ni de leurs parents, ni même prétendre à rien qui leur appartienne pendant leur vie (25).

27—Le fils ou la fille qui se trouve sous la puissance de son père, étant dans l'âge compétent, qui est celui de quatorze ans pour le garçon, et de douze pour la fille, peut tester comme s'il était hors de la puissance paternelle, et disposer à son gré de la troisième partie des biens qui lui seront échus par succession, donation, ou par toute autre voie que celle de son père, qui cependant reste l'héritier incontestable des deux autres parties, de même que la mère, ou tout autre ascendant (26).

*TARIF des droits que doivent percevoir les juges, les avocats, les écrivains, les procureurs, et les autres officiers de justice, savoir :*

### Les Juges.

Pour une signature contenant le nom de baptême et le nom de famille du juge, quatre réaux en piastres fortes d'Amérique, de même que pour les autres droits détaillés ci-après ; ils apposeront cette signature aux sentences, aux actes définitifs, aux commissions, titres et dépêches qu'ils délivreront pour un autre tribunal.

Ils ne prendront que deux réaux, même monnaie, pour une signature qui ne contiendra que le nom de famille seulement, et la même chose pour un paraphe.

Pour une vacation de deux heures et demie, plus ou moins, dans les inventaires, les saisies, taxes, encans, adjudications de meubles et d'immeubles, procès-verbaux, déclarations, interrogations et autres actes de justice de quelque nature qu'ils soient, deux ducats, qui valent vingt-deux réaux de piastres fortes de l'Amérique.

Pour l'apposition des scellés, quand il meurt quelqu'un, et que le

---

(24) Loi 7, titre 8, livre 5, même Recop. — (25) Loi 6, titre 8, livre 5.— (26) Loi 4, titre 4, livre 1 ; titre 8, livre 5 de la Recopilacion.

juge veut y assister, un ducat. S'il faut plus de temps pour la sûreté des biens, on augmentera en proportion du temps que l'on sera employé.

Pour l'ouverture d'un testament cacheté, pour le soin de retirer les clés, et l'examen des sept témoins qui doit précéder l'ouverture du testament, quarante-huit réaux, savoir: quarante-quatre pour deux vacations, et les quatre autres pour les deux signatures du premier et du dernier acte.

Pour chaque jour qu'ils iront en campagne faire quelqu'une des diligences ci-dessus expliquées, quatre ducats de la même monnaie, jusqu'à leur retour dans leur maison; de plus ils seront nourris décemment, et on leur fournira des chevaux et les choses nécessaires.

### Les Assesseurs.

Ils auront aussi deux ducats par chaque vacation en ville, et quatre en campagne, soit avec commission, soit sans commission. Ils se taxeront eux-mêmes un réal par chaque feuillet, pour viser les actes, en faisant attention au volume des pièces du procès, aux circonstances de la cause, et à ce qui est une suite des affaires ordinaires.

### L'Alcade mayor provincial et les Officiers de la Sainte Hermandad.

Ils percevront les mêmes droits que les autres juges royaux pour leurs signatures et leurs vacations.

### Les Regidors.

Dans les causes de peu de conséquence qui seront portées par appel au cabildo, il sera nommé deux regidors pour commissaires, qui assisteront avec le juge *a quo*. Dans tout ce qui se présentera, ils auront les mêmes droits que le juge pour les signatures et les vacations; de sorte que toutes les fois qu'ils seront nécessaires, il se paiera trois signatures et trois vacations.

### De l'Alguazil Mayor.

Dans les exécutions ordinaires contre les débiteurs, ils les sommeront de payer, et s'ils ne le font pas dans le terme de soixante-douze heures, qui commenceront à courir du moment de la sommation, les débiteurs paieront, outre les honoraires du juge et des autres officiers de justice, la dîme à l'alguazil mayor, qui est de cinq piastres gourdes pour les premières cent piastres, et deux piastres et demie par chaque autre cent piastres ; de manière que si l'exécution se fait pour 300 piastres, il en prend dix pour la dîme. Il ne peut cependant exiger ce droit, que le créancier ne soit entièrement payé de la somme pour laquelle on fait l'exécution.

### Le Depositaire general.

Il prendra trois pour cent des sommes qui entreront par voie de dépôt en son pouvoir en argent effectif, et la même chose pour l'argent travaillé, bijouteries, ou autres meubles qui seront mis à sa charge.

Pour les immeubles, comme maisons, habitations et autres possessions donnant du revenu, il prendra cinq pour cent sur le produit des revenus ou fruits qu'on en retirera. C'est ce qui lui appartient pour l'administration des dites possessions, et pour la récolte des fruits qu'elles produiront, et pour le compte qu'il rendra au tribunal qui l'a constitué dépositaire, toutes les fois qu'il lui demandera.

Il prendra également cinq pour cent sur le produit que rendront les esclaves qui seront déposés, pour les journées et salaires qu'ils gagneront, n'étant pas employés au service ou au travail des possessions.

Toutes les fois qu'il sera déposé quelques billets ou quelques obligations, il lèvera aussi cinq pour cent des sommes qu'il en aura recouvrées.

### Des Avocats.

Les honoraires des avocats seront réglés et arrêtés par un autre avocat, que le juge nommera ; et toutes les fois qu'ils auront des vacations, elles leur seront taxées comme aux juges et aux assesseurs. Mais quand il s'agira d'examiner des pièces pour assister à quelque assemblée, ils seront payés séparément, suivant ce qu'ils se taxeront.

### Les Ecrivains.

Les écrivains auront pour chaque vacation dans la ville quinze réaux, et trente pour chaque jour qu'ils seront à la campagne, à compter depuis le moment qu'ils seront partis jusqu'à leur retour en leurs maisons, et en outre deux réaux par chaque feuille d'écriture, en leur fournissant de plus les chevaux et la nourriture convenable.

Pour l'ouverture d'un testament, l'examen des sept témoins qui doit précéder, et les legs faits à l'église, cinquante-deux réaux.

Pour copie d'un décret ou d'une provision, un réal. Pour un acte, deux réaux. Pour chaque notification, citation ou participation, deux réaux. Pour une déclaration en la maison de l'écrivain, six réaux, et hors de sa maison, huit réaux ; et en outre deux réaux pour chaque feuillet d'écriture, soit qu'il travaille dehors ou dans sa maison. Pour une dépêche, deux réaux par feuillet, et huit pour le commencement et la clôture de la dépêche. Pour chaque feuillet de témoignage d'acte, un réal et trois quartilles, et un réal pour son chiffre. Pour les expéditions, et autres enseignements publics tirés des archives, deux réaux par feuillet.

Pour une écriture de vente d'esclaves, douze réaux. Pour une vente d'immeubles qui contient ordinairement deux feuillets, deux piastres ; et si elle était plus considérable, par les clauses que les parties voudraient y faire mettre, il augmentera en proportion. Pour l'écriture d'une obligation simple, huit réaux ; pour une obligation portant hypothèque, douze réaux ; et s'il y a plusieurs hypothèques comprises dans la dite obligation, il sera payé suivant son travail et la peine de la rédaction de l'acte. Pour une quittance, huit réaux. Pour une transaction, selon les feuillets d'écriture qu'elle contiendra ; et si c'est avec examen d'actes, on doit y avoir égard, et payer au moins le double.

Pour un testament de trois ou quatre feuilles, quatre piastres, et davantage en proportion de ce qu'il contiendra plus de feuilles.

### L'Annotateur des hypothèques.

Pour un certificat délivré d'une maison, d'une habitation, des terres et biens-fonds, ou de quelqu'autres immeubles, huit réaux. Pour un certificat d'esclave, depuis un jusqu'à dix-huit, quatre réaux, et quand ils excèderont ce nombre jusqu'à cent, douze réaux pour chaque certificat. Pour celui d'une hypothèque sur un bâtiment, quatre réaux.

Pour inscrire, sur le livre des hypothèques, celles qui se donneront pour la sûreté des paiements, soit pour immeubles, esclaves ou bâtiments, quatre réaux, et si cette inscription se continue au pied de l'acte même, quatre autres réaux ; mais il ne sera rien pris, quand il s'agira d'une courte note pour s'assurer simplement de la page où est inscrite l'hypothèque.

### Les Procureurs.

Pour une demande introductive, cinq réaux. Pour une vacation en ville, en assistant aux inventaires, encans, adjudications et saisies, douze réaux; pour la même vacation en campagne, qui est d'un jour entier, trois piastres. Si néanmoins les demandes exigeaient beaucoup d'écritures, leurs vacations seront taxées suivant le nombre de celles que l'avocat aura mises pour les écrire.

### Le Contador judiciaire.

Pour chaque cinq heures de temps employé à faire un compte pour en opérer la liquidation, quatre ducats, qui font quarante-quatre réaux, en observant que ce nombre d'heures fait un jour, et sur cette somme il doit payer quatre réaux à l'écrivain, par chaque feuille de vingt-cinq lignes par page.

### Celui qui taxe les depens.

Il sera payé à celui qui taxera les dépens, une quartille par chaque feuille des pièces que contiendront les procès qu'il taxera: il faut quatre de ces quartilles pour un réal.

### Aux Estimateurs et Priseurs des immeubles, esclaves et autres effets.

Au courtier de la Bourse, pour chaque estimation qu'il fera de membles, maisons, esclaves, marchandises et autres semblables, onze réaux, quoique cette estimation puisse l'occuper deux heures et demie, puisque ce sont les mêmes droits qu'il doit avoir par vacation.

### Aux Alarifs, Experts en charpente et controleurs d'argenterie.

Les alarifs, experts en maçonnerie, en charpente et menuiserie, auront un ducat par chaque mille piastres du prix de l'estimation qu'ils feront; et si cette estimation monte à plus de quatre, six ou dix mille piastres, ils ne pourront exiger que quatre ducats; mais quand cette estimation se fera à la campagne, et que la chose prisée ne montera point à mille piastres, ils auront deux ducats pour chaque jour qu'ils auront employé, à cause de la distance du lieu. Cependant s'il ne faut pas plus d'un jour pour procéder à cette estimation, quoiqu'elle puisse monter à trois ou quatre mille piastres, on les paiera également comme s'ils la fesaient en ville, en leur fournissant néanmoins un cheval et leur nourriture. Le contrôleur d'argenterie aura onze réaux par chaque appréciation, quoique les bijoux qu'il doit estimer soient d'un très grand prix ; parce que n'employant pas beaucoup de temps à faire cette estimation, on lui accorde en conséquence onze réaux pour chaque vacation de deux heures et demie.

### Les Appreciateurs des terres.

Ceux-ci auront deux ducats par jour, et le même prix quand ils estimeront les bâtiments de peu de conséquence de la campagne, les bois et les terres semées.

### Les Arpenteurs.

Les arpenteurs auront trois ducats par jour.

### Les Alguazils.

On leur paiera quatre réaux pour une citation de comparaître, et pour une notification de commandement de payer ; on leur paiera aussi la même somme pour se faire délivrer d'autorité des pièces de quelque espèce qu'elles soient. Ils auront huit réaux quand il s'agira d'arrêter et de conduire un homme en prison ; les sergents auront dans ce cas la même chose.

### Le geolage.

L'alguazil mayor doit avoir droit à douze réaux par chaque personne libre qui entre en prison, et huit réaux par chaque esclave.

*A la Nouvelle-Orléans, le 25 novembre mil sept cent soixante-neuf.*

Don Alexandre OREILLY.

Imprimé par ordre de Son Excellence.     François-Xavier Rodriguez, écrivain de l'expédition.

FIN DE L'APPENDICE.